全国船舶工业职业教育教学指导委员会“十三五”规划教材

U0868804

游艇电气系统

主　编　杜金印
副主编　陈祥光　张子钊
主　审　马喜仲

哈尔滨工程大学出版社
Harbin Engineering University Press

内容简介

本书采用模块化的设计方法，教材内容与最新的技术规范高度融合，编排合理，实用性强。全书依托游艇电力系统的框架，以游艇上电能产生、传输、分配、消耗等为主线，系统地阐述了游艇电力系统中发电设备结构原理与工作特性、游艇电力系统配电与输电、游艇电力拖动设备与控制系统、游艇常用电气系统仪表原理与使用方法、游艇电力系统故障与维护等。

本书既可作为游艇设计与制造等专业的教材，也可以作为船舶电子电气技术专业、轮机工程技术专业及相关专业的参考书。

图书在版编目(CIP)数据

游艇电气系统/杜金印主编. —哈尔滨：哈尔滨工程大学出版社，2020.10
ISBN 978 - 7 - 5661 - 2656 - 6

Ⅰ.①游… Ⅱ.①杜… Ⅲ.①游艇 - 电气系统 - 高等学校 - 教材 Ⅳ.①U674.91

中国版本图书馆 CIP 数据核字(2020)第 184005 号

选题策划 史大伟 薛 力
责任编辑 王俊一 张如意
封面设计 李海波

出版发行 哈尔滨工程大学出版社
社 址 哈尔滨市南岗区南通大街 145 号
邮政编码 150001
发行电话 0451 - 82519328
传 真 0451 - 82519699
经 销 新华书店
印 刷 哈尔滨市石桥印务有限公司
开 本 787 mm × 1 092 mm 1/16
印 张 15.5
字 数 405 千字
版 次 2020 年 10 月第 1 版
印 次 2020 年 10 月第 1 次印刷
定 价 40.00 元
http://www.hrbeupress.com
E-mail:heupress@hrbeu.edu.cn

前　　言

“游艇电气系统”是电工技术在游艇上应用的一门综合性课程，担负着游艇专业学生获得游艇电气设备结构、电气控制、电气设备维护、游艇照明等方面的基础理论知识和相应的基本实践技能。根据船舶电气工程技术发展的实际需要，结合多年理论教学和实船实践的体会，秉承着“易学，易懂，能掌握”的理念，精心挑选内容，编写了此教材。

本教材在取材方面注重基本原理与应用技术相结合，突出应用性和针对性。本教材努力遵循能力为本和理论知识“必需、够用为度”的主导思想，突出职业教育特色。本教材在收集了游艇电气设备、照明设备及游艇维护等专业资料的基础上，结合一线企业游艇电气设备等一手技术资料，综合实际教学特点和教学环境等编写而成，培养学生全面掌握游艇电气系统的基础专业知识及实践动手能力，为其以后从事游艇电气设计、游艇电气设备操作与维护等相关工作奠定良好的基础。

本教材在编写模式方面，摒弃了传统教材章节形式的编排方式，将教学内容按照游艇电气系统精心筛选为七个项目：项目一游艇电力系统、项目二游艇电源装置、项目三游艇配电装置与常用电工材料、项目四游艇用电设备、项目五游艇常见控制元件与控制电路、项目六游艇电气系统常用仪表、项目七游艇电气系统故障与维护。

本教材由天津海运职业学院、海南舟之家游艇管理服务有限公司和珠海市海斯比船舶工程有限公司联合编写。天津海运职业学院轮机工程系杜金印担任主编，陈祥光、张子钊担任副主编，天津海运职业学院马喜仲担任主审，来自企业的吴国徽、谢亚军工程师负责指导编写工作。具体编写工作如下：项目一的模块一，项目二，项目六，项目七由杜金印编写；项目三的模块一，项目四的模块一，项目五的模块二、三由陈祥光编写；项目一的模块三，项目四的模块二，项目五的模块一由张子钊编写；项目一的模块二，项目三的模块二，项目四的模块三由刘磊编写。全书由陈祥光负责统稿。

由于编者水平有限，书中难免存在不足之处，恳请广大读者批评指正。

编　者

2020 年 4 月

目　　录

项目一　游艇电力系统

模块一　游艇电力系统的组成

游艇犹如一个可移动的海上小城市，它的许多设备都需要使用电能，所以在游艇上都配备有发电、配电和用电所组成的游艇电力系统。随着游艇的舒适度和自动化程度要求不断提高，越来越多的游艇采用电能驱动控制用电设备，使得游艇电力系统也日趋复杂。

众所周知，电能是游艇航行与休闲娱乐最为主要的能量来源。电能既易于由其他形式的能量转换得来，又易于转换为其他形式的能量；电能在分配、输送方面比较简单经济，同时又方便实现对电能的测量、调节及控制。因此电能在游艇中应用广泛，实现了游艇电气设备高度自动化。游艇电力系统要切实保证游艇娱乐与生活的需要，同时必须确保游艇电力系统的安全性、可靠性和经济性。

游艇电力系统主要由电源、配电装置、游艇电力网和电力负载组成。游艇电力系统如图 1－1－1 所示，其反映了游艇电力系统的电源、配电装置、电力网和负载之间的关系。

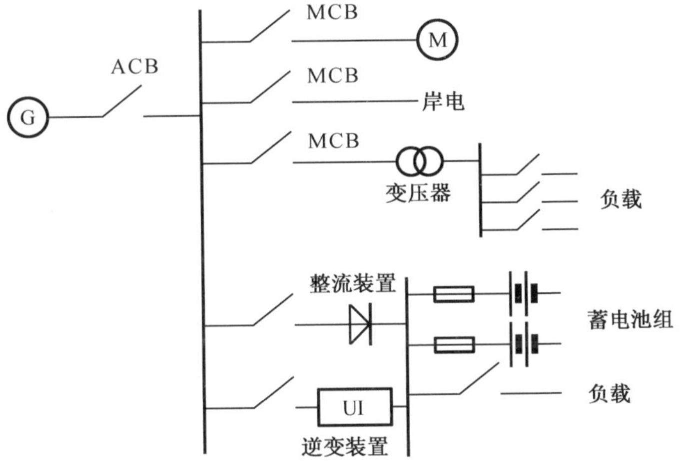

图 1－1－1　游艇电力系统简图

一、电源

电源是将其他形式的能量转换为电能的装置。游艇上的电源装置通常由一台柴油发电机和多组蓄电池组成。游艇上柴油发电机是主电源，蓄电池一般作为应急电源。游艇上采用的交流发电机一般是由原动机来带动的，其原动机一般是柴油机。游艇上发电机的交流电可通过整流装置向蓄电池充电，同时根据需要，采用逆变装置可使蓄电池的直流电转换为交流电，供游艇上的交流用电设备使用。

随着科学技术的高速发展，采用清洁的能源——太阳能作为游艇的电源已经问世，大大改善了游艇的舒适度。例如，2018 年 9 月 18 日瑞士设计师推出了一款充满未来感的太阳能游艇“Solar Impact”,该游艇配有足够的太阳能电池板,大小接近网球场,可容纳10人,并且配备人工智能,可由一人驾驶。船上800 kW的电池能提供大约10 h的巡航能力,并可通过太阳能电池来延长。当条件允许时,太阳能电池可作为船舶的唯一动力能源。

二、配电装置

游艇上配电装置是用于连接电源装置与负载的桥梁。配电装置既有接收与分配电能的功能,又起到对电源、电力网和负载进行测量、控制、监视和保护的作用。

游艇上的配电装置包含很多装置,如电力开关、测量仪表、连接母线、互感器、保护电器、按钮、转换开关、交直流稳流器、自动化设备、逆变器等。

游艇上的逆变器可根据游艇负荷的需要将直流电转换为交流电。

三、游艇电力网

游艇电力网是全游艇电缆电线的总称。

游艇电力网是连接发电机、蓄电池、配电板和负载的中间环节,将电源的电能传输给负载。

四、电力负载

游艇上电力负载的形式有很多,其主要消耗电能的各类电气设备,均将电能转换为所需的能量形式,从而实现所需功能。

游艇电气设备按照所使用的电流种类可划分为以下两类:

(1)游艇交流电气设备

冰箱、微波炉、电磁炉、电烤箱、电烤肉架、电热水器、空调、电视及DVD、插座及电灯、电动泵、制冰机、冰酒机、洗碗机、碎骨机、充电机、通风系统等。

(2)游艇直流电气设备

电动泵、冰箱、马桶、插座及电灯类、音响、雨刷器及汽笛(扬声器)、监控系统、通风系统、航仪系统、主辅机启动、起锚机及起绳机、艏艉侧推、吊杆及登船梯、升降跳水平台、稳定翼、岸电卷绳机、逆变器等。

模块二　游艇电力系统的特征及基本要求

一、游艇电力系统的特征

游艇是活动于水面上的独立体,游艇电力系统与陆地电力系统相比有着较大差异,其主要特征包括以下几个方面:

1. 游艇发电机容量有限

陆地电网容量一般为几百万至几千万千瓦,单机容量也非常大,因此陆地电网可被视为无线电源系统。游艇上的发电机大多是单台,小型游艇发电机的容量为45 kW左右,例如荷兰造的“kiss”大型游艇发电机单机容量能达到125 kW左右,可见游艇电源远远小于陆地电源。因此,游艇电源容量较小,只能被视为有限电源系统。

游艇发电机容量较小,而游艇上部分电气设备的单机容量较大,这些设备启动时,将对游艇电网造成较大的冲击。此外,局部故障或误操作都容易导致游艇电网断电,影响游艇电气设备的使用,甚至影响游艇的安全性。因此,对游艇电力系统的稳定性和可靠性要求较高,例如游艇发电机的调压器的动态特性要比陆地发电机要求更高,具有强行励磁的能力,具有较强的过载能力等。虽然游艇发电机的容量较小,但可靠性要求较高,确保电气设备出现故障时,能够及时切除,保护发电机的安全,即使出现断电现象,也要保证断电的时间最短,尽快恢复供电。

2. 游艇电网线路短

同陆地高压输电网络相比,游艇电网显得较短,游艇电网无需高压输电,因此电能损失较小。游艇电网包含了直流电网与交流电网两种输电网络,同陆地电网或商船电网相比,配电装置相对简单,同时游艇空间有限,电气设备相对集中,电网电线长度不长,保护相对陆地电网简单,但在保护配合方面相对要求较高。

3. 游艇电气设备工作环境恶劣

相对于陆地环境,游艇电气设备工作环境恶劣,而环境对电气设备的性能和工作寿命有一定影响。当环境温度高于极限温度时,会加速电气设备老化;同时水上相对湿度高会使电气设备绝缘受潮、膨胀、分层等,导致绝缘性能下降,使金属部件加速腐蚀;如果游艇航行于海上,电气设备容易受到腐蚀,导致绝缘下降,影响其工作性能;游艇在正常运行中受到冲击会对电气设备产生振动等,造成电气设备损坏、误动作。因此游艇电气设备应满足相应的船用条件。

二、游艇电气设备的防护要求

游艇的环境条件比陆地差,游艇电气设备的损坏及绝缘性能与游艇航行的区域,空气温度和湿度,空气中的盐雾、油雾有直接关系,游艇的摇摆与振动也会造成电气设备的损坏。游艇环境条件的特殊性决定了对游艇电气设备的特殊要求,适用的规范和规则不同,要求的性能指标也略有不同。一般游艇电气设备应在规定的条件下能正常工作,对于游艇的电子设备及专用游艇的电气设备还另有特殊规定。

1. 一般规定

(1)游艇上主要电气设备的设计、制造、试验和安装应符合中国船级社的有关规定,或中国船级社接受的其他相应标准的规定。电气设备和电缆按中国船级社相关规定具有相应的船用产品证书。

(2)对于艇长为 26 m 及以上的游艇,根据航区,艇上的电气设备应符合中国船级社《钢质海船入级与建造规范》或《钢质内河船舶入级与建造规范》的相关规定。

对于艇长小于 26 m 的游艇,其上的电气装置应满足下列要求:

①确保为保持游艇处于正常操纵状态所必需的所有电力辅助设备供电;

②确保乘员和游艇的安全,免受电气事故的伤害。

2. 设计、制造和安装要求

(1)电气设备的设计、制造和安装应考虑安全性和便于检修。

(2)依据《游艇入级与建造规范(2020)》的要求,电气设备应能在表 1-2-1 的电压与频率偏离额定值的波动情况下可靠工作。

表 1－2－1　电压与频率波动

设备	参数	稳态	瞬态	
			%	恢复时间/s
一般设备	电压/V	+6～－10	±20	1.5
	频率/Hz	±5	±10	5
由蓄电池供电的设备： 充电期间接于蓄电池者 充电期间不接于蓄电池者	电压/V	+30～－25 +20～－25	—	—

3. 环境条件

根据《游艇入级与建造规范(2020)》的要求：

(1)环境空气温度应符合表 1－2－2 的规定。

表 1－2－2　环境空气温度

部位	温度
封闭处所内	0～40 ℃
温度超过 40 ℃和低于 0 ℃的处所内	按这些处所的温度
开敞甲板	－25～40 ℃

注：热带地区，温度上限为 45 ℃；适用于电子设备的环境空气温度的上限为 55 ℃。

(2)潮湿空气、盐雾、油雾和霉菌。

(3)游艇正常营运中所产生的振动和冲击。

(4)倾斜摇摆见表 1－2－3。

表 1－2－3　倾斜摇摆

设备组件	倾斜角/(°)①			
	横向		纵向	
	横倾	横摇	纵倾	纵摇
应急电气设备、开关设备、电气及电子设备	22.5	22.5	10	10
上列以外的设备、组件	15	22.5	5	7.5

注：①可能同时发生横向和纵向倾斜。

4. 安装位置

电气设备应安装在远离易燃材料，通风良好，不能积聚易燃气体的处所，且该处所不易遭受到机械损伤或水、油的损害。如必须安装在容易遭受到上述各种危险的处所，则设备应具有适当的结构防护或加以封闭。

5. 防护壳罩

为了避免电气设备受到外部固体和液体异物的侵入而发生故障或损坏，以及人身遭受触电和机械伤害，一般电气设备都应有防护壳罩。我国电气设备的防护等级采用国际电工委员会推荐的国际防护 IP 等级标准。防护标志 IP 后面的第一位数字表示防护固体侵入的等级，第二位数字表示防水液侵入等级。数字越高，防护等级越高，两位数字的定义见表1 –2 –4。

表 1 –2 –4　电气设备外壳的 IP 防护等级

IP 等级		简要说明	定义
第一位数字	0	无防护	没有专门防护
	1	防护 >50 mm 的固体	人体大面积部分如手(但对有意识的接触并无防护)，直径 >50 mm 的固体
	2	防护 >12 mm 的固体	手指或类似物，长度不超过 80 mm，直径 >12 mm 的固体
	3	防护 >2.5 mm 的固体	直径或厚度大于 2.5 mm 的工具、电线等，直径 2.5 mm 的固体
	4	防护 >2.5 mm 的固体	直径大于 1 mm 的线或片状物，直径超过 1 mm 的固体
	5	防尘	并不防止全部灰尘进入，但进入量不妨碍设备正常运转
	6	尘密	无灰尘进入
第二位数字	0	无防护	没有专门的防护
	1	防滴	垂直滴水应无有害影响
	2	15°防滴	设备与垂直线成 15°角时，滴水应无有害影响
	3	防淋水	与垂直线成 60°角范围的淋水应无有害影响
	4	防溅	任何方向溅水应无有害影响
	5	防冲水	任何方向冲水应无有害影响
	6	防猛烈海浪	猛烈海浪或强烈冲水时进入机壳水量应无有害影响
	7	防浸水	沉浸在规定压力的水中，经规定的时间后，进入水量应无有害影响
	8	防潜水	能长期潜水，完全密封，进水量不产生有害影响

游艇电气设备的外壳防护形式应满足表 1 –2 –5 的规定。

表 1 –2 –5　外壳防护形式

艇上处所	防护等级
甲板下保护良好的舱室	IP20
舱顶遮蔽的甲板上	IP22
溅湿的甲板上	IP44
大量浸水的甲板上	IP56

6. 接地要求

(1)电气设备和电缆的带电部件以外的所有可接近的金属部件应可靠接地。但以下情况除外：

①灯头。

②安装在非导电材料制成或覆盖的灯座或照明设备上的灯罩、反光镜和防护件。

③设在非导电材料上的金属部件和拧入或贯穿非导电材料的螺钉，这些金属部件和螺钉并以非导电材料与带电部件和接地的非带电部件相隔离，因此在正常使用中它们不可能带电和接触接地部件。

④具有双重绝缘和/或加强绝缘的便携式设备，但应满足公认的安全要求。

⑤为防止轴电流的绝缘轴承座。

⑥荧光灯管的紧固件。

⑦工作电压不超过 50 V 的设备。对交流，此项电压为方均根值，且不应使用自耦变压器取得此项电压。

⑧电缆紧固件。

(2)金属艇体的游艇电气设备接地应满足的要求如下：

①当电气设备直接紧固在艇体的金属结构或紧固在与艇体金属结构有可靠电气连接的底座(支架)上时，可不另设置专用导体接地。但接地接触面应光洁平贴，保证有良好的接触，并应有防止松动和防蚀的措施。

②固定安装的电气设备，若采用专用导体接地，则其导体应采用铜质或导电良好的材料制成，且应有防机械损伤和防蚀措施。采用铜质接地导体的截面积 Q 与电气设备电源线或相关的载流导体截面积 S 应满足以下要求：

当 $S \leqslant 2.5\ \text{mm}^2$ 时，$Q=S$，且 $Q \geqslant 1.5\ \text{mm}^2$；

当 $2.5\ \text{mm}^2 < S \leqslant 120\ \text{mm}^2$ 时，$Q=0.5S$，且 $Q \geqslant 4\ \text{mm}^2$。

③非固定安装的电气设备，应附设在软电缆(线)中的连续接地线，并通过插头和插座接地，其接地线的截面积应满足以下要求：

当 $S \leqslant 16\ \text{mm}^2$ 时，$Q=S$；

当 $S > 16\ \text{mm}^2$ 时，$Q=0.5S$，且 $Q \geqslant 16\ \text{mm}^2$。

④电缆的金属护套或金属外层应于两端做有效接地，但最后分路允许只在电源端接地。对于控制和仪表设备的电缆如技术上要求单端接地者可除外。

(3)非金属艇体的游艇电气设备的接地应满足下列要求：

①电气设备的金属外壳及带电部件以外的所有可接近的金属部件应采用连接导体连在一起，以形成一个连续和完整的接地系统，并连接至面积大于等于 $0.1\ \text{m}^2$、厚度大于等于 2 mm 的金属接地板上。该金属接地板的安装位置应保证在任何航行状况下均能浸没在水中，且应具有防腐蚀性能。如果发动机或螺旋桨具有接地板的等效功能，可不要求另设接地板。

②各接地系统的连接导线不应用作配电系统的导电回路。

③应尽可能使船上所有金属部件(如管路、栏杆、油箱等)采用连接导体与本条①所述接地板连接在一起。尤其当主、辅机采用 LPG 或闪点 $<60°$燃油时，其油箱、油管必须采用专用导体连接到本条①所述的接地板上。

④所有该接地系统的连接点应充分地考虑到不同金属之间的电化作用，或采取相应的措施。

7. 避雷要求

(1)新建游艇当符合下列情况之一时，应装设可靠的避雷装置：

①游艇采用钢质桅杆且桅顶端装有电气设备。

②游艇采用非金属桅。

③游艇采用非金属艇体。

(2)避雷针规格应满足下列要求:

①铜质避雷针的直径应大于等于 8 mm。

②钢质避雷针的直径应大于等于 16 mm,其尖端应作防腐处理。

③铝质避雷针的直径应大于等于 12 mm。

(3)避雷针顶端高出桅顶或桅顶上电气设备的距离应大于等于 300 mm。

(4)当游艇设有钢桅时,避雷针可直接焊接或铆接在桅杆上;当游艇设有非金属桅时,避雷针应通过引下线直接与艇体连接。

避雷针与艇体之间的引下线可采用截面积大于等于 70 mm^2 连续铜带(索),或采用截面积大于等于 100 mm^2 连续钢带(索)。

(5)活络桅杆与艇体应有可靠的电气连接,其连接软铜线的截面积应大于等于 70 mm^2,钢导线的截面积应大于等于 100 mm^2。

(6)对非金属艇体的游艇,其避雷装置的引下线应与接地要求第(3)点中要求的接地板连接。

三、游艇电力系统保护要求

1. 系统保护

(1)电气装置中应设置合适的保护电器,以便在发生包括短路在内的过电流故障时,对其进行保护。

(2)每一独立电路均应设有可靠的短路保护和过载保护。

(3)发电机应以断路器进行保护,对 24 kW 以下的发电机可用一个多极开关加熔断器进行保护。

(4)电动机负载的过电流保护装置的整定值应与被保护电路的需用负载特性相协调。

(5)过电流保护装置的定额应不超过被保护导线的最大载流容量。

(6)对于电力变压器,包括由两个或三个单相变压器组成而作为一个装置运行的变压器组,均应设有过电流保护。每一变压器均应由一个设在初级侧的,定额不大于变压器初级额定电流的 1.25 倍的单独过电流保护装置予以保护。

(7)应有标明每一电路过载保护电器额定值或相应的整定值的耐久标志,该标志应设置保护电器所在位置。

(8)蓄电池组(除启动蓄电池外)均应设有短路保护,其保护电器应尽可能靠近电池组。

(9)应在尽可能的靠近蓄电池组的某一易于接近的部位,在接至供电系统的蓄电池或蓄电池组的正极导线上安装一个蓄电池分断开关,下列情况除外:

①只具有发动机启动和航行灯电路的舷外机艇。

②具有保护存储器和保护装置的电子装置,例如舱底泵和报警器(如其已在尽可能地靠近蓄电池接线端子处以断路器或熔断器予以单独保护)。

③发动机燃油柜(舱)通风机(如已在电源处单独设有熔断器)。

2. 动力设备电气保护

(1)额定功率大于或等于 1 kW 的电动机及所有重要用途的电动机,一般应由配电板的独立分路供电。

(2)每台电动机均应设置有效的启动和停止装置,其位置一般应在电动机附近,若不可行或不合理时,可在配电板(箱)启动。

3. 铝合金游艇电气保护

(1)配电系统应与艇体绝缘或设置阴极保护系统。

(2)对于直流系统,蓄电池不应通过推进机械或相关的机械部件接地。发动机的启动蓄电池可通过发电机接地。

模块三　游艇电力系统的基本参数

游艇电力系统的基本参数是指电流种类、额定电压、额定频率和线制。游艇电力系统基本参数决定了游艇电力系统电气设备的生产和供应,制约着游艇电力系统的可靠性和电气设备质量、尺寸、价格等。正确选择游艇电力系统的基本参数,可以保证整个电力系统和电气装置的可靠性、稳定性和经济性。游艇电力系统包含交流系统、直流系统及信息系统。选择游艇电力系统的基本参数应遵循以下原则:

(1)游艇电力系统基本参数原则上应与本国陆用电力参数或游艇需经常停靠的码头的陆用电力参数一致。

(2)必须保持游艇电力系统基本参数的统一。游艇上尽量避免采用两种不同的基本参数,以免在系统管理和电气设备供应上产生混乱。

(3)游艇电站一般应与其他游艇的基本参数一致,确保游艇之间的相互配合,以及在紧急情况下实施救生和相互应急供电的需要。

(4)游艇电站基本参数应保证游艇机械电力拖动所需的特性、电动机和电器工作的可靠性,还应注意比较电气设备的质量、尺寸和价格。

一、电流种类

按电流种类的不同,游艇电力系统可采用交流和直流两种电制。而大多数游艇上采用交流电制。游艇上交流电气设备所需交流电能可以通过岸电、游艇上交流发电机、逆变器提供电能。而游艇上直流电气设备可通过蓄电池、发电机、充电机整流装置提供电能。

与直流电制相比,交流电制具有以下优点:

(1)交流电站电源装置采用无刷交流同步发电机,配有自励恒压装置,没有电刷,工作可靠。游艇电力网中的电气负载,如电动泵、冰箱等,无论采用三相还是单相异步电动机,都无需整流装置、电刷等,结构简单,工作可靠,维护量少,可直接启动,启动控制设备简单等。

(2)交流电站的动力网络与照明网络之间采用变压器进行联系,而不是直接联系,即使船舶照明网络绝缘值也不会影响动力网络。直流网络绝缘值下降容易产生故障,因此同直流网络相比,交流电力网络可靠性较高。

(3)交流电气设备质量轻、尺寸小、价格低廉。交流电机较直流电机在结构上要简单得多,电力系统的设备质量轻,尺寸也较小,因此给交流电力系统带来了许多优势。

二、额定电压

额定电压是游艇电力系统中的重要参数之一。确定电力系统及其负载的电压等级是电力系统设计的一项基本内容,游艇电力系统的电压的等级一般都尽可能与岸电相同。

游艇电力系统中采用的交流系统有：单相 100 ~ 120 V，60 Hz 交流系统；单相 220 ~ 240 V，50 Hz 交流系统；三相 120 V 或 380 V，60 Hz 交流系统；三相 240 V 或 480 V，50 Hz 交流系统。

游艇电力系统中应用到直流系统的额定电压有 12 V、24 V、48 V。

电力线路允许的电压偏差一般为 ±5%。由于供电线路损害，发电机的额定电压规定高于电网额定电压的5%。例如，用电设备额定电压有 110 V、220 V、380 V 等。发电机的额定电压一般应比相同电压等级的受电设备高 5%，对应的发电机额定电压则为 115 V、230 V、400 V。

三、额定频率

目前，在世界范围内游艇交流电力系统现行的额定频率有 50 Hz 和 60 Hz 两种，我国游艇普遍采用 50 Hz 的额定频率。使用 60 Hz 额定频率的发电机和电动机可获得较高的同步转速，而 50 Hz 额定频率具有较低的电磁损耗，但在实际应用中并不能看出它们有明显的区别。在游艇电力系统中，游艇的额定频率一般与本国的陆电频率相一致，不可任意选择。这一规定不包括弱电设备所需的特殊频率。表 1 – 3 – 1 为世界各地对游艇交流电力系统的电压与频率的选择。

表 1 – 3 – 1　世界各地对游艇交流电力系统的电压与频率的选择

地点	电压/V	频率/Hz	地点	电压/V	频率/Hz
中国	220	50	美国	120	60
新加坡	230	50	英国	240	50
加拿大	120	60	挪威	230	50
新西兰	240	50	德国	220	50
澳洲	240	50	法国	220	50
日本	100	东：50 西：60	荷兰	220	50
			阿拉伯联合酋长国	220	50

四、线制

根据《游艇入级与建造规范（2020）》对游艇配电系统的要求，配电系统的最高额定电压不应超过 1 000 V（交流系统）或 1 500 V（直流系统），可以采用的配电系统有：直流双线绝缘和负极接地的双线配电系统；交流单相双线绝缘系统、单相一线接地的双线系统；交流三相三线绝缘系统、中性点接地的三相四线系统、以船体作为中性线回路的三线系统。

1. 直流配电系统

直流配电系统一般包括双线绝缘系统、负极接地的双线系统及利用船体作负极的单线系统。

双线绝缘系统是指由电源正极经过用电设备流回电源负极的绝缘系统，即线地之间的电阻值为无穷大，如图 1 – 3 – 1(a) 所示；负极接地的双线系统是指电源负极通过接地线与地相连，电源正极经过用电设备流向电源负极（地），如图1-3-1(b)所示；利用船体作负极的单线系统是指电源负极接船体，电源正极经用电设备后也接船体，即以船体为负极回路，如图1-3-1(c)所示。

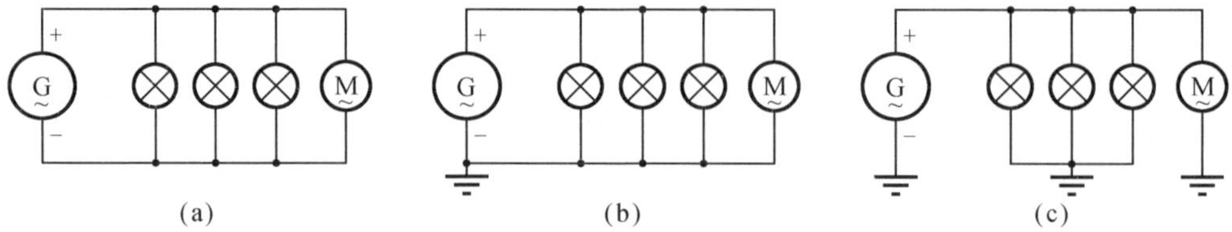

图1-3-1　直流配电系统

2. 交流配电系统

交流配电系统分为单相配电系统和三相配电系统。

(1)单相配电系统

单相配电系统一般包括单相双线绝缘配电系统、单相一线接地的双线配电系统、单相利用船体作回路的单线系统。

所谓单相双线绝缘配电系统是指仅由负载接于其间的两根与船体绝缘的导线组成的配电系统，如图1-3-2(a)所示；单相一线接地的双线配电系统是指由负载接于其间的两根一相导线与地连接组成的配电系统，如图1-3-2(b)所示；单相利用船体作回路的单线系统是指负载接在一根导线上而将船体作为回路的配电系统，如图1-3-2(c)所示。为了安全可靠，在游艇的单相配电中一般使用单相双线绝缘配电系统。

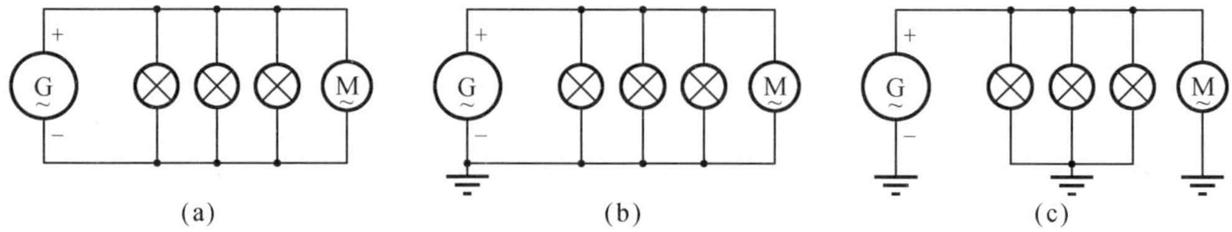

图1-3-2　单相交流配电系统

(2)三相配电系统

三相配电系统一般包括三相三线绝缘系统、中性点接地的三相四线系统、以船体为中性线回路的三线系统。

三相三线绝缘系统是指三相及三线对地均为绝缘的配电系统，如图1-3-3所示。该系统是理想的配电系统，图中变压器存在使得照明系统与动力系统隔离，只存在磁的联系，而没有电气的直接联系，相互影响小，但出现单相接地故障，不影响三相电压的对称性。该系统一定要有绝缘监视装置的配合，保证出现单相接地或绝缘下降时，能及时地发出报警，通知管理人员及时处理故障，防止人员伤亡。

中性点接地的三相四线系统是指在三相四线电源系统中，中性线与地连接的配电系统，如图1-3-4所示。在Y型连接的供电系统中，这种配电方式不仅可以获得线电压，同时也可以获得需要的相电压。但是如果发生单相接地时便形成短路，必须马上切断故障，否则供电的连续性难以得到保证。

以船体为中性线回路的三线系统是指中性线直接与船体连接的配电系统，如图1-3-5

所示。此系统利用船体的铁壳作为回路的中性线,所以节省了大量的电缆,简化了配电装置,减小了配电板和开关的尺寸与质量,从而降低了建造费用。当导线绝缘损坏时,可造成大量漏电而引起短路。这种线制很少被采用。

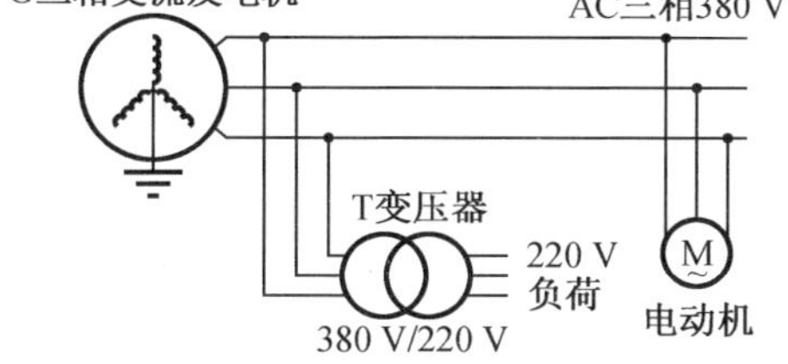

图1-3-3　三相三线绝缘系统

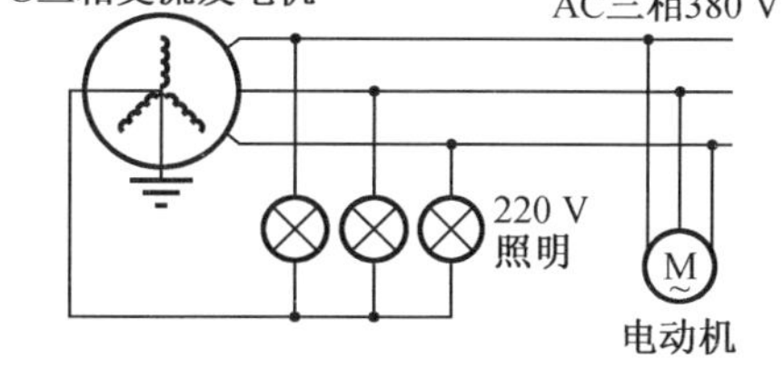

图1-3-4　三相中性点接地的四线系统

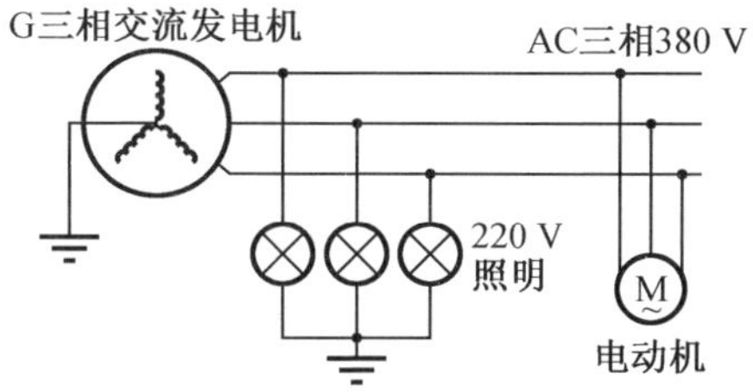

图1-3-5　以船体作为中性线回路的三线系统

项目二　游艇电源装置

模块一　交流同步发电机

依据《游艇入级与建造规范(2020)》,对小于等于24 m游艇的电源的形式和配备要求如下:

1. Ⅰ类和Ⅱ类游艇的主电源

(1)应配备足够容量向游艇正常推进、操舵,以及保证游艇安全所必需的设备供电的主电源。

(2)除另有规定外,主电源至少应由两台发电机组组成。如果游艇推进必须依靠主电源,发电机组的台数和容量应能在任一发电机组停止工作时,仍能继续对(1)中的设备供电;如果推进不依靠主电源时,至少应设一台独立发电机组,其容量应足以向全艇电气装置供电,同时应将蓄电池组(如设有)在10 h内充至额定容量的80%。

(3)对于帆艇,主电源可设置一台发电机组,也可设置2组蓄电池组。主电源的容量应能在整个航程相适应的时间内足以保障船舶游艇正常航行情况下的需要。

2. Ⅰ类和Ⅱ类游艇的应急电源

(1)Ⅰ类和Ⅱ类游艇应设有独立的应急电源。

(2)应急电源可以是发电机组或蓄电池组。如果采用蓄电池组,则其应满足《游艇入级与建造规范(2020)》对其的要求。

(3)应急电源不应与主电源在同一处所。

3. Ⅲ类、Ⅳ类和Ⅴ类游艇的电源的型式和配备

(1)除另有规定外,游艇应至少设有两套电源。在任一套电源发生故障时,剩余电源的容量应能继续满足游艇正常航行情况下的需要。游艇正常航行状况下的需要应包括电动消防泵、电动舱底泵、照明、通信设备、信号设备及其他保障航行安全的设备(如设有)。

(2)电源可以采用以下几种形式:

①由独立的原动机驱动的发电机;

②由推进主机驱动的发电机;

③蓄电池组。

(3)若两套电源或其中的一套电源是蓄电池组,每套蓄电池组的容量应能同整个航程相适。

(4)对于敞开艇,其电源可根据需要设置。

4. 针对以上游艇设计类型的解释

游艇设计类别如下:

(1)Ⅰ类 指设计为可航行于距岸庇护地[①]超过200 n mile,且其最小设计有义波高[②] H_s

---

① 庇护地指在船舶处于可能对其安全构成危险的情况下,可提供庇护的任何天然或人工的遮蔽地区,如船舶出发港、到达港和其他可供庇护的港口、避风地、锚地、防波堤所屏蔽的水域等。

② 游艇实际航行水域的有义波高不应超过其设计有义波高。

为 6 m 的游艇；

(2) Ⅱ类 指设计为航行于距岸庇护地不超过 200 n mile，且其最小设计有义波高 H_s 为 4 m 的游艇；

(3) Ⅲ类 指设计为航行于距岸庇护地不超过 20 n mile，且其最小设计有义波高 H_s 为 2 m的游艇；

(4) Ⅳ类 指设计为航行于距岸庇护地不超过 10 n mile，且其最小设计有义波高 H_s 为 1 m的游艇；

(5) Ⅴ类 指设计为航行于距岸庇护地不超过 5 n mile，且其最小设计有义波高 H_s 为 0.5 m的游艇。

一、同步发电机的结构

同步发电机是由定子和转子两大部分组成的。定子铁芯、转子铁芯和定子与转子间的气隙构成同步发电机的磁路。以转子绕组形式分类，同步发电机可分为旋转电枢式和旋转磁极式两种，现以旋转磁极式同步发电机为例，其定子绕组为电枢绕组，转子绕组为励磁绕组。

1. 定子电枢构造

定子为电枢的同步发电机，其定子构造与异步电机基本相同。定子铁芯是由硅钢片叠成的。定子铁芯槽内嵌放的三相对称绕组也是依次相差 120°空间电角度或 120°/P(P 为磁极对数)空间机械角度。三相绕组又称电枢绕组。三相绕组是同步电机的交流电路部分。通常作为电力发电机的三相绕组基本上采用星形连接。

2. 转子励磁构造

旋转磁极式同步发电机转子是直流磁极，产生恒定的磁极主磁通。转子磁极有两种结构形式，即隐极式和凸极式，如图 2－1－1 所示。

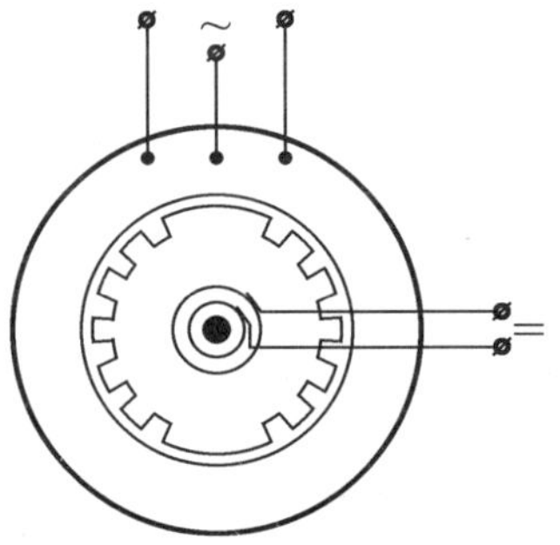

(a)隐极式同步发电机

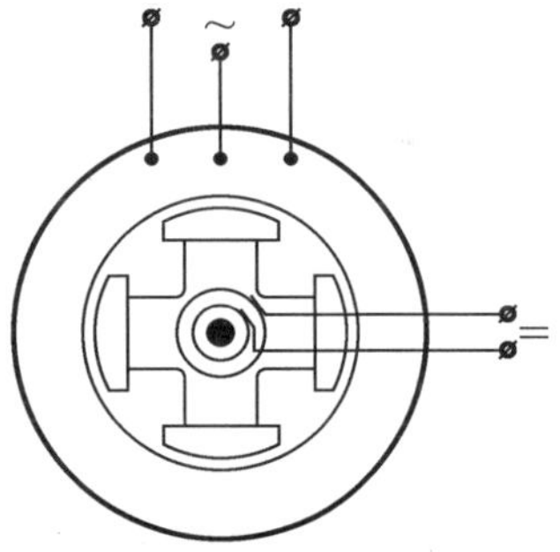

(b)凸极式同步发电机

图 2－1－1　同步发电机的结构

隐极式转子铁芯是由导磁性能好的合金钢锻成的圆柱形整体(或组合体)，或是将隐式磁极及其磁轭整片冲出，然后叠装在轴上。隐极转子同步发电机的气隙是均匀的。为使得沿 N、S 极的圆周气隙中磁密的分布接近于正弦规律，每一磁极的励磁线圈分布式嵌放在转子圆周铁芯槽内，如图 2－1－2 所示。隐极转子能承受较大的离心力，适用于较高转速(3 000 r/min 或 1 500 r/min)的发电机组，如汽轮发电机和一些柴油发电机。

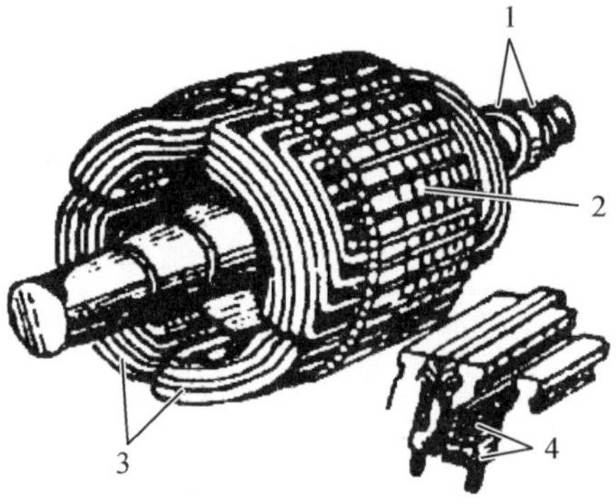

1—滑环;2—磁极;3—励磁绕组;4—励磁绕组导条。

图 2－1－2　隐极式转子

凸极式转子有凸出的磁极,如图 2－1－3 所示。磁极是由 1～1.5 mm 厚的钢板冲片叠成的;也有采用锻钢或铸钢的实心磁极的。每个磁极都套有一个集中的励磁线圈,磁极固定在转子磁轭上。凸极转子同步发电机的气隙是不均匀的。每一磁极顶面中心轴线处的气隙和磁阻最小,磁密最高;从磁极中心向两侧的气隙则逐渐增大,磁密逐渐减小。因为凸极离心力较大,所以适宜用于中低速的水轮发电机和柴油发电机。游艇上柴油发电机多采用凸极式的。

各磁极励磁线圈连接后构成同步发电机的直流电路,各励磁线圈之间的连接极性应使得所产生的磁极极性 N、S 相间。为从外部将直流励磁电流引入旋转的励磁线圈中,需将励磁绕组的两个出线端分别接到固定在转轴上的两个滑环上。两个滑环彼此绝缘并与轴绝缘。通过固定的电刷装置与花环的滑动接触将直流电流引入励磁线圈。

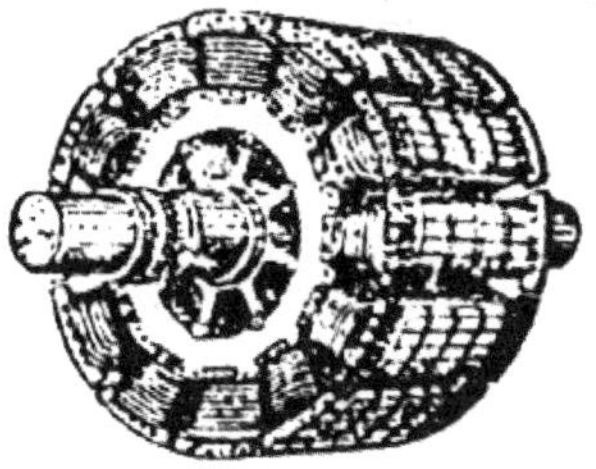

图 2－1－3　凸极式转子

有些磁极铁芯顶面圆周槽内还嵌放短路的鼠笼条,称为阻尼绕组。阻尼绕组对暂态过程中可能引起的转子振荡起阻尼作用,有增强同步发电机并联运行的稳定性、抑制柴油机的谐波转矩和加大自整步力矩等作用,同时它也能提高发电机承担不对称负载的能力。同步发电机阻尼绕组也是作为异步启动的“启动绕组”。

二、同步发电机的基本类型

1. 按同步发电机定子和转子的结构及作用不同分类

(1)旋转电枢式

旋转电枢式的定子是磁极,磁极固定在铁芯机壳(磁轭)上,转子是电枢,转子铁芯圆周槽内嵌放对称的三相电枢绕组,三相绕组的三个出线端和中线分别接到固定在轴上的彼此绝缘的四个滑环上,通过电刷机构对外引出三相四线。

(2)旋转磁极式

有些小容量的同步发电机和特殊用途的发电机(如励磁机)采用旋转电枢式。

高压、大容量的同步发电机一般采用旋转磁极式;游艇上发电机采用旋转磁极式。

2. 按同步发电机的励磁电源的不同分类

(1)自励发电机

自励发电机是指以发电机本身的电枢绕组(或辅助绕组)为励磁电源的发电机。这种励磁系统是将发电机交流电经二极管整流变成直流后引入励磁绕组。图2－1－4是一种自励方式的单线原理图,自励发电机通常是靠磁极的剩磁进行初始启动建压的。

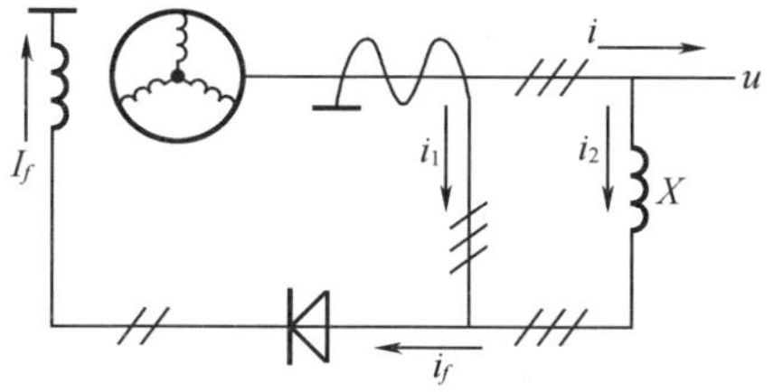

图2－1－4 自励同步发电机

(2)他励发电机

他励发电机是指设有专用励磁电源的发电机。这种专用励磁电源通常是与发电机同轴的一个小容量的直流或交流的励磁(发电)机。直流励磁机在船艇上几乎不再采用,大多采用旋转电枢式小型同步发电机作为励磁机。这种励磁机的旋转电枢发出三相交流电,通过与之同轴旋转的二极管整流器变成直流后直接引入发电机转子励磁绕组。由于它省去了滑环电刷机构,故称为无刷同步发电机。发电机与励磁机之间的励磁关系如图2－1－5所示。他励发电机由于没有电刷机构,从而提高了运行的可靠性,并减轻了维修的负担。其中,励磁机是放大系数很大的环节,调压器小而可靠。其缺点是发电机轴向尺寸因同轴励磁机而增大,励磁机具有较大的电磁惯性,动态特性较差。游艇上的发电机采用的就是无刷同步发电机。

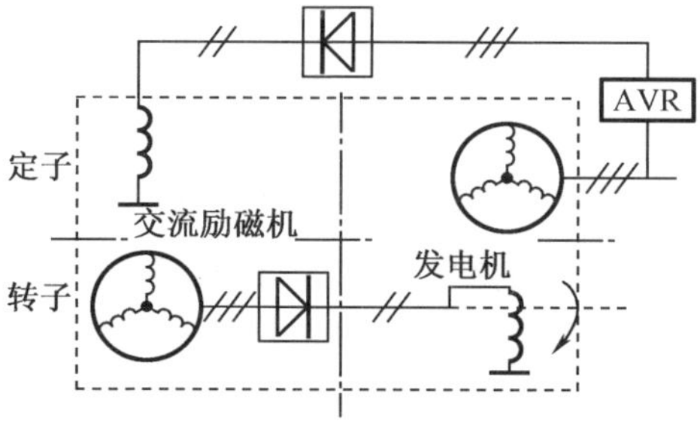

图2－1－5 无刷同步发电机

三、交流同步发电机工作原理

现以旋转磁极式三相交流同步发电机为例介绍交流同步发电机的工作原理。

1. 空载运行

向转子励磁绕组通直流励磁电流,在励磁绕组上产生固定磁场 Φ_f,其转子在柴油机原

动机拖动下转速 n 达到同步转速 n_0，该励磁磁场 Φ_f 切割处于开路的定子三相对称电枢绕组，在三相对称电枢绕组产生三相对称空载感应电动势 e，其瞬时值为

$$e_U = E_m \sin \omega t$$
$$e_V = E_m \sin(\omega t - 120°)$$
$$e_W = E_m \sin(\omega t - 240°)$$

其中 e_U——U 相正弦空载电动势瞬时值；

e_V——V 相正弦空载电动势瞬时值；

e_W——W 相正弦空载电动势瞬时值。

同步发电机中每相感应电动势的有效值为

$$E_0 = \frac{E_m}{\sqrt{2}} = 4.44 f N \Phi_0 k_w$$

式中 f——发电机频率，我国的额定频率为 50 Hz；

N——每相绕组的总的串联匝数；

Φ_0——每极基波磁通，Wb；

k_w——电枢绕组分布系数，$k_w < 1$；

E_0——励磁电动势，由励磁磁极的主磁通 Φ_f 切割电枢绕组而产生。

其中感应电动势的频率取决于同步发电机转子的转速 n 和磁极对数 p。当转子旋转一周，若转子为一对磁极，绕组中感应电动势交变一周；同理，若发电机转子有 p 对磁极，则感应电动势交变 p 次，故感应电动势的频率为

$$f = \frac{pn}{60}$$

发电机在制成之后，磁极对数 p、每相绕组总匝数和电枢绕组分布系数为一个定值，用 $k_e = 4.44 N k_w p / 60$ 表示，则每相空载电动势可写成

$$E_0 = k_e \Phi_0 n$$

可见，空载电动势与主磁通和转速变化有关。一般原动机转速一定时，主磁通随着励磁电流的变化而变化，空载电动势与励磁电流大小呈线性关系。

2. 带载运行

当交流三相同步发电机带负载后，三相定子电枢绕组构成闭合回路，产生三相对称定子电枢电流，加之定子上有空间相位差的三相对称绕组符合产生旋转磁场的条件，因此在气隙中产生旋转电枢磁场，该磁场的旋转方向、转速大小与转子的磁场相同。此时定、转子间旋转磁场相对静止，气隙中的磁场是定、转子旋转磁场的合成。由于电枢磁场在气隙中的出现，发生了电枢反应，定子绕组中感应电动势的大小也会发生相应的变化。

四、电枢反应及外特性

1. 电枢反应

当交流同步发电机空载运行时，气隙中只存在励磁磁场 Φ_f，没有电枢电流，因此没有产生电枢磁场，不存在电枢反应。当交流同步发电机外接负载时，由电枢绕组上电枢电流产生电枢磁场 $\dot{\Phi}_a$，其对励磁磁场 Φ_f 的影响为电枢反应。

当外接负载性质发生变化时，会导致不同的电枢反应。

（1）当外接为纯电阻性负载时，发电机电枢电流 $\dot{I}_a$ 与空载电压 $\dot{E}_0$ 同相产生的电枢反

应称为交轴电枢反应，其各个参数相量关系如图2－1－6所示，电枢反应后磁场为 $\dot{\Phi}$。引起磁极轴线偏移，当磁路饱和时，同时呈现略去磁电枢反应。

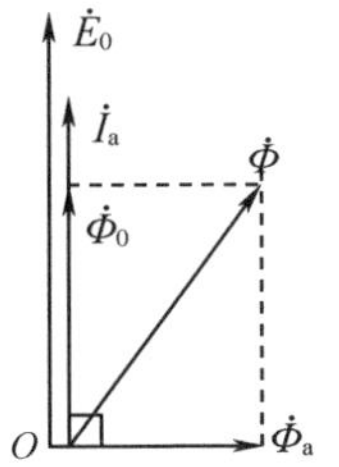

图2－1－6　纯电阻性负载的电枢反应向量示意图

(2)当外接为纯电感性负载时，发电机电枢电流 $\dot{I}_a$ 滞后空载电压 $\dot{E}_0$ 成90°产生的电枢反应称为直轴去磁电枢反应，其各个参数相量关系如图2－1－7所示，电枢反应后磁场为 $\dot{\Phi}$。去磁电枢反应会引起发电机端电压下降。

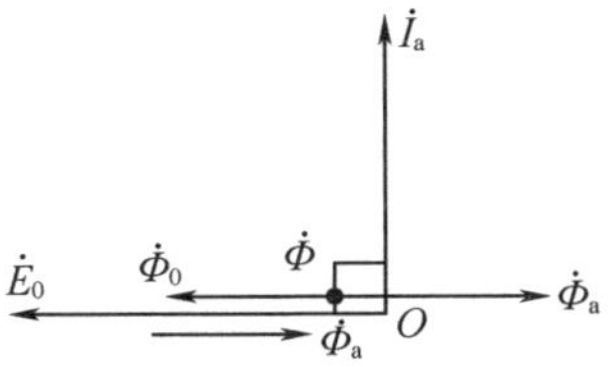

图2－1－7　纯电感性负载的电枢反应向量示意图

(3)当外接为纯电容性负载时，发电机电枢电流 $\dot{I}_a$ 超前空载电压 $\dot{E}_0$ 成90°产生的电枢反应称为直轴增磁电枢反应，其各个参数相量关系如图2－1－8所示，电枢反应后磁场为 $\dot{\Phi}$。增磁电枢反应会引起发电机端电压上升。

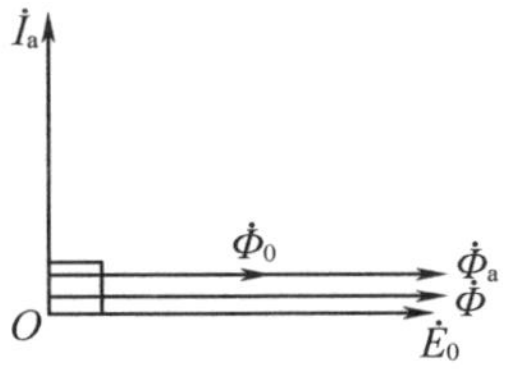

图2－1－8　纯电容性负载的电枢反应向量示意图

实际负载并非纯电阻、纯电感、纯电容性负载，而是感性负载或者容性负载，因此当接实际负载时，可能同时产生交轴电枢反应与直轴去磁电枢，或交轴电枢反应与直轴增磁电枢反应，进而引起发电机的端电压发生变化。

2. 外特性

外特性表示发电机的转速为同步转速，励磁电流和负载功率因素保持不变时，发电机的端电压与电枢电流之间的关系。

图2－1－9表示带有不同功率因数的负载时，同步发电机的外特性曲线。电枢反应的去磁作用和漏阻抗压降因素影响，导致接感性负载和纯电阻性负载的发电机外特性为下降的特性。电枢反应的增磁作用，导致接容性负载的发电机外特性为上升的特性。

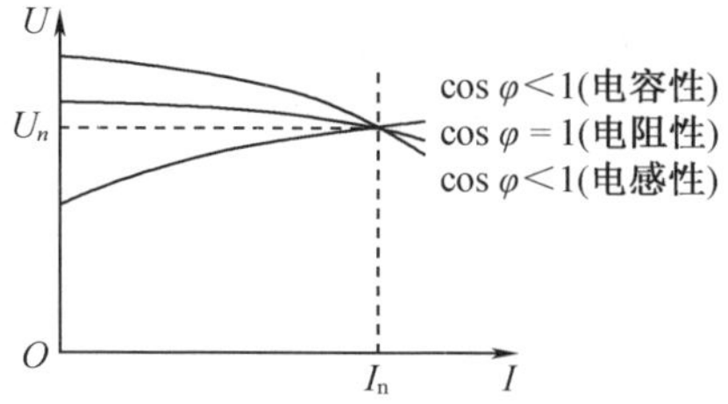

图 2－1－9　不同功率因数的负载时，同步发电机的外特性曲线

五、励磁恒压装置及调节特性

1. 励磁恒压装置

当游艇电力系统由于电枢反应导致该系统的电压偏离额定值，使用电设备的效率降低，偏离额定值较大时，运行工况会恶化，可能导致设备损坏或相关保护电器动作使发电机跳闸，进而造成全游艇电力系统停电事故。

根据自动调节的原理的不同，励磁调节装置可分为按电压变化调节励磁电流的可控硅励磁自动调整装置、按负载电流变化调节励磁电流的不可控相复励自动调整装置，以及按电压偏差和负载电流变化调整励磁电流的可控相复励自动调整装置，各种励磁调节装置有各自的优缺点。现以不可控相复励自动调整装置为例讲解其原理，如图 2－1－10 所示。

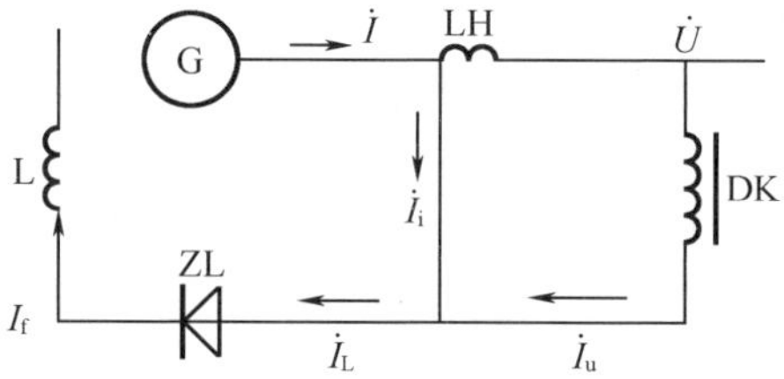

图 2－1－10　不可控相复励自动调整装置

为了实现不仅能根据负载电流大小调整励磁电流，同时也能根据负载性质发生调整励磁电流，采用了电流叠加相复励调整装置。该调整装置基本符合端电压 $\dot{U}$ 的变化和调压规律。

（1）当负载电流 $\dot{I}$ 发生变化而引起端电压 $\dot{U}$ 下降时，可通过电流互感器 LH 使 $\dot{I}_i$ 发生变化，进而引起励磁电流的变化。

（2）当负载性质发生变化时，交流励磁电流 I_L 通过 $\dot{I}_i$ 与移相电抗器 DK 输出的 $\dot{I}_u$ 的关系调整（平行四边形法则），从而实现励磁电流调整，保持端电压在一定的范围内，保证游艇电气设备的正常工作。

2. 调节特性

静态电压调整率是同步发电机运行的一个重要指标。实际使用时需要根据发电机外接负荷变化通过励磁恒压装置不断地调整励磁电流，使其发电机输出电压稳定。同步发电机在额定转速和一定的负载功率因素下，为了保持端电压基本不变，励磁电流 I_f 随负载电流 I 而变化的关系 $I_f = f(I)$ 称为交流同步发电机的外特性。

根据同步发电机的外特性特点，不同的负载性质和负载电流的大小，完成相应励磁电流的调整实现同步发电机的端电压基本不变。图 2－1－11 所示为不同功率因素负载时的交流同步发电机的调节特性曲线。从图中可以看出：纯电阻性和感性负载随着负载电流增大而增大励磁电流，电容性负载随着负载电流增大而减小励磁电流。

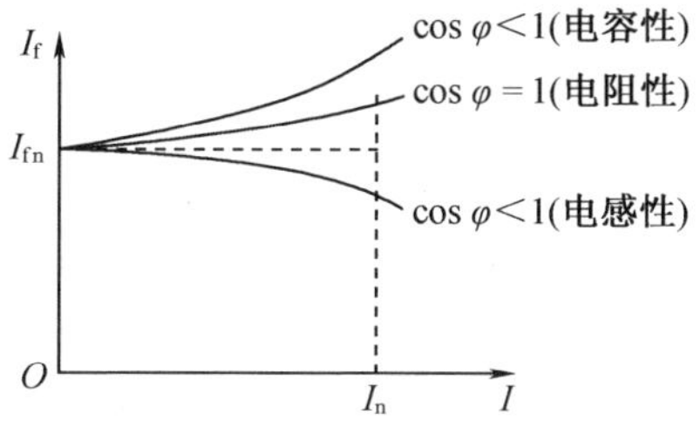

图 2-1-11　发电机的调节特性

模块二　蓄　电　池

《游艇入级与建造规范(2020)》对游艇蓄电池组有以下技术要求：

(1)凡以蓄电池组作为电源的游艇，如果蓄电池组的额定容量有合理的余量，而无须在航行期间充电，则游艇上可不配充电装置，但应设有岸电充电装置。另外若能满足主机启动要求，也可作为主机的启动蓄电池组。

(2)蓄电池组应安装在舱底水水位以上的干燥、通风的部位。蓄电池的安装方式应考虑到游艇的预定用途，限制其水平和垂直移动。对于已安装的蓄电池，当其经受相当于蓄电池重力两倍的力时，其在任何方向上的移动幅度不应大于 ±10 mm。

(3)安装在艇上的蓄电池应在倾斜 45°时，其电解液不会漏泄；应设有在蓄电池处于正常工作位置时用于容纳任何溅出电解液的设施。

(4)蓄电池的安装位置应能防止受到机械损伤。

(5)蓄电池不应安装在燃油箱(柜)或燃油滤器的直接上方或直接下方。

(6)安装在蓄电池顶部上方 300 mm 之内的燃油系统的任一金属部件均应以介质材料予以绝缘。

(7)蓄电池电缆接线端不应借助于弹性拉力作为其与蓄电池接线端子的机械连接。

(8)酸性和碱性蓄电池不应安装在同一围蔽处所内。开关、熔断器和其他容易产生电弧的电气设备不应安装在蓄电池组处所内。

(9)蓄电池组的安装位置应与艇壳保持一定距离。

(10)充电功率大于 2 kW 的蓄电池组，应安放在专用舱室内，也可安放在开敞甲板上的箱或柜中。

(11)装有透气型蓄电池组的室、箱或柜通风装置的排气量应不小于

$$Q = 0.11In$$

式中　I——产生气体期间的最大充电电流，但不小于充电设备能够输出的最大充电电流的 25%，A；

n——蓄电池数量。

(12)装有阀控密封型蓄电池的室、箱或柜的排气量可减少至(11)规定排气量的 25%。

(13)对于帆艇，蓄电池应是密封型。

游艇小应急照明，操纵仪器和无线电设备的电源均采用蓄电池供电，游艇须设置充放电板对蓄电池进行充电、放电，实现用电设备正常供电。

游艇小应急电源使用的蓄电池有酸性（铅）蓄电池和碱性（铁镍、铬镍）蓄电池两种。游艇一般采用酸性蓄电池，主要是因为其具有体积小、价格低廉、维护方便等优点。

蓄电池的主要用途：

（1）作为小应急电源（应急照明、航行灯）及内部通信电源。

（2）作为柴油发电机的启动电源。

（3）作为无线电收发报机的电源等。

游艇所用蓄电池如图 2-2-1 所示。

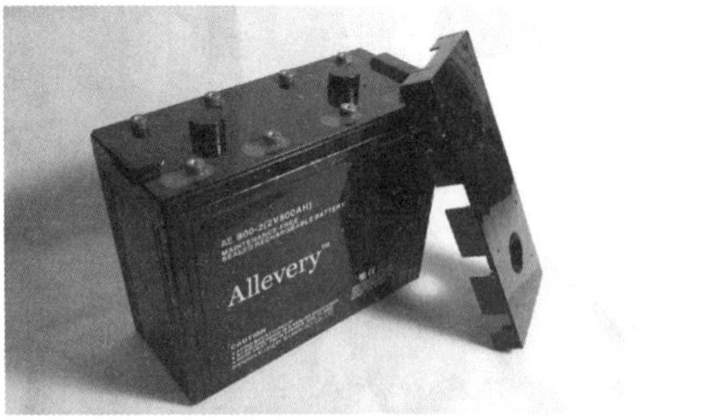

图 2-2-1　游艇所用蓄电池

一、蓄电池结构

酸性蓄电池主要由正极板、负极板、隔板、电池盖、电解液、加液孔盖和电池外壳等部分构成，其外形结构如图 2-2-2 所示。

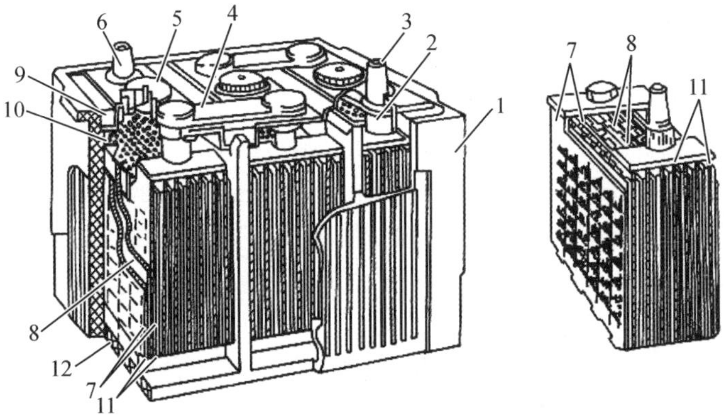

1—蓄电池外壳；2—电极衬套；3—正极柱；4—连接条；5—加液孔螺塞；6—负极柱；7—负极板；
8—隔板；9—封料；10—护板；11—正极板；12—肋条。

图 2-2-2　蓄电池的构造

电池槽是盛储电解液和支撑极板的容器，由硬胶或各种塑料制成，具备耐酸绝缘、强度高等特点。电池槽的大小以电池设计的容量而定，一般情况下，电池槽体积大、容量大；体积小、容量小。

隔板起隔离作用，放在蓄电池正负极之间，防止正、负极板短路，由允许离子穿过的电绝缘材料构成，通常用 PF 隔板、橡胶、塑料、复合玻璃纤维隔板、AGM 隔板等。自身具有较高孔率，孔率占隔板体积的 50% ~80%。隔板具备耐酸和耐氧化性强等条件。隔板使正、负两块极板互相绝缘，其上有小孔，以利于电解液流通。

极板分为正极板和负极板：正极板是二氧化铅（PbO_2），颜色为棕色、棕褐色、红褐色；负极板是海绵状铅（Pb），颜色为灰色、浅灰色、深灰色。极板是蓄电池的核心部件，被誉为蓄电池的“心脏”。因此酸性蓄电池又称作铅酸蓄电池。

二、蓄电池工作原理

酸性蓄电池是利用铅、二氧化铅和硫酸的化学反应来储存和释放电能的装置。它的工作原理可用如下化学方程式表示：

$$\underset{(正极)}{PbO_2} + \underset{(电解液)}{2H_2SO_4} + \underset{(负极)}{Pb} \rightleftharpoons \underset{(正极)}{PbSO_4} + \underset{(电解液)}{2H_2O} + \underset{(负极)}{PbSO_4}$$

当蓄电池的正、负极板同时和硫酸溶液接触时，在正、负极之间即产生2 V左右的电动势，此时若外电路接通将产生放电电流。同时正极板和负极板与硫酸起化学反应，逐渐变成了硫酸铅（$PbSO_4$）。当正、负极板都变成同样的硫酸铅后，蓄电池就不能再放电了，此时需要对蓄电池充电，使其恢复原来的二氧化铅和铅。蓄电池的充电和放电是可逆的。

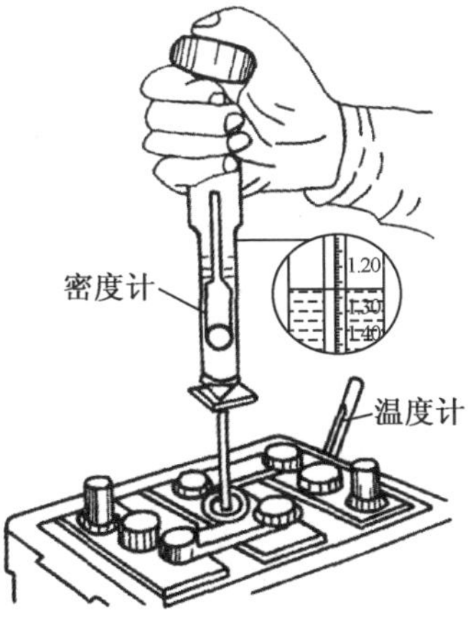

图2-2-3 用比重计测量比重

通过化学方程式可以看出：蓄电池放电时会产生水，电解液相对密度降低；充电时生成硫酸，相对密度增加。根据这个原理，可用比重计（图2-2-3）来测量电解液的相对密度，以此掌握蓄电池的充、放电情况，也可以估计蓄电池电动势的大小。蓄电池的电动势与电解液相对密度有关，相对密度高，电动势也高，二者的关系可用经验公式表示如下：

$$E = 0.84 + \rho$$

式中 E——蓄电池的电动势；

ρ——电解液的相对密度。

例如，蓄电池充电完毕，将外电路断开，测得相对密度为1.285时，可估算出电动势$E = 0.84 + 1.285 = 2.125$ V。

一个充足电的蓄电池，连续向外输出恒定的电流，从开始一直到放电终了，其电流与放电时间的乘积叫作蓄电池的容量。容量是描述蓄电池储存电能能力的物理量，单位为A·h。容量用充足电的蓄电池放电到规定终了电压（一般为额定电压的90%）时所放出的能量来表示，以放电电流与放电时间的乘积描述，即

$$Q = It$$

酸性蓄电池通常以10 h的放电电流为标准放电电流（即经过10 h使蓄电池放完电的放电电流），因此，额定容量被定义为在电解液温度为25 ℃，以10 h放电电流连续放电至终了电压时所输出的容量。例如，200 A·h容量的酸性蓄电池是指能以20 A的电流放电10 h。

蓄电池的容量与放电电流的大小及电解液的温度有关。如果酸性蓄电池过放电，不仅会降低容量，而且会严重影响蓄电池的寿命。碱性蓄电池一般是以8 h的放电电流作为标准放电电流。

酸性蓄电池的电解液为相对密度为1.285的稀硫酸。配置调整用酸性电解液的正确操作方法是：戴橡胶手套和防护眼镜，选择盛放器皿，将硫酸缓慢倒入蒸馏水中并慢慢搅拌，使用比重计测量电解液的相对密度。

三、游艇蓄电池充电器

游艇电力系统使用交流发电机、蓄电池、逆变器、电池隔离器、远程控制面板、电池监测

仪、电源管理系统，就可成为一套先进的游艇电力系统，如图2-2-4所示。

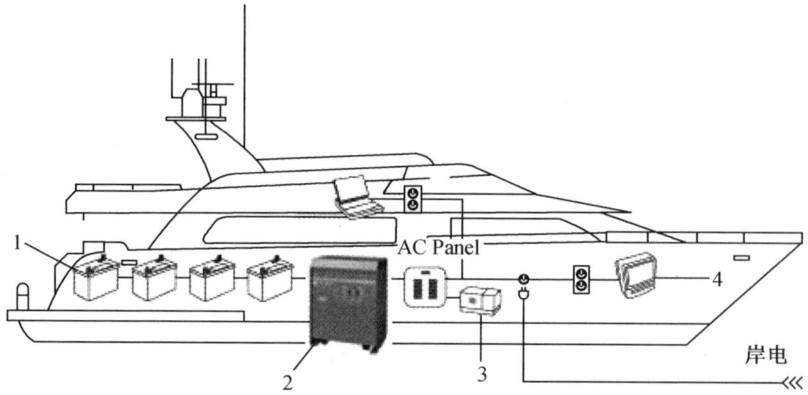

1—电池组；2—逆变/充电器；3—发电机；4—交流负载。

图2-2-4　游艇电力系统

在低负载工作时段，游艇电力系统主要由后备的电池组逆变成交流电供负载使用。在用电高峰期，则使用交流发电机、直流发电机（在发动机未关闭的情况下）来进行组合供电，同时对电池组充电。在游艇靠岸时，通过岸电提供负载及充电所需的电力。这种混合的电力系统降低了发电机的使用频率。

系统在发电机和市电之间可自动切换，优先使用发电机电力。

一套智能式的供电系统，当用电高峰期来临时，无需人工操作，逆变器会自动启动交流发电机。当负载功率下降，交流发电机也将被自动关闭，同时在电池低电压时也会自动启动发电机，当电池充满后自动关闭发电机。

电池组合器会自动隔离启动电池与后备电池组，以防止电池供电模式下，向启动电池取电。并且若启动电池损坏或亏电，只需合上电池组合开关就可利用后备电池组来启动发动机。

1. 充电功能

对电池充电是从市电或发电机对电池注入电流，电池的电量可在以后使用，许多电池充电器只有大电流充电功能，很少有电压调整功能，它们对低电压的电池充电还可以，但不适合长期把电池置于充电状态，Victron充电器具有四段式充电功能（Skylla I系列有7阶段充电曲线），有利于快速充电，延长电池使用寿命。

2. 充电模式

（1）三段式充电模式

①第一阶段（快充，bulk）以充电器最大（100%）的输出电流对电池快速充电，充电时间取决于电池容量和开始充电时的电池状态。

②第二阶段（均充，absorption）从电池达到90%（湿电池为80%）开始。这阶段大约持续4 h（AGM和gel电池），电池充至100%。

③电池充满后，充电器自动转到第三阶段（浮充，floating），电池维持在最佳状态同时对连接的负载供电，如果使用电流超过充电器可供应的电力，电池开始部分放电，充电器自动转到第一阶段，如果使用负载减少，充电器再次转到第三阶段充电系统。

(2) Victron 充电器

①Victron 的四段式充电模式。

Victron Phoenix 系列充电器如图 2-2-5 所示，在传统的三段式充电基础上，引入第四阶段存储 Storage 模式，在电池长期没有使用时，无须维护和避免老化，当电池在 24 h 内没有放电，充电电压降为 2.2 V/CELL，减少气化和极板的腐蚀，一周后进入 absorption 均充模式，此特性避免了电解溶液的分层和硫化，这往往是早期电池损坏的主要原因。这样 Phoenix 系列充电模式采用自适应四阶段充电特性：快充—均充—浮充—存储。Phoenix 充电器采用微处理器控制的自适应电池管理系统，可以预先设置适合不同类型的蓄电池，自适应特性会根据电池使用状态来优化充电过程。

图 2-2-5 Phoenix 系列充电器

②充电器可充电电池的类型。

Victron 充电器可对加水、密封免维护铅酸蓄电池和胶体蓄电池进行充电，对不同类型的充电器可设置不同的充电参数，保证最佳的充电模式。部分型号（如 Blue power IP65 和 Skylla I 系列）适合对锂电池充电。

③不同组蓄电池充电。

大多数的 Victron 充电器含有对启动蓄电池的小电流充电输出，一些型号有三个额定电流输出口，可同时分别对三组蓄电池进行充电，配上电池分离器还可对多组电池进行充电。

④温度传感器。

以正确的电压对蓄电池充电是非常重要的，温度低的电池需要稍高的电压，温度高的电池则需要较低的电压以避免过充，Victron 充电器默认设置电池温度是 25 ℃，用温度补偿可消除氢气与氧气混合气体的形成，温度传感器连接到充电器上后，电压变化为 30 mV·℃$^{-1}$（对 12 V 电池）和 60 mV·℃$^{-1}$（对 24 V 电池），这对应于大多数电池厂家的建议。例如：15 ℃时，对 12 V 系统最大充电电压为 14.55 V；30 ℃ 时，对 12 V 系统最大充电电压为 14.1 V，当温度降低到 12 ℃以下时，电压不再上升，同样地，充电电压减到 12 V 或 24 V；当温度上升到50 ℃时，为避免过充，温度传感器可确保对电池快速和安全地充电。

⑤充电器并联使用。

如果需要增加输出电流，Victron 可以并联使用。例如：Skylla 24 V/100 A 输出为 100 A，如要求充电电流 200 A，可两台并联使用，并联使用不需要增加其他设备，同单台使用一样，每台充电器由各自的输出电缆连接到电池上，其中一台可先比另一台转到均充模式，这种现象是正常的，如果需要并联使用，建议使用同一型号的充电器。

新型号 Skylla I 系列充电器支持同步并联运行，几台充电器可通过 CAN 接口同步并联运行，以达到更大的输出电流，几台充电器可通过 RJ45 线缆连接，并联的机器同步充电，对外相当于一台充电器。

⑥Victron 电池充电器的优点。

Victron 在 20 世纪 90 年代以前，人们通常使用半自动电阻特性的充电器，电池往往充不满，Victron 公司率先推出的高频开关技术的充电器改变了这一切，其应用先进的微处理器技术结合多种性能，可精确地对电池进行充电，自动调整电压/电流，可使电池 100% 充满，温度感应和电压检测保证了在任何温度下快速和安全地充电，极大延长了电池寿命，确保电池处于完全充满状态，充电器由耐用的材料制作而成，全铝外壳可避免腐蚀，易于安装。

⑦Victron 蓄电池充电器的应用。

Victron 的几款充电器内有自动的调压装置，可应用于全球各地的电力系统。

例如，欧洲电力为 230 V/50 Hz（英国 240 V），日本电力为 110 V/60 Hz。同时，美国和加勒比海地区用 110 V/60 Hz，尽管有这些不同，Victron 的几款充电器输入电压范围为 90 ~ 265 V，频率为 50 和 60 Hz，对全球电力系统都适用。

3. 蓄电池充电器对电子设备的影响

市面上常见的开关模式充电器 RFI 滤波、EMC 滤波不足，温度高时，充电不足，由散热不足导致的箱体温升是产生这些现象的原因，Victron 充电器在输出时产生很少的波纹，对其他电子设备不产生干扰，内部智能的风道设计使箱体保持低温，此外，该箱体结构粉尘不会接触敏感器件，从而影响使用寿命。

4. 充电连接电缆

(1)连接电缆线径要求

当计算电池连接线径时，每 3 A 的电流需要 1 mm^2 的电缆。例如，50 A 的充电器需要 $50/3=16.6$ mm^2 的电缆，标准接近的电缆为 16 mm^2，这适合于充电器和逆变器最大距离为 3 m；对于更长距离，需要更粗的电缆或连接电压检测线，如果充电器和逆变器距离为 10 m，则最好用 25 mm^2 的线。

(2)电压检测

不管线径大小，电缆都有电阻，因此充电器和电池之间有电压损耗，电压损耗取决于线径大小和充电器的电流，充电器通常检测输出端子的电压，其减去电压损耗等于电池端的电压，过多的电压损耗会引起充电器提早进入均充阶段，延长充电时间。为了补偿电压损耗，在充电器和电池两端连接检测线，确保充电器检测的是电池两端的电压，而不是充电器端子的电压，以保证充电器快速和有效地充电。

5. 蓄电池充电器的型号

原则上，充电器电流为电池容量的 10% ~25%，可确保快速和安全地对电池充电：对胶体电池，充电电流可为 50% 的电池容量；对锂电池，充电电流取决于不同厂家的产品，充电电流为0.3 ~3 A。

四、逆变器

1. 逆变器/逆变电源

(1)定义

电气系统使用两种类型的电流：交流电(AC)和直流电(DC)，20 世纪八九十年代，用发电机或岸电交流是非常普遍的，然而交流电不能在电池中存储。现在，随着高效率逆变器的推出，游艇上的生活设施电器由逆变器供电，逆变器把电池中的直流电转换成家用电器的交流电。

(2)使用逆变器的优点

单位功率的交流电源，逆变器比发电机价格高，但是除了明显的“安静电源”的优点，还有其他吸引人的优点可以解释在发电机系统中加入逆变器/充电器：

①节省燃油；

②由于减少维护带来成本和时间的节省；

③延长发电机寿命；

④全天候可用的交流电。

另外，大多数 AC 电器比用直流电的电器价格低、质量更好。

(3) Victron 逆变器

Victron 逆变器提供输出低谐波的正弦波、体积小、质量轻和静音的逆变器，新一代超薄开关技术的正弦波逆变电源为 180 V ~ 10 kVA，以往的产品效率低、畸变大，新技术的采用改变了这些缺点，任何 230 V/50 Hz 和 120 V/60 Hz 的电器设备都可以连接到逆变器上而没有任何干扰(如嗡嗡声和 TV 电视噪音)。

(4) Victron 逆变器消耗能量

由于 Victron 逆变器的效率为 92%，在转换过程中只有 8% 的消耗，当 12 V 的逆变器连接到 850 W 的咖啡炉，电力消耗是 850 W + 另外 68 W(850 W 的 8%)逆变器的损耗，总计是 918 W，但是，5 min 实际消耗的只有 0.76 kW · h(918 × 5/60/1 000)，最后，必须包括逆变器和电缆的损耗，因此，简单的规则是负载容量除 10。

(5)逆变器从蓄电池吸收电流

逆变器从蓄电池吸收电流取决于连接在逆变器上的负载大小，简单规则：如 12 V 系统，负载容量除 10；24 V 系统，负载容量除 20。例如：400 W 负载连接到 12/1 200 的逆变器，消耗是 400/10 = 40 A，这只是大约值，实际消耗往往会减少 5% ~ 15%(取决于负载类别)。

(6)逆变器/充电器与独立的逆变电源和充电器相比的优点

Victron 逆变器/充电器除结合了单独的逆变器和充电器的功能外，还有额外的优点：首先，节省空间，只需一台设备就能达到两台设备的功能，并内置了转换开关；其次，节省费用，买一台组合的逆变器/充电器比单独购买逆变器和充电器的费用要少，Victron 逆变器/充电器把两者功能安装在一个紧凑的柜体内。

2. 逆变器的应用

逆变器在游艇上的应用如图 2-2-6 所示。

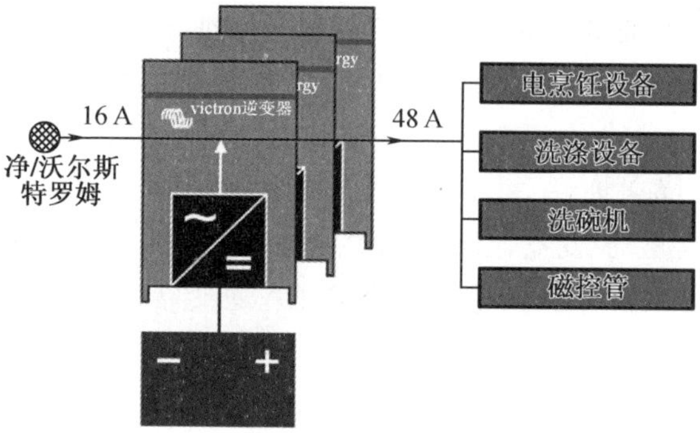

图 2−2−6　逆变器在游艇上的应用

(1)逆变器带小型空调

逆变器可以带动小型空调,但有些限制:首先,小的空调为 4 500 ~ 6 000 Btu①;其次,是使用时间受限制,当逆变器容量和电池组容量足够时才能有充足的制冷性能;最后,选择逆变器容量要考虑到空调的冲击功率是额定功率的 5 倍。

(2)逆变器供电 AC 设备

几乎所有设备都可以连接到 Victron 逆变器上,但在实际应用上会有些例外,如电池安装空间的限制,电加热器或空调也可以使用 Victron 逆变器,但通常需要安装较多的电池,而安装空间又不允许。通常消耗电力在 3 kW 以下比较适合使用 Victron 逆变器。

(3)Victron 逆变器带电脑负载

当市电输入下降,Victron 逆变器会自动切换到电池逆变供电,切换时间很短,不会引起电脑中断,当市电恢复后,系统转到充电模式,由市电对电脑供电,即 UPS 功能。

(4)Victron 逆变器带洗衣机

Victron 逆变器可以带动洗衣机,在洗衣周期内,平均消耗 80 ~ 100 A · h/12 V 的电池,一般来说,电池容量需要 600 A · h/12 V 或 300 A · h/24 V。

(5)Victron 逆变器带微波炉

800 W 的微波炉消耗 1 200 W 或 1 300 W 的电力,选用逆变器时要注意,除了这点,微波炉的消耗不高,使用 5 min 微波炉只消耗 8 ~ 12 A · h/12 V 的电池容量,可以同时使用烤炉,但随着耗电量的增大,可能要至少 12 V/400 A · h 的电池组。

(6)两台 Victron 逆变器并联使用

由于电池的扩充或用电设备的增多,现有的逆变器容量不足或充电电流太小,这时可以用一台新的逆变器与原有逆变器并联,这样可以使逆变输出容量加倍和增加充电电流,无须增加额外的设备,只需要一条电缆把两台逆变器连接在一起。Victron 逆变器最多可以单相并联到 10 台,同时还可以连接成三相输出,因此,单台 10 kVA 的逆变器可最多连接成 300 kVA 的三相供电系统。

3. Victron 逆变器的特点与优势

同国内相关产品相比,Victron 逆变器的特点与优势如下:

---

① Btu 为英热单位,1 Btu = 1.055 kJ。

①体积小、质量轻,是国内同类产品质量的1/4。

②多达6台的并机和三相连接性能提供无限制的功率输出;启动功率大,特别适合如冰箱、压缩机、电动工具等负载,传统的高频技术不能提供类似性能。

③电脑接口,逆变器可通过 CCGX 面板来监控工作状态。

④PH-M 型号充电电流大,适合大的电池组,特别适合在需频繁充放电的移动电源场合,如船、车等。

⑤Quattro 型号支持双路交流输入(发电机和市电),自动选择有效输入。

⑥电力控制(power control)和电力辅助(power assit)功能。

⑦四阶段充电模式(带充电型号)。

⑧环形变压器,体积小,无噪音,效率高。

4. DC-DC 变换器

(1)定义

每一种电器设备都有它自己的输入电压,或 12 V、24 V、48 V。每一种电压都有自己的优点,应用 DC-DC 变换器可以实现所需的各种电压,通常在 40 尺[①]以上的船安装 24 V 系统,但 24 V 直流系统供电不能直接在 12 V 的电器(如导航通信设备、冰箱和电视)上使用,应用 DC-DC 变换器可以解决这些问题。

(2)DC 变换器的隔离功能

直流隔离功能是在输入和输出之间滤除电池和负载的电气噪音,简单的变换器有共同的负极(不会过滤干扰信号),如果需要的变换器是安全和不会受输入 DC 的干扰的,则需要输入、输出的 DC 正负极是隔离的,相互之间是没有连接的。

(3)大型船舶上使用 24 V 的系统

使用 24 V 的系统可提高系统效率,同时可以安装高耗能的设备(如船首推进器),也可减少电缆线径(减少成本),而 12 V 电器可使用 DC 变换器来供电。

5. 修正正弦波与正弦波逆变器所带负载的区别

修正正弦波逆变器不适合带感性负载,如冰箱、微波炉、电磁炉、激光打印机等,对电视机负载有屏幕干扰,音响有背景噪音,另外对精密仪器设备也有干扰甚至影响设备的使用性能。VTN 正弦波逆变器则适合各类负载,它启动功率大(额定容量的两倍),该特性尤其适合感性负载,可以满负载连续使用,不会影响电源的寿命。

五、蓄电池隔离器

电池隔离器(battery isolators),又叫双电池隔离器、双电瓶隔离器、双电瓶保护器、双电池分离器,是把两组或多组蓄电池连接在一起,充电时多个蓄电池可以一起充,但放电时电池之间分别放电相互不影响的一个蓄电池连接装置。

1. 电池隔离器应用及工作原理

电池隔离器目前主要应用于越野车、房车旅居车、特殊用途车、游艇等。

在游艇上,一般使用一组蓄电池(主电池)供游艇启动和小功率电气设备使用。但如果

---

① 1 尺≈0.333 m。

增加更多的用电设备,如灯、音响等,甚至电视、视频监控、空调、冰箱、洗衣机、微波炉等,那么显然一组蓄电池是不够的,而且很容易把原游艇主电池的电耗尽,这样游艇就没法启动了。此时需要增加电池,加大电池容量。一般我们把增加的电池叫作副电池。有些人直接把副电池和主电池并联,这也是不可取的。主副电池直接并联,虽然电池总容量增加了,但副电瓶没电时,主电瓶就也没电了。

要解决这样的问题,就需要一个电池隔离器。电池隔离器的主要作用就是使两个电池同时充电,分开使用,电池容量可以不一致。

具体如下:

(1)充电时,把主副两组电池并联起来,一起充电。一般是优先给主电池充电,主电池电量充满后,自动为副电池充电,不影响用电设备供电。

(2)未充电或放电时,电池隔离器会自动把主副两组电池隔离开来,副电池放电时,主电池不放电,不用担心缺电无法发动引擎。

(3)当主电池损坏或亏电时,有个应急辅助开关,可以借副电池的电。这个应急辅助开关的原理,其实就是在未充电或放电时(正常情况下,此时主副电池是隔离开的),把主副两组电池强制并联在一起,副电池作启动电池。

例如 Cyrix 电池隔离器,其工作原理:当 Cyrix 检测到任意一组的电压下降到一定电压值(该值可设定),充电电源开始工作(12.8 V 延时 10 min,11.8 V 延时 4 s),Cyrix 内时间继电器经延时闭合,同时对两组电池充电,当一组电池的电压上升到一定值时(13.0 V 延时 10 min,13.8 V 延时 4 s),Cyrix 内时间继电器经延时打开,两组蓄电池充电电源断开。

Cyrix 电池隔离器的使用:如果连接两组电池,需要一个 Cyrix 电池隔离器;如果连接三组电池,则需要两个 Cyrix 电池隔离器。

2. 电池隔离器的分类与比较

电池隔离器目前主要有二极管式和继电器式两类:

(1)二极管式

其优点是简单,价格低。缺点是有电压降,接线较麻烦,有时要改动原有线路,因为有一条感应线要接到打火开关处。有些还要求副电池不能比主电池大。

(2)继电器式

其优点是无电压降,可靠性高;接线较简单,不用接打火开关线,不改动原线路;副电池可以比主电池大。缺点是价格较高。

目前国内品牌多为二极管式,国外有些是继电器式的。从发展趋势看,继电器式最终会完全替代二极管式。

Cyrix 隔离器与二极管型的隔离器的区别:二极管型隔离器只允许单向电流导通,反向不导通,Cyrix 是继电器电压感应型隔离器,Cyrix 继电器闭合或断开根据电压值的大小而定。二极管隔离器有 0.5 V 左右的电压降,容易使电池欠充,Cyrix 隔离器没有压降。Cyrix 比普通二极管隔离器效率更高,发热更少,消耗的电流小。另外在安装接线上,Cyrix 不需修改原电路,接线简单,容易实施。

Cyrix 电池隔离器不限制主副电瓶的大小关系。副电瓶可以比主电瓶大,也可以比主电瓶小。

3. 双电池系统必备——电池隔离器

(1)电瓶电量不足时,断开辅电瓶,首先保证主电瓶的充电与工作。

(2)主电瓶电量充满后,自动为辅电瓶充电,不影响用电设备供电。

(3)未充电时自动切断主、辅电瓶的连接,不用担心因缺电而无法发动引擎。

4. 电池隔离器的使用环境

工作温度:-50~125 ℃。

防水、防震、防磁。

5. Cyrix 电池隔离器的性能参数及主要性能

Cyrix 电池隔离器的性能参数见表 2-2-1。

表 2-2-1　Cyrix 蓄电池分离器的性能参数

Cyrix 蓄电池分隔器	12/24~120	12/24~230	12/24~400	24/48~400
输入电压/V	8~36	8~36	8~36	16~72
连续电流/A	120	230	400	400
连接电压/V	13~13.8 26~27.6	13~13.8 26~27.6	13.25~14.05 26.5~28.1 (可设定)	13.25~14.05 26.5~28.1 (可设定)
断开电压/V	11~12.8 22~25.6	11~12.8 22~25.6	11.8~13.05 23.6~26.1 (可设定)	11.8~13.05 23.6~26.1 (可设定)
断开时电流消耗/mA	<4	<4	<4	<4
远程开关连接	—	—	是	是
状态显示	—	LED	LED	LED
质量/kg	0.11	0.27	0.9	0.9
尺寸($H \times W \times D$)/mm	46×46×80	65×100×50	78×102×110	78×102×110

Cyrix 电池隔离器主要性能:

(1)无电压损失

Cyrix 电池连接器是微处理器控制的自动并联电池组继电器,当其中一组电池电压达到预定值时(电池在充电),几组电池并联在一起;当电压低于浮充值时(电池在放电),电池组之间断开。

Cyrix 电池分离器是二极管分离器的最佳替代品,它的主要特性是没有电压损失,发电机或电池充电器电压无须增大。

(2)优先启动电池

在典型的设置中,发电机直接连到启动电池,辅助电池组和其他电池通过 Cyrix 连接器连接到启动电池，当 Cyrix 获知启动电池达到预定的电压时，可以同时并联对其他电池组充电。

(3)双向电压感应

Cyrix 会感应任意一组电池的电压而不是特定一组的电池，只要任意一组电池达到或下降到一定值，Cyrix 就会工作。Cyrix 可同时感应两组电池，例如：当充电器对辅助电池组进行充电时，Cyrix 电池连接器也会同时工作。

(4)紧急状态下的并联连接

Cyrix 可以在手动状态下，由开关连接工作，此功能在启动电池放完电或损坏等紧急状态下使用。

项目三　游艇配电装置与常用电工材料

模块一　汇流排与空气断路器

游艇配电装置是对电能进行集中、监控和分配的一种装置。它是由各种开关、自动控制盒保护装置、测量仪表及互感器等组成的。游艇配电装置包含了汇流排、空气断路器、负载屏等。

一、汇流排

1. 汇流排作用

汇流排（也称母线）是汇集和分配电流的裸导体，指发电机、变压器和配电装置等大电流回路的导体，也泛指用于各种电气设备连接的导线。汇流排如图 3－1－1 所示。

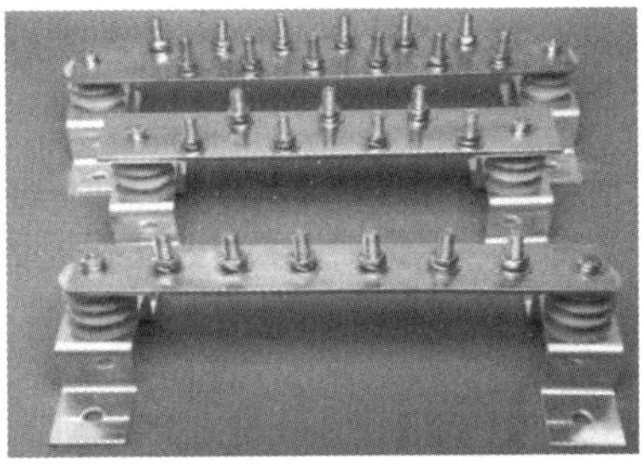

图 3－1－1　汇流排示意图

2. 汇流排的种类

汇流排有软、硬之分。

软汇流排一般采用钢芯铝绞线，用悬式绝缘子将其两端拉紧固定。软汇流排在拉紧时存在适当的弛度，工作时会产生横向摆动，故软汇流排的线间距离要大，常用于屋外配电装置。

硬汇流排一般采用矩形、槽形或管形截面的导体，用支柱绝缘子固定，多数只作横向约束，而沿纵向则可以伸缩，主要承受弯曲和剪切应力。硬汇流排的相间距离小，广泛用于屋内外配电装置。

汇流排的材料有铜、铝和钢三种。不同材料制作的汇流排具有各自不同的特点和适用范围。

（1）铜汇流排

铜的电阻率低，机械强度高，防腐蚀性能好，是很好的汇流排材料。

（2）铝汇流排

铝的密度只有铜的 30%，电阻率为铜的 1.7～2 倍，所以在长度和电阻相同的情况下，铝汇流排的质量只有铜汇流排的一半。而铝的储量较多，价格比铜低。总的来说用铝汇流排比用铜汇流排经济。

（3）钢汇流排

钢的优点是机械强度高，焊接简便，价格低。但钢的电阻率很大，是铜的 7 倍，用于交流时产生很强的趋肤效应，并造成很大的功率损耗，因此仅用于高压小容量电路，如电压互感器、避雷器回路的引接线及接地网的连接线等。

3. 汇流排的截面

汇流排的截面形状有圆形、管形、矩形、槽形等。

①圆形截面汇流排的曲率半径均匀,无电场集中表现,不易产生电晕,但散热面积小,曲率半径不够大,作为硬汇流排则抗弯性能差,故采用圆形截面的主要是钢芯铝绞线。

②管形截面汇流排是空芯导体,集肤效应小,曲率半径大,不易产生电晕,材料导电利用率、散热、抗弯强度和刚度都较圆形截面好。

③矩形截面汇流排的优点是散热面积大,集肤效应小,安装和连接方便。但矩形截面汇流排周围的电场很不均匀,易产生电晕。

④槽形截面汇流排的电流分布均匀,比矩形汇流排载流量大。当工作电流很大,每相需要三条以上的矩形汇流排才能满足要求时,一般采用槽形汇流排。

4. 汇流排的排列与颜色

配电板上主汇流排及连接部件是铜质的,连接处做了防腐或防氧化处理。汇流排能承受短路时的机械冲击,其最大允许温升为 45 ℃。汇流排安装完毕后,均要刷漆。刷漆的目的是便于识别相序,防止腐蚀,提高汇流排表面散热系数。实验结果表明:按规定涂刷相色漆的母线可增加载流量 12% ~15%。

交流汇流排按从上到下(垂直排列),从左到右,从前到后(水平布置)的顺序依次为 A 相、B 相、C 相。汇流排的颜色依次为绿色、黄色、褐色或紫色,中线为浅蓝色(若有接地线则接地线颜色为黄绿相间)。

直流汇流排按从上到下(垂直排列),从左到右,从前到后(水平布置)的顺序依次为正极、中线、负极。其正极颜色为红色,负极颜色为蓝色,中线颜色为黄绿相间。

二、空气断路器

游艇上空气断路器分为两类:框架式空气断路器和装置式空气断路器。框架开关的特点就是开关的部件都安装在一个金属框架上,各元件不封闭。和框架开关不同的就是塑壳开关,这种开关的所有元件都被封闭在塑料外壳中,框架开关的额定容量都较大,为 400 ~4 000 A 甚至更大。而塑壳开关的容量较小,1 ~400 A 都有,更大的就少了。

1. 自动式空气断路器

自动式空气断路器既是一种开关电器,又是一种保护电器。在正常运行时,作为接通和断开主电路的开关电器;在不正常运行时,可用来对主电路进行过载、短路和欠压保护,自动断开电路。它是游艇电站中一个十分重要的电器。

从结构上看,自动式空气断路器一般由触头系统、脱扣器、操作机构、灭弧室等组成。

(1)触头系统

一般由两到三组触头组成。在闭合时通过的额定电流是由主触头承担的,为避免主触头在接通和断开电路时被大电流产生的电弧灼伤,还设有弧触头。有些大容量开关还设有一组副触头,它们的动作顺序是:在合闸时,先接通弧触头,然后是副触头,最后才是主触头;在分闸时,先断开主触头,然后是副触头,最后才是弧触头,电弧均产生在弧触头上。因此,触头系统的设计应保证有足够的电动稳定性,具有电动力补偿,即短路电流所产生的电动力不是减弱而是加强触头的压力。

灭弧装置是由铁质栅片和绝缘材料构成的灭弧罩组成的。其作用是使电弧迅速熄灭,以保护触头不被电弧灼伤或熔焊,提高开关的使用寿命和工作的可靠性。灭弧装置如图 3 -1 -2 所示。

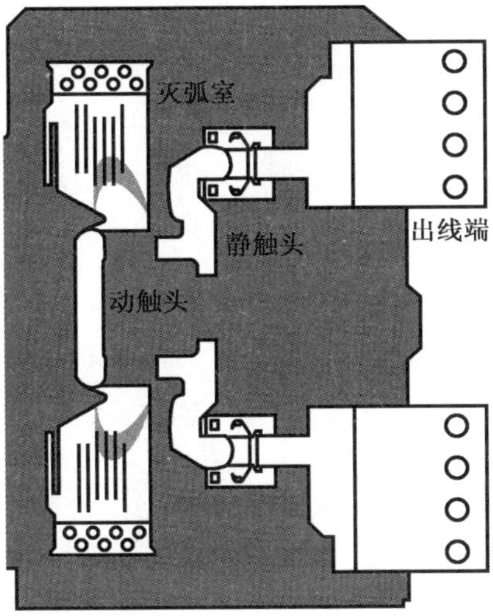

图 3-1-2 灭弧装置

(2)脱扣器

脱扣器是自动空气开关的感受元件,当电路发生故障时,脱扣器接到信号后动作,经过自由脱扣机构使自动开关分闸。其原理如图 3-1-3 所示。

过电流脱扣器:当过电流故障发生时,过电流线圈对应电磁铁吸力加大,使杠杆机构动作,自由脱扣机构脱扣。一般要求开关动作的时间和过载电流成反比关系。

失压脱扣器和分励脱扣器:当欠压故障发生时,失压线圈对应电磁铁失电,吸力减小,使杠杆机构动作,自由脱扣机构脱扣。失压脱扣器要保证在电压降到额定电压值的 40% 或以下时必须立即动作,自动开关断开。

分励脱扣器主要用来远距离控制断路器迅速断开保护电路。当需要脱扣器动作时,按下分励按钮,分励脱扣线圈得电,脱扣机构动作,开关分闸。分励脱扣线圈要在 75% ~ 110% 额定电压时均能可靠断开自动开关。

自由脱扣器用来实现开关在任意位置的强制分闸动作。所谓自由脱扣是指在主电路中出现故障电流时,无论操作手柄在什么位置,触头均能迅速分断电路。

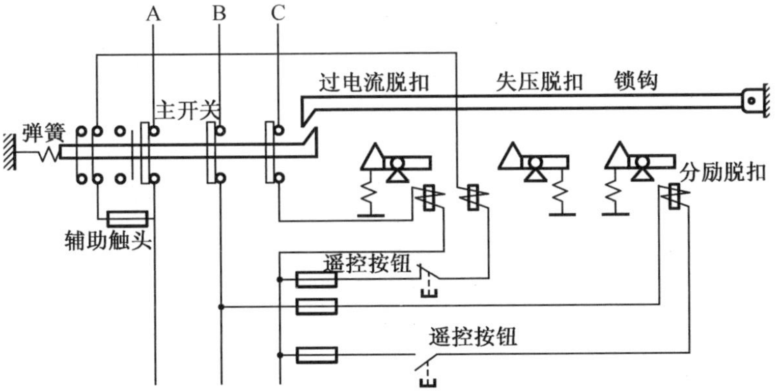

图 3-1-3 脱扣器原理图

(3)操作机构

操作机构是实现操作手柄、电动合闸或电磁合闸装置、各种脱扣器对触头动作的控制，并且要能够"自由脱扣"。各类自动空气开关都有手动机械脱扣按钮，分闸时，只要按下"分闸"按钮即可实现分闸操作。尚有一些自动空气开关使用扳动手柄储能或电动机储能方式操作，使用手动机械"合闸"按钮合闸或电气分闸操作。弹簧操纵机构的操作传动机构内部结构如图 3－1－4 所示。

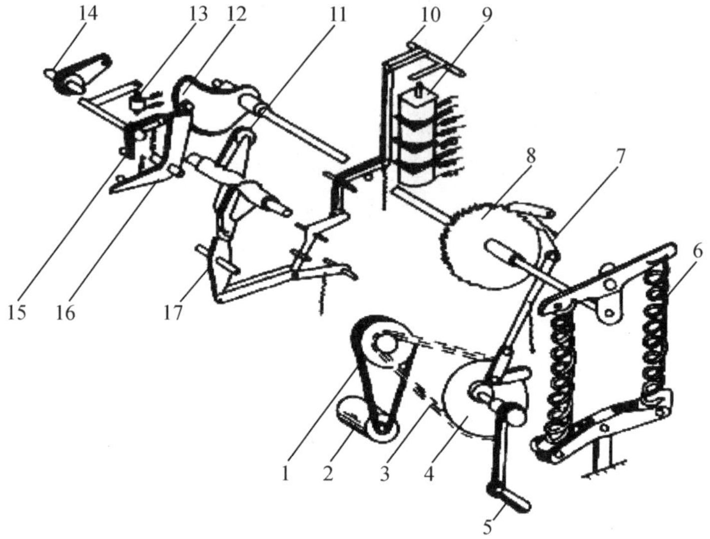

1—传动带；2—储能电动机；3—传动链；4—偏心轮；5—操作手柄；6—合闸弹簧；7—棘爪；8—棘轮；9—脱扣器；10，17—连杆；11—拐臂；12—偏心凸轮；13—合闸电磁铁；14—输出轴；15—掣子；16—杠杆。

图 3－1－4　弹簧操纵机构的操作传动机构内部结构示意图

2. 装置式空气断路器

装置式自动空气开关（MCB）是一种容量相对小的装置式空气断路器，也叫作塑壳式自动开关，常简称为自动开关。装置式自动空气开关同样具有过载、短路和失压等保护功能，因此，当发电机功率较小时，它也可用作发电机主开关。装置式自动空气开关具有安全、美观、体积小、质量轻等特点，主配电板及分配电板上的配电开关大量地使用这种开关。它可用于不频繁地接通和分断电路，并具有过载和短路保护装置，用以保护电机、电器和电缆等设备。低压断路器原理如图 3－1－5 所示。

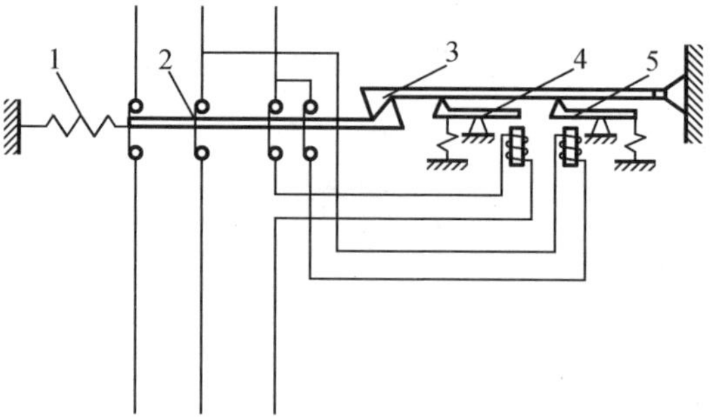

1—释放弹簧；2—主触点；3—钩子；4—过电流脱扣器，5—失压脱扣器。

图 3－1－5　低压电路器工作原理图

装置式自动空气开关可带热脱扣器、电磁脱扣器和复式脱扣器(综合电磁脱扣和热脱扣的脱扣器称为复式脱扣器),有的还附有分励脱扣器、失压脱扣器和辅助开关。用于过载和短路保护时,可采用带复式脱扣器的自动开关。仅用于过载保护时,可只装热脱扣器。当自动开关中流过超过整定的脱扣器额定电流时,由双金属片构成的热脱扣器因反时限特性发热而产生弯曲,当弯曲达到一定程度时,热脱扣器作用于脱扣机构而使自动开关分闸。热脱扣器动作后要经一段恢复时间,自动开关方可重新合闸。这段时间一般为 1 ~ 5 min。仅用于短路保护时,可采用只有电磁脱扣器的自动开关,它可在 2 ~ 10 倍脱扣器的额定电流范围内整定。其动作时间可视为瞬时。某一装置式空气断路器如图 3 - 1 - 6 所示。

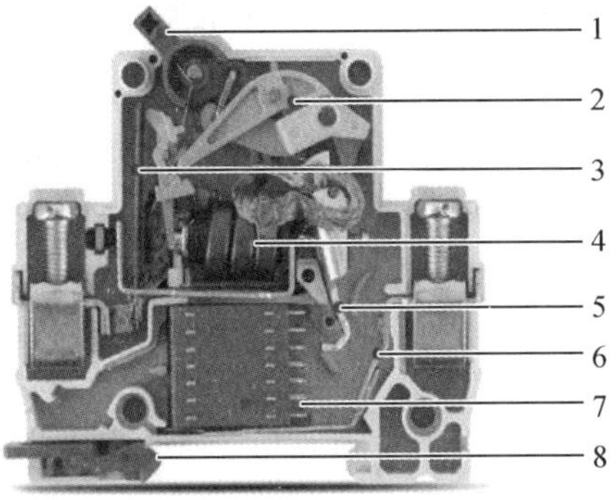

1—操作手柄装置;2—机械锁定手柄装置;3—过载保护的双金属片装置;
4—短路保护电磁脱扣器;5—动态触头组;6—静态触头组;7—急速灭弧系统;8—安装卡扣。

图 3 - 1 - 6　装置式空气断路器

《游艇入级与建造规范(2020)》对游艇上的配电箱与插座要求如下:

1. 配电箱

(1)配电箱(板)应安装在干燥、容易接近和通风良好的位置。

(2)对同时设有直流和交流电气系统的游艇,应在单独的配电箱上分别进行直流和交流配电,或者在具有隔离板或其他可靠设施将直流和交流部分相互清晰地分开的同一配电箱上进行配电。游艇上应具有用以标志电路、组件和导线的接线图。

(3)主配电板的前后均应铺有防滑和耐油的绝缘地毯或经绝缘处理的木格栅。电压为 50 V 以下者可除外。

2. 插座

(1)不同电压和/或不同频率配电系统中的插座,应使用不可互换的插头和插座连接。

(2)安装在经受雨淋、喷水或溅水部位的插座,当其不使用时,应能被封闭在至少为 IP55 的外壳中。插入相应插头后的插座也应相应密封。

(3)安装在经受注水或瞬时浸水区域的插座应在防护等级至少为 IP56 的外壳中,当其与电气插头一起使用时,也应满足这些要求。

(4)为厨房区域装设的插座位置应使得各器具的电线不应跨越厨房炉灶或洗涤盆上方或穿过通行区域而插入这些插座。

模块二　游艇常用电工材料

游艇常用电工材料可分为绝缘材料、磁性材料、特殊导电材料、电线与电缆。

一、绝缘材料

绝缘材料又称电介质,是指电阻率为 $10^7 \sim 10^{20}\ \Omega \cdot m$ 的电工材料。绝缘材料在电气设备、输电线路和电工仪器仪表中最重要的作用是使带电塑件与其他部件相互隔离,也就是绝缘,以使电流按所规定的途径流通,并保证设备的安全运行。在直流电压作用下仅有极微弱的漏泄电流通过,一般可认为是不导电的。绝缘材料还能起到支撑和固定导体、分隔不同电位的导体、改善电场的电位分布及散热、灭弧、防潮、防霉等保护导体的作用。绝缘材料的另一种用途是为电容提供储能条件。

绝缘材料的种类有很多,可分气体、液体、固体三大类。

常用的气体绝缘材料有空气、氮气、六氟化硫等。

液体绝缘材料主要有矿物绝缘油、合成绝缘油两类。

固体绝缘材料可分为有机、无机及混合绝缘物三类。有机固体绝缘材料包括绝缘漆、绝缘胶、绝缘纸、绝缘纤维制品、塑料、橡胶、漆布漆管及绝缘浸渍纤维制品、电工用薄膜、复合制品和黏带、电工用层压制品等,如聚氯乙烯绝缘电缆(图 3－2－1)。无机固体绝缘材料主要有云母、玻璃、陶瓷及其制成品。相比之下,固体绝缘材料品种多样,也最为重要,在游艇电力系统中广为应用。

图 3－2－1　聚氯乙烯绝缘电缆

不同的电工设备对绝缘材料性能的要求各有侧重。高压电工装置如高压电机、高压电缆等用的绝缘材料要求有高的击穿强度和低的介质损耗。低压电器则以机械强度、断裂伸长率、耐热等级等作为主要要求,游艇电力系统中大多数应用了低压电器的绝缘材料。

1. 性能

(1)耐高压

绝缘材料应在一定的电压下使用,使用电压过高会加速老化。对于游艇低压设备,所有绝缘材料都应能满足耐压要求。

(2)耐热

工作于电气设备(电机、电器、电热器等)上和温度较高场合(如游艇发动机间等)的绝缘材料,设备和周围环境温度的升高将使绝缘材料的温度也随之升高。绝缘材料受热后将发生软化、熔化、挥发、灼焦、开裂、脆化、电阻率降低、损耗增加、老化和热击穿等一系列性能与形态的变化,因而为了游艇电力系统的设备能长时有效工作,要求游艇电力系统中的绝缘材料导热性好、热导率高,同时有足够的热稳定性。

(3)耐潮、抗霉菌

由于游艇所处位置较为潮湿,所以游艇上绝缘材料经常受到霉菌的侵袭,使材料丧失绝缘性能。遭霉菌侵袭后,轻者使绝缘材料表面呈现白霉点,重者可长出白色绒毛状的霉菌。此时需要立即采取措施进行处理,否则会导致绝缘击穿。当温度为 20 ~ 30 ℃,相对湿度为 85% ~100% 时,最适宜霉菌的生长,而游艇上则具备这种霉菌生长的条件。为了提高防霉性能,往往采用在绝缘材料中加入防霉剂的方法来杀死或抑制霉菌的生长。

(4)机械强度高

游艇绝缘材料因受到机械力的影响(如振动、压挤、拉伸等),会使绝缘材料产生裂纹、起层皮、变形和破损等,因此要注意选择机械强度高的绝缘材料。

2. 绝缘等级

绝缘材料的绝缘性能与温度有密切的关系。温度越高,绝缘材料的绝缘性能越差。为了保证绝缘强度,每种绝缘材料都有一个适当的最高允许工作温度,在此温度以下,可以长期安全地使用,超过这个温度就会迅速老化。当超过极限工作温度 8 ℃时,其寿命会缩短一半左右,这就是 8 ℃热劣化规则。

按照耐热程度,把绝缘材料分为 Y、A、E、B、F、H、C 级别,各耐热等级对应的温度见表 3 -2 -1。

表 3 -2 -1　绝缘材料温度等级

耐热等级	最高容许温度/℃	主要绝缘材料
Y	90	以未浸渍过的棉纱、丝、再生纤维素、醋酸纤维素和聚酞胺为基础的纺织品、纸、纸板、木质板、低燃点的塑料等
A	105	用植物油改良的天然树脂漆、虫胶等浸渍或覆盖过的棉纱、丝、再生纤维素,以聚酞胺为基础的纺织品、纸、纸板、木质板,如漆布、漆丝、漆包线等
E	120	有机填料的塑料、高强度漆包线、乙酸乙烯漆包线、玻璃布、油性树脂漆,以再生纤维素纸和布为基础的层压制品
B	130	聚酯薄膜,经树脂胶合或浸渍、涂覆的云母、玻璃纤维、石棉等及聚酯漆、聚酯漆包线
F	155	以有机纤维材料补强和不补强的云母制品、玻璃丝和石棉;以玻璃丝和石棉纤维为基础的层压制品;以无机材料补强和不补强的云母制品
H	180	以补强或无机材料不补强的云母制品;加厚的 F 级材料;复合云母、有机硅云母制品,硅有机漆、复合玻璃布、复合薄膜等
C	>180	不采用任何有机黏合剂浸渍的无机物制品,如石英、石棉、云母、玻璃和陶瓷材料等

注:游艇用电气设备通常采用 E 级及以上绝缘材料。

电气设备投入运行后,由于损耗转变为热量,电气设备各部分的温度将高于周围介质的温度(环境温度)。电气设备的温度与环境温度之差称为电气设备的温升,用 τ 表示:

$$\tau = \theta - \theta_0 \text{ 或 } \theta = \tau + \theta_0$$

由此可见,电气设备工作时的温度是由环境温度和温升两部分来确定的。当所用的绝缘材料确定后,电气设备的最高容许温度就确定了。在一定的环境温度 θ 下,电气设备就有一个与所用绝缘等级相对应的最高容许温升,称为温升限值。它是制造厂确定额定容量和额定电流的主要依据,并标志在产品的铭牌上,这时的 θ_0 为国家规定的标准环境温度,对于船舶电器,$\theta_0 = 45$ ℃。

要准确测出工作中的电气设备各部分的温度是比较困难的，用不同的测温方法测得的温度往往不同，如电阻法只能测得温度的平均值，酒精温度计测得可接触到的表面温度，都不是最热点的温度，所以电气设备最热点的温度等于测量值加上 10～20 ℃的差值。

3. 常用液体绝缘材料

常用液体绝缘材料主要是绝缘漆和溶剂。绝缘漆主要是以合成树脂或天然树脂等为漆基（成膜物质）与某些辅助材料（溶剂、稀释剂、填料和颜料等）组成。一般船用电气设备对绝缘性能要求较高，在维修这些设备时，使用的绝缘漆也相应有较高的要求。常用的绝缘漆分为浸渍漆和覆盖漆两种。

（1）浸渍漆

浸渍漆主要用于浸渍电机、电器的线圈和绝缘零部件，以填充其间隙和微孔，固化后能在浸渍物表面形成连续平整的漆膜，并使线圈黏结成一结实的整体，提高绝缘结构的耐潮性、导热性、电击穿强度和机械强度等。

（2）覆盖漆

覆盖漆有清漆和磁漆两种，用来涂覆经浸渍处理后的线圈和绝缘零部件，在其表面形成连续而均匀的漆膜作为绝缘保护层，以防止机械损伤及受大气、润滑油和化学药品的侵蚀。

游艇常用覆盖漆是内含填料或颜色的磁漆，其用于涂覆经浸渍处理的线圈和绝缘零部件以在其表面形成连续而厚度均匀的漆膜，作为绝缘保护层，提高表面放电电压。因此对覆盖漆要求具有干燥快、附着力强、漆膜坚硬、机械强度高及耐潮、耐油、耐腐蚀、耐电弧等特性。

（3）溶剂

上述各种绝缘漆在浸渍时都需要稀释到一定浓度。在使用各种绝缘漆时，使所用的溶剂必须与绝缘漆相适应，否则会引起化学变化而变质。溶剂的使用应按照说明书的要求进行，以此保证游艇电力设备正常使用。

4. 常用固体绝缘材料

在维修游艇电气设备时经常用到一些绝缘带、各种绝缘纸和薄膜、绝缘套管及衬垫用各种绝缘板等。对这些固体绝缘材料的一般要求是有较高的电气绝缘强度，应耐热、耐潮，有些材料应具有柔韧性，具有一定的抗拉强度，导热性能良好，温度变化时对其性能无较大影响。

（1）常用绝缘带

①白布带　白布带有斜纹、平纹两种，根据要求的抗拉强度来选择，白布带若不经浸渍，其电气性能较差，吸潮后绝缘性能更差，一般用于增强机械强度和绑扎。

②绝缘布带　常用的有黑胶布带、黄蜡布带、黄蜡绸带、玻璃漆布带、有机硅玻璃黏带等多种，这些都是日常维护各种电气设备的常用材料。

（2）常用绝缘薄膜和复合箔

①电工用绝缘薄膜的特点是厚度薄、柔软、耐潮、电气性能和机械性能高，其主要用于电机、电器线圈匝间、端部包扎绝缘，衬垫绝缘及作电容器介质。它常与纤维材料一起制成复合箔。

②复合制品是在薄膜的一面或双面黏合纤维材料，以加强薄膜的机械性能，提高抗撕强度和表面挺度，其适合于中小型电机槽绝缘，电机、电器线圈端部绝缘和相间绝缘。常用的聚酯薄膜绝缘纸复合箔，其颜色为青灰色，耐热等级为 E 级，厚度为 0.1～0.3 mm。在常态下，厚度为 0.15 mm 的聚酯薄膜绝缘纸复合箔电击穿强度为 6.5 kV～12 kV。

(3)电绝缘纸和纸板

电绝缘纸和纸板，系由含胶质纸的木、棉、亚麻等植物做原料，经制造而成。用植物纤维制成的绝缘纸和纸板，具有一定的机械性能，但易吸潮，耐热性差。使用时，一般需要与绝缘油组成组合绝缘或经一定的浸渍处理，以提高其电气和热老化性能、耐潮性能及导热能力等。电绝缘纸包括各种规格的电缆纸、电话纸、电容器纸；钢纸板用于日常维修，做衬垫和线圈的绝缘框架，其颜色多为红色，也称为红钢纸，其厚度为0.5～3 mm，其绝缘强度不小于3.5 kV/mm。

二、磁性材料

常用的磁性材料就是指铁磁性物质，例如游艇上的变压器铁芯、发电机与电动机铁芯等。磁性材料是电器产品中的主要材料。磁化材料通常分为软磁材料（导磁材料）和硬磁材料（永磁材料）两大类。

1. 磁性材料性能

(1)高导磁性

磁性材料的磁导率很高，$\mu_r \gg 1$，可达数百、数千乃至数万之值。这就使它们具有被强烈磁化（呈现磁性）的特性。

由于高导磁性，在具有铁芯的线圈中通入不大的励磁电流，便可产生足够大的磁通和磁感应强度。这就解决了既要磁通大，又要励磁电流小的矛盾。利用优质的磁性材料可使同一容量的电机的质量和体积大大减小。

(2)磁饱和性

将磁性材料放入磁场强度为 H 的磁场（常由线圈的励磁电流产生）内，会受到强烈的磁化，其磁化曲线（$B-H$ 曲线）如图3－2－2所示。开始时，磁感应强度 B 与 H 近于成正比地增加。而后，随着 H 的增加，B 的增加缓慢下来，最后趋于磁饱和。

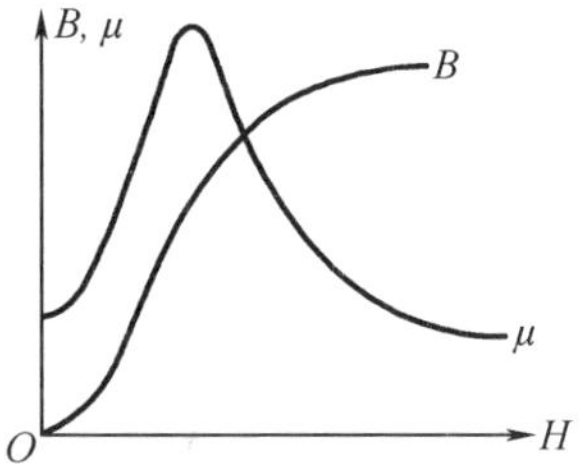

图3－2－2　B，μ 与 H 的关系

磁性物质的磁导率 $\mu=\dfrac{B}{H}$，由于 B 与 H 不成正比，所以 μ 不是常数，随 H 而变（图3－2－2）。

由于磁通 φ 与磁感应强度 B 成正比，而产生磁通的励磁电流与磁场强度 H 成正比，磁感应强度 B 和磁场强度 H 与磁介质有关，因此在存在磁介质的情况下，磁通与励磁电流不成正比。

(3)磁滞性

当铁芯线圈中通有交流时，铁芯就受到交变磁化。在电流变化一次时，磁感应强度 B 随磁场强度 H 而变化的关系如图3－2－3所示。由图可见，当 H 已减到零值时，B 并未回到零值。这种磁感应强度滞后于磁场强度变化的性质称为磁性物质的磁滞性。图3－2－3所示的曲线也就称为磁滞回线。

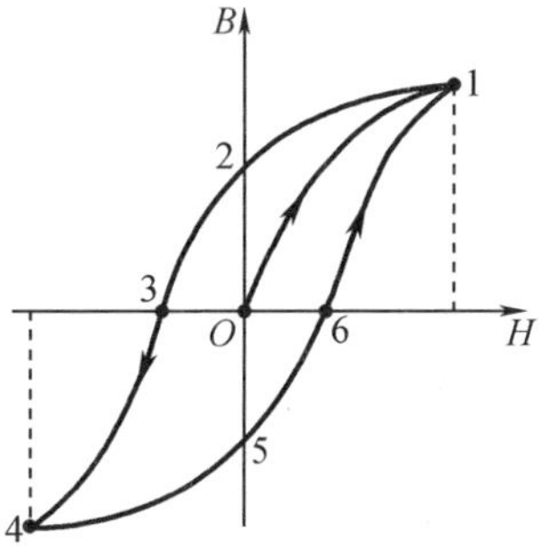

图3－2－3　磁滞回线

当线圈中电流减到零值（即 $H=0$）时，铁芯在磁化时所获得的磁性还未完全消失。这时铁芯中所保留的磁感应强度称为剩磁感应强度 B_r（剩磁），在图3－2－3中即为纵坐标(0,2)

和(0, -5),永久磁铁的磁性就是由剩磁产生的。但对剩磁也要一分为二,有时它是有害的。例如,当工件在平面磨床上加工完毕后,由于电磁吸盘有剩磁,还将工件吸住,为此要通入反向去磁电流,去掉剩磁,才能将工件取下;有些工件(如轴承)在平面磨床上加工后得到的剩磁也必须去掉。

要使铁芯的剩磁消失,通常改变线圈中励磁电流的方向,也就是改变磁场强度 H 的方向来进行反向磁化。使 $B=0$ 的 H 值,在图 3-2-3 中用(0, -3)和(0,6)代表,称为矫顽力 H_C。

2. 磁性材料分类

(1)软磁材料

软磁材料的主要特点是磁导率 μ 很高,剩磁 B_r 很小,矫顽力 H_C 很小,磁滞现象不严重,因而它是一种既容易磁化也容易去磁的材料,磁滞损耗小。软磁材料一般在交流磁场中使用,是应用相当广泛的一种磁性材料。磁导率 μ 表示物质的导磁能力,由磁介质的性质决定其大小。一般把矫顽力 $H_C<10^3$ A/m 的磁性材料归类为软磁材料。软磁材料的品种、主要特点和应用范围见表 3-2-2。

表 3-2-2　常见的软磁材料

品种	主要特点	应用范围
电工纯铁	含碳量在 0.04% 以下,饱和磁感应强度高,冷加工性好,但电阻率低,铁损高,故不能用在交流磁场中,有磁时效现象	一般用于直流磁场
硅钢片	铁中加入 0.8% ~4.5% 的硅就是钢,与电工纯铁相比,电阻率增高,铁损降低,磁时效基本消除,但导热系数降低,硬度提高,脆性增大,适于在强磁场条件下使用	电机、变压器、继电器、互感器、开关等产品的铁芯
铁镍合金	与其他软磁材料相比,磁导率 μ 高,矫顽力 H_c 低,但对应力比较敏感。在弱磁场下,磁滞损耗相当低,电阻率又比硅钢片高,故高频特性好	频率在 1 MHz 以下弱磁场中工作的器件,如电视机、精密仪器用特种变压器等
铁铝合金	与铁镍合金相比,电阻率高,密度小,但磁导率低,随着含铝量的增加(超过 10%),硬度和脆性增大,塑性变差	弱磁场和中等磁场下工作的器件,如微电机、音频变压器、脉冲变压器、磁放大器
软磁铁氧体	属非金属磁化材料,烧结体,电阻率非常高,高频时具有较高的磁导率,但饱和磁感应强度低,温度稳定性也较差	高频或较高频率范围内的电磁元件(磁芯、磁棒、高频变压器等)

(2)硬磁材料

硬磁材料的主要特点是剩磁 B_r、矫顽力 H_C 都很大,将磁化磁场去掉后消磁,适合制造永久磁铁,其被广泛应用于测量仪器、扬声器、永磁发电机及通信装置中。硬磁材料的品种和用途见表 3-2-3。

表 3-2-3　硬磁材料的品种和用途

<table>
<tr><th colspan="3">硬磁材料品种</th><th>用途举例</th></tr>
<tr><td rowspan="5">铝镍钴合金</td><td rowspan="3">铸造铝镍钴</td><td>铝镍钴 13</td><td>转速表、绝缘电阻表、电能表、微电机、汽车发电机</td></tr>
<tr><td>铝镍钴 20
铝镍钴 32</td><td>话筒、万用表、电能表、电流、电压表、记录仪、消防泵磁电机</td></tr>
<tr><td>铝镍钴 40</td><td>扬声器、记录仪、示波器</td></tr>
<tr><td colspan="2">粉末烧结铝镍钴
铝镍钴 9
铝镍钴 25</td><td>汽车电流表、曝光表、电器触头、受话器、直流电机、钳形表、直流继电器</td></tr>
<tr><td colspan="3">铁氧体硬磁材料</td><td>仪表阻尼元件、扬声器、电话机、微电机、磁性软水处理</td></tr>
<tr><td colspan="3">稀土钴硬磁材料</td><td>行波管、小型电机、副励磁机、拾音器精密仪表、医疗设备、电子手表</td></tr>
<tr><td colspan="3">塑料变形硬磁材料</td><td>里程表、罗盘仪、计量仪表、微电机、继电器</td></tr>
</table>

(3)矩磁材料

磁滞回线狭窄，接近矩形，但剩磁大，而矫顽力却小，磁稳定性也好，如镁锰铁氧体、铁镍合金等材料。常用在计算机和控制系统作记忆元件、开关元件和逻辑元件等。这类材料包括铁氧体磁芯材料和磁膜材料。如$(Mg-Mn)Fe_2O_4$系、$(Li-Mn)Fe_3O_4$系、$(Cu-Mn)Fe_2O_4$系、$(Mg-Ni)Fe_2O_4$系、$(Co-Fe)Fe_2O_4$系和$(Ni-Zn、Cu)Fe_2O_4$系等铁氧体。其中$(Mg-Mn)Fe_2O_4$系常温磁芯和$(Li-Mn)Fe_3O_4$系宽温磁芯加少量 Cu 和稀土元素可以改善其热处理的矩磁性。还有矩磁合金如 Fe-Ni 系、Fe-Ni-Co-Mn 系、Fe-Ni-Mo 系等。其中以占 80% 的 Fe-Ni(Mo)系的综合性能为最佳。表 3-2-4 列出了几种矩磁性铁氧体材料的主要性能。

表 3-2-4　几种矩磁性铁氧体材料的主要性能

铁氧体系列	B_r/B_m	$B_{12}H_m/B_m$	$H_c/(10^2 A\cdot m^{-1})$	$S_m/(10^2 \mu S\cdot A\cdot m^{-1})$
Mg-Mn	0.90~0.96	0.83~0.95	0.52~1.2	约 0.64
Mg-Mn-Zn	>0.90	—	0.3~1.2	0.16~0.24
Mg-Mn-Zr-Cu	0.95	0.83	0.59	—
Mg-Mn-Ca-Cr	—	—	2.2	0.40
Cu-Mn	0.93	0.76	0.53	0.64
Cd-Mn	—	—	0.12	0.18
Co-Mn	0.83	0.59	0.34	—
Mg-Ni	0.94	0.84	—	1.8
Mg-Ni-Mn	0.95	0.88	—	—
Li-Ni	—	0.78	—	约 0.8
Ni-Mn	0.78	—	1.19	1.11

三、特殊导电材料

特殊导电材料除了具备普通导电材料传导电流的作用之外，还兼有其他特殊功能，如熔丝有保护功能。另外还有电刷、电阻合金、电热合金等。

1. 熔体材料

熔体材料是一种简单方便、价格低廉的保护电器材料，应用十分广泛，主要用于电路短路保护、过载与短路和限温保护等。熔体材料按其特性可分为高熔点纯金属熔体材料和低熔点合金熔体材料两大类。熔体材料主要用于熔断器的熔体，见表 3－2－5。

常用熔丝规格及技术数据包含直径、额定电流、熔断电流等。

表 3－2－5　熔体材料的分类及基本特征

类别	材料	基本特征及用途
高熔点纯金属熔体材料	银、铜、锡、铅、锌等	熔点高，熔化时间短，用于快速熔断器或高性能熔断器，作短路保护
低熔点合金熔体材料	铋、镉、锡、铅、锑、铟	熔点低，比热容小，熔化时间较长，对温度反应敏感，广泛用于保护电炉、电热器等的热过负荷保护

2. 电阻材料

电阻材料的基本特性是具有高的电阻率和很低的电阻温度系数，稳定性好。电阻材料主要用于调节元件、电工仪器（如电桥、电位差计、标准电阻）、电位器、传感元件等。

常用各种电阻性材料参数包含电阻率、电阻温度系数、密度、抗拉强度、伸长率、最高工作温度等。根据电阻材料的特点、电器设备的要求，选择相应的电阻性材料。

调节电阻采用电阻性材料康铜或新康铜，其特点是抗氧化性良好，新康铜价格低廉，能承受的最高工作温度为 500 ℃。

启动电阻采用电阻性材料镍、铬，其特点是焊接性能较差，能承受的最高温度为 500 ℃。

仪器仪表采用电阻性材料锰、铜，其特点是电阻稳定性高、焊接性能好、抗氧化性能较差，能承受的最高工作温度为 45 ℃。

3. 电热材料

电热材料主要作为电阻加热设备中的发热体，在电阻接入电路中将电能转换为热能。因此电热材料必须具有高的电阻率，耐高温，抗氧化性好，电阻温度系数小，便于加工成形等优点。常见电热材料的种类及特征见表 3－2－6。

表 3－2－6　常用电热材料的种类及特征

名称	工作温度/℃	特征及用途
镍铬合金	900 ~ 1 150	电阻率较高；加工性能好，可拉成细丝；高温强度较好，用后不变脆，适用于移动式设备上；具有奥式体组织，基本上无磁性
铁铬铝合金	900 ~ 1 400	抗氧化性能比镍铬好；电阻率比镍铬高，密度较小，用料省；不用镍，价格较低；高温强度低，且用后变脆，适用于各种固定设备；加工性能稍差，具有铁素体组织

表 3-2-6(续)

名称	工作温度/℃	特征及用途
高熔点纯金属(铂、钼、钽、钨)	1 300~2 400	铂可在空气中使用,但其氧化物在高温下挥发会影响其使用寿命。钨、钼需在惰性气体、真空及氢气中使用。钽除不适用氢气以外,其他同钨、钼;电阻率较低,电阻温度系数较大;材料价格高;适用于实验室或特殊电炉
石墨	3 000	电阻率较低(需配大电流低电压调压器);适用于在真空或保护气体中使用

4. 电触头材料

电触头材料用于游艇上开关、继电器、电气连接及电气接插元件的电接触材料。一般分强电用触头材料和弱电用触头材料两种。根据使用对象的不同,对触头材料提出不同的要求。这些要求与触头的工作条件和在操作过程中产生的各种物理现象有关。

开关、继电器触头用来接通和分断电路。自动化电路对电器的触头有很多的要求,例如对操作寿命(动作次数)的要求高。当电路的电压和电流达到一定值并通断电路时,触头间会产生电弧或火花,会对触头产生腐蚀作用。电气连接器及接插元件一般是在不带电的情况下接通与分断电路,操作过程中接触部分不产生电弧或火花。由于它们在运行时不经常插拔,接通与分断次数不多(一般在数百次以下),因此它们与开关、继电器的触头有不同的要求。

(1)性能

为提高触头工作的可靠性,对触头材料的基本要求如下:

①电导率与热导率要高,以降低触头通过电流时的热损耗,减轻触头表面的氧化。

②熔化温度与沸点高、熔化与蒸发潜热高,以减少在电弧或火花作用下触头的磨损量和不易使触头发生熔焊。

③对周围环境的化学性能要稳定,触头受环境污染后接触电阻的变化小,接触电阻稳定。

④硬度与弹性要适当,硬度太大时,接触的面积小,弹性较大的材料在触头闭合时,由于触头间的弹跳使磨损加大。

⑤易于加工和焊接。

⑥价格要低。

(2)触头材料的分类

①纯金属。

如铜、银、金、铂、钯、镍、钨等。

铜是电器中应用最广泛的触头材料之一。它有良好的导电与导热性能,良好的加工工艺性,价格也不高。但在受热情况下,铜触头表面易氧化。铜的硬度较低,抗电弧能力不强,在电弧作用下较容易熔焊,使触头发生相互焊接。

银有高的导电与导热性能。氧化银的电阻率很低,银触头的容许工作温度较高。但纯银材料抗电弧作用能力不强,硬度和机械强度较低,因此,只适用于小容量的触头和不经常通断的触头和连接器。

金、铂等材料属贵金属，它们有很高的化学稳定性，触头电阻特别稳定，但由于价格很高，因此仅用于弱电的触头材料。

钯是铂的代用材料，其价格比铂低，电阻率和硬度与铂差不多。

镍、钨材料有较高的熔点与沸点，有较好的抗电弧作用。镍、钨及其合金常用于灭弧触头。

②合金。

采用不同的合金材料可改善纯金属触头材料性能的不足，如银－铜、银－金、银－镍、银－镉、铂－铑、金－钯等。

③金属陶瓷。

金属陶瓷是将不同的金属材料粉末混合在一起，压制成型后经烧结而成。与熔炼而成的合金不同，它保留了原混合材料的各自性能，以充分发挥它们原有的互不相同的性能。

例如银－钨制成的金属陶瓷材料，钨的微粒烧结后形成坚硬的骨架，骨架中含蓄着银。当受到电弧作用时，银被熔化但不能流出骨架，因而材料的抗电弧耐磨损性能得到提高。钨骨架内铸入的银是导电的良好通路，材料的电阻率不大。

金属陶瓷材料可以直接压制成所需的触头形状，不再进行机械加工，提高了材料的利用率。常用的金属陶瓷材料有铜－石墨、铜－钨、银－镍、银－氧化镉、银－氧化钨、银－氧化锡，还有多元材料的银－碳化钨－石墨等。

用于低电压、弱电流电路的电气接插元件的接触材料，为了保证接触的可靠性，一般在接触表面上镀以银、金或钯等贵金属的镀层。常见电触头材料的分类及特征见表3－2－7。

表3－2－7　常用电触头材料的分类及特征

类别		品种	特征
强电用	复合触头材料	银－氧化镉、银－钨、铜－钨、银－铁、银－镍、银－石墨、铜－石墨、银－碳化钨	①具有低的接触电阻，防止通过额定电流时过热；②电磨损率和机械磨损率小，具有较长的使用寿命；③抗熔焊性能好，在故障情况下能顺利分断电路；④剩余电流小，灭弧能力强，分断大电流时能迅速灭弧，而且不会引起电弧重燃或持续电流
	真空开关触头材料	铜铋铈、铜铋银、铜锑硒、钨铜铋锆、铜铁镍钴铋	
弱电用	铂族合金	铂铱、钯银、铂铜、钯铱	①具有低的接触电阻，防止通过额定电流时过热；②电磨损率和机械磨损率小，具有较长的使用寿命；③抗熔焊性能好，在故障情况下能顺利分断电路；④剩余电流小，灭弧能力强，分断大电流时能迅速灭弧，而且不会引起电弧重燃或持续电流
	金基合金	金银、金镍、金锆	
	银及其合金	银、银铜	
	钨及其合金	钨、钨钼	

5. 电刷材料

电刷材料大多由石墨制成，为了增加导电性，还有由含铜石墨制成的。石墨有良好的导电性，质地软而且耐磨。

电刷可以用于直流电机或交流换向器电机，如通用电动工具、手电钻和角磨机上都可以用到它。电刷是通过与换向器配合来实现电机电流换向的，是电机（除鼠笼式电动机外）传导电流的滑动接触体。在直流电机中，它还担负着对电枢绕组中感应的交变电动势进行换向（整流）的任务。实践证明：电机运行的可靠性在很大程度上取决于电刷的性能。

电刷用于电机的换向器或集电环上传导电流的滑动接触体。根据电刷材料和制造方法的不同，常用的电刷可分为三种。

①石墨电刷（S 系列）　用天然石墨加入沥青、煤焦油等黏合而成。其优点是质地较软，润滑性能较好，可承受较大的电流密度，适用于负载均匀的电机。

②电化石墨电刷（D 系列）　以天然石墨、焦炭、炭墨等为原料经 2 500 ℃以上高温处理后制成。其优点是耐磨性好，换向性能好，适用于负载变化大的电机。

③金属石墨系列（J 系列）　由铜及少量的银、锡、铅等金属粉末渗入石墨混合制成。导电性好，适用于低电压、大电流、转速较低的电机。

四、电线与电缆

电线与电缆是指用于电力、通信及相关传输用途的导线。电线和电缆并没有严格的界限。通常将芯数少、产品直径小、结构简单的产品称为电线，没有绝缘的产品称为裸电线，其余的称为电缆；导体截面积较大的（大于 6 mm^2）称为大电线，较小的（小于或等于 6 mm^2）称为小电线。绝缘电线又称为布电线。

电线电缆主要应用于电力系统、信息传输系统、机械设备仪器仪表系统。

电线电缆主要包括裸电线、电磁线及电机电器用绝缘电线、电力电缆、通信电缆与光缆。

1. 电缆或电线要求

《游艇入级与建造规范（2020）》中，对电缆的要求可分为一般要求与敷设要求。

（1）一般要求

①游艇上应采用船用成束滞燃型电缆或电线。电缆、电线的选择应根据敷设的环境条件、敷设方法、电流定额、工作定额、需用系统和允许电压降等因素来确定。

②在机舱中的电缆或电线的导体绝缘工作温度应至少为 70 ℃，并为耐油型，或者以绝缘的导管或套筒予以防护，其载流量应减少至额定载流量的 0.75 倍。

③在机舱之外的电缆或电线的导体绝缘工作温度应至少为 60 ℃。

（2）敷设要求

①电缆或电线的走线应尽可能平直和易于检修。

②除非在导管或电缆槽中走线或由托板予以支承，否则无护套的单根导线的最大支承间距应为 250 mm。

③有护套的导线及蓄电池导线的最大支承间距应为 450 mm，第一个支承距接线端子不得大于 1 m。但启动电动机的导线可例外。

④单独安装的长度超过 200 mm 的每一根导线都应至少具有 1 mm^2 的截面积。多芯电缆的每一根导线应至少具有 0.75 mm^2 的截面积，且其可以伸出该护套外的距离不超过

800 mm。

⑤电气系统的每一根电气导线均应具有识别方法，以标识出其在该系统中的功能。但与发动机成套的，由该发动机制造厂提供的导线除外。

⑥导线的连接应在防风雨的位置或防护等级至少为 IP55 的外壳中进行。

⑦载流导线应避免在舱底水区域或可能积聚水的其他区域的预期水位线以上走线。如果必须在舱底水区域走线，则应采取适当的防水措施。

⑧接线端子的双头螺栓、螺母和垫圈用的金属应为耐蚀的，且应与导线的金属在电化腐蚀上相兼容。不应把铝和未镀覆的钢用作电路中的双头螺栓、螺母或垫圈。

⑨所有导线均应具有适当的接线端子，即不得把裸导线与接线柱连接，但对其端部的各绞线已在其与接线柱连接相接触的全长上通过锡焊做成刚性者，则可例外。对于标称截面积大于 2.5 mm^2 所有导线的连接和接线端子，不应采用锡焊接。

⑩不应采用绞扭接头导线螺母。

⑪其他要求：对于接线端子的裸露颈部，应采用绝缘的隔板或套管予以防护，以免无意短路，但对在保护导线系统中的接线端子则可例外。

⑫导线的走线应避开可能损坏其绝缘的排气管或其他热源。除非设有一等效的隔热板，否则其与水冷却排气部件的最小间距为 50 mm；与干式排气部件的最小间距为 250 mm。

⑬可能遭受物理损伤的导线应以护套、导管或其他等效设施予以保护。贯穿舱壁或结构件的导线应对擦伤引起的绝缘损坏予以保护。

⑭在同一接线螺柱上紧固的导线数量不应多于 4 根。电缆或电线不应直接敷设在玻璃钢层板内。

2. 裸导线

裸导线就是导线外面没有覆盖绝缘层的导线。主要特征是：纯的导体金属，无绝缘及护套层，如钢芯铝绞线、铜铝汇流排、电力机车线等；加工工艺主要是压力加工，如熔炼、压延、拉制、绞台(紧压绞合)等。

裸导线因为没有外皮，有利于散热，一般用于野外的高压线架设。为了增加抗拉力，一些铝绞线中心是钢绞线，称为钢芯铝线；但在人员稠密区使用也易引发事故，在有条件的城市，已经逐步将架空的高压线使用绝缘线，或转入地下电缆。

裸导线有单线、绞合线、型线与软接线四大类。主要用于电力、交通、通信工程与电机、变压器和电器制造。

裸导线型号编制方法见表 3－2－8。裸导线的分类、型号、截面范围及主要用途见表 3－2－9。

表 3－2－8　裸导线编制方法

类别用途或以导体区分	特征		
	形状	加工	软硬
T—铜线	Y—圆形	J—绞制	R—柔软
L—铝线	G—沟形	—	F—防腐
C—电车线	—	—	G—铜芯

表 3－2－9　裸导线的分类、型号、截面范围及主要用途

分类	名称	型号	截面范围/mm^2	主要用途
裸单线	硬圆铝单线	LY	0.06～6	硬线主要用作架空线；软线主要用作电线、电缆
	软圆铜单线	TR	0.02～6	
裸绞合线	硬铜绞线	TJ	—	架空输电线
	防腐钢芯铝绞线	LGJF	25～400	高低压架空输电线
裸型线	硬铝母线	LBY	0.08～7.01	用于电机、电器设备绕组
	软铜扁线	TBR	2.00～35	安装电机、电器、配电设备
裸软接线	铜电刷线	TS	0.3～16	用于电机上连接电刷
	铜编织线	TZ	4～120	电子元器件连接线

裸导线中裸绞线是由多股单线绞合而成的导线，其目的是改善使用性能。就其结构而论，可分为简单绞合线（J）、组合绞合线（LGI）和复合绞合线。

架空线用得较多的是铝绞合线（LJ），列举两例见表 3－2－10；以及钢芯铝绞合线（LGJ），列举两例见表 3－2－11。

TJ 型铜绞合线的规格及主要技术数据，列举两例见表 3－2－12。

表 3－2－10　铝绞合线的规格及主要技术数据

标称截面/mm^2	结构尺寸/线径/mm	成品外径/mm	直流电阻 20 ℃/（Ω·km^{-1}）	拉断力/kN	线质量/（kg·km^{-1}）
16	7/1.7	5.1	1.14	5.86	143
25	7/2.12	6.36	0.733	8.9	222
…	…	…	…	…	…

表 3－2－11　铜芯铝绞合线

标称截面/mm^2	结构尺寸/线径/mm		实际铝截面/mm^2		导线直径/mm		直流电阻 20 ℃/（Ω·km^{-1}）	拉断力/kN	线质量/（kg·km^{-1}）	安全载流量/A		
	铝	钢	铝	钢	导线	钢芯				70 ℃	80 ℃	90 ℃
10	6/1.5	1/1.5	10.6	1.77	4.5	1.5	2.774	3.67	42.9	65	77	87
16	6/1.8	1/1.8	15.3	2.54	5.4	1.8	1.926	5.3	61.7	82	97	109
…	…	…	…	…	…	…	…	…	…	…	…	…

表 3－2－12　铜绞合线的规格及主要技术数据

标称截面/mm^2	结构尺寸/线径/mm	实际铝截面/mm^2	导线直径/mm	直流电阻 20 ℃/（Ω·km^{-1}）	拉断力/kN	线质量/（kg·km^{-1}）	安全载流量/A		
							70 ℃	80 ℃	90 ℃
10	3/2.07	10.1	4.56	2.896	1.63	27.6	64	76	86
16	7/1.7	15.9	5.1	1.847	2.57	43.5	83	98	111
…	…	…	…	…	…	…	…	…	…

3. 电磁线

电磁线可以按其基本组成、导电线芯和电绝缘层分类。通常按电绝缘层所用的绝缘材料和制造方式可分为漆包线、绕包线、漆包绕包线和无机绝缘线。

电磁线(绕组线)是指用于电机电器及电工仪表中,作为绕组或元件的绝缘导线。

常用电磁线的导电线芯有圆线和扁线两种,目前大多采用铜线,很少采用铝线。由于导线外面有绝缘材料,因此电磁线有不同的耐热等级。

常用的电磁线有漆包线、绕包线、无机绝缘线。

(1)漆包线

漆包线的绝缘层是漆膜,广泛应用于中小型电机及微电机、干式变压器和其他电工产品中。漆包线是在导体外涂以相应的漆溶液,再经溶剂挥发和漆膜固化、冷却而成。漆包线按其所用的绝缘漆可以分成聚酯漆包线、聚酯亚胺漆包线、聚酰胺亚胺漆包线、聚酰亚胺漆包线、聚酯亚胺/聚酰胺酰亚胺漆包线、耐电晕漆包线及油性漆、缩醛漆、聚氯酯漆包线等。有时也按其用途的特殊性分类,如自黏性漆包线、耐冷冻剂漆包线等。

最早的漆包线是油性漆包线,由桐油等制成。其漆膜耐磨性差,不能直接用于制造电机线圈和绕组,使用时须加棉纱包绕层。后来聚乙烯醇缩甲醛漆包线问世,其机械性能大为提高,可以直接用于电机绕组,称为高强度漆包线。

随着弱电技术的发展又出现了自黏性漆包线,可以不用浸渍、烘焙而获得整体性较好的线圈。但其机械强度较差,仅能在微特电机、小电机中使用。此外,为了避免焊接时先行去除漆膜的麻烦,发展了直焊性漆包线,其涂膜能在高温搪锡槽中自行脱落而使铜线易焊接。

由于漆包线的应用日益广泛,要求日趋严格,还发展了复合型漆包线。其内、外层漆膜由不同的高分子材料组成,如聚酯亚胺、聚酰胺酰亚胺漆包线。

漆包线的型号、规格、特点及主要用途见表 3-2-13。

表 3-2-13 漆包线的型号、规格、特点及主要用途

类别	名称	型号	耐热等级	规格/mm	特点	主要用途
油性漆包线	油性漆包圆铜线	Q	A	0.02 ~ 2.50	①漆膜均匀,介质损耗较小; ②耐溶剂性和耐刮性差	中、高频线圈及仪表、电器等线圈
特种漆包线	环氧自黏性漆包圆铜线	QHN	E	0.10 ~ 0.51	①不需浸渍处理,在一定温度条件下自行黏合成形; ②耐油性好; ③耐刮性较差	仪表和电器的线圈、无骨架的线圈
…	…	…	…	…	…	…

(2)绕包线

绕包线用玻璃丝、绝缘纸或合成树脂薄膜等紧密绕包在导电线芯上,形成绝缘层,应满足多种使用和制造工艺上的要求,包括形状、规格、能短时和长期在高温下工作,以及承受某些场合中的强烈振动和高速下的离心力，高电压下的耐受电晕和击穿，特殊气氛下的耐化学腐蚀等。

有在漆包线上再绕包绝缘层的，应满足多种使用和制造工艺上的要求，其包括绕制和嵌线时经受拉伸、弯曲和磨损的要求，以及浸渍和烘干过程中的溶胀、侵蚀作用等。

绕包线是绕组线中的一个重要品种。早期用棉纱和丝，称为纱包线和丝包线，曾用于电机、电器中。由于绝缘厚度大，耐热性低，多数已被漆包线所代替，目前仅用高频绕组线。在大、中型规格的绕组线中，当耐热等级较高而机械强度较大时，也采用玻璃丝包线，而在制造时配以适当的胶黏漆。

在绕包线中，纸包线仍占有相当比例，主要用于油浸变压器中。这时形成的油纸绝缘具有优异的介电性能，且价格低廉，寿命长。

近年来发展比较迅速的是薄膜绕包线，主要有聚酯薄膜和聚酰亚胺薄膜绕包线。

近年来还有用于风力发电的云母带包聚酯亚胺薄膜绕包铜扁线。绕包线的型号、规格、特点及主要用途见表 3－2－14。

表 3－2－14 绕包线的型号、规格、特点及主要用途

类别	名称	型号	耐热等级	规格范围/mm	特点	主要用途
纸包线	纸包圆铜线	Z	A	1.0～5.6	①在油浸变压器中作线圈，耐电压击穿性能好；②绝缘纸易破损；③价廉	用油变压器于浸压绕组
薄膜绕包线	绕包扁铜线	YB	330 ℃	0.25～6	①耐热和耐低温性好；②耐辐射性；③高温下耐电压击穿性好	用于高温、有机辐射等场所的电机绕组及干式变压器线圈
…	…	…	…	…	…	…

（3）无机绝缘线

当耐热等级要求超出有机材料的限度时，通常采用无机绝缘漆涂敷。现有的无机绝缘线可进一步分为玻璃膜线、氧化膜线和陶瓷绝缘线等，还有组合导线、换位导线等。无机绝缘线的型号、规格、特点及主要用途见表 3－2－15。

表 3－2－15 无机绝缘线的型号、规格、特点及主要用途

类别	名称	型号	耐热等级	规格范围/mm	特点	主要用途
氧化膜线	氧化膜圆铝线	YML	由绝缘漆涂层性质决定	0.05～5	①槽满率高；②耐辐射性；③弯曲性、耐酸、碱性好；④击穿电压低	起重电磁铁、高温制动器等线圈，并用于耐辐射场所

表 3-2-15(续)

类别	名称	型号	耐热等级	规格范围/mm	特点	主要用途
陶瓷绝缘线		TC	500 ℃	0.06~0.5	①耐高温性能好; ②耐化学腐蚀性、耐辐射性好; ③弯曲性差,击穿电压低; ④耐潮性差	用于高温及有辐射场合的电器线圈等
…	…	…	…	…	…	…

4. 绝缘电线

绝缘电线一般有橡胶、塑料绝缘电线和橡胶、塑料绝缘软线。

橡胶、塑料(即聚氯乙烯(PVC))绝缘电线广泛应用于交流额定电压(U_0/U)450 V/750 V、300 V/500 V 及以下和直流电压 1 000 V 以下的动力装置及照明线路的固定敷设中。一般电线长期允许工作温度不超过 70 ℃,敷设环境温度不低于 0 ℃。

橡胶、塑料绝缘软线在家用电器和照明中应用极广,在各种交、直流移动电器,电工仪表,电器设备及自动化装置接线中也适用。使用时要注意工作电压,大多为交流 250 V,或直流 500 V 以下,交流额定电压为 450 V/750 V、300V/500 V 及以下。

5. 电力电缆

电力电缆的主要特征是:在导体外挤(绕)包绝缘层,如架空绝缘电缆;或几芯绞合(对应电力系统的相线、零线和地线),如两芯以上架空绝缘电缆;或再增加护套层,如塑料/橡套电线电缆。主要的工艺技术有拉制、绞台、绝缘挤出(绕包)、成缆、铠装、护层挤出等,各种产品的不同工序组合有一定区别。

产品主要用在发、配、输、变、供电线路中的强电电能传输,通过的电流大(几十安至几千安)、电压高(220 V 至 500 kV 及以上)。

6. 通信电缆及光纤

近 20 多年来,通信行业飞速发展,产品也有惊人的发展速度。从过去的简单的电话电报线缆发展到几千对的话缆、同轴缆、光缆、数据电缆甚至组合通信缆等。该类产品结构尺寸通常小而均匀,制造精度要求高。

项目四　游艇用电设备

模块一　游 艇 电 机

知识点一　变压器

变压器是将某一数值的交流电压转变成同一频率的另一种或几种不同数值交流电压的常用电气设备。其广泛应用于电力系统及各种电子设备中，通常可分为电力变压器和特殊变压器两大类。

电力变压器是电力系统中的关键设备之一，由于发电厂大都集中在煤炭和水力资源丰富的地区，要将电能输送到各地的用户，必须通过电线进行远距离输电，因此在输电过程中电能的损失不可避免。在功率相同的情况下，输电的电压越高，则电流越小，在线路电阻一定时损耗就越少，因此高压输电比低压输电经济。一般情况下，输电距离越远，输送功率越大，要求输电电压越高。

特殊变压器是指除电力系统应用的变压器以外的各种变压器的统称。其品种繁多，如自耦变压器、电压互感器、电流互感器等；工程技术中专用的焊接、整流、电炉变压器等；电子线路中变换阻抗用的输入、输出变压器等。

游艇用变压器容量小，但却很重要，它们为照明系统、航行信号系统、通信导航系统、控制系统和安全报警系统供电，是保证游艇正常工作、安全航行和艇员旅客生活的重要设备。

虽然变压器的结构和性能各有特点，但其基本工作原理都是相同的，即都是以线圈间的电磁感应原理为基础的。

一、变压器的基本结构

变压器因使用场合、工作要求不同，其结构形式是多种多样的，但是最基本的结构都是由铁芯与绕在铁芯上相互绝缘的线圈（绕组）构成的。图 4－1－1 所示是变压器结构示意图及符号。

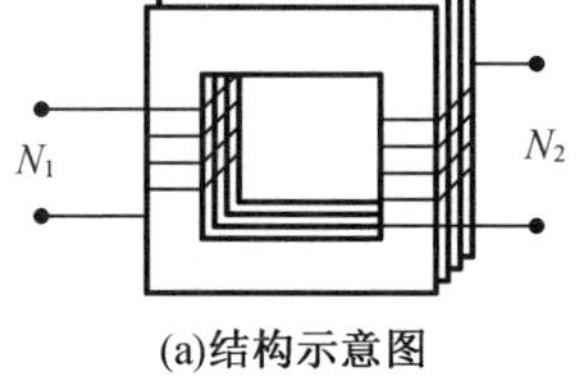

(a)结构示意图

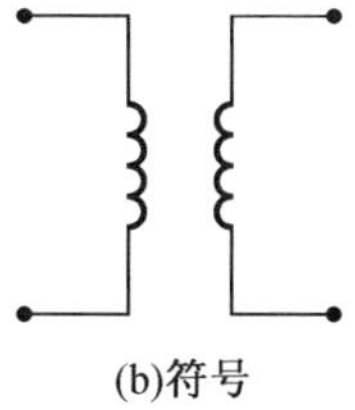

(b)符号

图 4－1－1　变压器结构示意图及符号

铁芯是变压器的磁路部分，一般采用表面涂有漆膜、厚度为 0.35 mm 或 0.5 mm 的硅钢片交错叠成，使磁路具有较高的磁导率和较小的磁滞涡流损耗。

绕组是变压器的电路部分，通常用涂有绝缘漆的铜线或铝线绕制而成。与电源连接的绕组称为原绕组，简称原边或初级；与负载连接的绕组称为副绕组，简称副边或次级。绕组的形状有筒式和盘式两种。筒式绕组又称同心绕组，原、副绕组相套在一起，低压绕组套在靠铁芯的里层，高压绕组套在低压绕组的外层。盘形绕组又称为交叠式绕组，分层交叠在一起，低压绕组通常是套在铁芯柱靠上、下铁轭的外端，高压绕组则夹在两低压绕组的中间。根据实际需要，一个变压器可以只有一个绕组，如自耦变压器；也可以有多个副绕组以输出不同的电压。

按铁芯和绕组的组合结构，变压器有芯式和壳式两种。芯式变压器的绕组环绕铁芯柱，如图 4－1－2(a)所示，其铁芯结构比较简单，绕组的安装和绝缘也比较容易，是应用较多的结构形式；壳式变压器的绕组除中间穿过铁芯外，还部分被铁芯所包围，如图 4－1－2(b)所示。

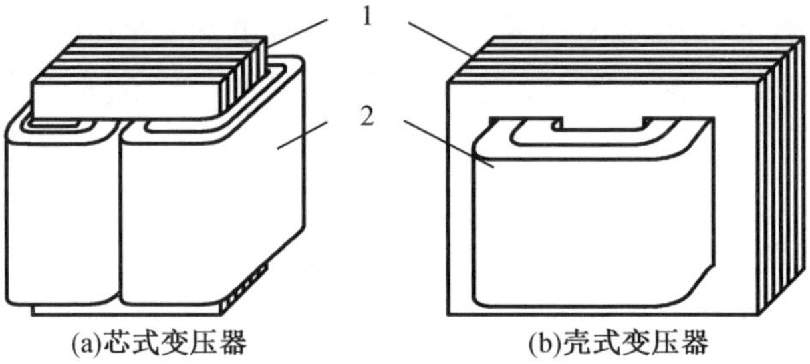

1—铁芯；2—绕组。

图 4－1－2　芯式和壳式结构的变压器

变压器工作时铁芯和绕组都要发热，为了防止变压器过热而损坏绝缘材料，必须采用适当的冷却方式。对于小容量变压器，通常采用空气制冷，依靠空气的自然对流把铁芯和绕组的热量散发到周围的空气中（艇用变压器一般采用空气制冷）；对容量较大的变压器，通常采用油浸自冷、油浸风冷或强迫油循环冷却等。

二、变压器的铭牌

额定值是对变压器正常运行时所做的使用规定。在额定状态下运行可以保证变压器长期可靠地工作，并且有良好的性能。因此，为了正确地使用变压器，必须了解和掌握其额定值。额定值通常标在变压器的铭牌上，故也称铭牌数据。变压器的铭牌数据主要有：

1. 额定容量

额定容量指变压器的额定视在功率，单位是 VA 或 kVA。对于双绕组变压器原、副边容量是相同的。

2. 额定电压

额定电压指原、副绕组的额定线电压，例如 400 V/230 V。副边额定电压是指当原边接额定电压时副边的开路电压。因此，变压器可以升压，也可以降压。

3. 额定电流

额定电流指原、副边的额定线电流，单位是 A。

变压器的额定容量、额定电压和额定电流之间的关系如下：

单相双绕组变压器

$$S_N = U_{2N}I_{2N} = U_{1N}I_{1N}$$

三相双绕组变压器

$$S_N = \sqrt{3}U_{2N}I_{2N} = \sqrt{3}U_{1N}I_{1N}$$

除上面所述，变压器铭牌参数还包括变压器的型号、额定频率、绝缘等级、生产厂家等。

三、变压器的基本原理

1. 变压器的空载运行和电压变换

变压器的原边接上交流电压，副边开路，这种运行状态称为空载运行，如图 4－1－3 所示。这时副边电流 $I_2=0$，电压为开路电压 U_{20}，原绕组中通过的电流为空载电流 I_{10}，设原绕组的匝数为 N_1，副绕组的匝数为 N_2。

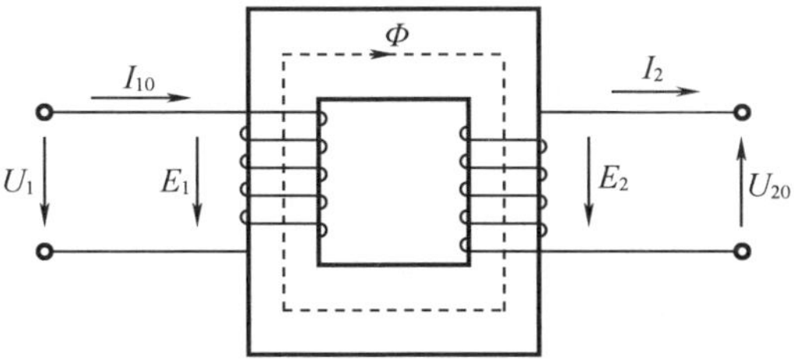

图 4－1－3　变压器的空载运行

因为副边开路，这时变压器的原边电路相当于一个交流铁芯线圈电路，空载电流 I_{10} 就是励磁电流。因为 I_{10} 是交变电流，所以在磁动势 N_1I_{10} 作用下，铁芯中的主磁通 Φ 也是交变的，并在原副边绕组中分别感应出电动势 E_1、E_2。当 E_1、E_2 与 Φ 的参数方向之间符合右手定则时，由磁感应定律可得

$$E_1 = -N_1\frac{\mathrm{d}\Phi}{\mathrm{d}t}$$

$$E_2 = -N_2\frac{\mathrm{d}\Phi}{\mathrm{d}t}$$

当外加电压 U_1 按正弦规律变化时，根据电磁铁知识可知

$$U_1 \approx E_1 = 4.44fN_1\Phi_m$$

$$U_{20} \approx E_2 = 4.44fN_2\Phi_m$$

式中，Φ_m 为主磁通。

所以原副边电压关系为

$$\frac{U_1}{U_{20}} \approx \frac{E_1}{E_2} = \frac{N_1}{N_2} = K$$

上式表明，变压器空载运行时，原副边绕组的电压比等于它们的匝数比。K 为变压比，K 大于 1 时为降压变压器，K 小于 1 时为升压变压器。

2. 变压器的负载运行和电流变换

变压器的原边接交流电压 U_1，副边接负载 Z_L，这种运行状态叫作负载运行。

变压器未接负载之前，原边电流 I_{10}，它在原边建立的磁动势 N_1I_{10}，在磁路中产生主磁通 Φ_m。接入负载后，在感应电动势 E_2 的作用下，副边绕组有电流 I_2。副边电流 I_2 的出现反过来要影响变压器铁芯内的磁通，从而影响原、副绕组的感应电动势。在原边电压 U_1 保持不变的情况下，E_1 的变化会使原边绕组电流发生变化，这时原边电流将从空载电流 I_{10} 变

为 I_1，如图 4－1－4 所示。

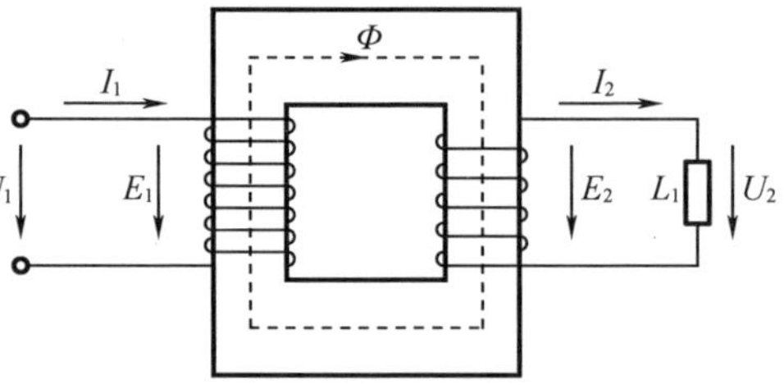

图 4－1－4　变压器负载运行

在变压器外加电压 U_1 和电源频率 f 不变的条件下，主磁通应基本保持不变，即 $\Phi = \frac{U_1}{4.44fN_1}$为常数。但当变压器有载时，由于副边磁动势 I_2N_2 的影响，原绕组中的电流必须由 I_{10}增加到 I_1 来抵消副绕组的磁动势对主磁通的影响，从而维持铁芯中的主磁通的大小不变，即与空载时在数量上接近相等。因此，变压器有载时产生主磁通的磁动势（$I_1N_1 + I_2N_2$）应该与空载时产生主磁通的磁动势相等，即 $I_1N_1 + I_2N_2 = I_{10}N_1$。

因为空载电流很小，所以在变压器接近满载的情况下，$I_{10}N_1$ 相对于 I_1N_1 或 I_2N_2 而言基本上可以忽略不计，于是得到原副边磁动势的关系式为 $I_1N_1 \approx -I_2N_2$，其数值关系为 $I_1N_1 \approx I_2N_2$，即

$$\frac{I_1}{I_2} = \frac{N_2}{N_1} = \frac{1}{K} = K_i$$

式中，K_i 为变压器的变流比，它是变压比 K 的倒数。

由此可见，变压器原副边的电流与它们的匝数成反比，而变压器的原边电流是随副边电流变化而变化的。

3. 变压器的阻抗变换

变压器除了能够改变交流电压和电流的大小以外，还能变换阻抗，这个功能广泛应用于电子技术领域。

变压器对其副边的用电设备而言就是电源，它的实际负载阻抗 $|Z_L|$ 等于副边电压除以副边电流，但对变压器的电源而言，整个变压器又是供电电源的一个等值负载阻抗，该阻抗等于原边电压除以原边电流，如图 4－1－5 所示。很显然，当原副绕组的匝数不同时，$|Z_L| \neq |Z'|$，由此可见，对同一用电负载，从变压器原边看的等值负载阻抗不等于负载的实际阻抗，这就是变压器的阻抗变换作用。

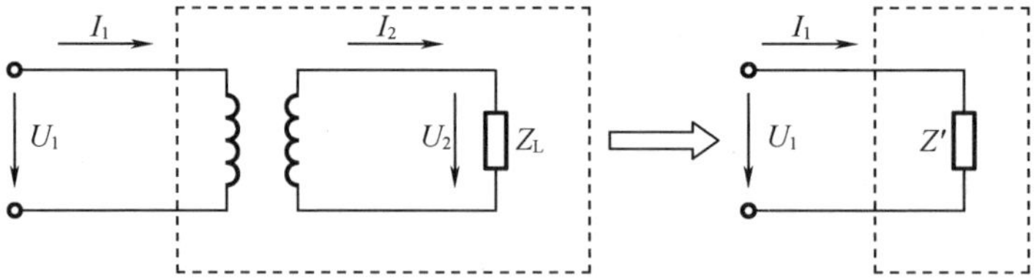

(a)副边带负载的变压器电路　　(b)等效电路

图 4－1－5　变压器的阻抗变换

根据上述忽略绕组内阻、忽略漏磁、忽略损耗的理想变压器的原、副边电压和电流的变比关系，可得到原边的等值阻抗与副边实际负载阻抗的数值变换关系，即

$$|Z'| = \frac{U_1}{I_1} = \frac{\left(\frac{N_1}{N_2}\right)U_2}{\left(\frac{N_2}{N_1}\right)I_2} = \left(\frac{N_1}{N_2}\right)^2 \frac{U_2}{I_2} = K^2 |Z_L|$$

上式表明，原边的等值阻抗等于副边实际阻抗乘以匝数比的平方，采用不同的匝数比可将实际负载阻抗$|Z_L|$变换为所需要的原边等值阻抗$|Z'|$，以实现阻抗匹配。

4. 变压器的外特性

上面分析的变压器负载运行是在理想状态下进行的，即忽略了绕组的电阻和漏磁通，实际上，当副边电流为 $\dot{I}_2$，考虑副边电阻和副边漏磁通时，副边电压方程式为

$$\dot{U}_2 = \dot{E}_2 - Z_L \dot{I}_2$$

式中，Z_L 为副边电阻和副边漏磁通的等效阻抗，是感性的。

上式表明，当负载变化引起副边电流 $\dot{I}_2$ 发生变化时，副边绕组的阻抗电压降将发生变化，副边电压 $\dot{U}_2$ 也随之变化。

当 U_1 为额定值时，$U_2 = f(I_2)$ 的关系曲线称为变压器的外特性曲线。分析表明，当负载为电阻性或电感性时，副边电压将随 I_2 的增加而降低，在特殊情况下，负载为电容性质且电容较大，输出电压 U_2 可能高于 U_1的额定值，如图 4－1－6 所示。图中 φ_2 是 U_2 和 I_2 的相位差，对感性负载来说，功率因数越低，U_2 下降得越快。

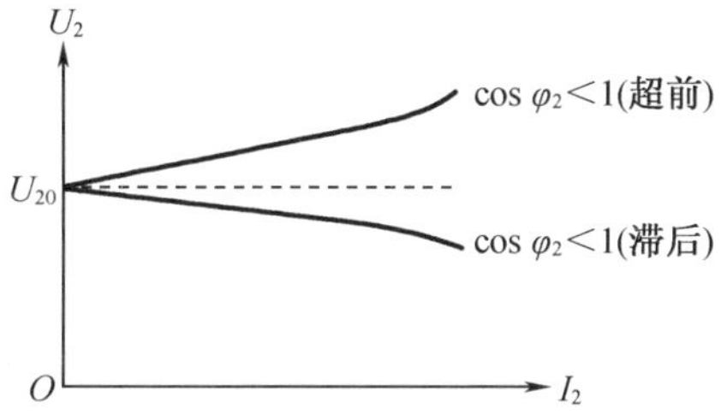

图 4－1－6　变压器的外特性曲线

变压器从空载到满载时，副边电压 U_2 变化量与空载时副边电压 U_{20}的比值称为变压器的电压变化率，通常用百分数表示。对负载来说越稳定越好，即电压变化率越小越好，一般电力变压器的电压变化率为 3%～5%，变压器容量越大，电压变化率越小。

四、变压器绕组的极性及三相变压器

1. 变压器绕组的极性

为了正确地使用变压器，有时还需了解原边电压和副边电压之间的相位关系。由于原、副边电压都是交变的，当某一瞬间原绕组某一端点的电压相对于另一端点为正时，副边绕组必然有一个对应的端点，其瞬间电位相对于副绕组的另一端点也为正。通常把原、副边绕组电位瞬时极性相对应的端点称为同极性端，有时也称为同名端。

图 4－1－7(a)所示变压器有两个副绕组，因为两个绕组绕向相同，当磁通变化时绕组中产生感应电动势，端点 1 和 3 的电位瞬时极性必然相同，所以端点 1 和 3 就是同极性端，当然端点 2 和 4 也是同极性端。在使用变压器时，为了能正确地连接线路，通常在同极性端旁边标注“·”作为标记。图 4－1－7(d)是表明了极性的变压器绕组符号。图 4－1－7(b)和图 4－1－7(c)为变压器绕组的串联和并联接线图。

2. 变压器绕组极性的测定

对于一台实际的变压器，由于从外部无法知道绕组的绕向，当原副绕组的首尾端或同极性端标记无法辨认时，可用试验法进行判别。如图 4－1－8 所示，变压器的一个绕组(图

中为 AX）通过开关和电池相连，另一个绕组与直流毫安表相连，a 端接毫安表的正端，x 端接毫安表的负端。当开关 K 接通瞬间，如果毫安表的指针正向偏转，则 A、a 是同极性端；如果指针反向偏转，则 A、x 是同极性端。

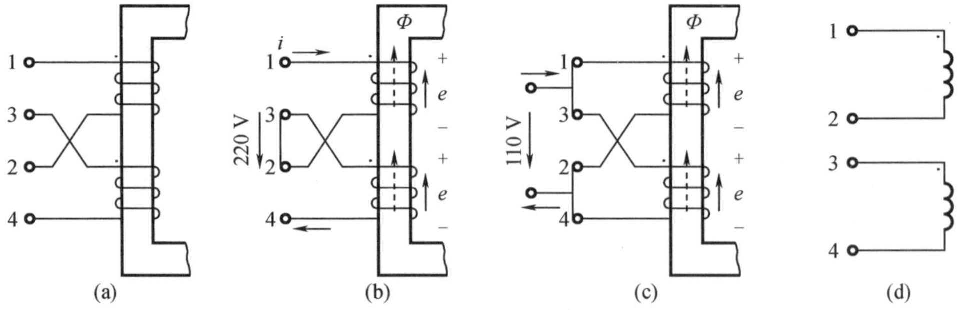

图 4-1-7　变压器绕组的极性及串并联

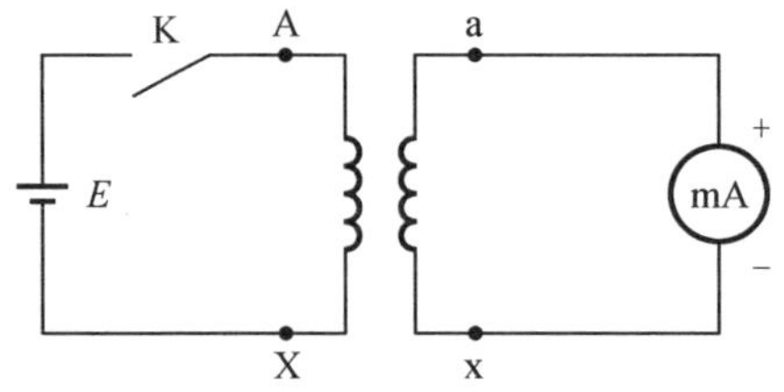

图 4-1-8　变压器绕组极性的测定

3. 三相变压器

三相变压器的结构有两种，即由三台单相变压器组成的三相变压器和三铁芯柱式三相变压器。

（1）由三台单相变压器组成的三相变压器

图 4-1-9 所示为由三台单相变压器组成的三相变压器，其主要特点是三台单相变压器相互独立，各相磁路彼此之间无关，故可分可合。其缺点是成本高、体积大、效率低，主要用作大容量变压器。

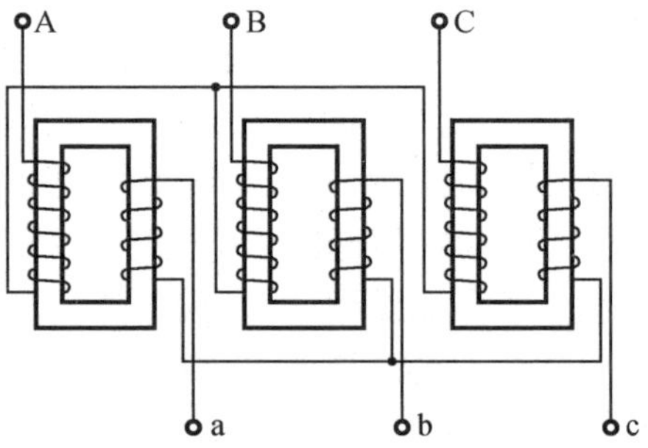

图 4-1-9　由三台单相变压器组成的三相交压器

（2）三铁芯柱式三相变压器

图 4-1-10 所示为三铁芯柱式三相变压器。这种变压器有三个相同截面的铁芯柱，各套一相原、副绕组，各相磁路相互并联，由于三相原绕组所加的电压是对称的，因此磁通是

对称的，副边电压也是对称的。

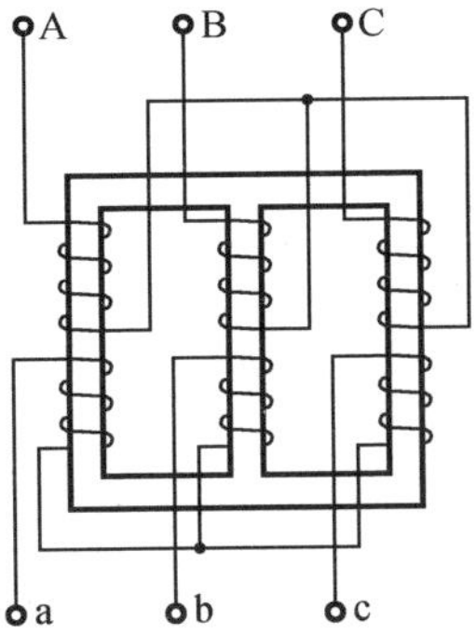

图 4－1－10　三铁芯柱式三相变压器

三铁芯柱式三相变压器的原、副边都有三个绕组，可以根据需要接成星形（Y）或三角形（△）。因此有四种基本连接方式：Y/Y、△/Y、Y/△和△/△。我国只采用 Y/Y 和 Y/△两种标准形式，如图 4－1－11 所示。

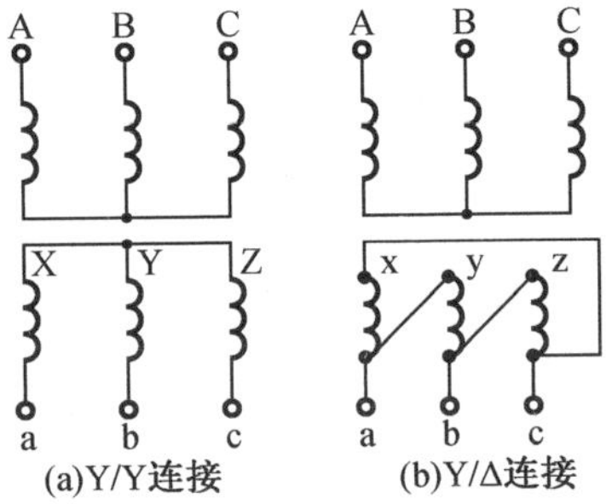

图 4－1－11　三相变压器的两种接法

（3）三相变压器的变比关系

当原边和副边的三相绕组的连接方式和连接极性完全一致时，例如 Y/Y 或△/△连接，则两边线电压之比等于相电压之比，并且两者同相位。当原副绕组连接方式不一致时，则两边线电压之比不等于相电压的变比，例如，Y/△连接的三相变压器两边线电压的变比是相电压变比的$\sqrt{3}$倍，并且两者的相位不同，副边线电压的相位超前原边线电压 30°。

五、特殊变压器

前面讨论的主要是双绕组变压器，在实际应用上，还有一些特殊用途的变压器，例如自耦变压器、电压互感器、电流互感器等，它们都有各自的主要特点和用途。

1. 自耦变压器

普通变压器至少有两个绕组，原、副绕组是相互绝缘的，只有磁耦合而无直接的电的联系。自耦变压器只有一个绕组，如图 4－1－12 所示，其中高压绕组的一部分线圈兼作低压绕组，自耦变压器的高低压绕组之间除了有磁的联系外，还有电的直接联系。自耦变压器的基本工作原理与普通变压器相同，同样

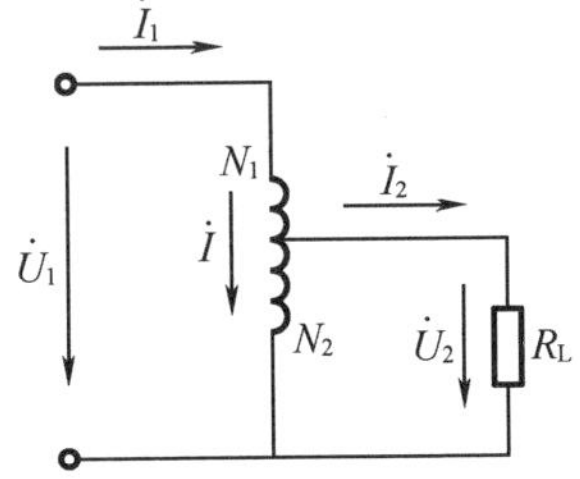

图 4－1－12　自耦变压器

有以下关系：

$$\frac{\dot{U}_1}{\dot{U}_{20}} \approx \frac{E_1}{E_2} = \frac{N_1}{N_2} = K$$

$$\frac{\dot{I}_1}{\dot{I}_2} = \frac{N_2}{N_1} = \frac{1}{K} = K_i$$

其中　U_{20}——副边的空载电压；

　　K_i——自耦变压器的变流比。

当变压器满载或接近满载时，原边电路和副边电路中的电流 $\dot{I}_1$ 和 $\dot{I}_2$ 的相位差接近 180°，在公共绕组内流过的电流 $\dot{I}$ 较小（$\dot{I} = \dot{I}_1 - \dot{I}_2$），因而这部分绕组可用截面积较小的导线绕制。

与普通变压器相比，自耦变压器与的优点是效率高、省铜线、制造简单、体积小、质量轻；其缺点是原、副边电路有电的直接联系，容易发生触电事故。

因此电气安全操作规程规定，自耦变压器不容许作为安全变压器使用，安全变压器一定要采用原、副绕组相互绝缘的双绕组变压器。

2. 仪用互感器

在高电压、大电流的线路中，通常不能直接用仪表去测量电压和电流，而须借助于特制的仪表变压器将高电压降为低电压，大电流降为小电流后，再进行测量。这样可以使测量仪表与高压电路绝缘，以保证测量人员和仪表的安全，并可扩大仪表的量程。这种专用仪表变压器称为仪用互感器。根据用途的不同，仪用互感器可分为电压互感器和电流互感器。

（1）电压互感器

电压互感器的构造及工作原理与普通变压器相似，使用时，匝数多的原绕组并联被测高电压，而匝数少的副绕组则与各种仪器仪表（如电压表、功率表等）的电压线圈连接电路（图 4－1－13）。电压互感器副边有不同等级的标准电压，常用的电压互感器的标准额定电压为 100 V。根据变压器的变压原理可知，100 V 量程的电压通过电压互感器可测量的最高电压为

$$U_{1N} = \frac{N_1}{N_2} U_{2N} = \frac{N_1}{N_2} \times 100$$

其中　U_{1N}——变压器原边的额定电压；

　　U_{2N}——变压器副边的额定电压。

可见电压表的量程通过电压互感器扩大了 N_1/N_2 倍。

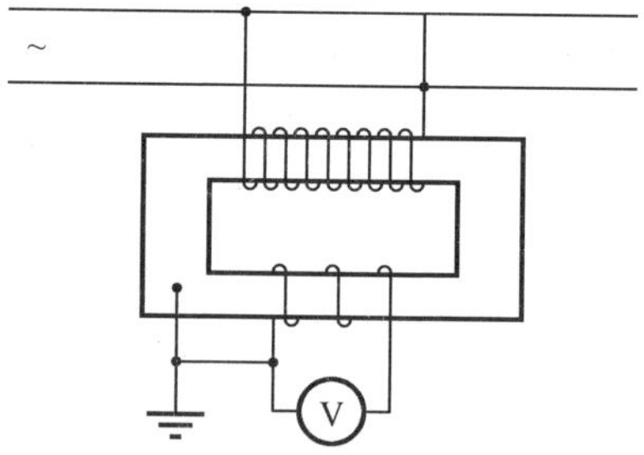

图 4－1－13　电压互感器

在使用电压互感器时应特别注意：

①运行时副绕组电路不允许短路。若发生短路，副边电流将大大超过额定值，原边电流也将随之增大，致使绕组因严重过热而被烧毁。

②铁芯和副绕组一端都必须接地，这是因为在测量中，一旦高低压绕组间的绝缘损坏，副绕组中就会出现高电位，危及工作人员和仪表安全。

(2)电流互感器

电流互感器工作原理与普通变压器的变流原理相同。在使用时，把匝数少的原绕组串联在需要测量电流的电路中，而匝数多的副边绕组则与电流表相连，如图 4－1－14 所示。电流互感器原绕组用粗导线绕成，只有一匝或几匝，因而当副边构成闭合回路时，它的阻抗很小，在运行中它两端的电压降也很小。副绕组的匝数虽多，但在正常情况下它的电动势并不高，只有几伏。

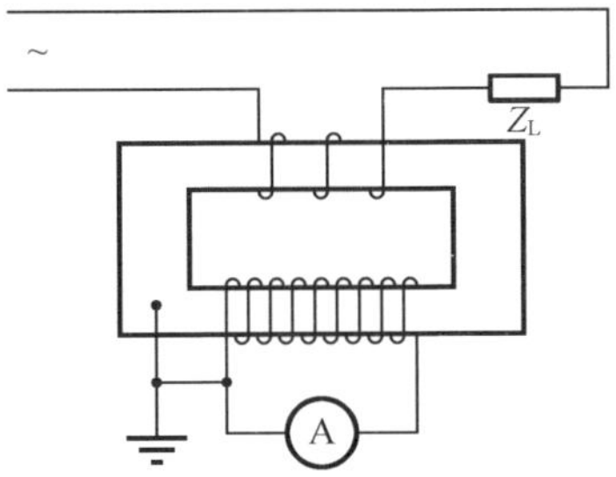

图 4－1－14　电流互感器

通常电流互感器副绕组的额定电流设计为 5 A，当要测量不同等级的负载电流时，只要选用不同变流比的电流互感器与电流表配套使用(例如 30 A/5 A、100 A/5 A 等)，电流表的刻度就可按原边的电流等级标出，测量时在电流表上就可直接读取负载电路的电流值。根据变压器的变流原理可知，满量程为 5 A 的电流表通过电流互感器可测量的最大电流为

$$I_{1N}=\frac{N_2}{N_1}I_{2N}=\frac{N_2}{N_1}\times 5$$

其中　I_{1N}——原边的额定电流；

I_{2N}——副边的额定电流；

N_1——原边的匝数；

N_2——副边的匝数。

可见电流互感器将 5 A 电流表的量程扩大了 N_2/N_1 倍。

在使用电流互感器时必须注意：

①电流互感器在运行中，副边绝对不能开路，不然将在副绕组两端感应出数百伏的高压，危及人员安全，并击穿绝缘，同时使铁芯损耗急剧上升，铁芯严重过热，以致烧坏绕组。

②为了保障安全运行，电流互感器副绕组的一端和铁芯必须接地。

知识点二　异步电动机

异步电动机是将交流电能转换为机械能的通用的、重要的旋转机电设备。在船艇上得到了广泛应用，例如风机、冷却水泵等。

一、三相异步电动机的结构及工作原理

1. 基本构造与铭牌数据

根据不同的冷却方式和保护方式，异步电动机有开启式、防护式、封闭式和防爆式几种。

三相异步电动机由静止的定子和转动的转子两大部分组成。定子和转子之间有一很小的气隙。按转子结构的不同，三相异步电动机分为鼠笼式和绕线式两类。图 4－1－15 是绕线式三相异步电动机结构图，图 4－1－16 是鼠笼式三相异步电动机结构图。

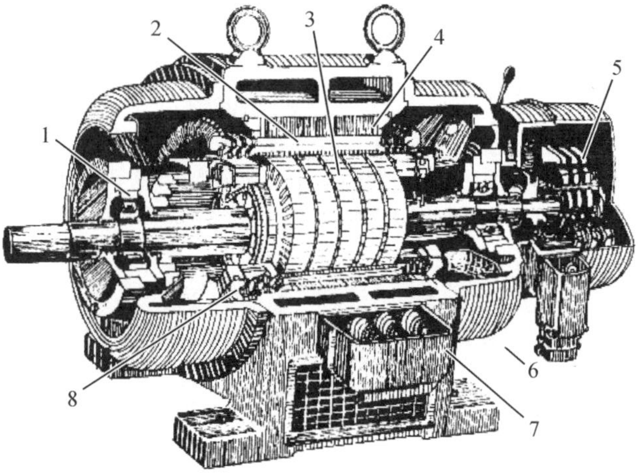

1—轴承;2,6—定子绕组;3—转子;4—定子;5—集电环;7—出线盒;8—端盖转子。

图 4－1－15　绕线式三相异步电动机结构图

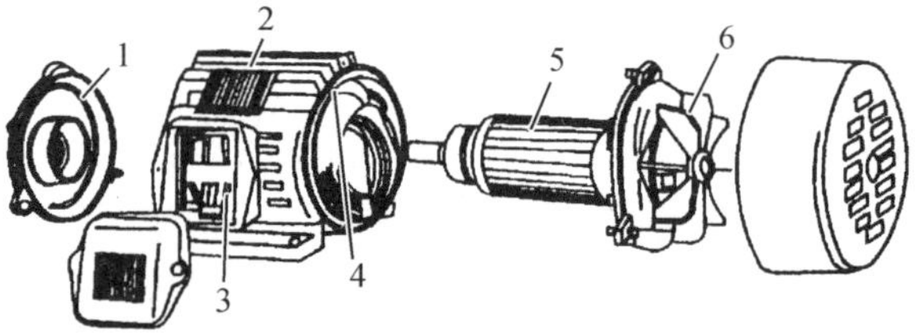

1—端盖;2—定子;3—接线盒;4—定子绕组;5—转子;6—风翼。

图 4－1－16　鼠笼式三相异步电动机结构图

(1)定子

异步电动机的定子由定子铁芯、定子绕组、机座、端盖和接线盒等部分组成。

定子铁芯是电动机磁路的一部分，同时用于嵌放定子绕组。为了产生较强的磁场和减少铁芯中的磁滞及涡流损耗，定子铁芯由 0.5 mm 左右厚度的硅钢片冲制、涂漆、叠压而成，如图 4－1－17 所示。

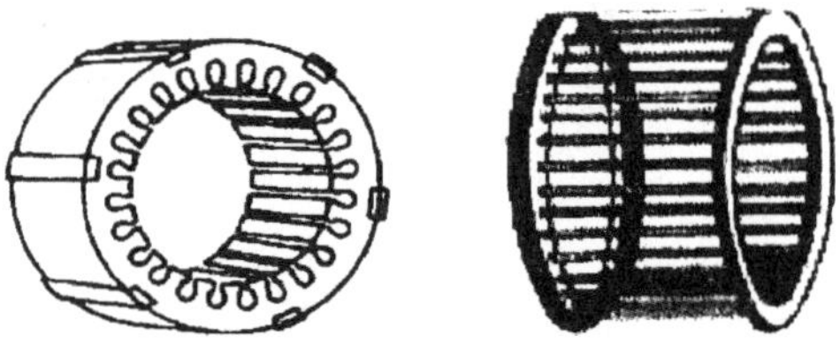

(a)　　(b)

图 4－1－17　异步电动机的定子铁芯及铜条绕组

定子绕组为三相绕组，即有三组完全相同的独立绕组。各相绕组分别用绝缘的漆包铜线绕制而成，分别嵌放在相应的定子铁芯槽内。三相绕组的首尾端常以 U_1-U_2、V_1-V_2、

$W_1 - W_2$ 表示，六个线端都固定接在机座的接线盒上。根据定子每相绕组的额定电压，以及所使用的电源电压的不同，分别进行星形或三角形连接后，引出三个端子接三相交流电源。例如，当电动机铭牌上标明“额定电压 380 V/220 V，接法 Y/△”时，即表示当电源电压为380 V 时，定子绕组做星形连接；当电源电压为 220 V 时，则应将绕组做三角形连接，因为定子每相绕组的额定电压为 220 V。图 4－1－18 为三相交流电机的星形和三角形接法在电机接线盒内的接法和对应原理图上的接法示意图。

(2)转子

异步电动机的转子有鼠笼式和绕线式两种形式，如图 4－1－19 所示。两种转子均包括转子铁芯、转子绕组、转轴、轴承、滑环(仅限绕线式中有)、风叶等。

鼠笼式转子如图 4－1－19(a)所示。铜条绕组是把裸铜条插入转子铁芯槽内，两端用两个端环焊成通路，如图 4－1－18(b)所示。铸铝绕组是将铝熔化后浇铸到转子铁芯槽内，两个端环及冷却用的风翼也同时铸成，如图 4－1－18(a)所示。一般小型笼式异步电动机都采用铸铝转子。

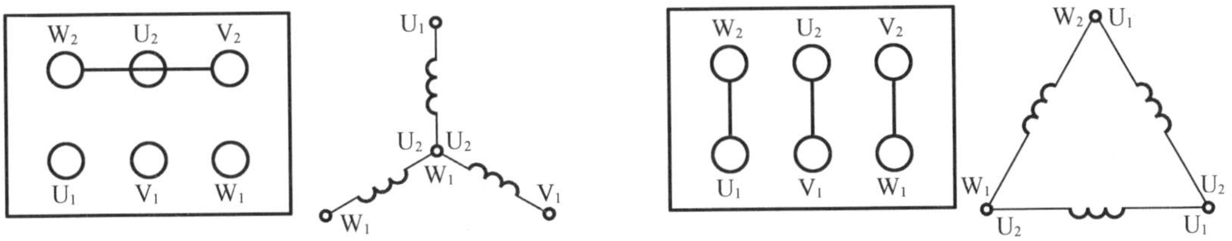

(a)电机星形接法　　(b)电机三角形接法

图 4－1－18　三相交流电机的接线盒及接法示意图

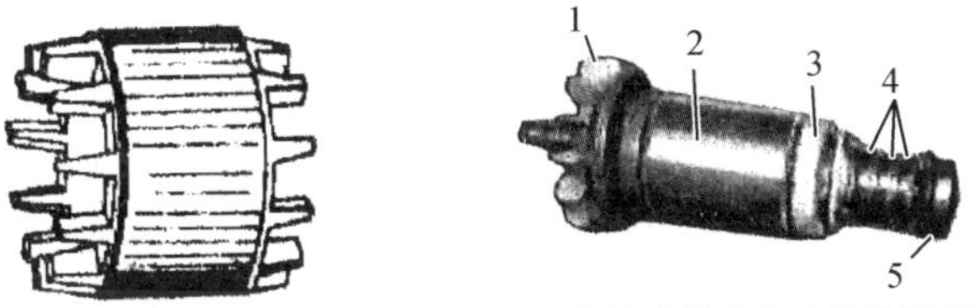

(a)鼠笼式转子　　(b)绕线式异步电动机的转子

1—风叶；2—铁芯；3—绕组；4—滑环；5—轴承。

图 4－1－19　异步电动机转子的形式

绕线式转子的铁芯同鼠笼式转子铁芯一样，但其绕组却和定子绕组相似，是以绝缘铜线绕制的三相对称绕组。绕组的排布形式必须与定子绕组相对应(具有相同的磁极对数)，且通常连接成星形。三个线端分别接到固定于转轴上的三个铜制滑环上。通过滑环和固定于机座电刷架上电刷的滑动接触与外接电路接通。绕线式转子如图 4－1－19(b)所示。这种转子绕组回路中可接入附加电阻或其他控制装置，改变绕线式异步电动机转子回路的电阻值可改善其启动性能或调速性能。但绕线式异步电动机具有结构较复杂、维护困难、造价高等特点，因此并不常用。

(3)气隙

异步电动机定、转子之间气隙很小，中小型电动机一般为 0.2～2 mm。气隙的大小直接关系到电动机的运行性能。一般而言，气隙越小，电动机磁路的磁阻就越小，因而减小了励磁电流，提高了电动机运行时的功率因数。但是，过小的气隙不仅造成电动机加工和装配的困难，而且运转时容易发生定转子之间的摩擦和碰撞。

（4）三相异步电动机铭牌参数及其意义

①额定电压 U_N（V）：在额定工况下运行时定子绕组所接电源线电压值。一般规定电动机的运行电压不能高于或低于额定值的5%。

②额定电流 I_N（A）：电动机额定电压下带额定负载运行时电动机的线电流。

③额定功率 P_N（kW）：额定工况下运行时，电动机轴上输出的机械功率。

④额定转速 n_N（r/min）：电动机额定工况下运行时的转速。

⑤额定频率 f_N（Hz）：电源频率，常有 50 Hz 和 60 Hz 两种电制。

⑥额定功率因数 $\cos\varphi_N$：电动机额定工况下运行时的功率因数，一般为 0.8～0.9；空载时功率因数很低，为 0.2～0.3。

⑦接法：电动机的接法有两种，即星型接法和三角形接法，使用时注意接法与电压定额之间的关系。

⑧定额：主要分成连续 S_1、短时 S_2 和断续 S_3 三种。定额为连续的电动机，在额定负载范围内，允许长期持续使用。短时或断续工作的电动机，则必须按电动机运行时间与运行时间加停车时间之比的相对持续系数（一般铭牌上给出）来确保运行时间。

此外，铭牌上还标有电动机的温升、绝缘等级、防护等级等。

2. 三相异步电动机的工作原理

异步电动机利用三相交流电在定子绕组中形成的定子旋转磁场与感生的转子电流相互作用产生的电磁转矩驱动转轴工作。

（1）旋转磁场的产生

旋转磁场产生的条件：①至少有两个绕组，在空间位置相位差；②通入绕组中的电流有时间相位差。

三相异步电动机的定子绕组沿定子铁芯内圆周均匀而对称分布。为分析方便起见，将每相绕组用一个单匝线圈来等效替代，三相的三个线圈仍对称分布，即在定子内圆周上彼此相隔120°空间，如图 4－1－20 所示，满足旋转磁场第一个条件。三相绕组的首末端分别定为 U_1-U_2、V_1-V_2、W_1-W_2，并将它们做星形连接（把三个末端 U_2、V_2、W_2 并接在一起）。

当 A、B、C 三相交流电源分别接入三相绕组的 U_1、V_1、W_1 端后，三相定子绕组中便有三相对称电流 i_A、i_B 和 i_C 流过，其波形及相位关系如图 4－1－21 所示，满足旋转磁场的第二个条件。设三相电流的正方向是从绕组的首端流入（用⊗表示），末端流出（用⊙表示）。下面从几个不同瞬间来分析三相交流电流流过定子绕组所产生的合成磁场。

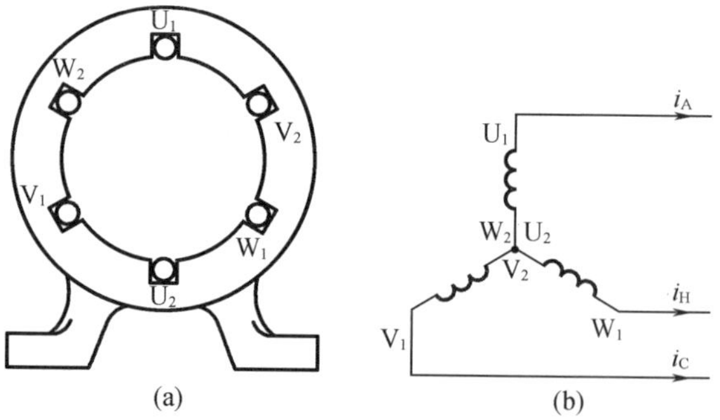

图 4－1－20　异步电动机定子三相绕组分布示意图

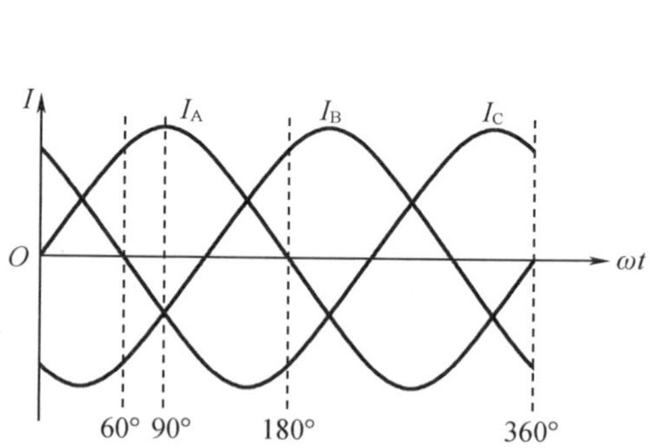

图 4－1－21　定子绕组中三相电流的相位

①当 $\omega t=0°$时，$I_A=0$，U 相绕组中没有电流；I_B 是负值，与参考方向的相反，即 V 相绕组中电流由 V_2 端流进⊗，V_1 端流出⊙；I_C 为正值，即电流从 W_1 端流进⊗，W_2 端流出⊙。根据右手螺旋定则，可确定合成磁场的方向如图 4-1-22(a)所示。

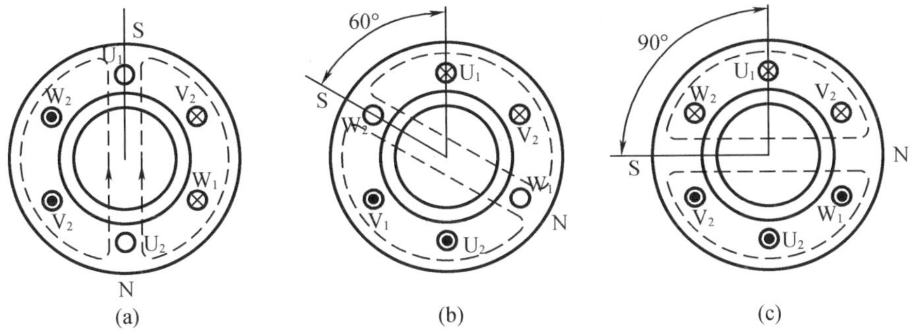

图 4-1-22 一对极旋转磁场的形成

②当 $\omega t=60°$时，$I_C=0$，C 相绕组中没有电流；I_A 为正值，电流由 U_1 端流进⊗，U_2 端流出⊙；I_B 为负值，与参考方向的相反，电流由 V_2 端流进⊗，V_1 端流出⊙，此时合成磁场如图 4-1-22(b)所示。相比 $\omega t=0°$时刻，合成磁场在空间按逆时针方向旋转了 60°。

③当 $\omega t=90°$时，I_A 为正值，而 I_B、I_C 均为负值，均与参考方向相反，同理可得合成磁场的方向如图 4-1-22(c)所示。与 $\omega t=0°$时刻相比，合成磁场在空间按逆时针方向旋转了 90°。

由此可见，定子绕组中的三相电流随时间不断变化，它所产生的合成磁场则在空间内不断地旋转，即对称的三相电流通过定子对称三相绕组能够产生旋转磁场。

(2)旋转磁场的转向

在上述分析中，将相序为 A→B→C 的三相电压对应接入三相绕组 U、V、W 后，绕组中电流达到最大值的顺序，即为 U→V→W，所产生的旋转磁场转向同样在空间内为 U→V→W(图中为逆时针旋转)。

由此可见，旋转磁场转向与三相绕组中电流达到最大值的顺序是一致的，或者说是由三相绕组中所通电流的相序决定的。若要改变旋转磁场转向，只需把通入定子绕组的电源相序改变，即任意交换两根电源进线即可。

(3)旋转磁场的转速与磁极对数

①产生一对磁极时。在图 4-1-20 中，将每相绕组等效简化为沿定子圆周相隔 180°排放的两个圈边，这样所产生的磁场为一对磁极。在这种情况下，当三相交流电流随时间变化一个周期时旋转磁场在空间内相应地旋转一周。

②产生两对磁极时。如果将每相定子绕组的线圈分为两个单元，并且串联连接，比如 U 相绕组由线圈 U_1-U_2 和 $U_1'-U_2'$串联组成。同一线圈的两个圈边相隔 90°跨距，这样连接、排布的绕组通入三相电流后，便会产生一个两对极的旋转磁场。同一对磁极分析方法相同，将它与一对极旋转磁场相比较可知，当三相交流电流在时间相位上变化了 90°时，一对极旋转磁场在空间转过了 90°，而两对极旋转磁场只转过了 45°。同理，当电流变化一周，则一对极旋转磁场转过一周 360°，而两对极旋转磁场转过 180°。

以此类推，如果将定子每相绕组 p 个单元，则会形成 p 对磁极的旋转磁场。电流变化一周，则其在空间转过 $1/p$ 转。如果定子绕组所接电源的频率为 f，则旋转磁场的转速 n_0 为

$$n_0 = \frac{60f}{p}$$

旋转磁场的转速 n_0 称为同步转速，它取决于定子绕组所接电源的频率以及绕组的磁极对数。当电源频率为 50 Hz 时，一对极旋转磁场（$p=1$）时的同步转速为 3 000 r/min；两对极（$p=2$）时的同步转速为 1 500 r/min；三对极（$p=3$）时的同步转速为 1 000 r/min。

（4）三相异步电动机的工作原理

①对于定子绕组通电后产生的旋转磁场，可用一对旋转的磁极来等效替代，如图 4－1－23 所示。其同步转速为 n_0。

②因旋转磁场切割转子中绕组而产生感应电势，其方向如图 4－1－23 所示。

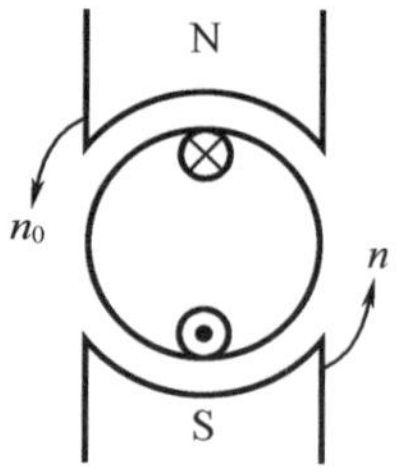

图 4－1－23　异步电动机工作原理图

③由于转子绕组是通路的，因此在转子感应电势的作用下，转子绕组内就有与感应电势方向相同的转子电流流过。

④载有转子电流的转子绕组在旋转磁场作用下将受到电磁力的作用，这些电磁力对转子转轴形成转动力矩，作用方向与旋转磁场方向一致。

⑤转子在此电磁力矩作用下将顺着旋转磁场的方向转动起来。

如果转子转速 $n=n_0$，则转子绕组与旋转磁场之间就不存在相对运动，转子绕组不切割磁力线，因而就不存在转子感应电势、电流及电磁转矩。因此，异步电动机的转子转速总是略小于定子旋转磁场的同步转速，即转子与旋转磁场异步转动，异步电动机的“异步”由此得名。

如果电动机带上生产机械，则电动机转子上产生的电磁转矩将克服负载阻转矩而做功，从而将电能转换成机械能。当电磁转矩与负载转矩一致时，电动机转速保持平衡稳定。

（5）三相异步电动机的转差率

异步电动机处于电动状态运行时，其转子转速 n 将始终小于旋转磁场的同步转速 n_0。

转差 n_0-n 的存在是异步电动机运行的必要条件。转差的相对值称为转差率，用 s 表示，它是异步电动机的一个基本参量（也称为同步转速的百分值），即

$$s = \frac{n_0 - n}{n_0}$$

虽然 s 是一个没有单位的量，但它的大小能反映电动机转子的转速。例如：当 $n=0$ 时，$s=1$；当 $n=n_0$ 时，$s=0$；当 $n>n_0$ 时，s 为负。正常运行的异步电动机，转子转速 n 接近同步转速 n_0，转差率 s 很小，一般 s 为 0.01～0.05。

（6）三相异步电动机的工作状态

图 4－1－24 所示异步电动机的转速、转差率与运行状态的关系可归纳如下：

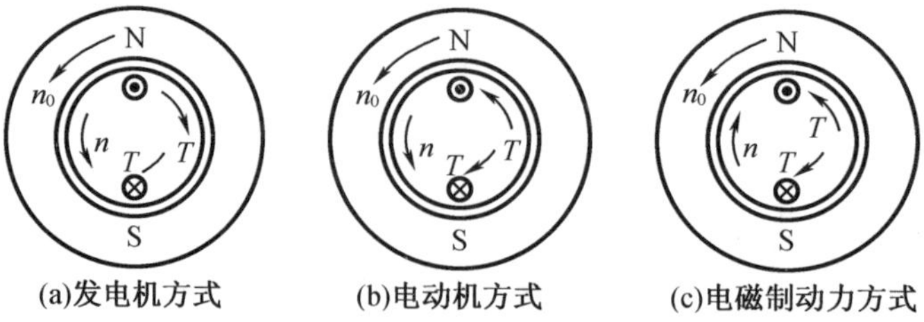

图 4－1－24　异步电动机的三种运行方式

①当 $n < n_0$ 时，$0 < s < 1$，异步电动机处于电动运行。

当电动机处于电动运行状态时，$0 < n < n_0$，故 $0 < s < 1$。通常异步电动机在额定负载时的转差率为 1% ~9%。

②当 $n = 0$ 时，$s = 1$，异步电动机处于堵转状态（或启动瞬间）。

当三相异步电动机发生堵转时，旋转磁场以速度 n_0 切割转子，其定子、转子上的电流较大，特别是三挡调速电动甲板机械（如电动绞缆机等），不允许处在中高速挡发生堵转而使电动机烧毁。

③当 $n = n_0$ 时，$s = 0$，异步电动机处于理想空载运行状态。

当三相异步电动机的转子转速达到 n_0 时，根据转差率公式可知，其转差率为零。

④当 $n > n_0$ 时，$s < 0$，异步电动机处于发电制动状态。

如果电动机转子在其轴上的外加力矩驱动下转动，而使得转子转速高于同步转速，此时 $n > n_0$，$s < 0$，转子绕组因切割旋转磁场的方向相反而使得转子绕组中感应电势和电流的方向都相反，电磁转矩的方向也相反，从而成为与转子转向相反的具有制动性质的阻转矩。在这种情况下，电动机从轴上吸收机械功率，使其处于发电运行状态。

⑤当 $n < 0$ 时，$s > 1$，异步电动机处于电磁制动状态。

如果作用在电动机轴上的外加力矩使转子逆着旋转磁场的方向旋转，若设旋转磁场的方向为正方向，$n_0 > 0$，则转子的转向为反向，$n < 0$，因而 $s > 1$。此时转子绕组中的感应电势和电流的方向仍与电动状态时一样，电磁转矩的方向与旋转磁场的方向一致，而与转子实际转向相反，即电磁转矩呈现制动性质。在这种情况下，电动机一方面从轴上吸收机械功率，另一方面从电网吸收电功率，两部分功率均在电动机内部损耗。异步电动机的这种运行状态为电磁制动状态。

3. 三相异步电动机的电磁转矩及其机械特性

(1)电磁转矩

异步电动机运行时，一方面定子旋转磁场使得转子绕组中产生感应电势，并形成转子电流；另一方面转子电流又与定子旋转磁场相互作用形成电磁力矩。由于转子电流 I_2 与感应电势 E_2 的相位差为 φ_2，且呈电感性，其功率因数为 $\cos\varphi_2$；而 E_2 与定子旋转磁场具有固定相位关系。由此可知异步电动机的电磁转矩 T 将与旋转磁场的每极磁通 Φ、转子电流 I_2 及其功率因数 $\cos\varphi_2$ 成正比，即可得转矩表达式为

$$T = C_{\mathrm{T}}\Phi I_2\cos\varphi_2$$

式中，C_{T} 是与电机本身结构有关的一个常系数。

(2)机械特性

电动机的机械特性是指电动机的转速与电磁转矩之间的关系，即 $n = f(T)$。它是电动机最重要的特性，是电动机机械性能的主要体现。通过对机械特性的分析，可了解电动机在各种不同负载下的运行状况。

根据异步电动机的电磁转矩表达式，并结合 I_2 与 $\cos\varphi_2$ 理论推导公式，可将电磁转矩公式转换为

$$T = C_{\mathrm{T}}\frac{sr_2U_1^2}{r_2^2 + (sX_{20})^2}$$

其中　r_2——异步电动机转子回路的电阻；

　　　X_{20}——异步电动机堵转时转子回路的感抗。

上式为异步电动机电磁转矩 T 随转差率 s 变化的表达式，其曲线如图 4－1－25 所示。当定子旋转磁场的同步转速 n_0 不变时，转差率 s 与转子转速 n 就有一一对应的关系。因此由 $T-s$ 曲线经坐标变换就可得到表示异步电动机机械特性的 $n-T$ 曲线，如图 4－1－26 所示。电动机的机械特性仅反映了电动机本身的电磁转矩（或输出转矩）与转速之间的关系，当电动机轴上带负载运行时，其实际输出转矩将主要取决于负载转矩的大小。

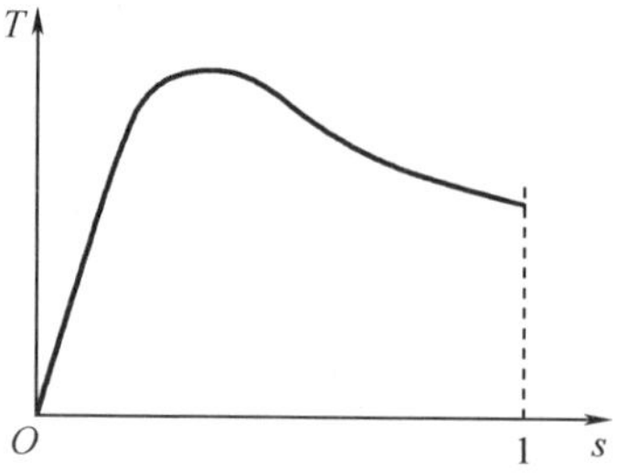

图 4－1－25　三相异步电动机的 $T-s$ 曲线

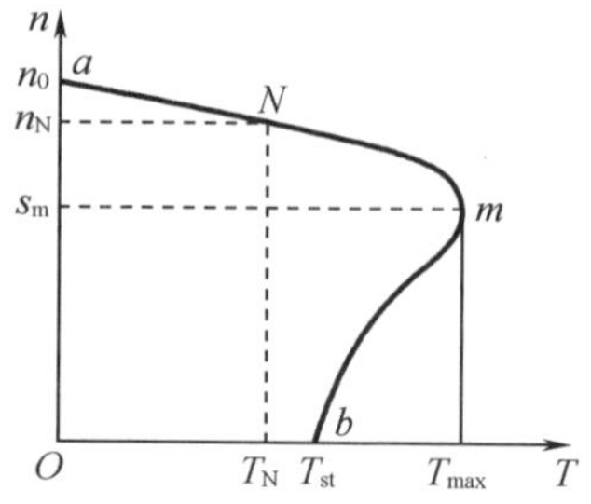

图 4－1－26　三相异步电动机的机械特性曲线

4. 三相异步电动机的启动、调速和制动

（1）三相异步电动机的启动

所谓电动机的启动，是指电动机接通电源后，转速由零上升到稳定转速的全部过程。显然启动时间并不长，但对电动机本身和电力系统的影响却很大，特别由于船舶电站的容量有限，船上有些辅机电动机的功率又较大，其启动电流将会引起电网电压的很大波动，因此影响其稳定性。特别对于启动频繁和大容量电动机的启动，必须缩短其启动时间，降低启动电流以减小其对电网的影响。

①全压直接启动

全压直接启动就是利用闸刀开关或接触器把电动机直接接到三相电源上。鼠笼式异步电动机直接启动时，在定子接通电源瞬间，转子由于惯性不能立即转动，此时转子感应电动势和转子电流较大，因而定子电流大，通常 $5I_N \leqslant I_{st} \leqslant 7I_N$。但是由于启动时功率因数较低，启动力矩并不大。但鼠笼式异步电动机的结构简单、工作可靠、过载能力强，就电动机本身来说一般是允许直接启动的。

②降压启动

为减小启动电流可采取降压启动。因为异步电动机的启动转矩与所加电压的平方成正比，所以当定子绕组的电压降低时，电动机的转动转矩也减小了。对于启动转矩要求不高的场合，如离心泵、通风机或启动阻力较小的拖动装置，可采用降压启动。常用的降压启动方式有以下三种：

a. 定子回路串电阻或电抗器降压启动

这种启动方法是在电动机定子绕组的线路中串入一个三相电抗器或三相电阻。启动时，先接通电源开关，电流经电阻器或电抗器串入定子绕组，进行限流降压启动，待转速提升后再将启动电阻或电抗器短路，进行全压运行。

b. 星形－三角形降压启动

星形－三角形降压启动只适用于定子绕组正常工作时为三角形接法的电动机。启动时先使定子绕组为星形接法，待电动机接近额定转速时，定子绕组再改为三角形接法正常运转，启动过程结束。

c. 自耦变压器降压启动

较大容量或正常运行为星形连接的鼠笼式电动机采用自耦变压器降压启动。启动时将启动转换开关置于“启动”位置，使自耦变压器原边接电源，副边接电动机，以实现降压启动。待转速升高和电流降低后再将启动开关置于“运行”位置，脱开自耦变压器使定子绕组与电源电压直接相连全压运行。

③绕线式转子串电阻启动

三相异步绕线式电动机的启动通常采用转子回路串电阻启动。通常是采用专用的启动电阻，通过电刷串入转子电路，启动时，电流小、转矩大。为使整个启动过程尽量保持较大的启动转矩，随着转速的升高应逐渐减小外串电阻，直至最后全部切除，以防剩余部分电阻被转子大电流烧毁。这种方法适用于要求启动转矩大的生产机械。

（2）三相异步电动机的调速

为了提高生产率、改善产品质量、保证生产安全等，很多生产机械在整个生产过程中要求能以不同的转速运行，如船舶起货机在起落空钩时用高速，以提高生产效率；而在货物着陆时则需要低速，以保证货物安全。用人为的方法控制和调节电力拖动系统的运行转速称为调速。

电力拖动系统的调速方法有机械调速和电气调速两种。这里主要讨论三相交流异步电动机的电气调速。

①定子变压调速

降低定子电压后，同步转速不受影响，但最大电磁转矩随电压的降低而成平方倍地减小。降压调速对于通风机型负载有较宽的调速范围，所以电风扇（包括单相的）等一些小功率同类型负载普遍采用这种调速方法。

②绕线式转子变电阻调速

转子电路电阻增大，转子电流和电磁转矩减小，使电动机减速，转差率 s 增加，从而使转子电流和电磁转矩增大，直到电磁转矩增大到重新等于负载转矩时，转子的转速不再减小，即电动机在一较低的转速下运行。减小转子电阻，则转速升高。这种调速方法在船舶锚机和起货机中都有应用。

③变极调速

根据 $n_0=60f/p$ 可知，同步转速 n_0 与磁极对数 p 成反比，p 减半，n_0 加倍，通过改变定子绕组的连接方式可改变定子绕组产生的磁极对数，从而改变同步转速以实现调速。

定子仅有一套独立三相变极绕组的，称为单绕组双速异步电动机。定子上有两套独立三相绕组的，其中的一套或两套能变极，称为双绕组三速或四速异步电动机；也有由两套或三套不同极对数的独立绕组构成的双绕组双速或三绕组三速异步电动机。接通不同的绕组有不同的转速。

④变频调速

根据 $n_0=60f/p$ 可知，同步转速 n_0 与定子电流的频率 f 成正比，若能连续地改变电源的频率则可实现连续平滑地无级调速。这需要专用变频电源，频率和电动机的转速可平滑地改变。但其设备复杂，管理技术要求比较高。

（3）三相异步电动机的制动

电力拖动系统的制动方法有两类：机械的（如电磁制动器、液压制动器）和电气的。利用电动机本身产生与其转动方向相反的电磁制动转矩为电气制动。电动机的电气制动方式有三种：反接制动、回馈（发电）制动、能耗制动。不同的制动方式，其产生的条件和特点不同，应用场合也不尽相同。

①反接制动

当旋转磁场的转向与转子的转向相反($s>1$)时，则发生反接制动。因此，改变旋转磁场的转向或改变转子的转向都将产生反接制动。改变旋转磁场转向的反接制动和绕线式异步电动机拖动位能负载时，用转子电路串电阻可产生倒拉反接制动，以限制位能负载的下落速度。

②回馈制动

当转子的转速超过同步转速($s<0$)将发生回馈制动，例如电车下坡、深水抛锚或电动起货机转速由高速突然改接为低速时，都会在重力负载或转动系统动能的作用下发生转子的转速超过同步转速的回馈制动。在回馈制动过程中，由于转子的转速高于同步转速，电动机处于发电机状态，将轴上输入的负载机械能或消耗的系统动能转换为电能而回馈到电网，因此又称为发电制动或再生制动。这种制动用于限速是比较经济的。

③能耗制动

首先要切除运行异步电动机定子的三相电源，并立即接通直流电源。通入直流电的定子绕组产生空间静止的恒磁通。因惯性仍在原方向转动的转子绕组切割磁通而产生转子电流和电磁转矩，该转矩是制动转矩。在能耗制动过程中通过电磁感应将动能转换为电能，并全部消耗在转子电路中，故称其为能耗制动。能耗制动转矩的大小可通过改变直流励磁电流来整定，通常直流励磁电流为电动机额定电流的0.5～1倍。

二、单相异步电动机的结构及工作原理

由单相交流电源供电，且只有一相定子主绕组的异步电动机称为单相异步电动机。单相异步电动机的功率很小，一般从几瓦到几百瓦，适用于只有单相电源的小型机械装置，如家用电器、电动工具、电风扇等。

单相异步电动机也由转子和定子两部分组成，且转子全部采用普通的鼠笼式结构；而定子中通常放两个绕组，一个为单相运行绕组(也称工作绕组)，另一个为启动绕组(又称辅助绕组)，两绕组在空间相隔90°安放。通常启动绕组通过离心开关与运行绕组并联接入单相电源，当转子转速达到额定转速的75%左右时，此开关在离心力的作用下把该电路切断，即启动绕组按短时工作设计，只在启动时工作。

1. 单相异步电动机的工作原理

(1)脉动磁场

单相异步电动机的定子运行绕组接入正弦交流电后产生一个振幅随时间作正弦变化、磁极在绕组轴线方向的空间保持不变的脉动磁场，如图4－1－27所示。

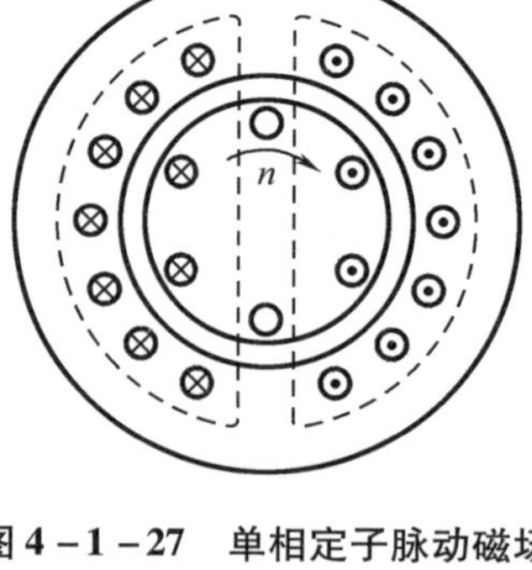

图4－1－27　单相定子脉动磁场

脉动磁场在转子绕组中产生感应电势和电流，此时转子电流与磁场作用产生的转矩大小相等，方向相反，因此作用在转子上的合成转矩为零，电动机不能转动。如加一外力预先推一下转子向任意方向转动，则接通电源后电动机即可沿着这个方向转动起来，并能带动一定的机械负载。如果三相异步电动机在运行中发生了某一相断路，变成单相异步电动机，则其工作特性如同单相异步电动机。

这一特征可用双旋转磁场理论来解释。设定子单相运行绕组在其轴线方向产生的脉动磁场的磁通量 $\Phi=\Phi_m\sin\omega t$，其磁通变化如图 4-1-28 中的正弦波形所示。该脉动磁场可以用两个幅值相等，转速相同（转速为 $n_0=60f/p$）、旋转方向相反的旋转磁场 Φ_+ 和 Φ_- 等效，其中 $\Phi_+=\Phi_-=(1/2)\Phi_m$。设 $t=0$ 时 Φ_+ 与 Φ_- 方向相反，由图 4-1-28 可知，在任意时刻，在定子绕组轴线方向的空间合成磁通为

$$\Phi_+\sin\omega t+\Phi_-\sin\omega t=\frac{1}{2}\Phi_m(\sin\omega t+\sin\omega t)=\Phi_m\sin\omega t=\Phi$$

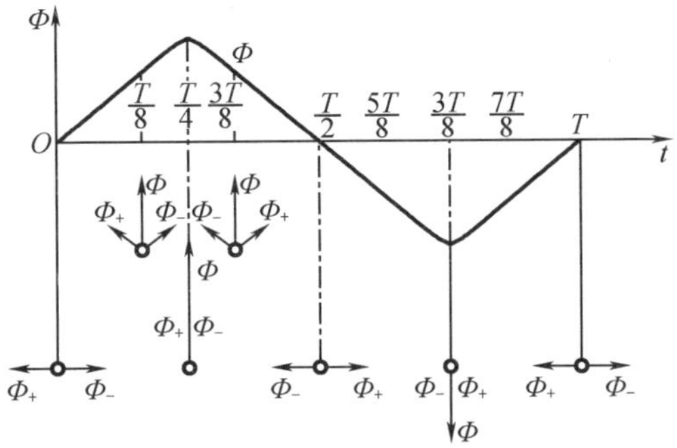

图 4-1-28 单相脉动磁场的分解

可见，这两个旋转磁场完全等效于一个正弦脉动磁场。当正弦交流电流变化一周时，脉动磁场的磁通随之变化一周，正向 Φ_+ 和逆向 Φ_- 旋转磁场各自在空间内也旋转一周。

（2）电磁转矩特性

脉动磁场分解的两个旋转磁场对转子的作用与三相异步电动机相同，分别会在转子上产生电磁转矩 T_+ 和 T_-，而总转矩为两者的合成。

当电动机接通电源，转子处于静止尚未转动时，T_+ 和 T_- 大小相等，方向相反，合成转矩为零，所以单相异步电动机没有启动转矩，不能自行启动。

当转子借助外力沿某一方向（如正向旋转磁场的方向）转动时，转子相对于两个反向旋转磁场的转差率不同。转子对于与其同向的旋转磁场的转差率为

$$s_+=\frac{n_0-n}{n_0}<1,\quad 0<s_+<1$$

则与其逆向旋转磁场的转差率为

$$s_-=\frac{-n_0-n}{-n_0}=\frac{n_0+n}{n_0}=\frac{n_0+(1-s_+)n_0}{n_0}=2-s_+>1,\quad 1<s_-<2$$

因为逆向转差率 s_- 大于正向转差率 s_+，所以感应电势频率 f_{2-} 很大，逆向转子漏电抗很大，转子电路近似为纯电感性，有功电流很小，因此产生的电磁转矩 T_- 远小于正向电磁转矩 T_+。当转子借助外力获得正向转速后，转子上合成电磁转矩不再为零，而是在合成转矩的作用下，转子沿正向加速旋转。如果带动某一负载，则转子一直转到电磁转矩与负载阻转

矩平衡时，转速才稳定下来。反之，如转子在外力作用下最初为反向旋转，则逆向电磁转矩大于正向电磁转矩，此时转子沿逆向做加速旋转，直到与负载阻转矩平衡。

综上所述，单相异步电动机没有固定转向，它的转动方向取决于启动初始外力矩的方向。

(3)机械特性

单相异步电动机的机械特性曲线的绘制方法与三相异步电动机相同。先设只有正向旋转磁场，得到 $n_+=f(T_+)$ 曲线；然后再设只有逆向旋转磁场，得到 $n_+=f(T_+)$ 曲线；最后逐点合成转矩即可得到单相异步电动机的机械特性曲线，如图 4－1－29 所示，其具有以下特点：

①$n=0$ 时，T_{st}① $=0$，说明单相异步电动机无启动转矩，不能自行启动。

②$n>0$ 时，$T_{st}>0$，当转子转速不为零时，单相异步电动机产生一动力转矩，一旦超过负载转矩，在该动力转矩作用下，加速到稳定的工作点。

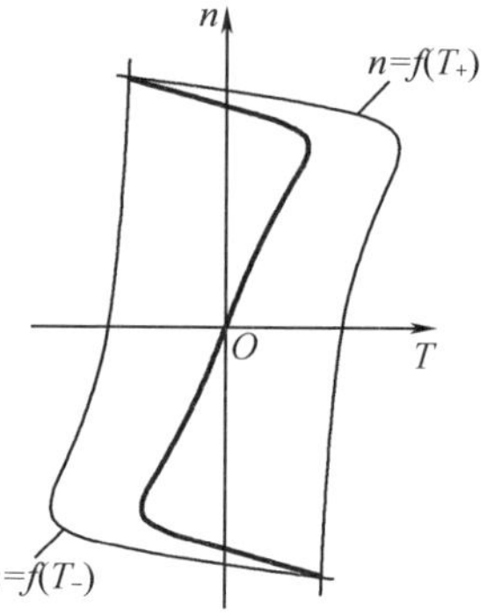

图 4－1－29　单相异步电动机 $n=f(T)$ 曲线

2. 各种类型的单相异步电动机及启动

单相异步电动机自身没有启动转矩，为了解决启动问题，一般在启动时需定子产生一个旋转磁场，由此产生启动转矩。按启动方法的不同，单相异步电动可分为以下三种类型。

(1)电容分相式异步电动机

电容分相式异步电动机的结构与前面所介绍的结构相同，定子上有两套绕组，空间相差 90°，在其启动绕组中串入一适当容量的电容器，然后与工作绕组并联接到单相交流电源上，如图 4－1－30 所示。此时启动绕组中的电流在时间相位上近似超前于工作绕组中的电流。这样在空间位置生成旋转磁场，从而使转子获得启动转矩而转动起来。

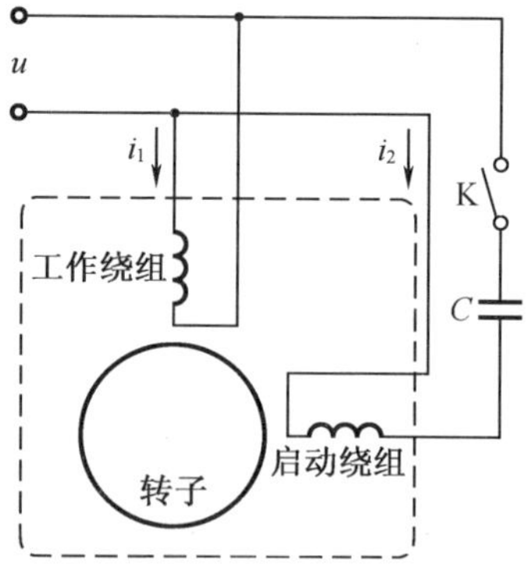

图 4－1－30　电容分相异步电动机

① T_{st}为单相异步电动机的启动转矩。

如果启动绕组按短时工作设计,电动机在启动后达到一定转速时,通过离心开关或其他继电装置将启动绕组与电源断开,此时电动机靠工作绕组维持运行,这类电动机称为电容启动单相异步电动机;如果将启动绕组换成连续工作制,在电动机运行过程中可以不从电源上断开。这类电动机称为电容运转单相异步电动机,或称为两相异步电动机。

若要改变电容分相式异步电动机的转向,只需将工作绕组或启动绕组中的一个接线端对调即可。而通过对调电源引入线,无法改变电容分相式异步电动机的转动方向。

(2)电阻分相式异步电动机

还有一类单相异步电动机用增大启动绕组电阻的方法分相。由于与工作绕组并联的启动绕组电阻较大,滞后电源电压的相位角比较小,而工作绕组电流的相位不变,因此两个绕组中电流存在相位差而产生旋转磁场。电阻分相式异步电动机的分相角很小,为20°~30°。

(3)罩极式单相异步电动机

较小容量的异步电动机常采用罩极式结构。单相罩极式结构异步电动机的定子铁芯由硅钢片叠成,通常做成凸极式。其工作绕组集中套在磁极上,在铁芯凸出的磁极上约三分之一处开槽,套上一铜制短路环,也称罩极绕组,如图 4-1-31 所示。

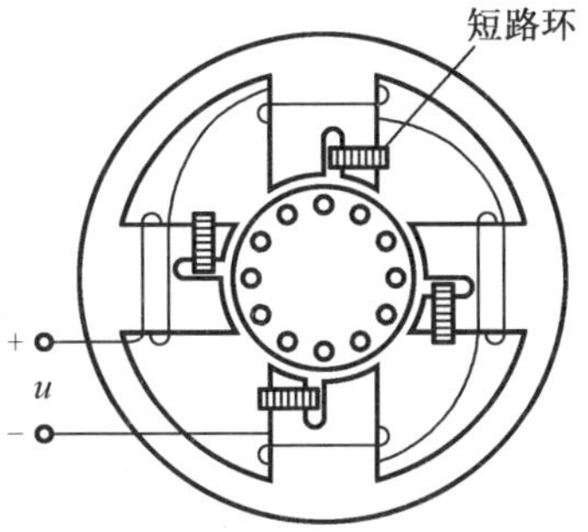

图 4-1-31　罩极式单相异步电动机

当定子绕组中流过交流电流时,定子铁芯中将产生交变的主磁通。该磁通穿过短路环,使环中产生感应电势并形成电流。同样这一电流也将产生磁通,根据楞次定律,可知它总是阻止被短路环罩住部分铁芯中主磁通的变化。这就使得铁芯被罩部分中的磁通和其余未被罩部分中的磁通不仅幅值不同,而且在相位上也不同,被罩部分铁芯中的磁通在时间相位上总是滞后于未被罩部分铁芯中的磁通。这样两个在空间位置不同,同时脉动磁场在时间上又有一定相位差,就合力形成一个旋转磁场,使鼠笼式转子获得电磁转矩而旋转起来。转子的转向总是由磁极的未罩部分转向被罩部分。

罩极式单相异步电动机只有一个固定的转向。

知识点三　直流电动机

直流电动机是电动机的主要类型之一,在近代工业中曾是一种很重要的电动机,一台直流电动机既可以作为发电机使用,也可以作为直流电动机使用。

直流电机作为直流电动机使用时具有优良的性能,即调速设备简单,调速性能好,启动、制动转矩大及过载能力强,因此被广泛应用于电车、轧钢机和起重设备中。与交流电动机相比较,其弱点是直流电压不能变换,结构复杂、造价高和维修工作量大等。20 世纪 80 年代以来,由于大功率电力电子技术的发展,交流变频技术已经在多数领域取代了直流调速的应用,因此直流电动机的应用逐渐减少。

一、直流电动机的构造

直流电动机是由定子和转子两大部分组成的;定子由主磁极、换向极、机座、电刷装置和端盖等组成。转子由电枢铁芯、电枢绕组、换向器、转轴和风扇等组成。图 4-1-32 为直流电动机的解体图。

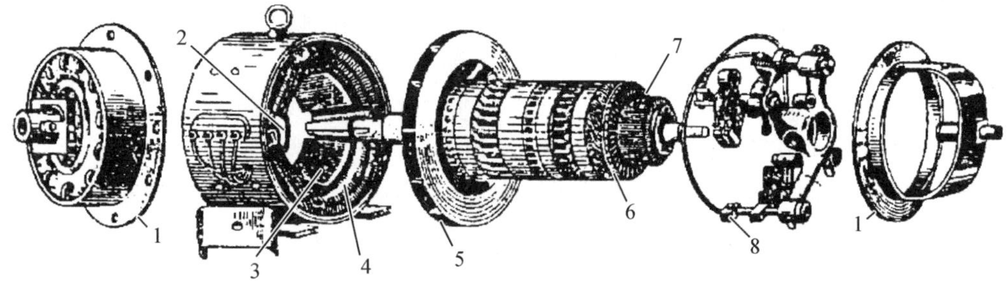

1—端盖;2—换向极;3—主磁极;4—励磁绕组;5—风扇;6—电枢;7—换向器;8—刷架。

图 4－1－32　直流电动机解体图

1. 定子主要部件

(1)主磁极

主磁极铁芯由薄钢板冲片叠成,其上套有励磁绕组,并用螺栓固定在机座上,励磁绕组中通入直流励磁电流产生固定的主磁场。

(2)换向极

换向极铁芯一般是由整块钢制成的,尺寸比主磁极小,也由螺钉固定在机座上;在定子机座圆周上的安装位置与主磁极相间分布。换向极用于改善换向,以减少因电磁而引起的电刷下的火花。

换向极绕组与电枢电路串联,由电枢电流所产生的换向极磁场与电枢绕组所产生的交轴电枢反应磁场方向相反。它不仅用来抵消电枢反应磁场,而且使处于换向的绕组切割换向极磁场以产生可抵消电流换向引起的感应电动势,达到减少换向火花的目的。

(3)机座

机座是直流电动机固定支撑和防护的部件,也是磁路的一部分。有磁通经过的部分称为磁轭。机座通常是由铸钢制成或由钢板卷焊而成的。

(4)电刷装置

电刷装置主要由刷架、刷杆、刷握、碳刷及压紧弹簧等组成。中小型电动机刷架装在端盖或轴承内盖上,大中型电动机刷杆座固定在机座上。电刷装置将装在刷架的刷杆上。为减少由机械原因而引起的电火花,碳刷插在刷握中应既能上下自由移动又不晃动,而且随着碳刷的磨短应及时调整压紧弹簧,以保持与换向器适当的接触压力。对于多对磁极多对电刷的直流电动机,正、负电刷分别并联在一起,然后只引出两个接线端。

2. 转子主要部件

(1)电枢铁芯

电枢铁芯是磁路的一部分,由硅钢片叠成,固定在转子支架或转轴上。铁芯圆周上均匀分布的槽内嵌放电枢绕组。

(2)电枢绕组

电枢绕组用以产生电动势和通过电流,是实现机电能量转换的重要部件。电枢绕组由绝缘铜线绕制而成,各绕组线圈的两个出线端按一定的规律焊接到换向器上,形成闭合回路。

(3)换向器

换向器的作用是将电枢线圈中的交流变为直流或相反,在直流发电机中将产生的交流电引出变成直流电，而在直流电动机中将引入的直流电变成交流电。图 4－1－33 是换向器的结构，它由许多楔形铜片（换向片）叠成圆筒形，片间用云母绝缘。换向器片放置在套筒上，用压圈固定，压圈本身又用螺帽固紧。换向器装在轴上，电枢线圈的出线端就焊接在换片端部的升高片的小槽中。换向器是直流电动机的特征，易于识别。

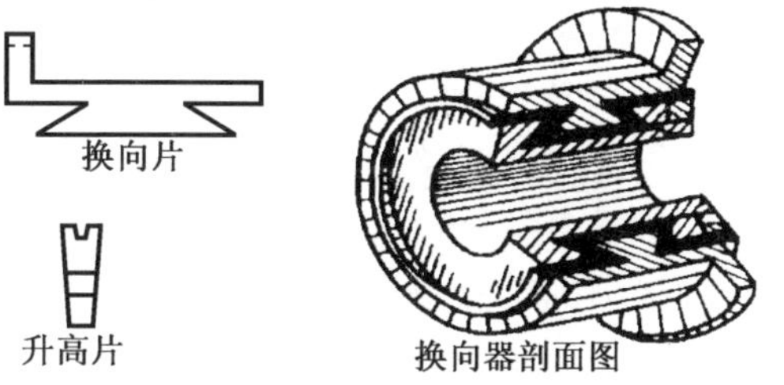

图 4－1－33　换向器的结构

3. 直流电动机的额定值

在直流电动机外壳的铭牌上，给出了直流电动机的型号和额定运行时各物理量的数值。直流电动机的额定值主要有：

（1）额定功率

额定功率是指额定状态下，发电机输出的电功率 $P_N = U_N I_N$ 或电动机轴上输出的机械功率 $P_N = U_N I_N \eta_N$，单位是 kW。

（2）额定电压

对于发电机，额定电压是指在额定运行状态下，发电机两端的输出电压；对于电动机，是指额定工况下，加在电动机两端的输入电压，用 U_N 表示，单位是 V。

（3）额定电流

额定电流发电机输出的或电动机输入的额定电流 I_N，单位是 A。

（4）额定转速

额定转速额定状态下的转速，单位是 r/min。

（5）励磁方式及额定励磁电流 I_f 和励磁电压 U_f

此外，还有绝缘等级和温升、工作制和使用条件等。

二、直流电动机的工作原理

图 4－1－34 是最简单的直流发电机原理图。N、S 是一对静止不动的主磁极，它们之间有一转动的圆柱形电枢铁芯，其上有一电枢线圈，线圈两端 a、d 分别接到彼此绝缘的两个半圆形换向器片 1 和 2 上。两个位置固定的电刷 A、B 分别压在两换向器片上。电刷与转动的换向器片形成滑动接触的导电机构。

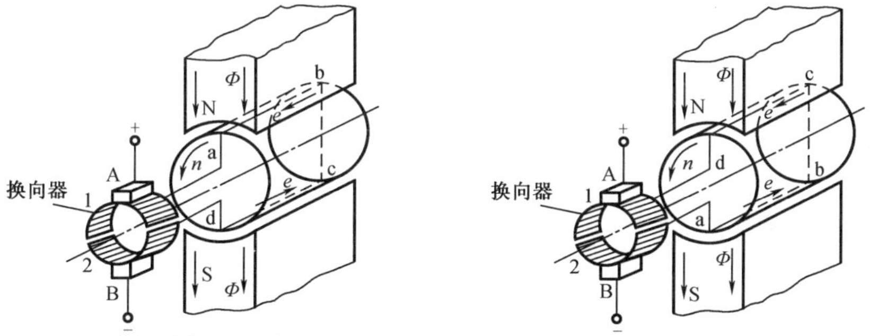

(a)线圈两端ab处于N极下　(b)线圈两端ab处于S极下

图 4－1－34　直流发电机原理图

1. 直流电动机的工作原理

直流电动机作为发电机时，电枢转子在原动机拖动下旋转，电枢线圈切割N、S极磁场，线圈每个边的导体中产生感应电动势 $e=Blv$；其方向用右手定则确定。根据图4－1－34所示的磁场方向和转动方向可知，转到N极下的线圈边中的电动势方向总是由纸面出来，转到S极下的则总是进入纸面。很显然，在线圈内部是一个方向不断改变的交变交流电动势。由于静止的电刷A、B分别与N极下和S极下的线圈边接通，故在电刷之间的电动势是方向不变的直流。可见换向器在直流发电机中起到机械整流器的作用。

当发电机电枢线圈接通负载时，在电动势的作用下产生电枢电流，故称发电机的电动势为电源电动势。发电机电枢有了电流以后，电流与磁场相作用产生电磁力 $F=BlI$ 和电磁转矩。根据左手定则，发电机的电磁转矩方向与转动方向相反，故称反转矩。

2. 直流电动机的工作原理

当直流电动机接通直流电源时，则变成了直流电动机。在电源电压的作用下电枢线圈中就有了电流。假设电流由图4－1－35中的电刷A流入，由电刷B流出，通过换向器的作用，使转到N极下的线圈边中的电流方向总是流入，S极下的总是流出。这样电枢电流与磁场相作用所产生的电磁转矩方向始终保持不变，因而驱动转子向一个方向转动。因此电动机的电磁转矩是拖动转矩。电动机在旋转的过程中，电枢线圈也切割磁场而产生电动势，根据右手定则可以证实，该电动势的方向总是与电流方向相反，故称电动机的电动势为反电动势。

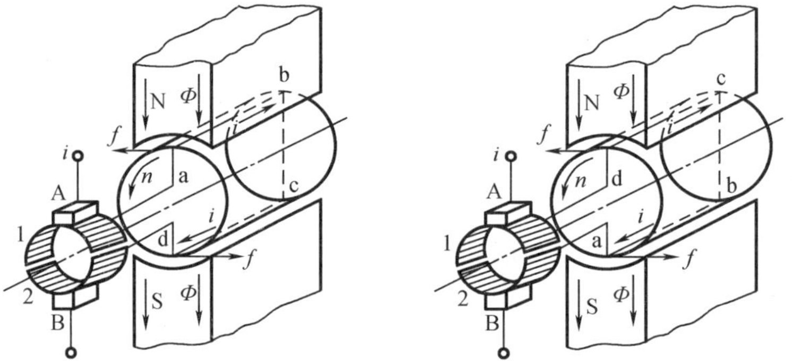

(a)线圈两端ab处于N极下　　(b)线圈两端ab处于S极下

图4－1－35　直流电动机的原理图

3. 直流电动机的电枢绕组和电刷的正确位置

以上简单的电动机模型是用来说明直流电动机的工作原理。为了获得平滑恒定的直流电动势和电磁转矩，实际直流电动机的电枢绕组是由许多分布的线圈构成的，每个线圈有两个边，分别置于相距一个磁极极距的位置，即这些线圈沿电枢铁芯圆周均匀分布，并通过相应数量的换向器片依次串联构成一个闭合回路，如图4－1－36所示。电枢线圈越多，相邻线圈边的分布间隔越小，则电刷间的电动势越高，越平滑恒定。电刷间的电动势，等于任一支路各线圈电动势之和。

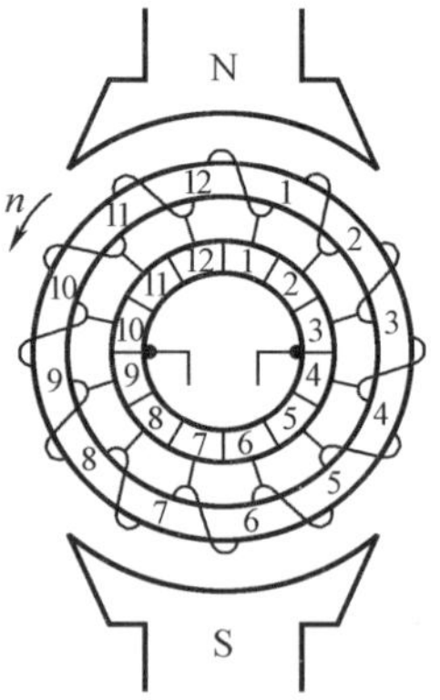

图4－1－36　直流电动机绕组示意图

电刷的位置正确与否，将影响到正负电刷间的电动势 E，从而影响到发电机的电压和电动机的转速，同时电刷的位置也影响到电刷下的火花。两个磁极间的平分线称为磁场几何中性线。确定电刷正确位置的原则是使正负电刷间能获得最大电动势。根据实际电枢绕组元件对称的几何形状,只有当电刷分别与位于磁场几何中心线的线圈所接的换向片相接触时,才能使被电刷分割的每一并联支路中各线圈感应电动势的方向一致,串联电动势之和最大;同时当任一线圈转到磁场几何中性线($\varphi=0$)处时,它将被电刷短路,由于此时线圈切割的电动势为0,故线圈中不会产生通过电刷的短路环流,因而空载运行时,也就没有电刷火花产生。如果电刷不在上述的正确位置,则被电刷分割的每一并联支路中都包含相反极下的线圈,因而有方向相反的电动势,故总的电动势小于最大电动势;同时被电刷短路的线圈也不处在几何中心面上,线圈中有切割电动势,因而有通过电刷的短路环流,当线圈脱离电刷短路时将产生断路火花。

根据上述获得支路最大电动势的原则以确定实际电刷的正确位置,在原理上等效于将电刷放在磁场几何中心线上,直接与电枢绕组导体接触而将电枢绕组分成两条并联支路,如图4－1－37(a)所示。这样看起来比较简便直观,因此也常把调整电刷的正确位置简单说成把电刷调到几何中性线上。若电刷位置不正确,将产生去磁性(图4－1－37(b))或增磁性(图4－1－37(c))电枢反应,使E减小或增大,从而影响发电机的电压和电动机的转速。

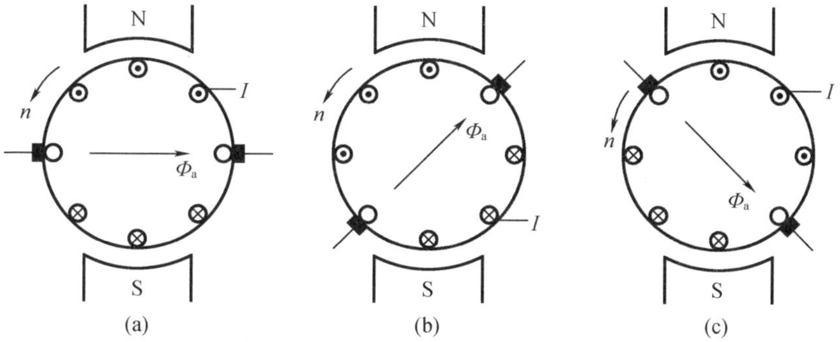

图4－1－37　电刷位置与电枢反应

为了保证电刷的位置正确,通常在刷架与端盖或刷架与定子之间都有正确装配的标记。在运行管理中应经常注意检查,若发现刷架松动或移位,应按标记加以校正和固定。

电动机有载运行时,各电枢线圈不断地从一条支路经电刷短路进入另一条支路。在被电刷短路期间,线圈中的电流也要反向,这种电流反向的变化过程称为换向。在电流从$+I$变化到$-I$的过程中,在换向线圈中必然引起感应电动势以反抗电流的变化,这种电动势是引起火花的原因之一。特别是当电枢电流过大时,由于磁路的饱和,换向极磁通的作用不能完全抵消引起火花的电动势,从而使火花变大,严重时甚至形成环弧而烧损换向器。

4. 直流电动机的励磁方式

定子上的主磁极和转子上的电枢绕组是直流电动机最基本的两个组成部分,它们之间的连接方法不同,则电动机的运行特性往往有较大差别。

电刷引出的转子上的绕组称为电枢回路,流过电枢回路的电流为I_a。主磁极的励磁绕组称为励磁回路,流过励磁回路电流为I_f(图4－1－38表示直流电极的励磁和电枢回路)。电源供给电动机或者

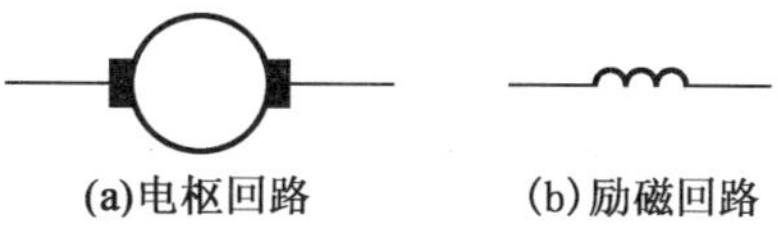

图4－1－38　直流电动机各回路的表示符号

发电机发出到负载的电流为 I。直流电动机主磁极的励磁电流有几种不同的供给方式。

励磁方式不同,电动机的运行特性也不同。图 4－1－39 表示不同励磁方式时,励磁绕组和电枢绕组的连接方式(图中标出的电流方向是以发电机为例,若是电动机需将 I_a 和 I_f 的方向反向)。

按励磁绕组与电枢绕组的连接关系,可统一将直流电动机分为他励、并励、串励和复励四种。

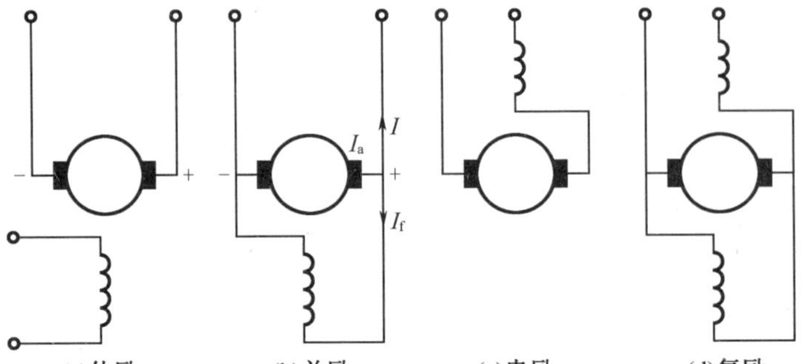

图 4－1－39　直流电动机的励磁方式

(1)他励电动机

励磁绕组电路不与电枢电路连接,励磁电流可由独立电源供给。

(2)并励电动机

励磁绕组电路与电枢电路并联。并励绕组导线细、匝数多、电阻大,励磁电流远小于电枢电流。

(3)串励电动机

串励绕组与电枢绕组串联,电枢电流即为励磁电流,因此串励绕组导线粗、匝数少、电阻极小。

(4)复励电动机

主磁极上既有并励绕组,又有串励绕组。当串励绕组产生的磁通与并励绕组产生的磁通相同时,称为积复励;当串励绕组产生的磁通与并励绕组产生的磁通相反时,称为差复励。

对于发电机而言,还可以分为他励发电机和自励发电机两大类。他励发电机的励磁电流是由独立的电源供给的,不受发电机的电压和电流的影响,自励发电机的励磁电流是由发电机的电枢电路供给的,因而励磁电流受电枢电流和电压的影响。直流电动机的励磁电流都是由外电源供给的。

知识点四　同步电动机

同步电动机作为电动机运行时,它的电枢接三相电源,轴上拖动机械负载;它从电源吸收电功率并将其转换成转子的机械功率。同步电动机广泛用于拖动恒速大容量的生产机械,如空气压缩机、粉碎机、鼓风机和水泵等。

1. 转动原理与启动

当并联运行同步发电机的原动机失去动力时它将变成电动机运行状态,同步电动机轴上有阻力矩时仍能以同步转速运行。此时转子与旋转磁场之间靠异极相吸的作用使转子被旋转磁场拉着转动，所以转子的转速是同步转速 $n=60f/p$，这就是电动机运行状态。由于电动机状态轴上有机械负载，因此同步电动机主磁场的方向落后于电枢电流旋转磁场的方向，轴上的机械阻转矩越大，落后的角度（功率角）越大。其额定功率角一般不超过 30°，其最大转矩与额定转矩之比大于异步电动机，故其过载能力强。由于转子的转速总是等于旋转磁场的同步转速，故同步电动机有绝对硬的机械特性。

同步电动机的缺点是没有自启动能力。当转子静止而电枢接通电网时，电枢旋转磁场以很高的同步转速相对于主磁极旋转，因转子有惯性，靠旋转磁场和转子磁极的异极相吸的作用不能拉动转子转动。例如，当旋转磁场的 N 极与磁极的 S 极相作用，力图拉动转子随其转动，但转子还未动时旋转磁场的 S 极已转了过来，两极又产生相斥的作用而阻止转子转动，故不能自启动，因此同步电动机必须靠外力或辅助设备启动。目前仍被广泛采用的启动方法是异步启动法。采用异步启动的同步电动机必须设有阻尼绕组（也称启动绕组），即在铁芯磁极的圆周面的槽中，嵌入短路的鼠笼条。启动时，同步电动机的励磁绕组不加励磁电流，当电枢绕组接通三相电源时，如同三相异步电动机一样先将转子启动起来；当转子的转速接近于同步转速时再接通直流励磁电流，这时靠异极相吸的作用足以将转子拉入同步。为避免在启动过程中旋转磁场切割励磁绕组产生高压而损坏绝缘或危及人身安全，启动时励磁绕组不能开路；另外励磁绕组也不能直接短路，而要串联一个合适的外接电阻 R 构成闭合回路，以免产生过大的短路电流。外接电阻为励磁绕组的 5～10 倍。其操作方法是启动前用开关先将 R 接通励磁绕组，然后将电枢接通三相电源开始启动，待转速接近于同步转速时用开关断开 R 并接通励磁电源，如图 4－1－40 所示。

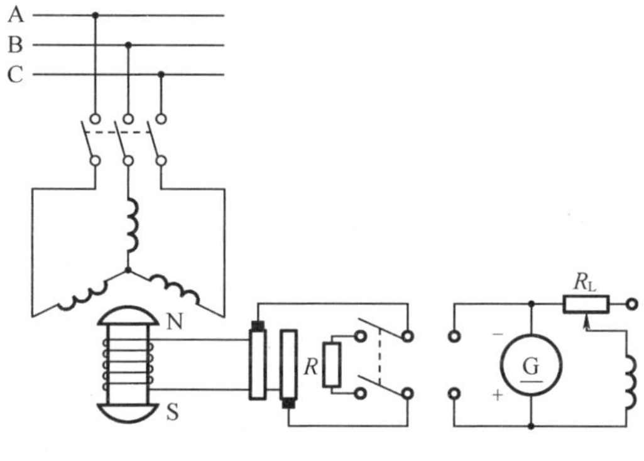

图4－1－40　同步电动机的异步启动接线原理图

2. 电动机的电流

同步电动机从电网吸收的电功率 P_1 取决于其轴上输出的机械功率 P，它的无功功率可通过调节励磁电流来改变，可使电枢电流超前于电压或落后于电压或与电压同相位，其原理与发电机基本相同。其差别在于电动机的电动势相量 $\dot{E}_0$ 落后于电压相量 $\dot{U}$，因此当过励磁时电流超前于电压，电动机相当于电容性负载；欠励磁时相当于电感性负载。由于用户大量的负载是电感性的，为改善供电线路的功率因数，常使同步电动机在功率因数等于 1 或稍超前的功率因数下运行。轴上不带任何负载专用于改善功率因数的同步电动机称为同步补偿机。

知识点五　其他用途的电动机

一、伺服电动机

在自动控制系统中，伺服电动机作为执行元件，具有服从控制信号的要求而动作的职能，能把输入的控制电压信号变为转轴的角位移或角速度输出，并驱动控制对象运动。故伺服电动机又称执行电动机。

根据自动控制系统的要求，伺服电动机必须具备可控性好、稳定性高和适应性强等基本性能。可控性好是指信号消失以后，能立即自行停车；稳定性高是指转速随转矩的增加而均匀下降；适应性强是指反应快、灵敏度高。

根据电流种类的不同，伺服电动机可分为直流伺服电动机和交流伺服电动机两大类。

1. 直流伺服电动机

(1)结构特点

直流伺服电动机的结构和工作原理与普通小型他励直流电动机相同。直流伺服电动机有永磁式和电磁式两种基本结构形式。电磁式直流伺服电动机按励磁方式不同又分为他励、并励、串励和复励四种类型。常用的直流伺服电动机为他励式，永磁式直流伺服电动机也可看作一种他励式直流电动机。

(2)控制方式

一般用电压信号控制直流伺服电动机的转向和转速大小。

按照控制方式的不同，直流伺服电动机又分为电枢控制和磁场控制两种形式。

①改变电磁式直流伺服电动机励磁绕组电压 U_f 的方向和大小的控制方式称为磁场控制。

②改变加到电枢绕组两端的控制电压 U_a 的方向和大小的控制方式称为电枢控制。电枢控制时，直流伺服电动机原理如图 4－1－41 所示。由于电枢控制可以得到线性的机械特性和调节特性，电枢电路电感比较小，电磁惯性小，反应比较灵敏，因此比较常用。

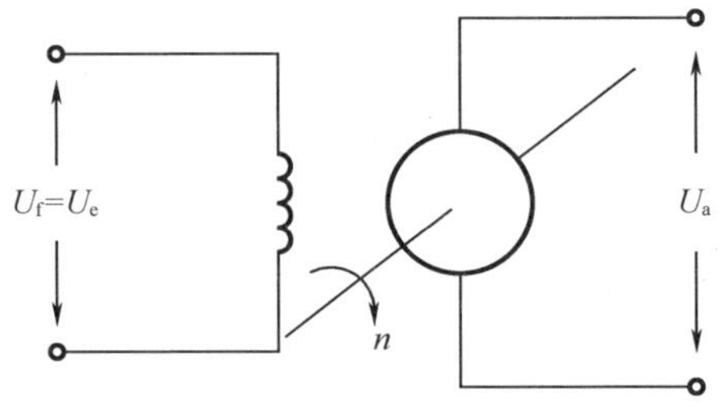

图 4－1－41　直流伺服电动机原理图

励磁绕组通常接到电压为电动机的额定值 $U_f = U_e$ 的电源上进行励磁。电枢绕组是控制绕组，当控制绕组加控制电压 U_a 以后，电动机就转动；控制绕组电压消失，电动机就立即停转。电枢控制的直流伺服电动机的机械特性和他励直流电动机改变电压时的人为机械特性一样。忽略电枢反应的影响，其转速方程为

$$n = \frac{U_a}{C_e\Phi} - \frac{R_a}{C_eC_T\Phi^2}T = n_0 - KT$$

其中　C_e——电势常数，与电机结构有关的比例常数；

C_T——转矩常数，与电机结构有关的比例常数；

T——直流电动机产生的电磁转矩；

n_0——直流电动机的理想空载转速；

K——直流电动机带载后有关速度降的常数。

由上式可知，当控制信号不同时，即电压 U_a 不同时，机械特性为一组平行的直线，如图 4-1-42 所示。

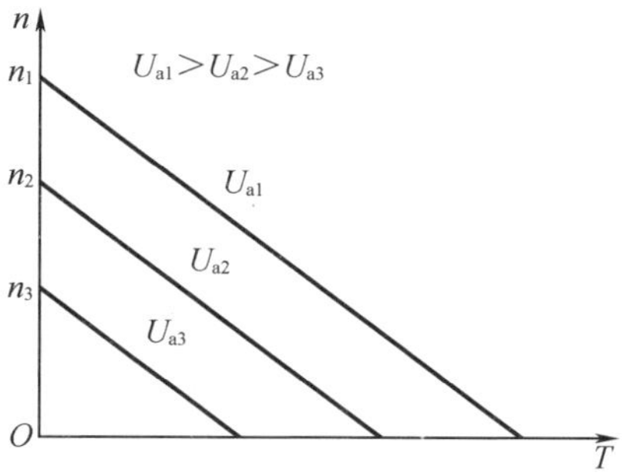

图 4-1-42 直流伺服电动机的机械特性曲线

图中 U_a 为控制电压，在一定负载转矩下，当磁通不变时，升高电枢电压，电机的转速就升高；反之，降低电枢电压，电动机的转速就下降；当 $U_a=0$ 时，电动机就立即停转。改变控制电压的极性，可实现电动机反转。与交流伺服电动机相比，直流伺服电动机的机械特性较硬，应用于功率稍大的系统中。

直流伺服电动机低速运转时，电刷和换向器之间的接触压降等因素使转速不稳定而造成误差。目前在普通的直流伺服电动机的基础上发展了低惯量直流伺服电动机，如杯形电枢、盘形电枢、无槽电枢式的直流伺服电动机等，并已广泛应用于电声、电视、计算机外围设备及高灵敏度伺服系统中。

2. 交流伺服电动机

(1)结构特点

交流伺服电动机是两相异步电动机，其结构与单相异步电动机相似，主要可分为定子和转子两大部分。其定子绕组上有两相绕组，一相为励磁绕组，一相为控制绕组，两相绕组在空间相差 90°。

转子分鼠笼式转子和杯形转子两种。

鼠笼式转子与普通鼠笼式电动机转子相似，为了减小转动惯量，通常设计制造成细长的转子。鼠笼式交流伺服电动机有效率高、体积小、质量轻、机械强度好等特点，所以应用很广泛。

空心杯式伺服电动机结构如图 4-1-43 所示。定子由外定子和内定子两部分组成，外定子与鼠笼式转子伺服电动机的定子完全一样，内定子由环形钢片叠成，通常内定子不放绕组，仅代替鼠笼式转子的铁芯，作为电动机磁路的一部分。在内、外定子之间有细长的空心转子装在转轴上，空心转子做成杯子形状，所以又称为空心杯式转子。杯形转子可视为由无数导条组成的笼形转子。

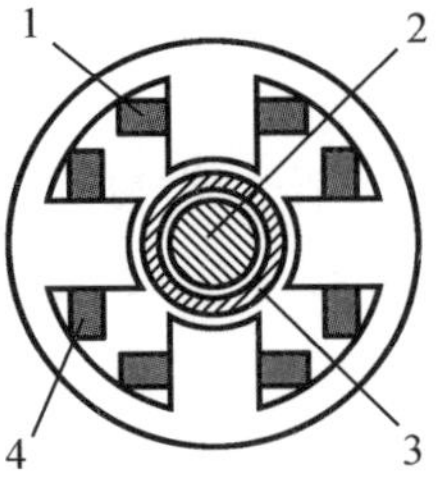

1—控制绕组；2—内定子；3—杯形转子；4—励磁绕组。

图 4－1－43　空心杯式伺服电动机结构图

杯形转子的主要特点是转动惯量小，反应灵敏，调速范围大；但由于其空气隙较大，因而功率因数和效率都较低，体积和质量较大，仅应用在要求控制精确平稳的场合下，如陀螺罗经等。

（2）工作原理

交流伺服电动机工作时，励磁绕组 L_f 两端施加单相交流电压 $\dot{U}_f$，控制绕组 L_K 两端施加控制信号电压 $\dot{U}_K$，$\dot{U}_f$ 与 $\dot{U}_K$ 同频率。交流伺服电动机工作原理如图 4－1－44 所示。

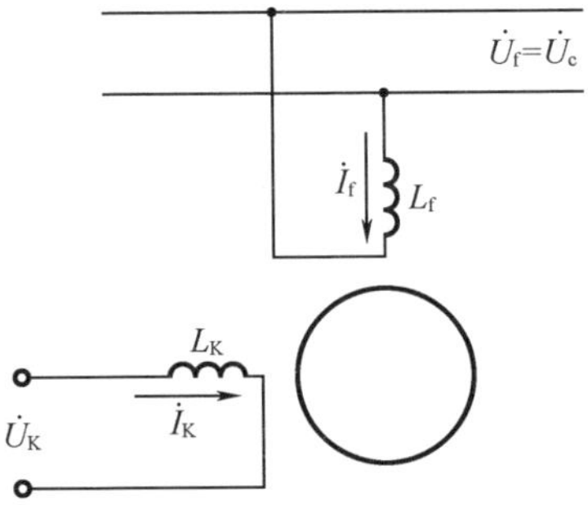

图 4－1－44　交流伺服电动机工作原理图

励磁绕组 L_f 始终接在励磁电源上，当控制电压为零时，气隙内的磁场为脉动磁场，电动机无启动转矩，转子不动；若控制电压加在控制绕组上，且控制绕组电流与励磁绕组电流不同相，则在气隙内建立大小一定的旋转磁场，此时就是一台分相启动的单相异步电动机，因此电动机有了电磁转矩，转子就转动起来。当控制电压反相时，旋转磁场方向也发生改变，转子也跟着反转。

（3）运行特性

上述伺服性仅仅表现在原来处于静止状态下的伺服电动机能够正常启动。伺服电动机在自动控制系统中作为执行元件，不仅要求它在静止状态下能服从控制电压命令转动，而且要求它在受控启动以后，必须像直流伺服机一样具有伺服性，即控制信号电压强时，电动机转速高；控制信号电压弱时，电动机转速低；若控制信号电压等于零，电动机就应该立即停止。

为了满足信号电压强时转速高、信号电压弱时转速低这一要求，可以让信号强时电动机气隙磁势接近圆形旋转磁场，弱时椭圆度大，接近脉动磁场即可。交流伺服电动机在不同控制电压下的机械特性曲线如图4－1－45 所示。

当有控制信号时,交流伺服电动机工作在两相状态,两相电流分别通过励磁绕组和控制绕组,它们产生的合成磁场是旋转磁场,伺服电动机在旋转磁场的作用下可以产生驱动性质的转矩而旋转。控制电压 U_K 的相位不同,电动机的转向不同,图 4－1－45 中 T' 为正转特性,T'' 为反转特性,分别对应工作在第Ⅰ或第Ⅲ象限。其机械特性与单相异步电动机相似,只是由于交流伺服电动机的转子电阻很大,导致机械特性较软,但启动力矩较大。

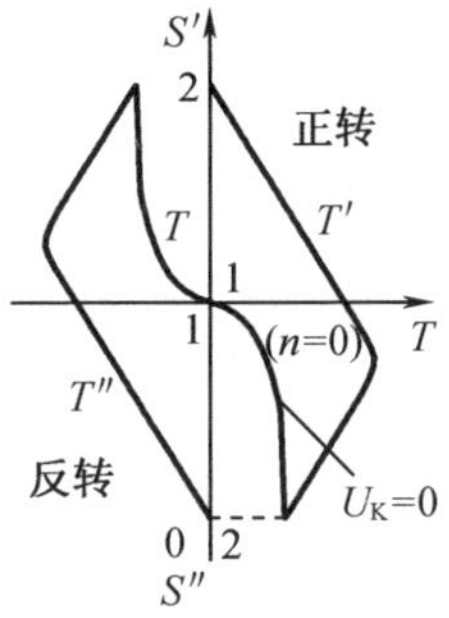

图 4－1－45　单相运行时的机械特性

取消控制电压后,即 $U_K=0$,伺服电动机变为单相感应电动机运行。由于转子电阻大,励磁电压 $\dot{U}_f$ 单独作用下将产生脉动磁场,其机械特性曲线将变为图 4－1－45 中的 $U_K=0$ 的曲线。此时,当转速为正值时,转矩为负;而转速为负值时,转矩为正。转矩方向总是与转速方向相反,即转矩总是阻止转子的转动,起制动作用。因此,一旦伺服电动机的控制信号消失,即 $U_K=0$ 时,电动机立即从两相机械特性(T'或 T'')切换到单相制动机械特性上运行,在制动转矩的作用下,电动机会很快停转,满足快速停止、可控的要求。

与直流伺服电动机相比,交流伺服电动机的机械特性较软,输出功率较低。

(4)控制方式

交流伺服电动机可以采用以下控制方式:

①幅值控制

控制电压与励磁电压之间保持 90°相位差不变,通过改变控制信号(电压)的幅值来改变电动机的转速。

②相位控制

控制电压的幅值保持不变,通过改变控制电压对励磁电压的相角来实现对电机的控制。

③电容控制

励磁回路串联电容后接到相位和幅值都不变的励磁电源,当改变控制电压幅值时,由于励磁回路电流发生变化,励磁绕组及其串联电容上的电压分布也发生变化,从而使控制电压与励磁绕组上的电压间的相位角也发生变化。

二、测速发电机

测速发电机的功能是将机械转速信号转换为电压信号。它在自动控制系统中主要用于测量和调节转速,在反馈系统中常用于稳定转速。

以船舶主机的转速测量为例,测速发电机的转子通过联轴器、齿轮或链轮链条与主机凸轮轴或艉轴连接。有的测速发电机用于转速显示,用来带几个并联的转速指示表,分别安装在机舱、集控室、驾驶台和轮机长室。转速表内设有调节电阻,以满足不同距离的应用场合之需。有的测速发电机用于控制, 测速发电机常作为速度敏感元件,作为转速调节闭环控制的一个反馈环节。船舶主机或辅助发电机组的超速安全保护也常用测速发电机。

无论哪种原理的测速发电机,都具有一个共同的特点,那就是将它们自身运动部分的运动速度(直线运动或旋转运动)转换成电信号(电压幅值或者频率)输出。而且输出电信号和机械运动的速度呈线性关系。

根据测速发电机的工作任务，对它的要求是：输出电压幅值与转速应为线性关系，以提高精确度；输出曲线的斜率要大，以满足灵敏度的要求；用作计算元件时应着重考虑线性误差要小。

测速发电机按照其工作原理，可分为直流测速发电机和交流测速发电机两大类。

1. 直流测速发电机

直流测速发电机按照其励磁磁场建立的方式，可分为电磁式直流测速发电机和永磁式直流测速发电机两类，其工作原理如图 4 -1 -46 和图 4 -1 -47 所示。电磁式直流测速发电机的励磁磁场是由流过励磁绕组的直流电流来建立的，称为电磁式直流测速发电机；而永磁式直流测速发电机的励磁磁场则是由永久磁铁建立的。

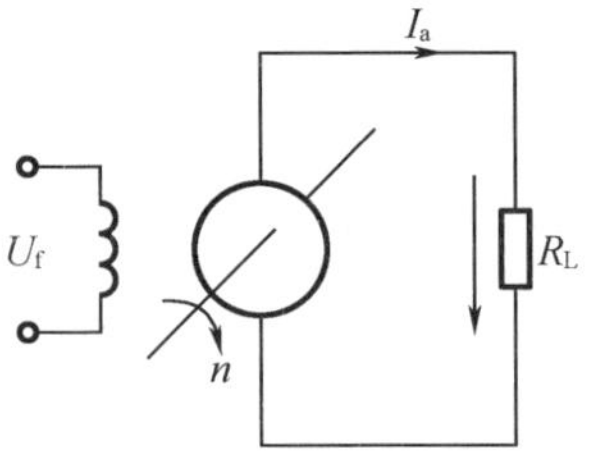

图 4 -1 -46 电磁式直流测速发电机工作原理图

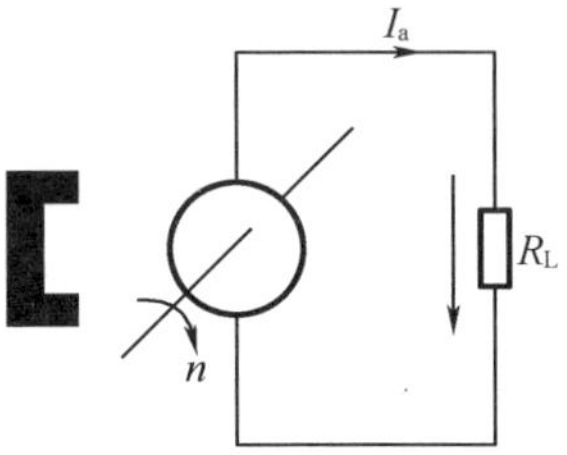

图 4 -1 -47 永磁式直流测速发电机工作原理图

直流测速发电机的原理和结构与一般小型直流发电机相同，区别在于直流测速发电机通常不对外输出功率或者对外输出很小的功率。

发电机的电动势为

$$E = C_e \Phi n$$

其中 C_e——电势常数，与电机结构有关的比例常数；

n——发电机转子的转速。

当磁通 Φ 为常数时

$$E = K_e n$$

其中，Ke 为电动势系数，$K_e = C_e \Phi$。

直流测速发电机空载时的输出电压与其输出电动势相等，即

$$U = E = K_e n$$

由上式可知，测速发电机的输出电压 U 与发电机的转速成正比，即测速发电机的输出电压反映了转速的大小。因此，直流测速发电机可以用来测速。

若负载电阻为 R_L，则输出电压 U 为

$$U = E - I_a R_a = E - \frac{U}{R_L} R_a$$

其中 I_a——电机电枢的回路电流；

R_a——电机电枢回路的电阻。

整理得

$$U = \frac{E}{1 + \frac{R_a}{R_L}} = \frac{C_e \Phi}{1 + \frac{R_a}{R_L}} n = Cn$$

即输出电压 U 与转速 n 成正比。

实际上,提高转速 n 使输出电压较高或减小负载电阻 R_L,都将使电枢回路电流 I_a 增加,电枢反应产生的去磁作用使磁通 Φ 减小,输出电压相应会降低。为了减小电枢反应对输出特性的影响,根据直流测速发电机给出的技术指标,在使用时转速不能超过最大线性工作转速,所接负载电阻不得小于最小负载电阻,以保证系统所允许的线性误差。另外,还可以通过在定子上安装补偿绕组的办法来降低误差。

2. 交流测速发电机

交流测速发电机分为同步测速发电机和异步测速发电机两种。同步测速发电机实际上就是一台单相永磁微型同步发电机,转子为永久磁铁制成的磁极,定子为一单相绕组,该绕组作为输出绕组。当转子以 n(单位为 r/min)旋转时,该绕组感应的电动势大小及频率为

$$f = \frac{pn}{60}$$

$$E = C_e \Phi n = kn$$

其中,p 为电机的磁极对数。

可见感应电动势的大小和频率均随转速变化,前者是所需要的测速发电机的功能,后者却导致电动机本身的阻抗和负载阻抗都随转速而改变,所以这种测速发电机的输出特性就不是线性。通常只用作指示式转速计。

交流测速发电机采用异步测速发电机居多。

(1)结构特点

交流测速发电机的转子结构形式有鼠笼式和空心杯式两种。

鼠笼式测速发电机输出特性较差、误差较大、转子转动惯量大,一般只用在精度要求不高的系统中。空心杯式测速发电机的杯形转子在转动过程中,内外定子间隙不发生变化,磁阻不变,因而气息中磁通密度分布不受转子转动的影响,输出电压波形比较好,没有谐波引起的畸变,测量精度较高,转子的转动惯量较小,有利于系统的动态品质,是一种目前应用广泛的交流测速发电机。

异步测速发电机的结构和杯形转子伺服电动机相似,定子上也有两套空间位置相隔90°的励磁绕组和输出绕组,两套绕组的轴线互相垂直。其原理如图 4 - 1 - 48 所示。

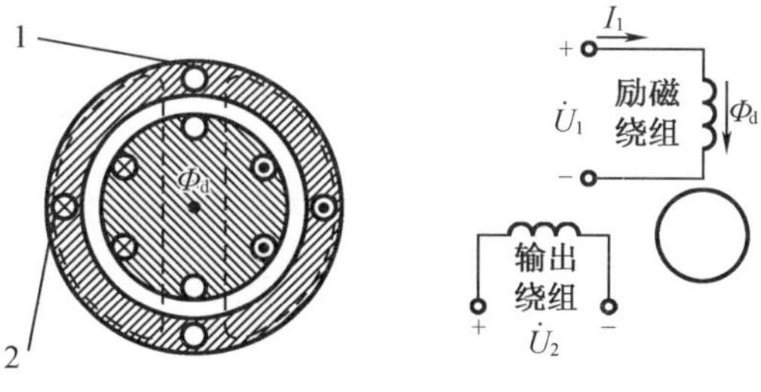

1—输出绕组;2—励磁绕组。

图 4 - 1 - 48　交流测速发电机原理图

(2)工作原理

交流测速发电机的工作原理可按转子静止状态和转子旋转状态两种情况进行分析。

①转子静止状态

当转子静止,即 $n=0$ 时,若在励磁绕组中加上频率为 f 的交流电源 U_1,则在励磁绕组中就会有电流通过,并在内外定子间的气隙中产生与电源频率 f 相同的交变脉动磁场,该交变

脉动磁场的磁通幅值为 Φ_d，其轴线与励磁绕组轴线方向相同。只要 U_1 不变，磁通 Φ_d 也保持不变，即 $U_1=4.44fN_1$[①]Φ_d。由于其脉动磁通与输出绕组的轴线垂直，故输出绕组中并无感应电动势，输出电压为零。

②转子旋转状态

当测速发电机的转子以一定速度旋转时，转子杯形导体将切割磁通 Φ_d 而产生切割电动势 E_r。假设转子转速为 n，逆时针方向切割电动势 E_r。

由于杯形转子电阻较大，在旋转时切割 Φ_d，感应电动势 E_r 会产生相应的转子电流 I_r。根据右手螺旋定则，感应电动势 E_r 和电流 I_r 与磁通 Φ_d 及转速 n 成正比，即

$$I_r \propto E_r \propto \Phi_d n$$

根据右手螺旋定则，转子电流 I_r 也要产生磁通 Φ_r，两者也成正比，即

$$\Phi_r \propto I_r$$

磁通 Φ_r 与输出绕组的轴线一致，因而在其中感应出电动势，两端就有一个输出电压 U_2，且 $U_2 \propto \Phi_r$。根据上述关系，则有

$$U_2 \propto \Phi_d n \propto U_1 n$$

其中 U_1——测速发电机厉磁回路的电压；

U_2——测速发电机输出回路的电压。

上式表明，当励磁绕组加上电源电压 U_1，测速发电机以转速 n 转动时，它的输出绕组中就产生输出电压 U_2，U_2 的大小与 n 成正比。当转子转动方向改变时，U_2 的相位也改变 180°。这样，转速信号就转换为电压信号，通过相敏整流，将 U_2 的相位变化转换为输出电压极性的变化，从而在电动转速表上反映转向的变化。

由于磁通 Φ_d 是以频率 f 交变的，因此输出电压 U_2 也是交变的，其频率等于电源频率 f，与转速无关。另外，由于 Φ_d 并非常数，实际的异步测速发电机输出电压与转速之间并不是严格的线性关系。因此，在使用交流异步测速发电机时，应考虑负载、温度、励磁电源、频率等对发电机性能的影响，并注意发电机的工作转速不能超出规定的范围，使用中要经常校验和测试，以确保其效能正常。

三、自整角机

自整角机是测角度用的微特电机。根据用途不同，自整角机可分为力矩式自整角机和控制式自整角机。力矩式自整角机是通过电气的连接，使两个或两个以上在机械上不相连的转轴做同向偏转，从而对不同转轴之间的角位移或角速度的偏差进行自动整步控制。控制式自整角机通过电气的连接，将两个或两个以上在机械上不相连的转轴之间的角位移或角速度的偏差转换成电信号输出。

自整角机工作时必须是两个或两个以上同时使用，其中与主动轴相连的一个自整角机称为发送机，另外一个或多个与从动系统相连的自整角机称为接收机。

自整角机在船舶上应用广泛，如船上的舵角指示器、电车钟、罗经和分罗经中航向指示系统等。

1. 基本结构

力矩式自整角机和控制式自整角机的结构基本相同，都由定子和转子两大部分组成。

---

① N_1 为电机定子回路的绕组匝数。

自整角机的基本结构是单相集中绕组（励磁绕组）和三相对称分布绕组（整步绕组），分别设置在定、转子铁芯上。其结构特点具体如下：

（1）定、转子绕组全采用隐极式，以避免气隙磁阻不均匀对幅值的影响。

（2）输出绕组相应采用分布绕组亦有助于消除谐波磁动势带来的影响。

（3）其转子由伺服系统驱动或制动，对转轴的摩擦阻力限制不严，故可适当加大电刷集电环间的压力，以提高滑动接触工作的可靠性。

（4）为提高同步联系装置的灵敏度和精确度，可以采用多极自整角机。

2. 力矩式自整角机

力矩式自整角机的接线原理如图 4－1－49 所示。定子上嵌放着单相励磁绕组，作为磁极产生交变磁场；转子铁芯上嵌放三相整步绕组。发送机和接收机的三相整步绕组按序号规定相互连接。

两机的励磁绕组 N_1、N_2 接同一单相交流电源，从而在两机中各建立一个一对磁极的脉动磁场，并分别在各自的三相整步绕组中产生感应电势。三相绕组中感应电势的大小与其同励磁绕组轴线之间的位置有关。

当发送机与接收机转子位置对应一致时，在各自对应的三相绕组中所产生的感应电势大小相等、方向相反，绕组中没有电流。

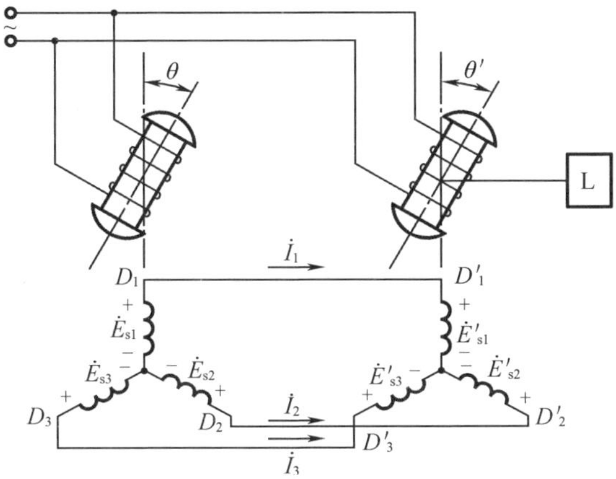

图 4－1－49　力矩式自整角机接线原理图

当发送机转子转过一个角度后，两机中各自对应绕组中的电势不再相等，将产生电流。此电流与接收机的励磁磁场相互作用，使其转子中产生电磁转矩，驱动接收机转子沿着发送机转子偏转的方向转动，直到两个转子的位置一致。此时对应绕组中感应电势又重新大小相等、方向相反，电流为零。接收机中电磁转矩消失，转子停止转动。

如果外加力矩始终作用于发送机转轴上，使其连续不断地旋转，则接收机转子也就以相同的速度不断地旋转。若发送机反向旋转，则接收机也反向旋转，从而实现不同转轴之间角位移或角速度的同步控制。

3. 控制式自整角机

控制式自整角机的接线原理如图 4－1－50 所示。它与力矩式自整角机的主要区别在于其接收机的单相绕组并不是作为励磁绕组接单相交流电源，而是作为输出绕组对外输出电压。另外，控制式自整角机与力矩式自整角机的基准电气零点有所不同，控制式自整角机的接收机在力矩式接收机的基础上，转子顺时针方向转动 90°，发送机基准电气零位点不变。

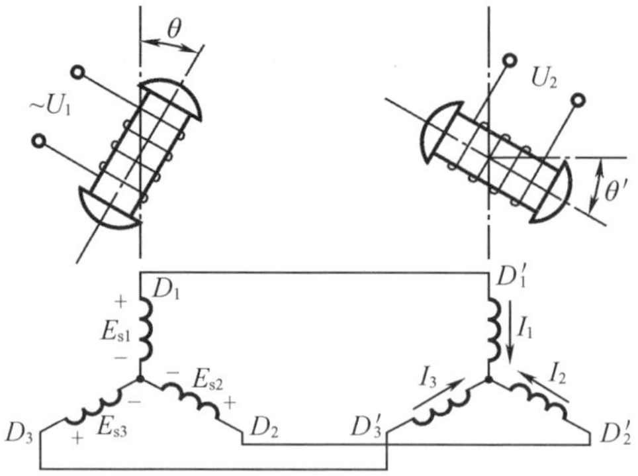

图 4-1-50　控制式自整角机接线原理图

当 $\theta=\theta'=0$ 时，发送机的单相励磁绕组接交流电源，在发送机中建立脉动磁场，从而使定子三相整步绕组中产生感应电动势并产生电流，该电流流入接收机定子三相绕组，又使接收机中产生磁场，由于感应电流为交流电流，所以其磁场也为脉动磁场。该磁场轴线与输出绕组轴线相垂直，没有磁通穿过，所以转子绕组中感应电动势为零，输出电压 $U_2=0$。

当发送机转子沿着顺时针方向转过 θ 角，而 $\theta'=0°$时，则在接收机中的脉动磁场与输出绕组轴线不再垂直，有磁通穿过输出绕组而产生感应电动势，即有电压输出，$U_2\neq0$。若 θ 角增大，则输出电压 U_2 随之增大；当发送机转子转动方向发生改变时，则输出电压的极性发生改变。

模块二　常用电子元器件

一、电阻器

1. 电阻器在电路中的符号

电阻器是电子电路中应用较为广泛的元件之一，在电路中起分压、分流、阻尼、限流、负载等作用。其品种按用途分有普通电阻、保险电阻（熔断电阻器）、消磁电阻、热敏电阻、压敏电阻、大功率水泥电阻及电位器。按材料分有碳膜电阻（RT）、金属膜电阻（RJ）、氧化膜电阻（RY）、线绕电阻（RX）、有机实芯电阻（RS）。电阻器的电路符号及外形标志见表 4-2-1。

表 4-2-1　电阻器符号及外形标志

名称	文字符号	电路符号	实物外形标志
普通电阻	R		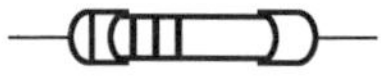
保险电阻（熔断电阻器）	RRD	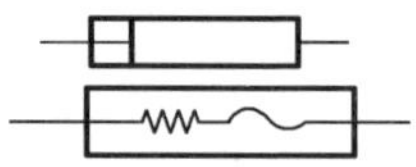	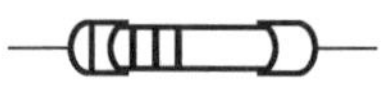
消磁电阻	RPTH		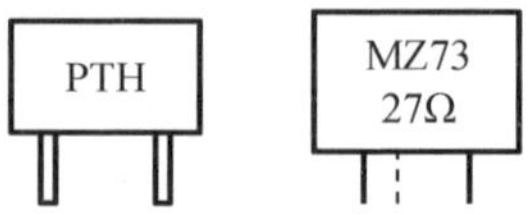

表 4 – 2 – 1(续)

名称	文字符号	电路符号	实物外形标志
热敏电阻	RMF		
压敏电阻	RMY		
大功率水泥电阻	RX		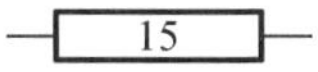
电位器	RP	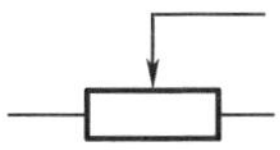	

2. 电阻器识别

电阻器外表呈红色，是金属膜电阻器；呈米黄色，是小功率碳膜电阻器；呈绿色或深灰色(柱形)，是大功率碳膜电阻器；呈黑色、白色或绿色，是热敏电阻器(长方形或扁圆形)；呈浅灰色，是线绕式保险电阻器。电阻器外壳顶部有透明感光的玻璃层，是光敏电阻器；从外表可看到氧化膜的，是氧化膜电阻器；外表是用白色水泥封装(矩形或扁长方形)的，是大功率水泥电阻器；外壳是白色金属的，是线绕滑线可变电阻器。

电阻器标称阻值是根据 GB/T 2470—1995《电子设备用固定电阻器、固定电容器型号命名方法》的规定，常用电阻的标称值有 E6、E12、E24、E48、E96、E192 六大系列。

电阻器额定功率是指在规定的环境温度和湿度下，电阻器上允许消耗的最大功率。功率的单位用 W 表示，电阻器额定功率标示如图 4 – 2 – 1 所示。如图 4 – 2 – 1 所示，可通过在电阻器的符号上加点、斜线、横条、竖条、V、Ⅶ、X 等直观易懂的方法来表示电阻器不同的功率。

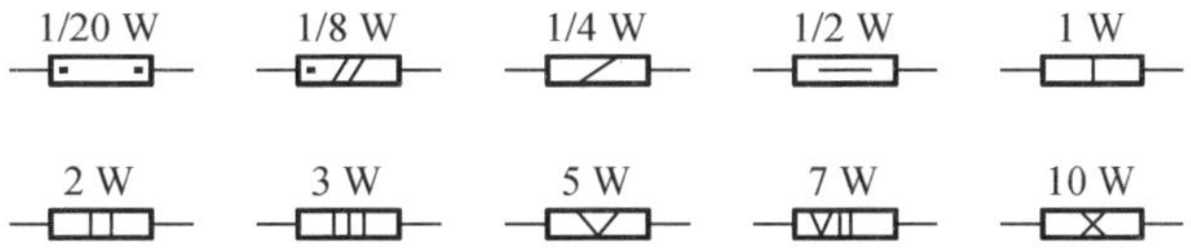

图 4 – 2 – 1　电阻器额定功率标示图

现在国际上惯用“色环标注法”，主要作用就是让在自动生产线上的机器能识别电阻器。事实上“色环电阻”占据着电阻器元件的主流地位。顾名思义，“色环电阻”就是在电阻器上用不同颜色的环来表示电阻的规格。有的用四个色环表示，有的用五个色环表示。四环电阻，一般是碳膜电阻，用三个色环表示阻值，用一个色环表示误差。五环电阻，一般是金属膜电阻，为了更好地表示精度，用四个色环表示阻值，另一个色环表示误差。如果色环电阻器用五环表示，前面三位数字是有效数字，第四位是 10 的倍幂，第五位是色环电阻器的误差范围，如图 4 – 2 – 2 所示。具体色环颜色表示的含义见表 4 – 2 – 2，对照图 4 – 2 – 2 可知，该电阻为 250 kΩ，精度为 ±5%。

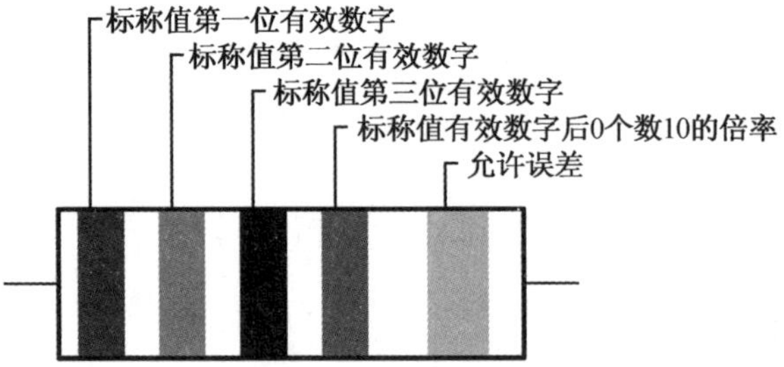

图 4－2－2 色环电阻表示法

表 4－2－2 色环表示法色环含义

颜色	有效值	倍率	允许偏差
黑	0	10^{0}	
棕	1	10^{1}	±1%
红	2	10^{2}	±2%
橙	3	10^{3}	
黄	4	10^{4}	
绿	5	10^{5}	±0.5%
蓝	6	10^{6}	±0.25%
紫	7	10^{7}	±0.1%
灰	8	10^{8}	
白	9	10^{9}	－20% ~50%
金		10^{-1}	±5%
银		10^{-2}	±10%
无色			±20%

3. 电阻器使用注意事项

(1)在使用前，首先检查其外观有无明显的损坏，如引线断裂、开裂、烧焦等现象。其次，用万用表测量它的阻值是否与标称值一致。

(2)使用时应注意电阻器的额定功率和工作电压是否满足设计要求，如果实际使用功率超出电阻器的额定功率，电阻器会发热损坏；如果实际工作电压大于电阻器的耐压，电阻器将被击穿烧毁。额定功率大于 10 W 以上的电阻器(水泥电阻、线绕电阻)使用时应安装在特制的支架上，其周围要留有一定的散热空间。

(3)电阻器在安装前应进行表面处理，引脚用刮刀片或锯条片刮掉表面氧化层，然后再镀锡，以保证锡焊的可靠性，不产生假焊(虚焊)现象。高频电路中电阻器的引脚不宜过长，这样可减小分布参数。

(4)电阻器在安装时，电阻色环的朝向要一致，如果是直标法电阻，其阻值标志也要朝上，这样便于检查和维修。

(5)可变电阻器使用时除满足上述几点，还要注意它的体积、精度和结构等。

二、电容器

在电子电路中电容器的种类有很多，常用的电容器有瓷介质电容器、聚酯薄膜介质电容器、涤纶电容器、铝电解电容器、云母电容器等。电容器的外形标志及符号见表4－2－3。

电容器常见的不良现象有开路失效、短路击穿、漏电、容量变小等。

表4－2－3　电容器的外形标志及符号

名称	文字符号	图形符号	实物外形标志
瓷介质电容器	C		
聚酯薄膜介质电容器	C		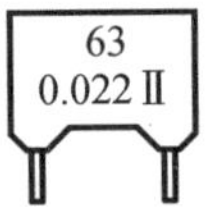
涤纶电容器	C		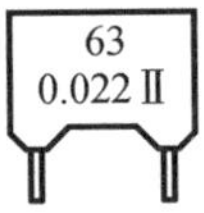
铝电解电容器	C		
云母电容器	C		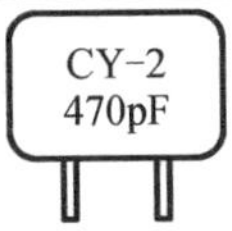

三、电感器

在电子电路中常用的电感器件有电感线圈、有磁芯线圈、有铁芯线圈、微调铁芯线圈、有抽头线圈、自耦变压器、有铁芯变压器、有磁芯变压器、互感变压器、行输出变压器等。电感线圈中有变化电流通过时会产生感应电动势，是存储磁能的元件。电感器的外形标志及符号见表4－2－4。

表4－2－4　电感器的外形标志及符号

名称	文字符号	图形符号	实物外形标志
电感线圈	L		
有磁芯线圈	L		

表 4-2-4(续)

名称	文字符号	图形符号	实物外形标志
有铁芯线圈	L		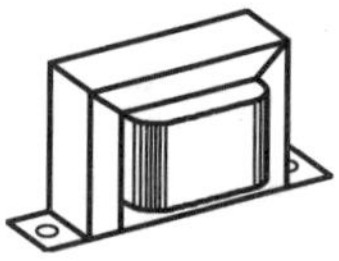
微调铁芯线圈	L		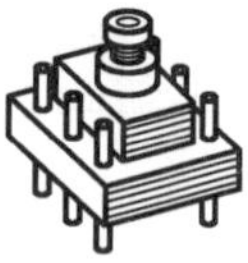
有抽头线圈	L	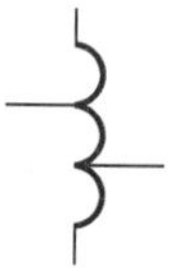	
自耦变压器	T	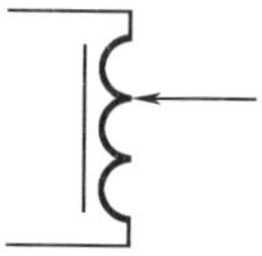	
有铁芯变压器	T	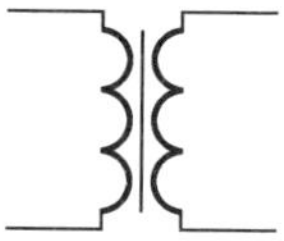	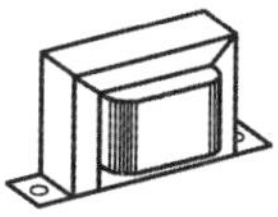
有磁芯变压器	T	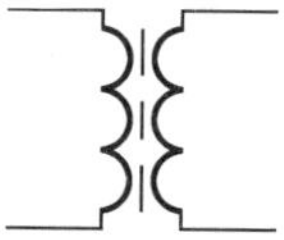	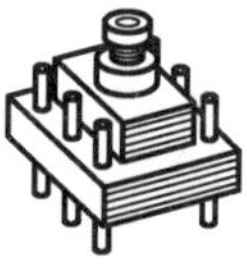
互感变压器	T	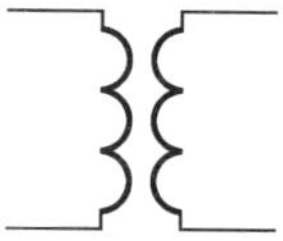	
行输出变压器	T	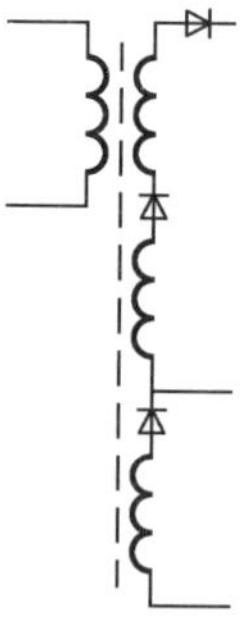	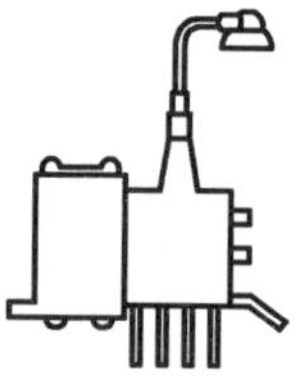

电感线圈常见的不良现象有引脚断开、线圈内部短路、变形引起电感量的变化等。

四、微型继电器

在电子电路中微型继电器通常作为一种受控开关，可实现用小电流或低电压去控制大电流或高电压。

微型继电器的种类有很多，通常分为电磁继电器、交流固态继电器、直流固态继电器。其中，电磁继电器是应用最早、最广泛的一种继电器，而固态继电器是新发展起来的一种无机械触点的继电器。微型继电器的种类、外形标志及符号见表4－2－5。

表4－2－5　继电器的种类、外形标志及符号

名称	文字符号	图形符号	实物外形标志
电磁继电器	JZC	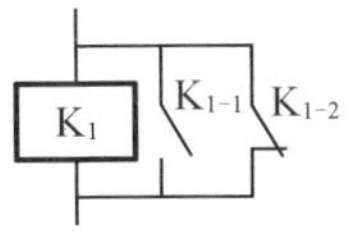	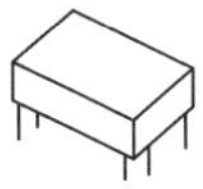
交流固态继电器	AC－SSR	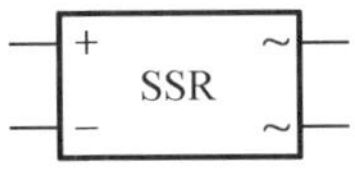	
直流固态继电器	DC－SSR		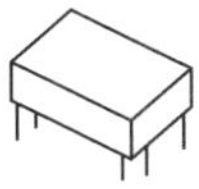

五、晶体管

晶体管在电子电路中的主要应用有整流、稳压、放大、隔离、开关等。

电子电路中常用的晶体管有整流二极管、开关二极管、发光二极管(light emitting diode，LED)、稳压二极管、变容二极管、晶体三极管、可控硅等。晶体管的外形标志及符号见表4－2－6。

表4－2－6　晶体管的外形标志及符号

名称	文字符号	图形符号	实物外形标志
整流二极管	V		
开关二极管	V		
发光二极管	V	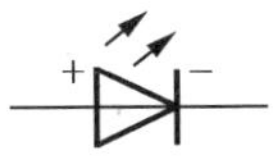	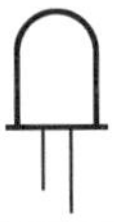

表 4-2-6(续)

名称	文字符号	图形符号	实物外形标志
稳压二极管	V		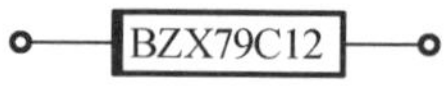
变容二极管	V	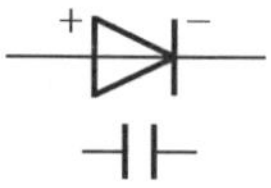	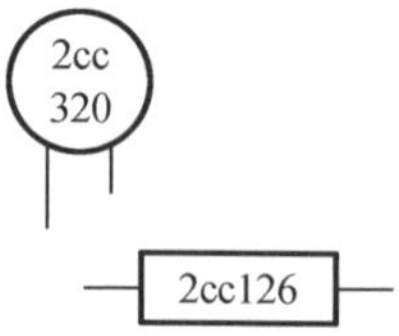
晶体三极管	V		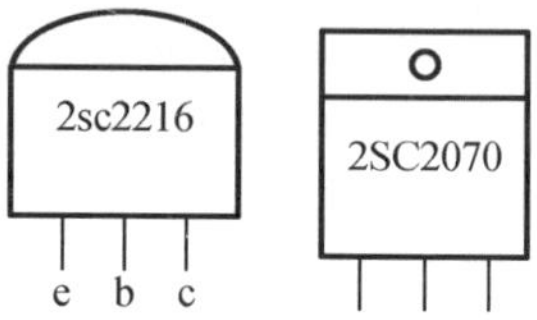
场效应管	V	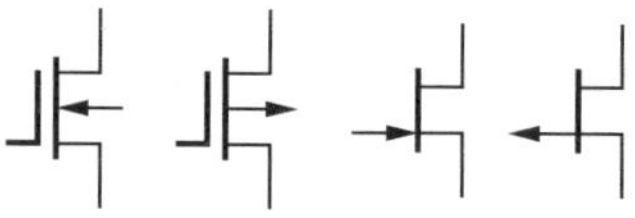	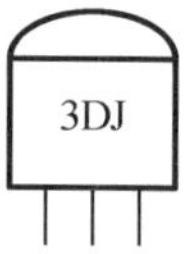
可控硅	V	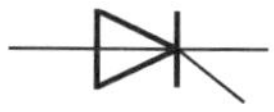	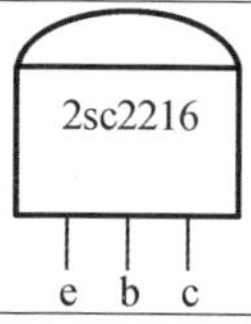
光电耦合器	BL	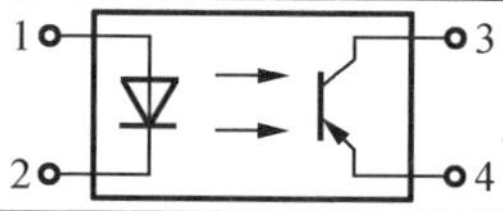	

六、集成电路

集成电路(integrated circuit,IC)就是采用平面工艺,将晶体管、电路元件和连接线集中制造在一块半导体芯片上,再进行封装而成。它具有体积小、质量轻、外部引线及焊点少、安装调试方便等优点,因而大大提高了电子设备的灵活性和可靠性。

1. 集成电路的种类

按功能分类有 A/D 转换器、D/A 转换器、TIL 电路、HTL 电路、ECL 电路、运算放大器、存储器、稳压器、接口电路、音响电路、微处理机、电视电路、非线性电路等。

按集成度分类有小规模集成电路(small scale integration,SSI),这种电路内部集成元件在 100 以下或小于 10 个门电路;中规模集成电路(medium-scale integration,MSI),这种电路内部集成元件在 1 000 以下或小于 100 个门电路;大规模集成电路(large scale integration,LSI)。这种电路内部集成元件在 10 000 以下或小于 1 000 个门电路;超大规模集成电路(very large scale integration circuit,VLSI),这种集成电路内部集成元件在 100 000 以上或 10 000 个门电路以上。

按制造工艺分类有 MOS 集成电路[含 P 沟 MOSIC(PMOS)集成电路、N 沟 MOSIC(NMOS)集成电路和将 P 沟和 N 沟 MOS 晶体管结合成一个电路单元的互补 MOSIC(CMOS)集成电路],双极型三极管电路;混合电路有薄膜电路、厚膜电路、混合电路。

按封装形式分类有圆形金属、单列直插式、双列直插式、双列扁平式、四列直插式、四列扁平式等。

2. 集成电路引脚识别方法

集成电路的封装形式多种多样，引脚识别方法也不同，具体方法见表 4－2－7。

表 4－2－7　集成电路引脚识别方法

封装形式	实物外形标志	引脚识别方法
圆形金属	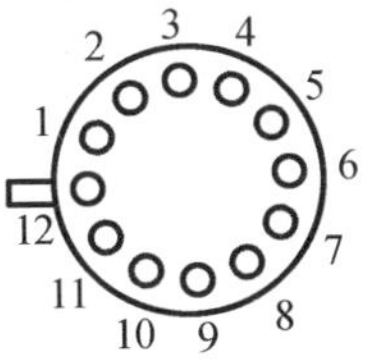	按顺时针排列
椭圆形金属	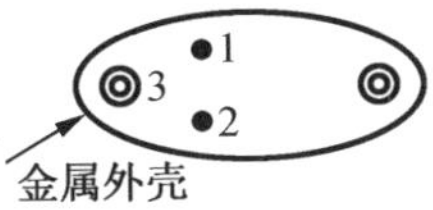	按顺时针排列
单列直插式 1	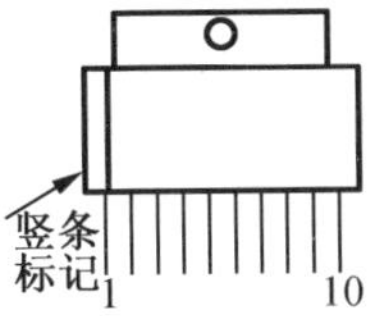	按标记从左向右排列
单列直插式 2	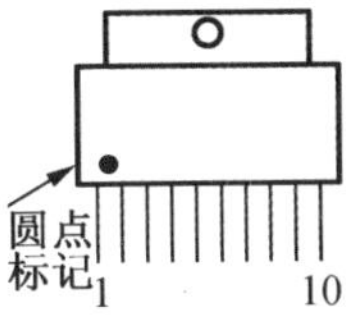	按标记从左向右排列
单列直插式 3	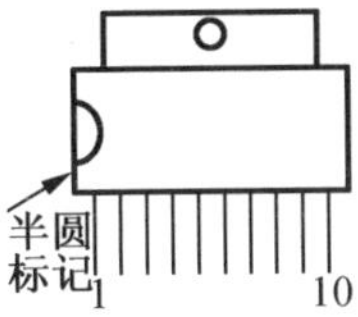	按标记从左向右排列
单列直插式 4	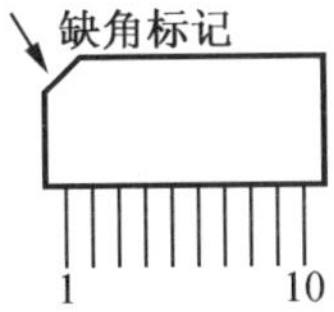	按标记从左向右排列
单列直插式 5	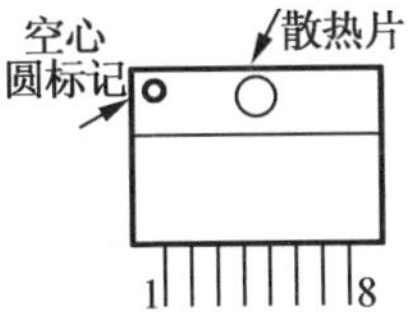	按标记从左向右排列
双列直插式 1	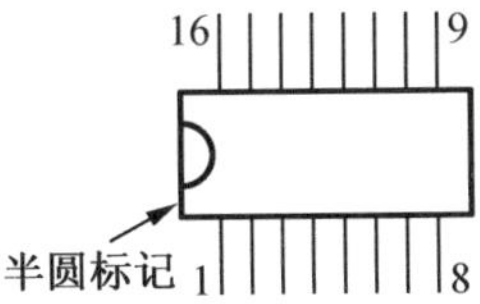	按标记逆时针排列

表 4-2-7(续)

封装形式	实物外形标志	引脚识别方法
双列直插式2	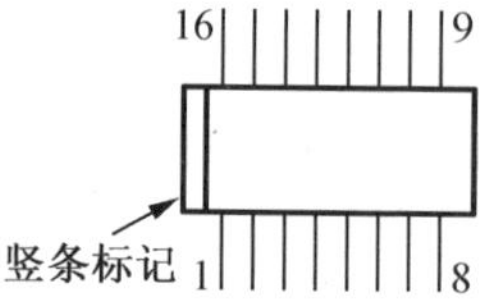	按标记逆时针排列
四列直插式2	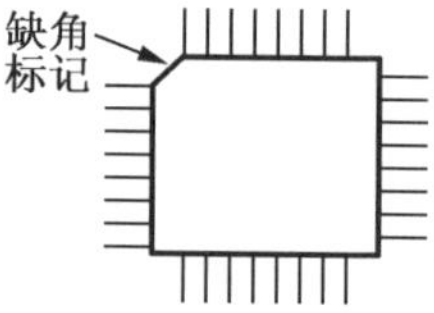	按标记逆时针排列

七、压电器件

压电器件是一种具有压电特性的单晶体或多晶体,选用的材料有石英晶体、钛酸钡、钛酸铅、锆钛酸铅、铌酸钡、钽酸锂等。石英晶体具有稳定性好的特点,而锆钛酸铅具有强度大、阻抗高的特点。

1. 压电器件的种类、外形符号

常用的压电器件有石英晶体元件、压电陶瓷元件、声表面滤波器件等。

2. 压电器件的测量、质量判别方法

电子电路中常用的滤波器有声表面滤波器、陶瓷滤波器、石英晶体和超声延迟线。它们的外形标志及符号见表 4-2-8。

表 4-2-8　压电器件外形标志及符号

名称	文字符号	图形符号	实物外形标志
声表面滤波器	SAWF	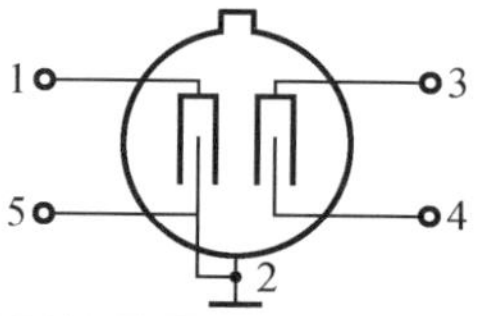	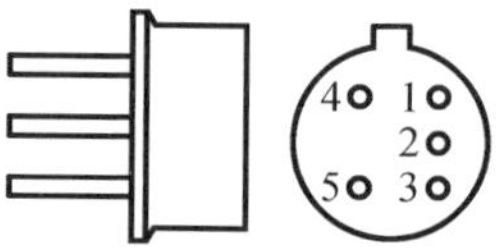
陶瓷滤波器	LT、XT、HP、LP	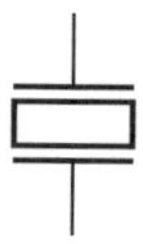	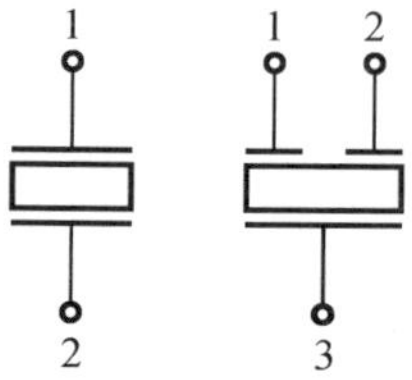
石英晶体	CRB445E	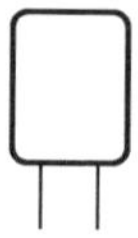	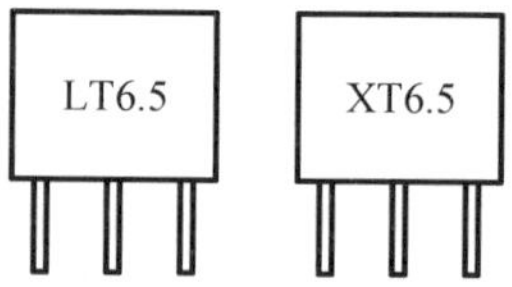

表 4 - 2 - 8(续)

名称	文字符号	图形符号	实物外形标志
超声延迟线	DL	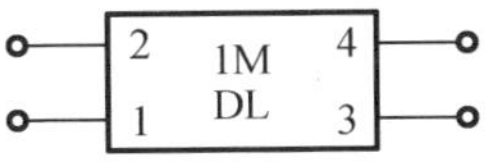	

(1)声表面滤波器的测量、判断方法

声表面滤波器作为中频放大器的输入吸收回路,已被广泛应用。它由制作在压电晶体基片的金属梳状电极构成。梳状电极换能器有其特有的声同步频率 f,此频率取决于梳状电极的几何尺寸。当外加电信号的频率等于它的声同步频率 f 时,信号的传播效率最高;当信号频率偏离 f 时,传输信号衰减。声表面滤波器具有结构简单、稳定性好、可靠性高、调试方便等优点,具有一定宽带的频响特性。这就是声表面滤波器的选频原理。

对于性能良好的声表面滤波器,用万用表 $R\times10$ kΩ 挡测量其输入端(表中 SAWF 的 1 脚和 5 脚是输入端,3 脚和 4 脚是输出端)两个电极之间的电阻或输出两个电极之间的电阻为无穷大,各个电极与屏蔽电极的电阻也为无穷大,说明 SAWF 是好的。如果测得的阻值很小,说明声表面滤波器内部已短路,不能再使用。

(2)陶瓷滤波器的测量、判断方法

在电子电路中要用到吸收电路、滤波器等。常用陶瓷滤波器是一种 LC 组件,有滤波器 LCT4.43M、滤波器 XT6.5M、带通滤波器 LT6.5M、高通 HPT3801 等。陶瓷滤波器的检测可以用万用表的电阻挡来测量,将万用表拨至 $R\times10$ kΩ 挡,性能良好的陶瓷滤波器,其两端的电阻值为无穷大。如果测得的阻值为零或为一定的阻值,则表明陶瓷滤波器已损坏。对于陶瓷滤波器内部开路、引线脱落等情况,万用表无法判断,这时可用替代法进行检查。

(3)石英晶体的测量、判断方法

石英晶体在电子电路中作为一种特殊的元件,被广泛应用于振荡电路中。石英晶体具有压电效应,在它两端施加一定的交变电压时,会随着交变电场的变化而产生变形,形成机械振动;反之当受到一定的机械振动时,就能产生一定的交变电场,在其电极上输出电压信号。石英晶体的检测,可以用万用表的电阻挡来测量,将万用表拨至 $R\times10$ kΩ 挡,用表笔去接触石英晶体的两个电极,性能良好的石英晶体,其两端的电阻值为无穷大。如果测得的阻值为零或为一定的阻值,则表明石英晶体已损坏。对于石英晶体内部开路、引线脱落等情况,使用万用表无法判断,这时可用替代法进行检查。

八、其他元器件

在电子电路中,电声器件、显示器件、贴片式器件应用也非常广泛。

1. 电声器件和显示器件的种类、外形标志、符号

常用的电声器件有扬声器、传声器、耳机等。常用的显示器件有显像管、示波管、数码管等。电声器件和显示器件外形标志及符号见表 4 - 2 - 9。

表 4－2－9　电声器件和显示器件外形标志及符号

名称	文字符号	图形符号	实物外形标志
外磁扬声器	B、BL		
内磁扬声器	B、BL		
传声器	M		
耳机	EJ		
数码管	LED	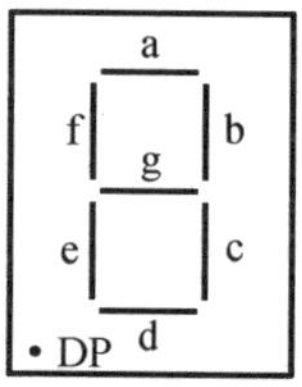	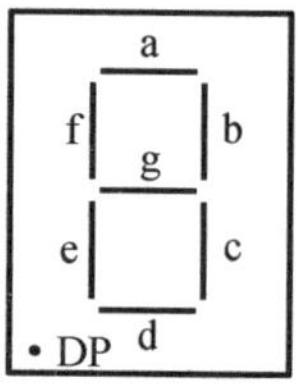
显示器	56SX101Z	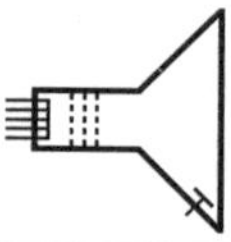	

2. 电声器件检测方法

万用表检测扬声器、耳机的方法是：万用表选用 $R \times 1\ \Omega$ 挡，两支表笔断续接触它的两个电极，测得电阻值一般为几欧姆，并能听到“喀啦、喀啦”声，表明电声器件是好的；如果听到的是沙哑声或破壳声，表明质量有问题，应该更换。扬声器的阻值一般是几欧姆到几十欧姆。耳机可分为低阻型和高阻型两种。用万用表测出的阻值一般为标称值的 80% ~ 90%。检测时要注意，如果测出的阻值为无穷大，说明扬声器的引出线或音圈断路；如果测出的阻值为零，说明它的音圈有问题。

3. 贴片式器件的识别技巧与检测

随着电子技术的不断发展，电子元器件已由过去的体积大、质量大，向体积小、质量小、微型化的贴片式器件发展。表面贴装技术已得到快速发展。

(1)贴片式器件的识别

贴片式器件又称片式元器件，它是无引脚线的微型元器件，包括无源贴片式器件(SMC)和有源贴片式器件(SMD)。目前在计算机、电视机、通信设备、音响设备等方面有广泛应用。贴片式元器件的种类、外形标志及符号见表 4－2－10。

表 4-2-10　贴片式元器件的种类、外形标志及符号

名称	文字符号	图形符号	实物外形标志
矩形贴片式电阻器	中国 R[1] 美国 RC3216		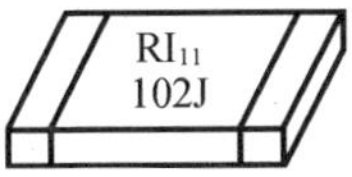
贴片式电位器	RP	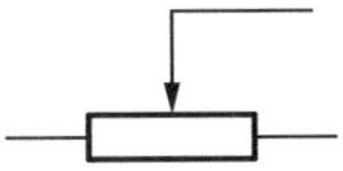	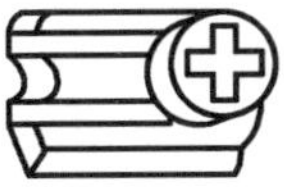
矩形贴片式电容器	中国 CC3216 美国 CC1026	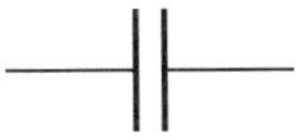	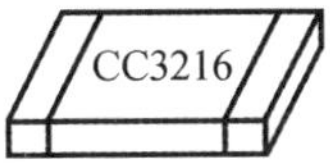
贴片式线绕电感器	L		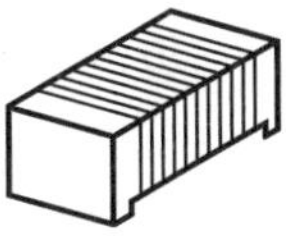
贴片式二极管	V		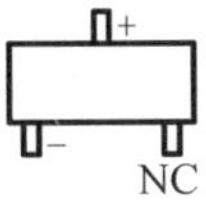
贴片式三极管	V		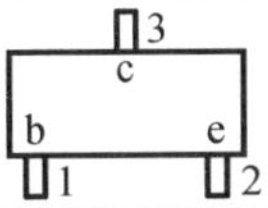
贴片式集成电路	IC	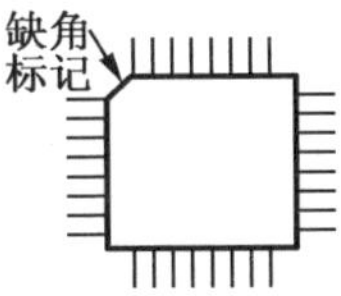	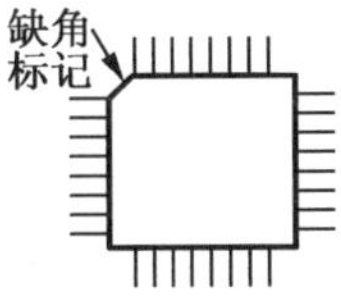

(2)贴片式器件的标识识别与检测

贴片式器件一般采用直标法，如图 4-2-3(a)中 $103 = 10 \times 10^3 = 10\ \text{k}\Omega$，可以看出用 103 或 104 或 105 等数字表示的，前两位数字表示电阻的有效数，第三位数字表示 10 的几次方。图 4-2-3(b)中当电阻小于 10 Ω 时，如 6.8 用 6R8 表示，以 ×R× 表示，用 R 表示小数点。图 4-2-3(c)中 RC3216K103F，其中 RC3216 是代号，K 表示功率，103 表示阻值，F 表示允许误差；图 4-2-3(d)中 CC1206NPO151JZT 是矩形贴片式陶瓷电容器，其中 CC1206 是代号，NPO 表示功率，151 表示容量(前两位数字表示电容的有效值，第三位表示 10 的几次方，$151 = 15 \times 10 = 150$ pF，单位为皮法)，J 表示允许误差、ZT 表示耐压。电容的耐压分为低压和高压：低压为 220 V 以下，有 50 V、100 V；高压有 200 V、300 V、500 V、1 000 V。贴片式器件的检测方法与普通元器件的检测方法基本相同。

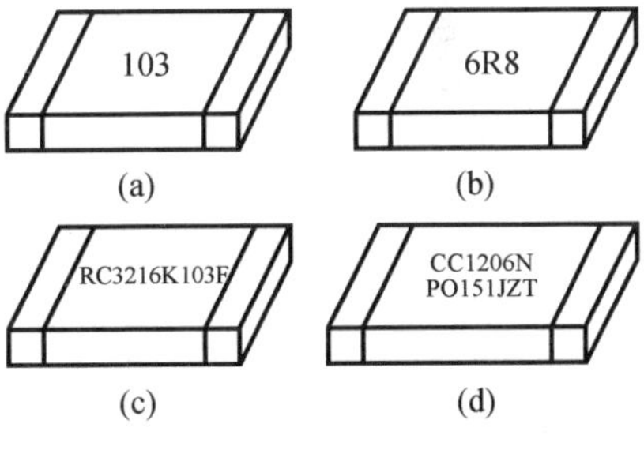

图 4-2-3　贴片式器件的标识

九、电子模块

近十几年来，随着微电子技术的快速发展，涌现出一大批新型的电子模块。专用电子模块取代了过去的集成电路、分立元件和器件等组成的电子电路，如无线电通信发射与接收、红外线传感、功率放大等模块。

1. F00/J00 系列无线电发射与接收专用模块

无线电发射与接收模块品种繁多，功能也不同。按内部结构可分为调制式和无调制式两种；按电路方式可分为超再声和超外差两种；按频率稳定度可分为稳定型和非稳定型两种；按遥控距离可大致分为近距离、中距离和远距离等。在此仅介绍 F00/J00 系列无线电发射与接收模块。

F00/J00 系列无线电发射与接收模块是微型器件，采用 SMT 工艺树脂封装，性能稳定可靠。发射与接收配套使用时，可组成各种无线电遥控器、报警器等。

F04A/JOA、B 系列无线电发射与接收模块的外形结构如图 4－2－4 所示，引脚采用单排直插式标准插距的印制板结构，器件体积小，功耗低，效率高，收发频率一致，外围元件很少，免调试即可使用。其收发距离在 200 m 以内，数字信号传输速率为 0.33～10 kb/s。

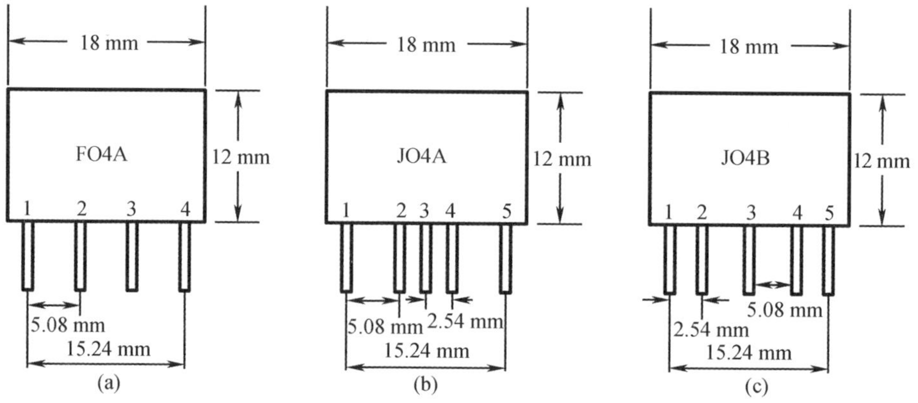

图 4－2－4　F04A/JOA、B 系列无线电发射与接收模块的外形结构图

2. 红外线传感专用模块

红外线传感模块通常可分为热释电红外线传感模块和红外线发射、接收模块等几大类，热释电红外线传感模块能直接接收人体或动物等物体辐射的微量红外光线，并将其转换为相应的电信号输出，它无须器件自带红外光线照射就能工作，称为被动式红外探测器件。

红外线发射、接收模块是属于主动式控制器件，接收模块接收到的红外光线来自红外发射模块发出的编码红外光线，而非人体或动物等物体辐射的微量红外光线。采用红外线进行近距离传输、遥控等具有保密性强、不会对无线电信号干扰的特点。

(1) HD－03C 热释电红外线控制模块结构

HD－03C 热释电红外线控制模块中心组件为 CMOS 工艺大规模集成电路，模块内部包括热释电红外线全部处理电路，使用时只要配接传感探头（PIR）就可以工作，它具有电路结构简单、控制方便、功能齐全等特点，可广

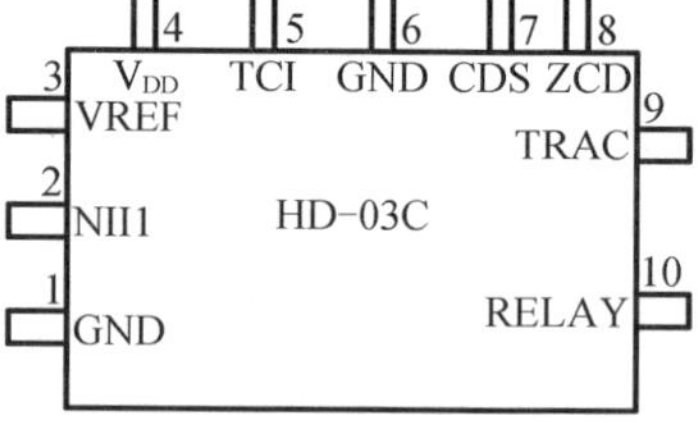

图 4－2－5　HD－03C 热释电红外线控制模块结构图

泛应用于报警电路、自动开关等领域。其模块结构如图4－2－5 所示。

HD－03C 热释电红外线控制模块引脚功能见表4－2－11。

表 4－2－11　HD－03C 热释电红外线控制模块引脚功能

引脚	功能	引脚	功能
1	地	6	电源负极
2	PIR 的源极	7	光控输入端
3	电源正极	8	过零检测端
4	PIR 的漏极	9	触发信号输出端
5	延迟控制端	10	直流信号输出端

(2) TX05C 系列红外发射与接收模块

TX05C 系列红外发射与接收模块可组成对射式电子开关，它是利用人眼观察不到的红外线光束组成红外线区域检测系统，当有人或物体遮挡住红外线光束时，接收电路会自动输出信号，进而带动继电器动作，使功率器件执行部件动作。TX05C 系列红外发射与接收模块结构如图 4－2－6 所示。

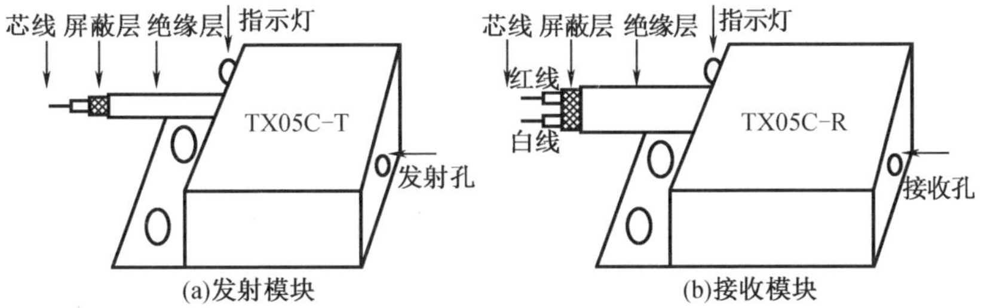

图 4－2－6　TX05C 系列红外发射与接收模块结构图

TX05C－T 发射模块内部电路有电源管理器件、密码 IC、红外调制电路和中功率红外线发射管、发生指示灯电源线。

TX05C－R 接收模块内部电路有红外线接收窗、状态指示灯、放大器、解调器、输出电缆（输出电缆为双芯线，红色芯线接电源正极，白色芯线是信号输出）、续流二极管等。

3. 电子模块的识别与检测

(1) 引脚识别技巧

电子模块的引脚识别技巧仍然采用集成电路的方法，可参考集成电路的识别与检测。

(2) 电子模块好坏检测方法

用万用表 $R\times1$ kΩ 挡来测量电子模块各引脚的阻值，如测量出来的阻值与参考值基本一致，说明电子模块是好的，若测量出来的阻值与参考值相差很大，则电子模块内部击穿或开路。

模块三　游艇照明系统

知识点一　照明分类及特点

《游艇入级与建造规范(2020)》中对游艇照明系统的要求如下:

(1)向游艇上人员通常能到达的处所提供照明的主照明系统,应由主电源供电。

(2)主照明系统应布置成:当主电源、相关的变换设备(如设有)和主配电板所在处所发生火灾或其他事故,不会导致本第(3)点所要求的应急照明系统失效。

(3)应急照明系统应布置成:如果应急电源、相关的变换设备(如设有)和应急配电板所在处所发生火灾或其他事故,不会导致本第(1)点所要求的主照明系统失效。

(4)应急电源的容量应至少对下列设备供电:

①每一集合地点、登乘地点和舷侧的应急照明 3 h。

②下列处所(如设有)应急照明 12 h(Ⅰ类游艇)或 6 h(Ⅱ类游艇):

a. 所有服务和起居处所的走廊、梯道和出入口;

b. 用于航行的推进机械处所、主电源及其控制位置;

c. 所有控制站、机器控制室和每一主配电板和应急配电板处;

d. 操舵装置处。

③对航行灯和其他号灯供电 12 h(Ⅰ类游艇)或 6 h(Ⅱ类游艇)。

④对无线电通信设备、号笛以及应急情况下所要求的船内通信设备供电 12 h(Ⅰ类游艇)或 6 h(Ⅱ类游艇)。

(5)对于艇长 10 m 及以下的Ⅴ类游艇,若仅以照明为主,电源可仅设置一组蓄电池组,其容量应能满足整个航程相适应的时间内用电设备的需求。

一、游艇照明

游艇照明系统与陆地照明系统不同,一般分为正常照明、应急照明、航行灯与信号灯照明、临时应急照明四种类型。

游艇照明是游艇航行、作业及游艇管理工作人员生活的必要条件。游艇照明通常包括确保航行安全和人员安全照明(如航行灯、信号灯、登放艇区域照明)、生活区域照明及装饰照明等。

游艇水下照明如图 4－3－1 所示。

图 4－3－1　游艇水下照明

游艇照明按其功能大致可做如下分类。

①室内照明，包括舱室主体照明、局部辅助照明、娱乐美化气氛照明；

②室外照明，包括室外通道照明、室外工作照明（甲板照明）；

③探照灯和投光灯；

④航行信号灯。

游艇照明也可按供电方式分为正常照明（游艇主电源供电）、应急照明（应急电源供电，主要是应急蓄电池供应）、航行信号灯（正常和应急两路供电）。

照明系统的设计应根据船舶入级规范中有关照明及航行信号的要求及《国际海上人命安全公约》（*SOLAS*）和《国际海上避碰规则》等有关条款进行，对不同国籍和航区还必须加上相应的地区规范、规则的要求。

1. 正常照明系统

正常照明系统又称为主照明系统，分布在游艇内外各个生活和工作场所，提供各舱室和工作场所以足够的照度。该系统的特点是由主配电板上照明汇流排直接向各照明分电箱供电，然后由照明分电箱向邻近舱室或区域的照明灯具供电；照明电压一般为交流 110 V 或 220 V；不同舱室和处所均有不同的照度要求；所有照明灯具均设有控制开关。

正常照明是全游艇的主体照明，由游艇主发电机或主蓄电池供电，凡游艇生活和工作所及之处均应照亮。正常照明包括：

①舱室主照明，如顶灯的大部分；

②局部或辅助照明，如床灯、壁灯、盥洗灯等；

③室内外走道半数以上的照明；

④各舱室必须备有的插座等。

电风扇、冰箱和舱室电取暖器等定额小于或等于 0.25 kW 的非重要设备也可包含在正常照明系统内。

2. 应急照明系统

应急照明是在主电网发生故障不能工作时投入使用的。应急照明由应急蓄电池组供电，电压可与正常照明相同，也可用低压电。

应急照明系统主要分布于游艇机舱内重要处所、船员和旅客舱室、各人员通道。它的灯点少，无照度要求。它在主配电板失电、主照明系统故障情况下作应急照明使用。应急发电机通过应急配电板及专用线路供电。对于沿海航区营运限制的游艇，应急照明时间为 6 h；对于遮蔽水域营运限制或平静水域营运限制的游艇，应急供电时间为 3 h。

应急照明系统不得采用荧光灯为光源，更不得设置就地开关，即主照明失电后，应急电源即对应急照明供电，应急照明点亮。

3. 航行灯与信号灯照明系统

（1）航行灯

航行灯是游艇照明系统中的一个独立部分，是保证游艇夜间安全航行的重要灯光信号。在任何情况下，都必须保证它的明亮，以表明本游艇的位置、状态、类型等，从而防止周围或过往船舶误会，造成海损事故的发生。

航行灯用于船艇夜航和指示船舶的状态和相应位置。驾驶台设置专用的航行灯控制箱或控制板，由主配电板和应急配电板两路供电。航行灯灯泡一般为 60 W 的双丝白炽灯。每盏灯具都为双套，其中一个做备用，可在控制箱上进行切换。

(2)信号灯

信号灯是船艇在各种特殊情况下的灯光标志,特别是夜间航行,更是不可缺少的通信联络的工具之一。信号灯的控制一般都集中在驾驶台,要求两路供电。这些信号灯通常安装在驾驶台顶上专设的信号桅或雷达桅上,按照规定数盏(8~12 盏)红、绿、白等颜色的内环照灯分成两行或三行安装,其布置和配置都应满足相关规定。游艇航行灯信号灯如图 4-3-2 所示。

图 4-3-2 游艇航行灯信号灯

知识点二 常用灯具

一、常用灯具的分类及用途

1. 常用灯具的基本类型

由于游艇的环境条件比陆地上苛刻,因而对灯具的结构和形式有更高的要求,除了遵照规范及有关标准的要求外,艇用灯具的材料应该坚固、轻巧、美观,并能满足使用环境的要求;结构要牢固、零部件不易落下、防震性好;防潮、防水性好,尤其是露天安装的灯具,防护等级要达到 IP5x;对有危险粉尘等场所,防护等级可高达 IP6x;具有良好的接地保护措施。

游艇常用灯具应具有一定的机械防护性能,确保工作可靠。根据使用场所的不同,游艇灯具的结构可分为以下四种类型:

①防护型 用于干燥舱室,如船员和旅客的居住舱、休息室、餐厅、驾驶台等,防护等级为 IP2x。

②防潮型 用于有较大潮气的场合,如走道、厨房、洗衣间等,防护等级为 IP3x ~ IP4x。

③防水型 用于有水滴、溅水和凝水的场所,如机炉舱、轴隧、管隧、露天甲板等,防护等级为 IP5x ~ IP6x。

④防爆型 用于可能积聚易燃易爆气体和各有关危险区域,其密封性能最好;用于装有易燃性物体和存在爆炸性气体的舱室,如蓄电池室、油漆储藏室、舱底花铁板之下的第二类区域。

2. 游艇照明属具

①开关 一般舱室灯开关应安装在门开启边,有的舱室有两扇门,可采用双联开关。储藏室、蓄电池室、油漆间、灯间、消防设备控制站等舱室开关不应设在室内;厕所、浴室等

处开关通常设在门外。

②插座　在居住舱室的台灯、冰箱、电取暖器旁；餐厅、厨房、配餐间，机器场所及各种工作舱室，主配电板、应急配电板及大型控制设备近旁，计程仪、测深仪舱、轴隧等，内外走道适当处所，应装设插座。对不同电压等级的插头，应选用不同结构形式的插座。

二、电光源

游艇照明电光源可分为两大类：一类为热辐射灯，如白炽灯和卤钨灯；另一类为气体放电灯，如荧光灯、汞灯、金属卤化物灯、超高压汞氙灯等。

1. 热辐射灯

(1) 白炽灯

白炽灯是最普通的照明电光源，它依靠电流通过螺旋状的钨丝产生大量热，使灯丝温度升高到白炽程度而发光。白炽灯结构简单，能瞬时点燃，无频闪，可调光，价格低廉，在照明系统中得到广泛应用。功率在 60 W 以下的灯泡保持真空，以减少热量损耗；功率在 60 W 以上的灯泡内充氩氮气，以减少钨丝蒸发，延长使用寿命。

船艇用白炽灯灯丝稍粗，具有较高的机械强度、耐振性及耐潮性。除普通照明光源外，游艇航行灯、信号灯和应急照明灯都采用白炽灯，因为它不会因电压低落而熄灭。便携灯和大部分控制系统指示灯也采用白炽灯。航行灯多用插口灯头，大功率白炽灯采用螺口灯头，以增大导电接触面积。

普通白炽灯寿命和光通量受电压波动的影响较大，当电压升高 5% 时，灯泡寿命缩短 25%；当电压降低 5% 时，其光通量减少 18%。

(2) 卤钨灯

为克服普通白炽灯的缺点出现了卤钨白炽灯。卤钨灯的结构如图 4－3－3 所示。

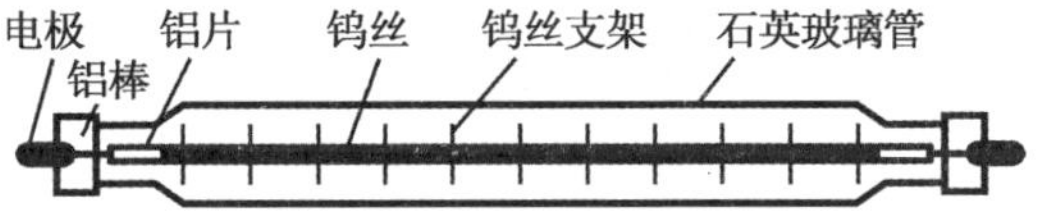

图 4－3－3　卤钨灯的结构图

在耐高温的石英玻璃灯管内加入微量的卤族元素碘或溴等，并充以较高压力的惰性气体。在高温下卤素与蒸发的钨原子化合成卤化钨，然后回到灯丝附近时被那里的高温分解为钨原子和卤原子，形成循环，从而抑制了钨原子向管壁的沉积，抑制了管壁的黑化。另外，由于灯管内惰性气体压力很高，大大抑制了钨丝的蒸发，延缓了灯丝的变细速度，延长了使用寿命。

卤钨灯尺寸较小，机械强度高，耐压增加。由于它的工作温度高，宜用耐高温导线，如硅橡胶导线。它的发光效率约是普通白炽灯的 2 倍，额定寿命可达 2 000 h，卤钨灯适用于要求高照度、空间开阔的场所，例如机舱上部、甲板等处所的集中照明。有些卤钨灯的灯管要求水平安装，倾斜不得超过规定的角度。

2. 气体放电灯

(1) 荧光灯（日光灯）

荧光灯灯管在抽真空后充入了少量的氩气和汞，灯管内壁涂有荧光物质，管内两端灯丝上涂有发射电子的阴极物质,是一种预热式低压汞蒸气放电灯。图 4－3－4 是日光灯结构示意图。荧光灯的电极用螺旋状钨丝做成,具有良好的热电子发射能力,管内的工作介质为汞蒸气。它的发光效率约为白炽灯的 6 倍,平均寿命可达 5 000 h 左右。

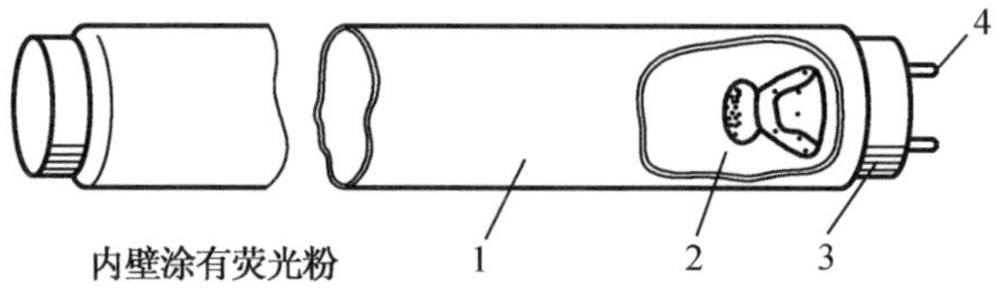

1—玻璃管;2—灯丝;3—灯头;4—灯脚步。

图 4－3－4　日光灯结构示意图

荧光灯的启动电压较高,一般采用灯丝预热,高压击穿启动,启动后需用镇流器限流。荧光灯光效高,寿命长,表面湿度低,光通分布均匀,被广泛应用于精细工作或长时间从事紧张视力工作的场所,目前几乎所有游艇舱室内的主照明都采用它。但如开关次数频繁,电压过高过低,会使荧光灯寿命降低,电压的大幅度跌落,会导致荧光灯熄灭。连续点燃的荧光灯寿命比额定寿命长 2.5 倍,所以机舱内的荧光灯使用寿命很长。

荧光灯具有各种规格和外观形式,具有暖色、冷色、三基色等多种形式。供电荧光灯要具有负电压－电流特性,为了限制放电灯的工作电流,保证工作稳定,需要串联一个镇流器,为了提高瞬间启动电压,有时还需使用启辉器。目前船上使用的荧光灯启动方式,通常采用启辉器启动和手动启动两种,如图 4－3－5 和图 4－3－6 所示,前者主要用于棚顶灯、壁灯和舱顶灯等;后者一般采用按钮,所以也叫按钮式,主要用于台灯和床头灯。电压波动范围为 ±10%,供电电压过高和过低都会影响其寿命。

图 4－3－5 和图 4－3－6 是荧光灯的基本工作线路,实际上荧光灯还有快速启动、冷阴极瞬时启动等多种启动方式及防止电磁干扰的实用工作线路。

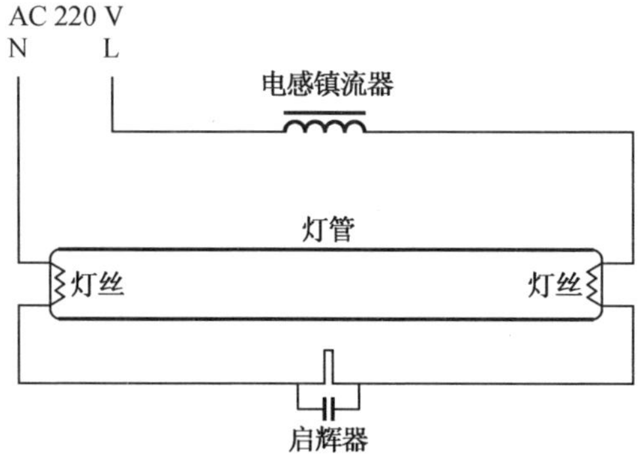

图 4－3－5　荧光灯启辉器启动方式

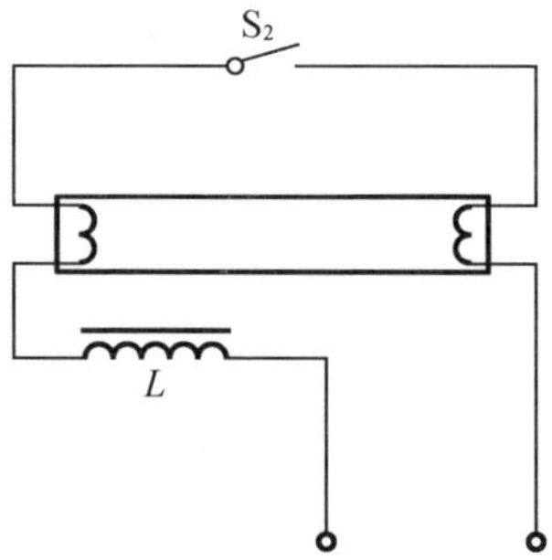

图 4－3－6　荧光灯手动启动方式

(2)汞灯

如图 4－3－7 所示,高压汞灯的主要构成部分是放电管,它由耐高温的石英玻璃制成,两端装有主电极、辅助电极,电极用钨丝浸渍碳酸钡、碳酸锶等热电子发射材料制成,有良好的热电子发射能力;辅助电极用于热启动,放电管内充以氩气作为启动气体,而工作气体为汞蒸气,汞蒸气的压力较高,故称为高压汞灯。

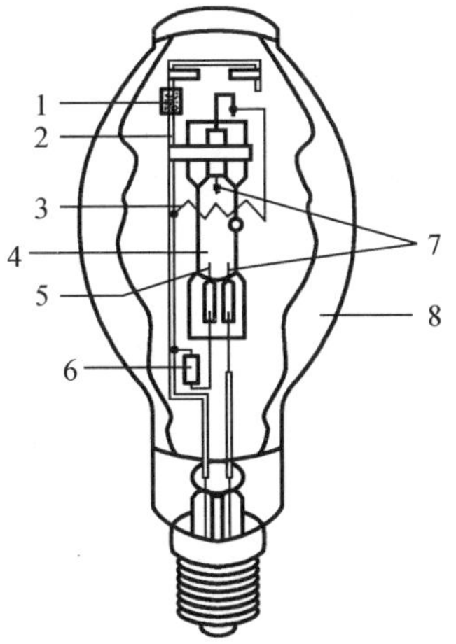

1—消气剂片；2—金属支架；3—镇流灯丝；4—放电管；；5—辅助电极（触发电极）；
6—启动电阻；7—主电极；8—玻璃外壳（内表面涂荧光粉）。

图 4-3-7　高压汞灯结构示意图

高压汞灯属于气体放电灯，须串镇流器限流。高压汞灯启动控制电路如图 4-3-8 所示。

接通电源后，辅助电极（启动电极）与其较近的主电极之间首先发生辉光放电，加热放电管，使管内汞蒸汽压力升高。随着管内温度、压力的升高，激发电位较低的汞蒸气成为放电的主要因素。主电极之间的汞蒸气击穿产生电弧，发出更为明亮的蓝绿色光。如果放电管内压力较低，产生紫外线较多，一般在灯泡壁内涂以荧光粉，可由这部分紫外线激发荧光物质发出红色的补充光色；如果放电管内压力较高，紫外线比例减少，灯泡壁内则不涂荧光粉。目前两种产品都有。

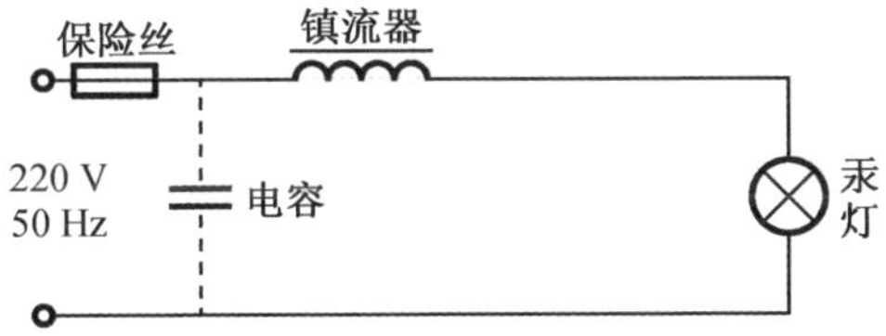

图 4-3-8　高压汞灯启动控制电路

高压汞灯的发光效率约为白炽灯的 6 倍，额定寿命为 5 000 h。还有一种利用钨丝代替镇流器的自镇流高压汞灯，钨丝装在灯泡内，作为限流电阻串在电路中，也发出一定可见光，此种汞灯发光效率较低，额定寿命仅为 3 000 h。

高压汞灯在工作中因瞬间断电或欠压而熄灭后不能立刻燃亮，须降温后重新启动，一般须间隔 5 ~ 10 min。所以不适用于频繁开关的场所。

高压汞灯适用于大面积高大厂房或露天场地等。因其光色较差，近年来有被金属卤化物灯代替的趋势。

（3）金属卤化物灯

金属卤化物灯是继高压汞灯之后诞生的一种新型电光源，是当前船舶普遍采用的一种光源。其用途与汞灯相同，功率有 400 ~ 3 500 W 等多种规格。

金属卤化物灯的外形结构、工作原理、热启动工作线路与汞灯基本相同，所不同的是放电管中除充有汞和氩气外还加入了金属卤化物气体，此时汞蒸气只作辅助作用，金属卤化物气体为工作气体。因为金属卤化物更易激发，所以发光效率更高，加入不同比例、不同品种的卤化物可以得到不同的光色。有一种冷启动的金属卤化物灯，需要 10 000 V 左右的高压实现冷启动。

(4)高压钠灯

高压钠灯的结构形式与冷启动的金属卤化物灯相似。管内氩气为启动气体，汞蒸气起缓冲气体和增加放电电抗的作用。钠化汞更易激发，故以钠蒸气放电为主，是主要工作气体。

钠灯需要很高的启动电压(2 000～2 500 V)。钠灯点燃后，灯管两端电压很低，触发电路停止工作，镇流器起限流、降压作用。这种由电子触发电路控制的冷启动工作线路启动时间需 8 min 左右，突然熄灭后，要冷却 1 min 才能重新启动。

钠灯发光效率和光色与钠蒸气的压力有关。压力较低时，光色偏黄(属低压钠灯)，发光效率很高；压力较高时，光色接近日光(金白色)，但发光效率降低。高压钠灯的使用场所与高压汞灯相同。

(5)氙灯及球氙灯

氙灯是惰性气体弧光放电灯。氙灯依靠氙气放电发出强光，比金属蒸气放电灯的启动快。氙灯俗称“小太阳”，适用于港口、广场、车站、机场等大面积照明场所。

氙灯分长弧氙灯和短弧氙灯两种：长弧氙灯是圆柱形石英放电管；短弧氙灯是椭圆形石英灯泡，两头有圆柱形伸长部分。

在氙灯管内充入适量的汞就成为汞氙灯。汞氙灯保留了氙灯启动快、稳定时间短、再启动容易和透光性好等优点，又具有高压汞灯的某些优点，改善了发光效率和使用寿命。管形长弧汞氙灯广泛用于海船甲板和货舱上照明，短弧汞氙灯一般作为探照灯使用。

(6)超高压氙灯

超高压氙灯是一种强电流弧光放电灯，光色近似于日光，发光效率高。氙气启动快，能在点燃的瞬间就有 80% 的光输出，但是点燃时要求垂直放置，适用于探照灯。由于管内气压很高，因此需采用触发器作点燃装置，使用交流电时必须串联镇流器。

(7)超高压汞氙灯

在氙灯中充入高压水银，既发挥了氙灯的优点，又提高了光效，扩大了照射面，适用于作舱面照明投光灯的光源。汞氙灯也需用触发器作点燃装置。

总的来说，各种光源有其不同的特性，现代游艇各种舱室的主体照明通常选用荧光灯，局部照明(如台灯)和装饰性照明(如壁灯)选用白炽灯，甲板面强光照明选用高压气体放电灯。对于冷库等低温潮湿场所，由于环境温度低于 10 ℃，日光灯启动难，光通量下降较多，一般都采用白炽灯。

三、LED 灯

半导体发光器件包括半导体发光二极管、数码管、符号管、米字管及点阵式显示屏(简称矩阵管)等。事实上，数码管、符号管、米字管及矩阵管中的每个发光单元都是一个发光二极管。

1. LED 的工作原理

发光二极管是由Ⅲ－Ⅳ族化合物，如 GaAs（砷化镓）、GaP（磷化镓）、GaAsP（磷砷化镓）等半导体制成的，其核心是 PN 结。因此它具有一般 PN 结的 IN 特性，即正向导通、反向、截止、击穿特性。此外，在一定条件下，它还具有发光特性。在正向电压下，电子由 N 区注入 P 区，空穴由 P 区注入 N 区。进入对方区域的少数载流子（少子）部分与多数载流子（多子）复合而发光，如图 4－3－9 所示。

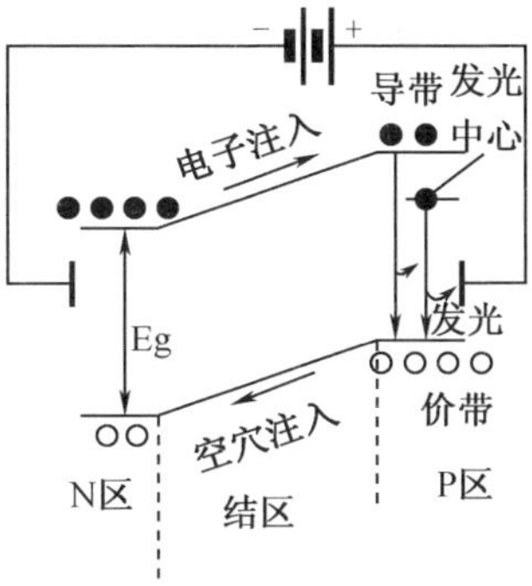

图 4－3－9 LED 发光原理

假设发光是在 P 区中发生的，那么注入的电子与价带空穴直接复合而发光，或者先被发光中心捕获后，再与空穴复合发光。除了这种发光复合外，还有些电子被非发光中心（这个中心介于导带、介带中间附近）捕获，而后再与空穴复合，每次释放的能量不大，不能形成可见光。发光的复合量相对于非发光复合量的比例越大，光量子效率越高。由于复合是在少子扩散区内发光的，所以光仅在靠近 PN 结面数微米以内产生。理论和实践证明，光的峰值波长 λ 与发光区域的半导体材料禁带宽度 E_g 有关（图 4－3－10），即

$$\lambda \approx 1\ 240/E_g$$

式中，E_g 的单位为电子伏特（eV）。若能产生可见光（波长在 380 nm 紫光～780 nm 红光），半导体材料的 E_g 应为 1.63～3.26 eV。比红光波长长的光为红外光。现在已有红外、红、黄、绿及蓝光发光二极管，但其中蓝光二极管成本很高，使用不普遍。

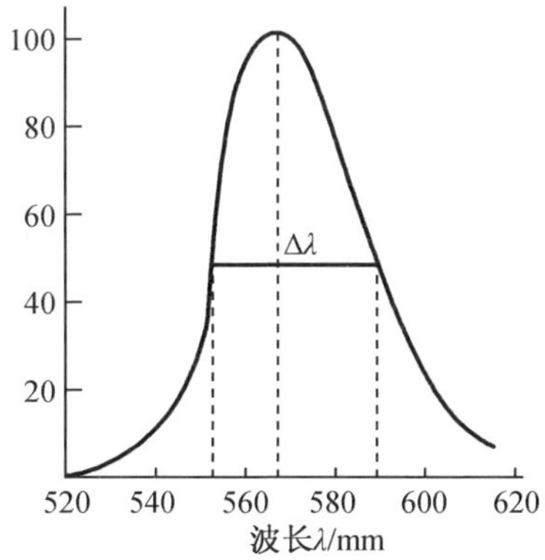

图 4－3－10 λ 与 E_g 关系

2. LED 灯具的特性

LED 灯具是发光二极管的一种，它能够将电能转化为光能的半导体，改变了白炽灯钨

丝发光与节能灯三基色粉发光的原理，而采用电场发光。LED 灯具可采用直流 DC 220 V 电压，不需要启辉器和镇流器。启动时间短，无闪频。

LED 灯具主要具有以下特点：

(1)新型绿色环保光源

LED 运用冷光源，眩光小，无辐射，使用中不产生有害物质。LED 的工作电压低，采用直流驱动方式，超低功耗(单管 0.03 ~ 0.06 W)，电光功率转换接近 100%，在相同照明效果下比传统光源节能 80% 以上。LED 的环保效益更佳，光谱中没有紫外线和红外线，而且废弃物可回收，没有污染，不含汞元素，可以安全触摸，属于典型的绿色照明光源。

(2)寿命长

LED 为固体冷光源，环氧树脂封装，抗震动，灯体内也没有松动的部分，不存在灯丝发光易烧、热沉积、光衰等缺点，使用寿命可达 60 000 ~ 100 000 h，是传统光源使用寿命的 10 倍以上。LED 性能稳定，可在 -30 ~ 50 ℃环境下正常工作。

(3)多变换

LED 光源可利用红、绿、蓝三基色原理，在计算机技术控制下使三种颜色具有 256 级灰度并任意混合，即可产生 256 × 256 × 256(即 16 777 216)种颜色，形成不同光色的组合。LED 组合的光色变化多端，可实现丰富多彩的动态变化效果及各种图像。

(4)高新技术

与传统光源的发光效果相比，LED 光源是低压微电子产品，成功地融合了计算机技术、网络通信技术、图像处理技术和嵌入式控制技术等。传统 LED 灯中使用的芯片尺寸为 0.25 mm × 0.25 nm，而照明用 LED 的尺寸一般都要在 1 mm × 1 mm 以上。LED 裸片成型的工作台式结构、倒金字塔结构和倒装芯片设计能够改善其发光效率，从而发出更多的光。LED 封装设计方面的革新包括高传导率金属块基底、倒装芯片设计和裸盘浇铸式引线框等，采用这些方法都能设计出高功率、低热阻的器件，而且这些器件的照度比传统 LED 产品的照度更大。

3. LED 灯具产品的主要参数

(1)光通量

光通量(单位:LM)主要指产品的亮度，灯具通过消耗电能而发出光能。光通量越大，发出的光能越多。因此它是表征光源发光能力的指标，当两盏灯功耗相同时，光通量越大，灯具越好。一般的 LED 灯具能达到 90 ~ 110 LM/W，好的灯具甚至能达到 120 ~ 150 LM/W。(传统白炽灯 10 ~ 15 LM/W，节能灯 30 ~ 65 LM/W)

(2)显色指数

显色指数(单位:Ra)指对一个颜色的再现能力。显色指数越高，颜色越正。通过与同色温的参考或基准光源(白炽灯或画光)下物体外观颜色的比较，还原物体本真色彩的百分比，能正确表现物质本来的颜色。需使用显色指数高的光源，其数值接近 100，显色性最好(白炽灯 97 ~ 100，LED 灯 85 ~ 12)。

(3)色温

色温(单位:K)指光发出的颜色，色温越高，发的光越偏蓝；色温越低，发的光越偏红(以太阳光为参照标准)。常规的色温有三种：暖光(黄光)2 700 ~ 3 500 K，代表符号 RN；中性白，4 300 ~ 5 000 K，代表符号 RZ；白光(冷白)，5 800 ~ 6 500 K，代表符号 RR。

(4)功率因素

功率因素(单位:PF)即电源转换光源的功率补偿。功率因素的大小取决于驱动电源的功率因素。功率因素越大,转换效率越高。

(5)散热能力

LED 产品的散热能力直接影响到产品的使用寿命和光衰率等。功率越高的产品和点亮时间越长的产品对散热的要求越高。常规的 LED 产品会使用金属外壳加内置或外置散热片为灯具散热。

四、常用灯具的安装

1. 单联控制

单联控制采用单个开关来控制照明灯具的接通与断开。常见的有单极开关控制和双极开关控制两种。一般安装场所可用单极开关控制,潮湿及有爆炸危险的场所应采用双极开关控制。图 4-3-11 所示是单联单控开关线路图。

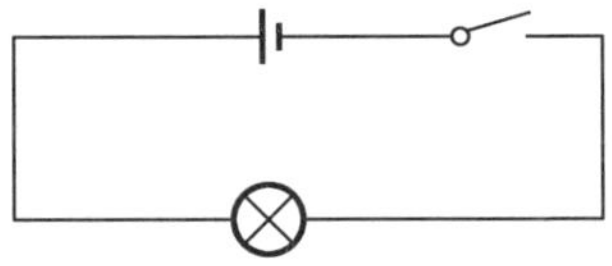

图 4-3-11 单联单控开关线路图

2. 双联控制

需要在两个地方均能控制同一盏灯称为双联控制。双联控制有两种接线方式,其中一种是电源线进开关的双联控制,如图 4-3-12 所示。

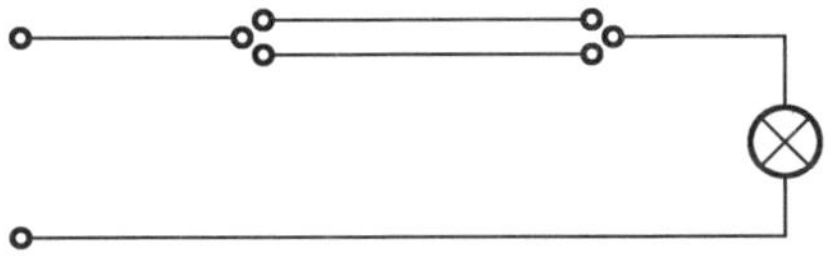

图 4-3-12 双联控制开关电路

3. 荧光灯控制线路

日常生活中的荧光灯线路采用单线圈镇流器,船用的荧光灯采用双线圈镇流器以改善启动性能,延长灯管寿命。其控制线路如图 4-3-13 所示。

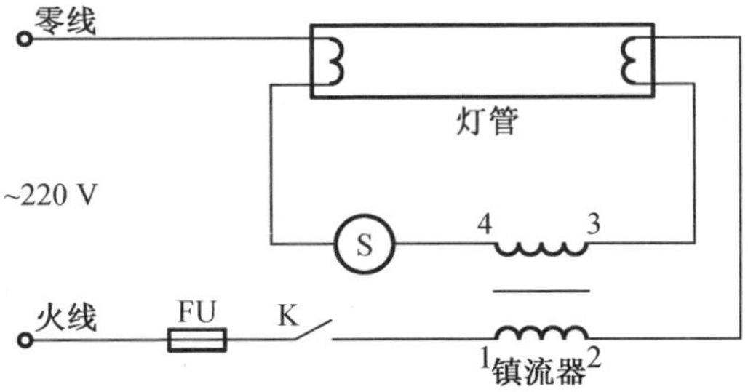

图 4-3-13 双线圈整流器日光灯

图 4-3-13 中主线圈标号为 1,2,它的线圈匝数较多,电阻较大;副线圈标号为 3,4,线圈

匝数较少,电阻较小。主线圈与主回路串联,副线圈与启辉器串联后连接于两个灯脚之间,副线圈只起启动作用。启动时,启动电流在主、副线圈中产生的磁通相互抵消,从而使铁芯磁通减少,阻抗降低,启动电流增大,灯丝加热快,启辉器断开时,主线圈产生的感应电势较大,使荧光灯的点燃速度加快。接线时主、副线圈不能接错,否则易烧坏灯管和镇流器。

由于交流电路中电压电流的周期性变化,在交流电路中工作的日光灯也存在周期性的灯光明暗现象,荧光粉虽有一定的余辉时间,但不能完全消除闪烁现象,特别在照射旋转物体时,容易使人产生错觉。当旋转体的旋转频率是荧光灯明暗率的整数倍时,转动的物体看上去像不转一样,极易造成事故。为了消除荧光灯的闪烁现象,可装以两管或三管日光灯,采用三相供电,并分别接到不同的相线上。这样由于三相电压的相位不同,灯管的亮暗时间先后不同,基本上可以消除闪烁的感觉。接入单相交流电源的日光灯可在其中的一支日光灯电路中串入电容器,利用电容器的移相作用,把两支灯的电流相位错开,也可起到消除闪烁的效果,如图 4 –3 –14 所示。

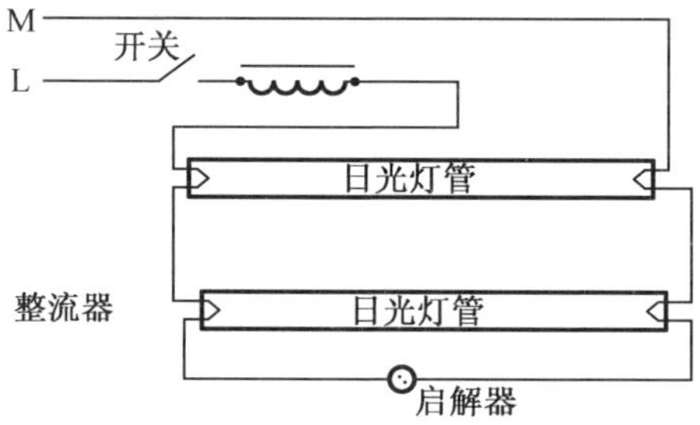

图 4 –3 –14　双灯管的日光灯

4. 探照灯、投光灯

探照灯和投光灯同是强光照明灯具,探照灯具有近乎平行的光束,射程远,光照集中;而投光灯的光束是在有限的立体角内向外散,投射面较宽,相对射程较短。两者具有不同的照明效果,其用途也不相同。

探照灯主要用于夜航,尤其是通过狭窄航道、内河河道等比较复杂的水域时照射航道及两岸;水面搜索及营救工作;远距离发送灯光通信。

投光灯主要用于甲板照明、水面照明,上下舷梯、艇名牌照明等。

探照灯和投光灯一般都由正常照明供电,应急投光灯应由应急配电板供电。功率在 300 W 以上的探照灯或投光灯应由分电箱设独立分路供电。所有装于室外的探照灯和投光灯均可在驾驶室遥控切断。

5. LED 灯控制电路

(1)采用 220 V 交流电源的电阻限流式 LED 灯

图 4 –3 –15 所示电路的特点是制作简单,根据本地区电源电压的高低,一般可用 90 ~ 100 只管子串联。管子的数量如果太少,效率就相对较低。限流电阻 R 根据电源电压和管子的数量适当调整以控制发光管的电流,一般不要超过 20 mA。对于电源电压不稳定和波动较大的地区,发光管的电流也会跟着电压的波动而有所波动,这是它的缺点。限流电阻 R 的功率要求 2 W 以上,以免发热损坏(发光管数量越少,R 的阻值就要越大,且功率也要越大)。本电路总耗电功率不足 6 W。如果用于制作射灯,则宜选用聚光型的发光管;如果用于制作一般照明台灯,则宜选用散光型的发光管。

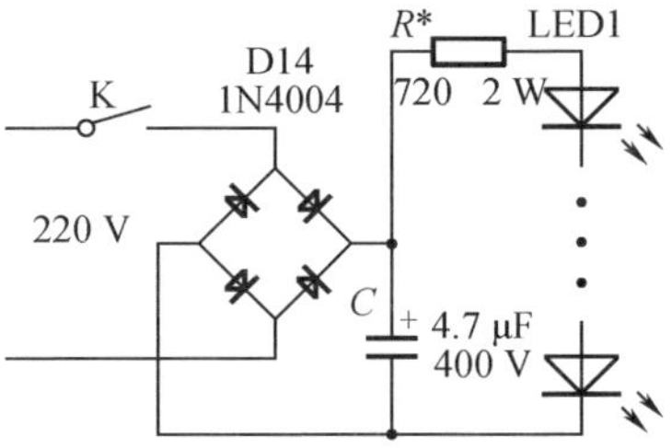

图 4-3-15　电阻限流式 LED 灯

(2)采用恒流源电路的 220 V 交流电源 LED 灯

图 4-3-16 是采用恒流源的电路。虽然电路多用了几个元件,增加了一些成本,但使用效果要比只用电阻限流的电路好得多,即使电压波动较大,电路仍然能保持电流恒定不变,这对延长发光管的寿命是非常有利的。本电路中的主要元件三极管,要求采用耐压在 400 V 以上,功率也要 10 W 以上的大功率管,如 MJE13003、MJE13005 等,并且要加上散热片。滤波电容 C 容量为 4.7 μF,耐压要在 400 V 以上。发光管电流的大小由 R_2 调整决定,为方便调整可用可变电阻调整后再换上相同阻值的固定电阻,本电路可带发光管数量少则十几只,最多可达到 90 多只,在此范围内的电流基本都能保持恒定不变。本电路使用发光管数量也不可太少,越少其效率越低。本电路总耗电功率约 6 W。

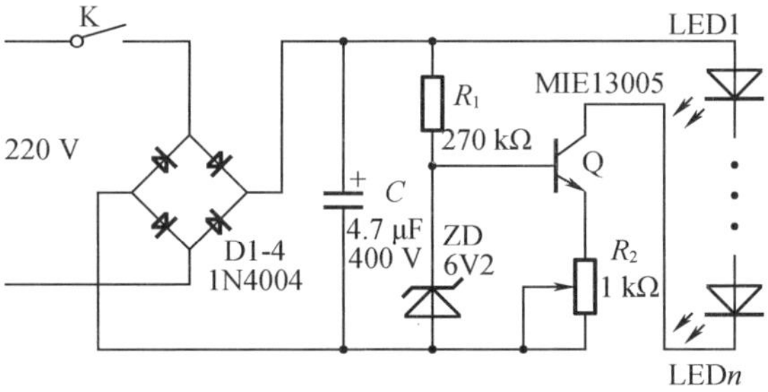

图 4-3-16　采用恒流源的电路

(3)采用 220 V 交流电源的电容限流式 LED 灯

图 4-3-17 所示电路的优点是成本较低,体积较小,电路的电流也相对恒定。通过管子的电流大小主要由 C_1 决定。本电路具有完善的三重防冲击电流设计,能最大限度地保护发光管的安全。即 R_2 可防止开灯时大电流对整流管的冲击;电容 C_2 起滤波并与 R_2、R_3 共同起防开灯时大电流对发光管的冲击的作用;R_3 还起着防短时间内反复开关灯对发光管的高电压高电流冲击的作用。当 C_1 为 0.33 μF 时,电路的电流在 20 mA 以内,最适合接 20 只以内串联的发光管。发光管数量越多,则电流越小,当多于 30 只时,C_1 可选用约 0.47 μF 的,C_1 和 C_2 的工作电压都要选用 250 V 以上的,电阻 R_2、R_3 的功率要用 1 W 的。

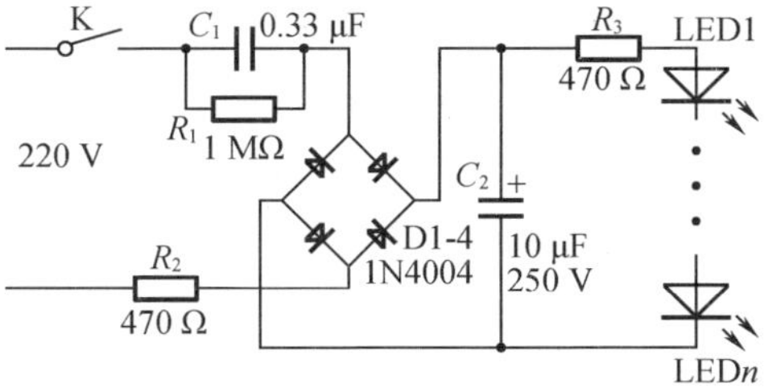

图 4-3-17　电容限流式 LED 灯

(4)采用 220 V 交流电源的电阻降压式 LED 灯

电阻降压式 LED 灯电路图如图 4 –3 –18 所示。其优点是成本较低,体积较小,但效率低,相当多的电能都消耗在电阻上,本电路最适宜做成小电流的小夜灯或指示灯之类的,1 ~8 只管子串联,对电路的电流影响不大。图 4 –3 –18 的电流约 4 mA,用它作长明的小夜灯,总消耗功率也不足 1 W,还是比较实用的。

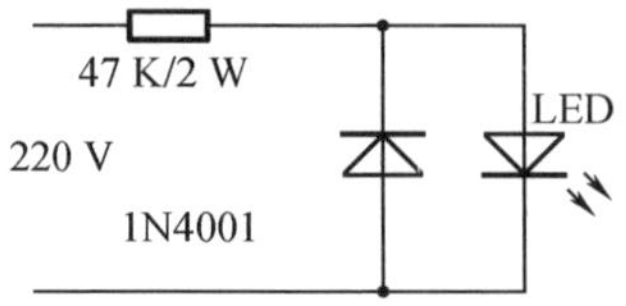

图 4 –3 –18　电阻降压式 LED 灯

(5)利用电源变换器、手机充电器和 USB 电源等制作的 LED 灯

利用电源变换器、手机充电器和 USB 电源等制作的 LED 灯原理如图 4 –3 –19 所示。用电源变换器或手机充电器和 USB 电源制作灯具的优点是安全简便,所用管子的数量和接法要根据电源电压及输出电流而定。因这些电源输出电压较低且较稳定,故一般都采用限流电阻。限流电阻 = 电源电压 – (LED 工作电压 × LED 数量)/LED 工作电流。以下提供用正常工作电压 3 V,电流 20 mA 的发光管时,在不同电源电压下的接法参考(电源电压应以实测为准,因各电源的内阻不同和发光管正常工作电压也不尽相同,故以下数值只能作为参考。另外,如电源电压不稳定的,最好要进行稳压或稳流后再供电)。

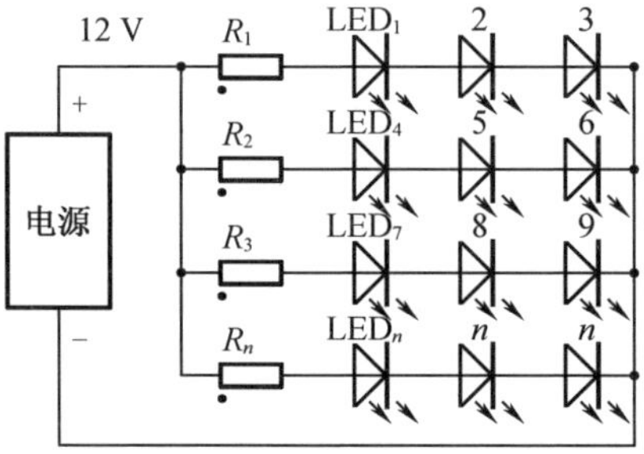

图 4 –3 –19　利用电源变换器、手机充电器和 USB 电源等制作的 LED 灯原理图

4.2 V:各管串联 56 Ω 的电阻后再互相并联。

4.5 V:各管串联 75 Ω 的电阻后再互相并联。

5 V:各管串联 100 Ω 的电阻后再互相并联。

6 V:各管串联 150 Ω 的电阻后再互相并联,或每 2 只管子串联为一组后再互相并联若干组。

7.5 V:每 2 只管子串联为一组后再串联 75 Ω 的电阻,然后再互相并联若干组。

9 V:每 3 只管子串联为一组后再互相并联若干组,或每 2 只管子串联为一组后再串联 150 Ω 的电阻,然后再互相并联若干组。

12 V:每 4 只管子串联为一组后再互相并联若干组,或每 3 只管子串联为一组后再串联 150 Ω 的电阻,然后再互相并联若干组。

例如,图 4 –3 –19 电路电阻的计算:$R = 12 - (3 \times 3)/0.02 = 12 - 9/0.02 = 3/0.02 = 150\ \Omega$。

项目五　游艇常见控制元件与控制电路

模块一　游艇常用低压电器

知识点一　主令电器

常用控制元件主要包括主令电器、熔断器、接触器、继电器及常用空气断路器。

主令电器是切换控制线路的单极或多极电器，其触头容量小，不能切换主电路。主令电器主要有按钮开关、组合开关、行程开关、主令控制器等。

一、按钮开关

按钮开关通常用来接通或断开控制电路，其外形图、原理图及电路符号如图 5－1－1 所示。在未按下按钮时，处于原理图 5－1－1(b) 中的上面一对静触点被动触点接通而处于闭合状态，该对触点称为动断(常闭)触点；处于原理图 5－1－1(b) 中的下面一对静触点，未被动触点接通而处于断开状态，该对触点称为动合(常开)触点；将按钮按下时，动触点下移，于是上面一对静触头(动断触点)先断开，下面一对原来断开的静触头(动合触点)后闭合。使用时可视需要只选其中的动合触点或动断触点，也可两者同时选用。

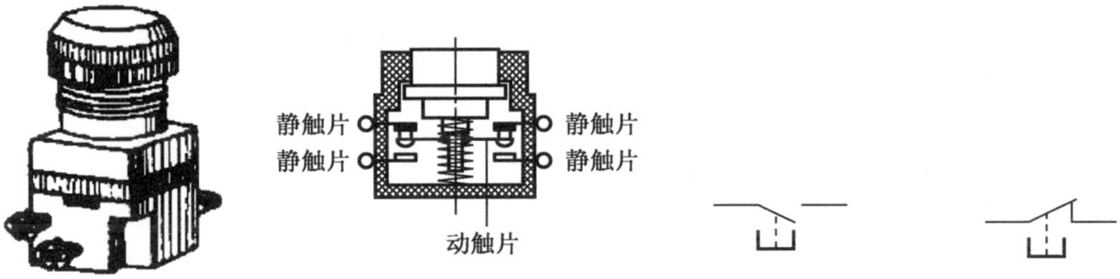

(a)外形图　(b)原理图　(c)动合触点(常开)　(d)动断触点(常闭)

图 5－1－1　按钮开关及电路符号

按钮开关通常用来接通或断开控制电路，其电路符号如图 5－1－1(c) 和图 5－1－1(d) 所示。复合按钮电路符号如图 5－1－2 所示，使用时可视需要只选其中的动合触点或动断触点，也可两者同时选用。

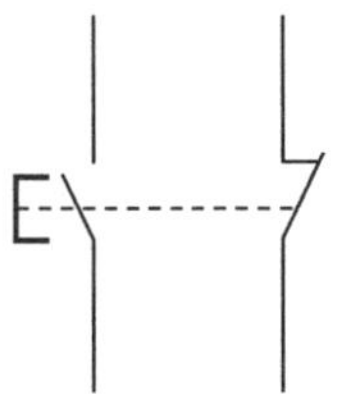

图 5－1－2　复合按钮电路符号

按钮开关种类很多，可以根据使用的场合选择开启式、保护式、防水式或防腐式等；也可以根据工作情况及工作状态的指示要求选择手把旋钮式、钥匙式、紧急式、带灯式及合适的按钮和指示灯的颜色；并根据控制回路的需要确定不同的按钮数，如单钮、双钮、三钮、多钮等。

控制按钮的色标颜色代表着按钮的功能，“停止”按钮必须是红色；“急停”按钮必须是红色蘑菇头式;“启动”按钮必须有防护挡圈,防护挡圈应高于按钮头,以防意外触动产生误动作,一般色标颜色为绿色。

二、组合开关

组合开关又称转换开关,是一种多路多极开关,可以控制多个电器回路通断,如图 5 – 1 – 3(a)所示,具有结构紧凑、体积小、操作可靠、使用方便的特点。组合开关可以用在各种低压电气设备中,多在电气控制设备中作电源的引入开关;也可用来控制小容量三相异步电动机的启动、停止和正反转。它的种类较多,用途广泛。

接触系统由数个装嵌着动、静触点座构成。动触点是双断点对接式触桥,每个触桥依靠弹簧与静触点接触,且由套在六方转轴上的凸轮控制其接通或断开。

组合开关按额定电流可分为 10 A、20 A、40 A、60 A 四种。

组合开关在使用时应注意不得超负荷运行,最好不要带负荷接通和切断电源,以免损坏开关触点,降低使用寿命。各触头的闭合规律由触头闭合表来描述,如图 5 – 1 – 3(c)所示,表中开关手柄在某位置时触头的状态“x”,表示此时触头闭合。船艇配电板上常用这种组合开关完成测量每相电压、电流或用于某个设备的控制方式,控制部位选择。

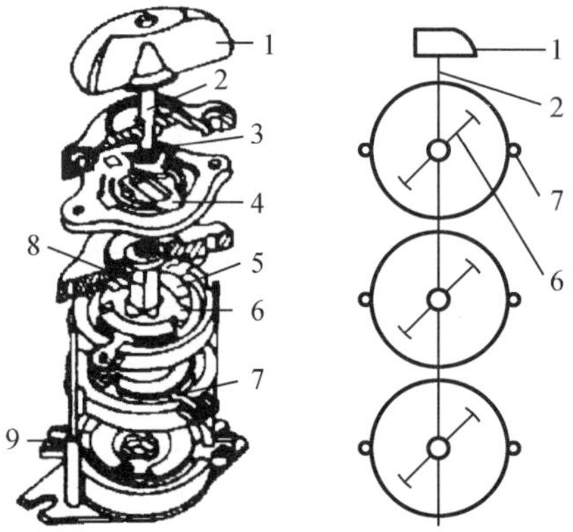

(a)结构图　　(b)示意图

触头 \ 位置	90°	45°	0°	45°	90°
—/—				×	×
—/—	×	×	×	×	×
—/—	×	×	×		
—/—		×	×	×	×
—/—	×			×	

(c)触头闭合表

1—手柄;2—转轴;3—弹簧;4—凸轮;5—绝缘垫片;6—动触片;7—静触片;8—绝缘杆;9—接线柱。

图 5 – 1 – 3　组合开关

三、行程开关

行程开关又称限位开关(文字符号 L. SW),是利用机械运动部件的碰撞或接近来控制其触头动作的开关电器,用来控制机械运动部件的行程和变换运动的方向、速度及程序控制。常用形式有按钮式和转臂式两种。

按钮式行程开关与按钮开关极其类似,不同之处是它依靠机械运动部件碰撞行程开关的推杆,自动控制触头的通断。

行程开关由触点或微动开关、操作机构及外壳等部分组成。借助机械部件上的撞块触动操作机构,推动微动开关,使触点闭合或断开,如图 5 – 1 – 4 所示。

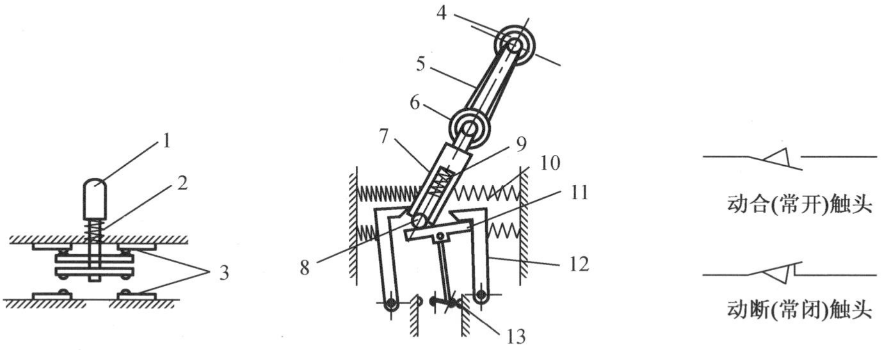

(a)按钮式　(b)转臂式　(c)电路符号

1—推杆;2—反力弹簧;3—触头;4—滚轮;5—上转臂;6—盘形弹簧;7—下转臂;8—滑轮;9—压缩弹簧;10—恢复弹簧;11—横板;12—压板;13—触头。

图 5-1-4　行程开关

四、主令控制器

主令控制器是一种多位置多回路的控制开关,适合于频繁操作并要求有多种控制状态的场合,例如起货机、锚机和绞缆机的控制等。

一般由触头装置和带有凸轮的轴组成。凸轮位置随手柄工作位置而变动,触头的开闭次序由凸轮形状决定。

手柄在不同位置时,凸轮位置改变,从而使相应的触头闭合或断开。主令控制器轴上串入的凸轮片数一般不超过 12 片,手柄的工作位置正反可有 4~8 个。

主令控制器是利用凸轮动作原理做成的。图 5-1-5(a)为其结构示意图。凸轮片 5 装在方轴 6 上,转动方轴上的手柄,凸轮片也跟着转动。当凸角碰到动触头 1 的滑轮 8 后,在弹簧 7 的作用下,支架 3 绕定轴 4 偏转,从而使动触头 1 与静触头 2 迅速接通(或断开)。主令控制器在方轴轴线方向上有若干层凸轮片和相应的动、静触头。因为凸轮形状不同或凸角位置不同,所以转动手柄可以使某些触头依次接通或断开,得到不同的触头开关状态。

主令控制器在控制电路中的表示方法:图 5-1-5(b)表示主令控制器的触点闭合表,给出了手柄位置仅有一挡的主令控制器的图示法;用纵向虚线表示控制手柄的不同位置,黑点表示手柄扳到该位置时对应触头应接通。由于各凸轮的形状不一,各触头在不同工作位置时,便有不同的开、闭状况,从而改变了相应的触头闭合或断开状态。

图 5-1-5 所示为主令控制器的结构原理图及相应的触头通断表。

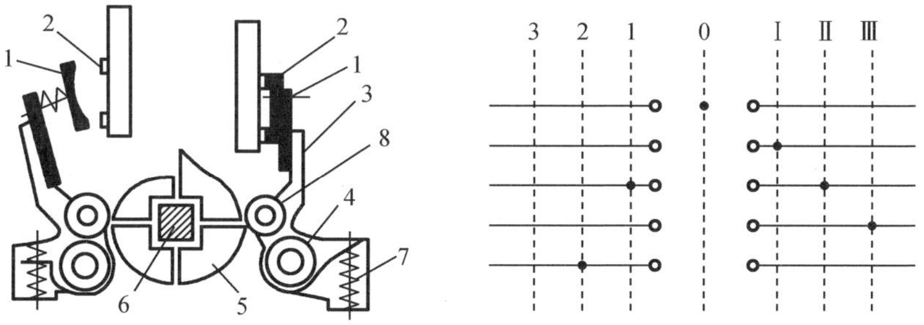

(a)结构原理　(b)触头通断表

1—动触头;2—静触头;3—支架;4—定轴;5—凸轮片;6—方轴;7—弹簧;8—滑轮。

图 5-1-5　主令控制器

知识点二　熔断器

低压熔断器是在低压配电系统中起安全保护的一种电器，广泛应用于电网保护和用电设备保护，主要作短路保护，有时也可起到过载保护的作用。

在正常情况下，熔断器相当于一根导线，当电网或用电设备出现短路或过载故障时，通过熔体的电流大于额定值，熔体因过热而融化，自动切断电路，可以避免电网或用电设备的损坏，并防止事故蔓延。在切断电路过程中往往产生强烈的电弧并四处飞溅，为了安全有效地熄灭电弧。一般把熔体安装在壳体内，并采取有效措施，快速熄灭电弧。

熔断器主要由熔体（熔芯、熔片）、绝缘底座等组成，熔体是整个熔断器的核心部分，常做成丝状或片状。熔体材料必须具有熔点低、导电性能好、易于熔断、不易氧化等性质。制作熔体的材料一般有铅锡合金、锌、银、铜等。

熔断器的电路文字符号：FU。

熔断器按结构可分为开启式、半封闭式和封闭式三种。封闭式熔断器又分为无填料管式、有填料管式和有填料螺旋式等[图 5－1－6(a)(b)]，熔断器的保护特性如图 5－1－6(c) 所示，其电路符号如图 5－1－6(d)所示。

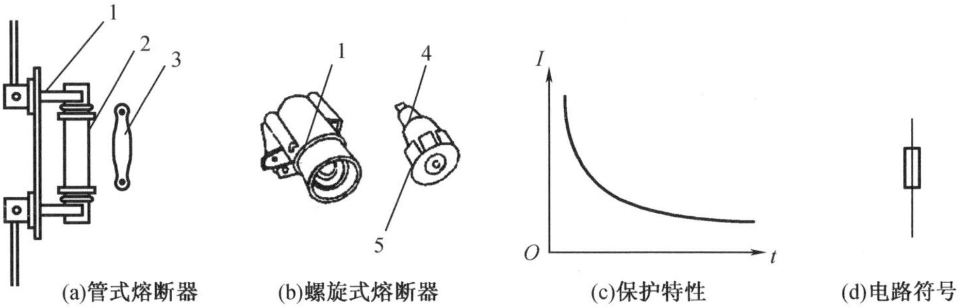

(a)管式熔断器　(b)螺旋式熔断器　(c)保护特性　(d)电路符号

1—底座；2—熔管；3—熔片；4—熔芯；5—瓷帽。

图 5－1－6　熔断器

1. 熔断器的结构和特征

（1）插入式熔断器

插入式熔断器用于低压电路以实现电气设备的短路保护或过载保护。熔断器装有熔丝或熔片，使用时熔丝的额定电流不能超过瓷件上标明的额定电流，否则熔丝烧断时产生的电弧极强，会烧坏熔断器。

（2）螺旋式熔断器

螺旋式熔断器在熔断管内装有熔丝和石英砂，熔断管一端有色点，当熔丝熔断时，色点就跳出，指示熔丝已断。

（3）有填料封闭管式快速熔断器

有填料封闭管式快速熔断器由熔断管、熔体、指示器、填料和触点底座等组成。熔体用银带制成 V 形的狭窄截面或网状形式，使熔断器具有快速性，可作为半导体整流元件的短路保护及过载保护。

2. 熔断器的选用

熔断器主要根据负载的情况和电路短路电流的大小来选择。对于容量较小的照明线路或电动机的保护，可选用半封闭式熔断器或无填料封闭式熔断器；对于短路电流相当大的电路或有易燃气体的保护，应选用有填料封闭式熔断器；对于晶闸管及硅元件的保护，应选用快速熔断器。

由于各种电气设备都具有一定的过载能力，当过载能力较低时，可允许较长时间运行，而超过某一过载倍数时，就要求熔体在一定时间内熔断。还有一些设备启动电流很大，如三相异步电动机启动电流是额定电流的 5 ~7 倍，因此，选择熔体时必须考虑设备的特性。

熔断器熔体在短路电流作用下应可靠熔断，起到应有的保护作用。如果熔体选择偏大，负载长期过载，熔体不能及时熔断；如果熔体选择偏小，熔体在正常负载电流作用下就会熔断。

照明支路：熔体额定电流≥支路上所有电灯工作电流之和；

单台直接启动电动机：熔体额定电流≥(1.5 ~2.5) ×电动机额定电流；

配电变压器低压侧：熔体额定电流 =(1 ~1.2) ×变压器低压侧额定电流。

3. 熔断器使用时的注意事项

①根据各种电气设备用电情况（电压等级、电流等级、负载变化情况等），在更换熔体时，应按规定换上相同型号、材料、尺寸、电流等级的熔体。

②接线路电压等级选用相应电压等级的熔断器，通常熔断器额定电压不应低于线路额定电压。

③根据配电系统中可能出现的最大短路电流，选择具有相应分断能力的熔断器。

④在电路中，各级熔断器应相应配合，通常要求前一级熔体比后一级熔体的额定电流大 2 ~3 倍，以免发生越级动作而扩大停电范围。

⑤不能随便改变熔断器的工作方式，在熔体熔断后，应根据熔断管端头上所标明的规格，换上相应的新熔断管。不能将一根熔丝搭在熔管的两端，装入熔断器内继续使用。

⑥作为电动机保护的熔断器，应按要求选择熔丝，而熔断器只能作为电路的短路保护，不能作为过载保护。

⑦在接地线路中、三相四线制的中性线路中、直流电动机的励磁回路中、电流互感器副边电路中均不允许接入熔断器。

知识点三　低压断路器

低压断路器又称自动空气开关，是一种既有手动开关作用又能自动进行欠电压、失电压、过载和短路保护的开关电器。

低压断路器种类较多，按用途分有保护电动机用、保护配电线路用及保护照明线路用三种，按结构分有框架式和塑壳式两种；按极数分有单极、双极、三极和四极断路器四种。

1. 低压断路器的结构和工作原理

低压断路器由触头系统、灭弧装置、脱扣器、自由脱扣机构和操作机构组成。

(1)触头系统

触头系统分主触头和辅助触头，主触头由耐弧合金制成，是断路器的执行元件，用来接通和分断主电路。为提高其分断能力，主触头上装有灭弧装置。另有常开、常闭辅助触头各一对，用于发出低压断路器接通或分断的指令。

(2)灭弧装置

灭弧装置有相互绝缘的镀铜钢片组成的灭弧栅片，便于在切断短路电流时加速灭弧和提高断流能力。

(3)脱扣器

脱扣器是断路器的感测元件,当电路出现故障时,脱扣器感测到故障信号后,经自由脱扣器使断路器主触头分断,从而起到保护作用。按接受故障不同,有以下四种脱扣器:

①分励脱扣器　用于远距离使断路器断开电路的脱扣器,其实质是一个电磁铁,当需要断开电路时,操作人员按下跳闸按钮,分励电磁铁线圈通电,衔铁动作,使断路器跳闸切断电路。它只适用于远距离控制跳闸,对电路不起保护作用。工作场所发生人身触电事故时,可供远距离切断电源,进行保护。

②欠电压、失电压脱扣器　这是一个具有电压线圈的电磁机构,其线圈并接在主电路中。当主电路电压消失或降至一定值以下时,电磁吸力不足以继续吸持衔铁,在反力作用下,衔铁释放,衔铁顶板推动自由脱扣机构,将断路器主触头断开,实现欠电压与失电压保护。

③过电流脱扣器　其实质是一个电流线圈的电磁机构,电磁线圈串接在主电路中,流过负载电流。当正常电流通过时,产生的电磁吸力不足以克服反力,衔铁不被吸合;当电路出现瞬时过电流或短路电流时,吸力大于反力,使衔铁吸合并带动自由脱扣机构使断路器主触头断开,实现过电流与短路电流保护。

④热脱扣器　该脱扣器由热元件、双金属片组成,将双金属片热元件串接在主电路中,其工作原理与双金属片式热继电器相同。当过载到一定值时,由于温度升高,双金属片受热弯曲并带动自由脱扣机构,使断路器主触头断开,实现长期过载保护。

(4)自由脱扣机构和操作机构

自由脱扣机构是用来联系操作机构和主触头的机构。当操作机构处于闭合位置时,也可操作分励脱扣机构进行脱扣,将主触头断开。操作机构是实现断路器闭合、断开的机构。通常电力拖动控制系统中的断路器采用手动操作机构,低压配电系统中的断路器有电磁铁操作机构和电动机操作机构两种。

低压断路器的工作原理如图 5－1－7 所示。图中是一个三极低压断路器,三个主触头串接于三相电路中。经操作机构将其闭合,此时传动杆 3 由锁扣 4 钩住,保持主触头的闭合状态,同时分闸弹簧 1 已被拉伸。当主电路出现过电流故障且达到过电流脱扣器的动作电流时,过电流脱扣器 6 的衔铁吸合,顶杆上移将锁扣 4 顶开,在分闸弹簧 1 的作用下使主触头断开。当主电路出现欠压、失压或过载时,欠压、失压脱扣器和热脱扣器分别将锁扣顶开,使主触头断开。分励脱扣器可由主电路或其他控制电源供电,由操作人员发出指令使分励线圈通电,其衔铁吸合,将锁扣顶开,在分闸弹簧作用下使主触头断开,同时也使分励线圈断电,从而实现远距离控制。

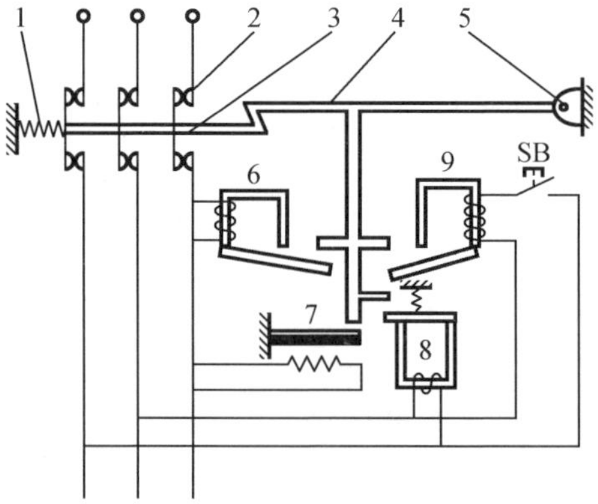

1—分闸弹簧;2—主触头;3—传动杆;4—锁扣;5—轴;6—过电流脱扣器;7—热脱扣器;8—失欠压脱扣器;9—分励脱扣器。

图 5－1－7　低压断路器工作原理图

2. 低压断路器的主要技术数据和保护特性

(1)低压断路器的主要技术数据

①额定电压,指断路器在电路中长期工作时的允许电压值。

②断路器额定电流,指脱扣器允许长期通过的电流,即脱扣器额定电流。

③断路器壳架等级额定电流,指每一件框架或塑壳中安装的最大脱扣器额定电流。

④断路器的通断能力,指在规定操作条件下,断路器接通和分断短路电流的能力。

⑤保护特性,指断路器的动作时间与动作电流的关系曲线。

(2)保护特性

断路器的保护特性主要是指断路器长期过载和过电流保护特性,即断路器动作时间与热脱扣器和过电流脱扣器动作电流的关系曲线,如图 5-1-8 所示。

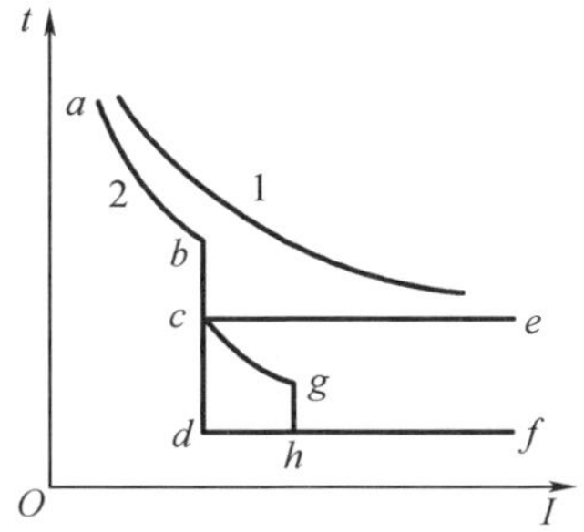

1—被保护对象的发热特性;2—低压断路器保护特性。

图 5-1-8 低压断路器的保护特性曲线

图 5-1-8 中 *ab* 段为过载保护特性,具有反时限;*df* 段为瞬时动作曲线,当故障电流超过 *d* 点对应电流时,过电流脱扣器瞬时动作;*ce* 段为定时限延时动作曲线,当故障电流大于 *e* 点对应电流时,过电流脱扣器经短延时后动作,延时长短由 *c* 点与 *d* 点对应的时间差决定。根据需要,断路器的保护特性可以是两段式,如 *abdf*,既有过载延时又有短路瞬动保护;而 *abce* 则为过载长延时和短路延时保护。另外,还可有三段式的保护特性,如 *abcghf* 曲线,既有过载长延时、短路短延时,又有特大短路的瞬动保护。为达到良好的保护作用,断路器的保护特性应与被保护对象的发热特性有合理的配合,即断路器的保护特性 2 应位于被保护对象发热特性 1 的下方,并以此来合理选择断路器的保护特性。

图 5-1-9 所示为低压断路器的电路符号。

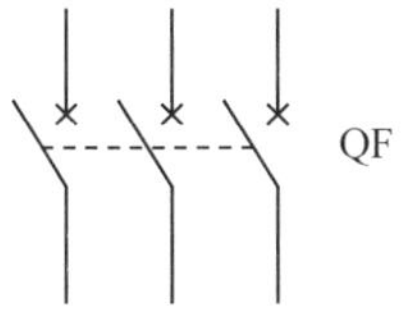

图 5-1-9 低压断路器的电路符号

3. 低压断路器的选用

①断路器额定电压大于或等于线路额定电压。

②断路器额定电流大于或等于线路或设备额定电流。

③断路器通断能力大于或等于线路中可能出现的最大短路电流。

④欠电压脱扣器额定电压等于线路额定电压。

⑤分励脱扣器额定电压等于控制电源电压。

⑥长延时电流整定值等于电动机额定电流。

⑦瞬时整定电流：对保护笼型感应电动机的断路器，瞬时整定电流为 8 ~15 倍电动机额定电流；对于保护绕线型感应电动机的断路器，瞬时整定电流为 3 ~6 倍电动机额定电流。

⑧6 倍长延时电流整定值的可返回时间大于或等于电动机实际启动时间。使用低压断路器来实现短路保护要比熔断器性能更加优越，因为当三相电路发生短路时，很可能只有一相的熔断器熔断，造成单相运行。对于低压断路器，只要造成短路都会使开关跳闸，将三相电源全部切断。何况低压断路器还有其他自动保护作用。但它结构复杂，操作频率低，价格较高，适用于要求较高的场合。

知识点四　接触器

接触器是利用电磁吸力原理用于频繁地接通和切断大电流电路（即主电路）的开关电器。

接触器具有控制容量大、可远距离操作、能实现连锁控制，以及失压和欠压保护的作用，广泛应用于自动控制电路中，其主要控制对象是电动机，也可用于控制其他电力负载。接触器按控制电流的种类可分为交流接触器和直流接触器。两类接触器在触头系统、电磁机构、灭弧装置等方面均有所不同。

一、交流接触器和直流接触器

1. 交流接触器

交流接触器主要由电磁系统、触点系统、灭弧装置和其他部件组成。图 5 -1 -10 是交流接触器的结构图和原理图。

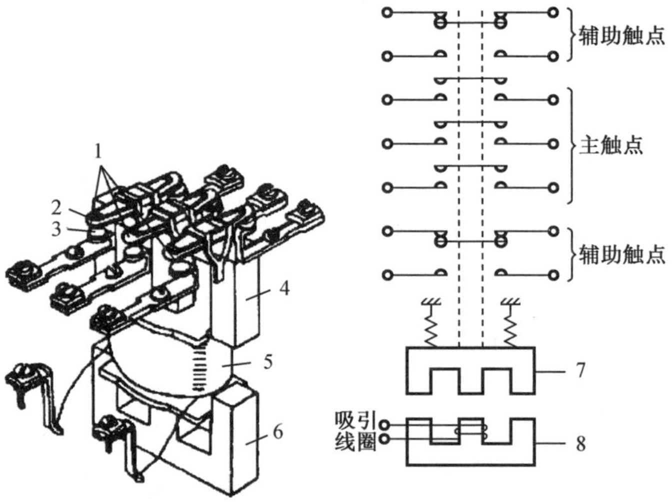

(a)结构图　　(b)原理图

1—主触点；2—动触点；3—静触点；4，7—上铁芯；5—吸引线侧；6，8—下铁芯。

图 5 -1 -10　交流接触器

电磁系统是接触器的重要组成部分，包括电磁线圈和铁芯。接触器依靠它来带动触点的闭合与断开。电磁系统的铁芯分上、下两部分，下铁芯是固定不动的（又称静铁芯），上铁芯是可以上下移动的(又称动铁芯)。电磁系统的线圈(吸引线圈)装在静铁芯上。每个触点组包括静触点和动触点两部分,动触点与动铁芯直接连在一起。线圈通电时,在电磁吸力的作用下,动铁芯带动动触点一起下移,使同一触点组中的动触点和静触点有的闭合,有的断开。当线圈断电后,电磁吸力消失,动铁芯在弹簧的作用下复位,触点组也恢复到原来的状态。

按状态的不同,接触器的触点分为动合触点(常开)和动断(常闭)触点两种。接触器在线圈未通电的状态称为释放状态;线圈通电、铁芯吸合时的状态称为吸合状态。接触器处于释放状态时断开、而处于吸合状态时闭合的触点称为动合触点;反之称为动断触点。

触点系统是接触器的执行部分,包括主触点和辅助触点。主触点的作用是接通和切断主回路,控制较大的电流,一般为数安到数百安。而辅助触点是接在控制回路中,其额定电流一般为 5 ~ 10 A,以满足各种控制方式的要求。

主触点一般为三副动合触点,串接在电源和三相异步电动机之间,用来接通或断开三相异步电动机的电源,以起到直接控制三相异步电动机启停的作用,通常把这部分电路称为主电路。例如,在图 5 - 1 - 11 所示电路中,合上三相电源开关 QS 后,按下启动按钮(按钮的触点为动合触点),接触器线圈通电,动铁芯吸合,它的三副动合主触点闭合,电动机接通电源而启动运转。松开启动按钮,接触器线圈断电,动铁芯释放,它的三副动合主触点断开,三相异步电动机断电而停止运转。

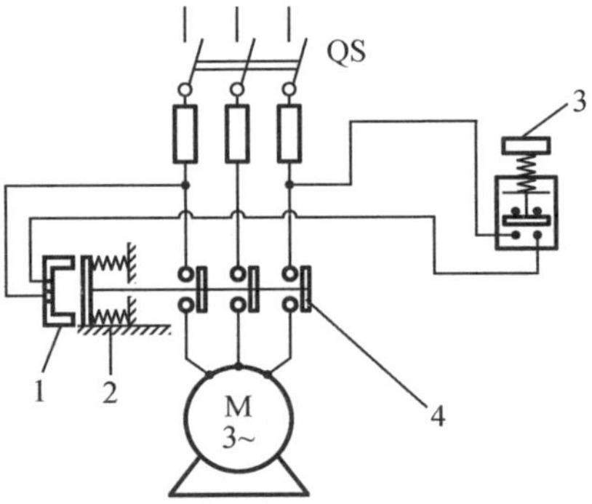

1—线圈;2—动铁芯;3—启动按钮;4—动合主触点。

图 5 - 1 - 11　交流接触器点动控制原理

在主触点断开的瞬间,触点间会产生电弧,为防止烧坏触点,额定电流较大的交流接触器还装有灭弧装置,以加速电弧的熄灭。灭弧装置主要是用来保证触点断开电路时产生的电弧可靠地熄灭,减少电弧对触点的破坏作用。通常容量较大的接触器都装有灭弧装置。对 10 A 以下,利用相间隔板隔弧;20 A 以上,采用半封式陶土灭弧罩,并配有强磁吹弧回路。

辅助触点既有动合触点,也有动断触点,通常接在由按钮和接触器线圈组成的控制电路中,以实现某些功能,这部分电路又称辅助电路。例如图 5 - 1 - 11 所示的电路,只有合上三相电源开关 QS 后,再按下按钮时,三相异步电动机才能启动运转,松开按钮,三相异步电动机立即停止运转,这种控制方式称为点动控制。但是,如果希望三相异步电动机在松开启动按钮后仍能继续运转,可以把电路设计成如图 5 - 1 - 12 所示的电路,将接触器的一副动合辅助触点并联在启动按钮两端,这样,在按下启动按钮后,接触器的动合主触点闭合的同时，动合辅助触点也闭合，将启动按钮短接，使得启动按钮松开时，接触器线圈可以继续通电，它的动合主触点仍然闭合，三相异步电动机继续运转。接触器的动合辅助触点的上述作用称为自锁(或自保)。为了能使三相异步电动机停止转动，在辅助电路中增加了一个停止按钮(按钮的触点为动断触点)。按下停止按钮，按钮的动断触点断开，接触器线圈断电，它的动合主触点断开，使三相异步电动机断电停止运转，它的动合辅助触点也断开，撤销自锁。

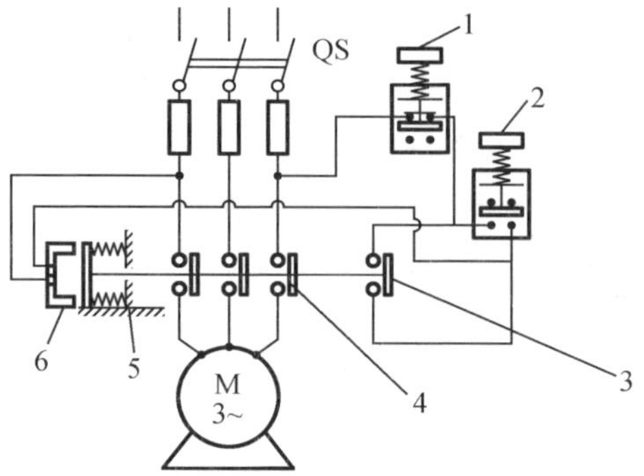

1—停止按钮；2—启动按钮；3—动合辅助触点；4—动合主触点；5—动铁芯；6—线圈。

图 5－1－12　交流接触器连续运行控制原理图

交流接触器的文字符号用 KM 表示，其电路符号如图 5－1－13 所示，图 5－1－13 (a) 是接触器的线圈；图 5－1－13 (b) 是接触器的动合主触点；图 5－1－13 (c) 是接触器的动断主触点；图 5－1－13 (d) 是接触器的动合辅助触点；图 5－1－13 (e) 是接触器的动断辅助触点。

选择接触器时应根据不同的使用条件，正确地选择产品类型和容量等级。主触点的额定电流应大于或等于负载的额定电流，在频繁操作或用于电动机正反转及反接制动的场合，选择接触器容量必须考虑电动机的启动电流、通电持续率。为了防止主触点的烧蚀和过早损坏，应将触点的额定电流降低使用，通常可降低一个电流等级或选大一挡。

(a)线圈　(b)动合主触点　(c)动断主触点　(d)动合辅助触点　(e)动断辅助触点

图 5－1－13　接触器的电气符号

电磁线圈允许在 85% ～100% 额定电压范围内正常使用，其电压等级有 36 V、110 V、220 V、380 V 等，可根据控制回路的电压等级来选择电磁线圈。

接触器一般按控制功率相等的原则计算接触器的工作电流。在较低的工作电压下的工作电流不应超过同一接触器的额定发热电流；最高工作电压不能超过接触器的额定绝缘电压；在较高的工作电压下，接触器的控制功率可能有所增加或降低，主要取决于其触点系统性能的好坏。选用交流接触器时，应注意线圈的额定电压、触点的额定电流和触点的数量。

2. 直流接触器

直流接触器由操作电磁系统、触点灭弧系统、辅助触点及底板等部分组成。当接通操作线圈的操作电源时，电磁系统就产生电磁吸力，带动可动部分，使接触器触点闭合；当操作线圈断电时，电磁吸力消失，在触点压力和反力弹簧的带动下，使触点断开。

二、交流接触器与直流接触器的区别

(1)电磁结构的不同

交流接触器与直流接触器在电磁结构上有很大的区别，交流接触器的线圈铁芯和衔铁由硅钢片叠成，以减少铁损，为了消除交流接触器工作时的振动和噪声，交流接触器的电磁铁芯上必须装有短路环，其原理参见关于交流电磁铁的介绍，其中交流接触器的吸引线圈因为具有较大的交流阻抗，故线圈匝数较少。

直流接触器通入直流电，所以铁芯不会产生涡流，故铁芯和衔铁可用整块钢，相比之下，直流接触器的线圈匝数较多，绕制的漆包线较细。

直流接触器接到直流电源上，当电源电压恒定时，电流也恒定，所以磁势恒定，即直流接触器的电磁铁是一恒磁势元件。磁通随着电磁铁的气隙的减小而增加，其吸力大大增加。所以直流接触器、继电器吸合以后，往往串接经济电阻来减小工作电流(但仍能保持吸合)、延长使用寿命。

交流接触器接到交流电源上，当交流电源电压恒定时，在其他参数不变的情况下，交流接触器的电磁铁是一恒磁通元件，由于磁通恒定，当交流接触器的电磁铁的气隙变化时，电流必随之变化。

(2)铁芯卡住的现象

交流接触器若由于某种原因，在工作中衔铁卡住而吸不上，此时的气隙大于正常吸合时的气隙，通过磁路的欧姆定律分析，可知电流就增大，时间稍长，线圈则烧毁。

直流电磁铁在衔铁卡住后，通过磁路的欧姆定律分析可知，励磁电流并没有增大，故线圈是不会烧毁的。使用时要注意，交流接触器不可以接直流电源，直流接触器也不可以接交流电源。

知识点五　继电器

继电器根据电量(如电流、电压)或非电量(如时间、温度、压力、转速等)的变化而通断控制线路的电器，常用于信号传递和多个电路的扩展控制。

一、电磁式继电器

电磁式继电器的结构及工作原理类似于接触器，只是由于电流较小没有灭弧装置且其触点没有主触点。根据线圈的电流种类可分为交流继电器与直流继电器。交流继电器的铁芯由硅钢片叠成，磁极端面装有短路环；直流继电器的铁芯由整块铁制成，也不装设短路环。常用的电磁式继电器包括电流继电器、电压继电器、中间继电器等。

(1)电流继电器

电磁式电流继电器线圈串接在电路中，用来反应电路电流的大小，触头的动作与否与线圈电流大小有关。其按线圈电流种类可分为交流电流继电器和直流电流继电器；按吸合电流大小可分为过电流继电器和欠电流继电器。

①过电流继电器

正常工作时，线圈流过负载电流，即便是流过额定电流，衔铁仍处于释放状态，而不被吸合；当流过线圈的电流超过额定负载电流一定值时，衔铁才被吸合而动作，从而带动触头动作，其常闭触头断开，分断负载电路，起过电流保护作用。通常，交流过电流继电器的吸合电流 $1.1I_N \leq I_0 \leq 3.5I_N$，直流过电流继电器的吸合电流，$0.75I_N \leq I_0 \leq 3I_N$。由于过电流继电器在出现过电流时衔铁吸合动作，其触头切断电路，故过电流继电器无释放电流值。

②欠电流继电器

正常工作时，继电器线圈流过负载额定电流，衔铁吸合动作；当负载电流降低至继电器释放电流时，衔铁释放，带动触头动作。欠电流继电器在电路中起欠电流保护作用，所以常用欠电流继电器的常开触头接于电路中，当继电器欠电流释放时，常开触头用来断开电路起保护作用。在直流电路中，由于某种原因而引起负载电流的降低或消失，往往会导致严重的后果，如直流电动机的励磁回路电流过小会使电动机发生超速，带来危险。因此在电器产品中有直流欠电流继电器。对于交流电路则无欠电流保护，也就没有交流欠电流继电器了。直流欠电流继电器的吸合电流与释放电流调节范围分别为 $0.3I_N \leq I_0 \leq 0.65I_N$ 和 $0.1I_N \leq I_0 \leq 0.2I_N$。

③电流继电器的电路符号（图 5－1－14）

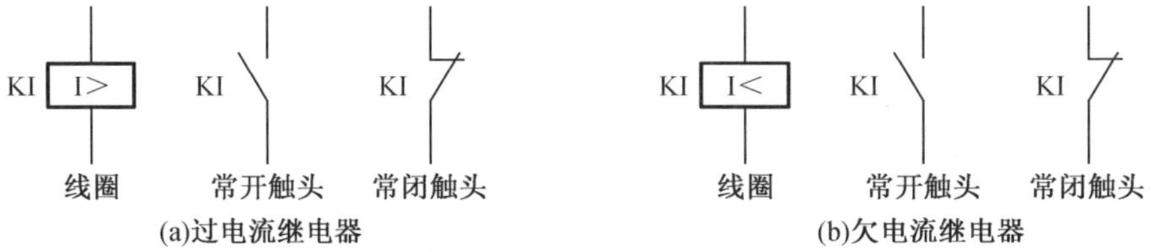

图 5－1－14　电流继电器的电路符号

（2）电压继电器

电磁式电压继电器线圈并接在电路电压上，用于反映电路电压大小。其触头的动作与线圈电压的大小直接相关，在电力拖动控制系统中起电压保护和控制作用。按吸合电压相对其额定电压大小可分为过电压继电器和欠电压继电器。

①过电压继电器

过电压继电器在电路中用于过电压保护。当线圈为额定电压时，衔铁不吸合，当线圈电压高于其额定电压时，衔铁才吸合动作。当线圈所接电路电压降低到继电器释放电压时，衔铁才返回释放状态，相应触头也返回成原来状态。由于直流电路一般不会出现过电压，所以没有直流过电压继电器。交流过电压继电器吸合电压调节范围为 $1.05U_N \leq U_0 \leq 1.2U_N$。

②欠电压继电器

在电路中用于欠电压保护。当线圈电压低于其额定电压值时衔铁吸合，而当线圈电压很低时衔铁才释放。一般直流欠电压继电器吸合电压 $0.3U_N \leq U_0 \leq 0.5U_N$，释放电压 $0.07U_N \leq U_r \leq 0.2U_N$。交流欠电压继电器的吸合电压 $0.6U_N \leq U_0 \leq 0.85U_N$，释放电压 $0.1U_N \leq U_r \leq 0.35U_N$。

③电压继电器的电路符号(图 5－1－15)

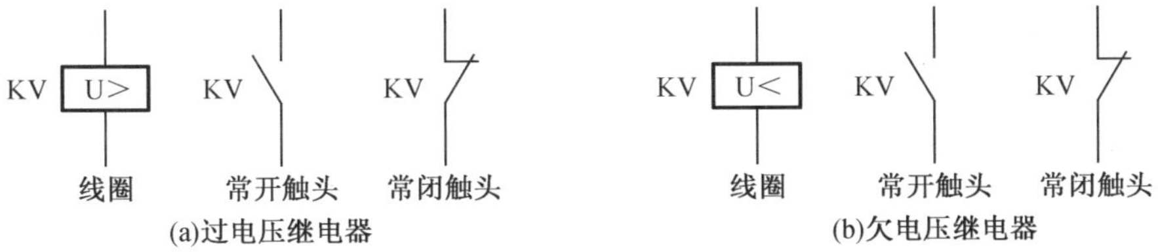

图 5－1－15　电压继电器的电路符号

(3)中间继电器

中间继电器实质上是一种电磁式电压继电器,其特点是触头数量较多,在电路中起增加触头数量和中间放大作用。由于中间继电器只要求线圈电压为零时能可靠释放,对动作参数无要求,故中间继电器没有调节装置。按电磁式中间继电器线圈电压种类不同,又有直流中间继电器和交流中间继电器两种。有的电磁式直流继电器,更换不同电磁线圈时便可成为直流电压、直流电流及直流中间继电器,若在铁芯柱上套有阻尼套筒,又可成为电磁式时间继电器。因此,这类继电器具有“通用”,又称为通用继电器。

中间继电器电路符号如图 5－1－16 所示。

(4)继电器的选择

①使用类别的选用

继电器的典型用途是控制接触器的线圈,即控制交、直流电磁铁。按规定,继电器使用类别有:AC－11 控制交流电磁铁负载和 DC－11 控制直流电磁铁负载两种。

图 5－1－16　中间继电器的电路符号

②额定工作电流与额定工作电压的选用

继电器在对应使用类别下,继电器的最高工作电压为继电器的额定绝缘电压,继电器的最高工作电流应小于继电器的额定发热电流。选用继电器电压线圈的电压种类与额定电压值时,应与系统电压种类与电压值一致。

③工作制的选用

继电器工作制应与其使用场合工作制一致,且实际操作频率应低于继电器额定操作频率。

④继电器返回系数的调节

应根据控制要求来调节电压和电流继电器的返回系数。一般采用增加衔铁吸合后的气隙、减小衔铁打开后的气隙或适当放松释放弹簧等措施来达到增大返回系数的目的。

二、时间继电器

时间继电器具有接收或失去电信号后触头延时动作的特点。它有电磁式、空气阻尼式、电动式、钟摆式及半导体式等多种类型。以下主要介绍几种在船上常用的时间继电器。

(1)空气阻尼式电磁式时间继电器

图 5－1－17 为通电延时的空气阻尼交流电磁式时间继电器结构图。它是通过空气阻尼作用而达到动作延时的目的。

工作原理:当线圈 6 通电后,将衔铁 4 吸下,使衔铁与活塞杆 11 之间有一段距离。在释放弹簧16的作用下，活塞杆向下移动。在伞形活塞15的表面固定有一层橡皮膜14。因此当活塞向下移动时，在膜上面造成空气稀薄的空间，活塞受到下面空气的压力，不能迅速下移。当空气由进气孔17进入时，活塞才逐渐下移。移动到最后位置时，杠杆7使微动开关18动作。延时时间即为自线圈通电时刻起到微动开关动作时为止的这段时间。通过调节螺钉9调节进气孔的大小，就可调节延时时间。

这种通电延时时间继电器有两个延时触头：一个是延时断开的常闭触头；另一个是延时闭合的常开触头。此外，还有两个瞬时动作触头。

线圈断电时，衔铁在恢复弹簧的作用下复原。空气经由出气孔13被迅速排出，各触头恢复原位。

若将图5－1－17的铁芯倒装一下，就成了断电延时继电器。断电延时继电器线圈通电时各触头立即改变开闭状态，当线圈断电时各触头才延时复原，即常开的延时开，常闭的延时闭。

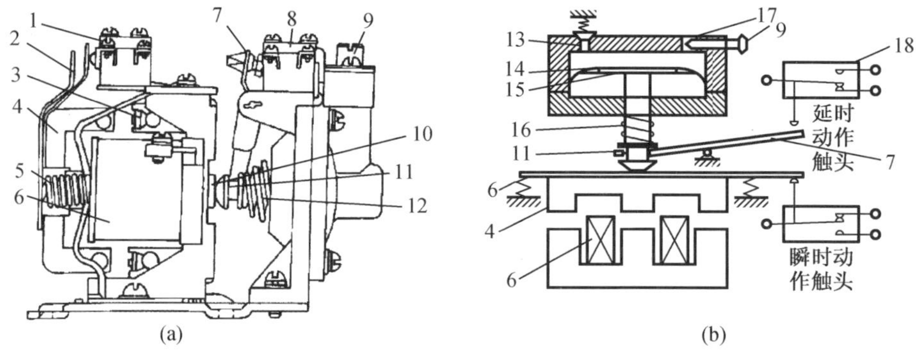

1—瞬时触头；2—弹簧片；3—铁芯；4—衔铁；5—反力弹簧；6—线圈；7—杠杆；8—延时触头；9—调节螺钉；10—推杆；11—活塞杆；12—宝塔形弹簧；13—出气孔；14—橡皮膜；15—伞形活塞；16—弹簧；17—进气孔；18—微动开关。

图5－1－17　空气阻尼式时间继电器结构图

（2）晶体管时间继电器

由于电子技术的发展，电子式时间继电器的应用越来越广泛，如晶体管时间继电器。晶体管时间继电器又称半导体式时间继电器或电子式时间继电器。晶体管时间继电器除执行继电器外，均由电子元件组成，没有机械部件，因而具有较长的寿命和较高精度、体积小、延时范围大、调节范围宽、控制功率小等优点。晶体管时间继电器按构成原理分为阻容式和数字式。

以JS20系列为例，介绍晶体管时间继电器的结构和工作原理。JS20系列时间继电器采用插座式结构，所有元器件均装在印制电路板上，然后用螺钉使之与插座紧固，再装入塑料罩壳，组成本体部分。在罩壳顶面装有铭牌和整定电位器的旋钮。铭牌上有该时间继电器最大延时时间的十等分刻度。使用时旋动旋钮即可调整延时时间。

图5－1－18为采用场效应管JS20系列通电延时继电器电路图，它由稳压电源、*RC*充放电电路、电压鉴别电路、输出电路和指示电路等部分组成。

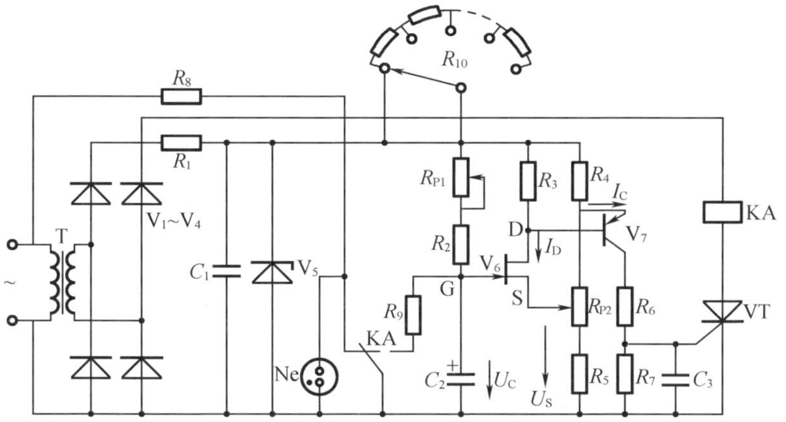

图 5-1-18　JS20 系列通电延时型继电器电路图

其工作原理：接通交流电源，经整流、滤波和稳压后，直流电压经波段开关上的电阻 R_{10}，R_{P1}，R_2 向电容 C_2 充电。开始时 V_6 场效应晶体管截止，晶体管 V_7、晶闸管 VT 也处于截止状态。随着充电的进行，电容器 C_2 上的电压由零按指数曲线上升，直至 U_C 上升到 $|U_C - U_S| < |U_P|$ 时 V_7 导通。这是由于 I_D 在 R_3 上产生电压降，D 点电位开始下降，一旦 D 点电位降低到 V_7 的发射极电位以下时，V_7 导通。V_7 的集电极电流 I_C 在 R_4 上产生压降，使场效应晶体管的 U_S 降低，即负栅偏压越来越小。所以对 V_6 来说，R_4 起正反馈作用，使 V_7 导通，并触发晶闸管 VT 使它导通，同时使继电器 KA 动作，输出延时信号。从时间继电器接通电源，C_2 开始被充电到 KA 动作这段时间即为通电延时动作时间。KA 动作后，C_2 经 KA 常开触头对电阻 R_9 放电，同时氖泡 Ne 指示灯起辉，并使场效应晶体管 V_6 和晶体管 V_7 都截止，为下次工作做准备。但此时晶闸管 VT 仍保持导通，除非切断电源，使电路恢复到原来状态，继电器 KA 才释放。

时间继电器的电路符号如图 5-1-19 所示。

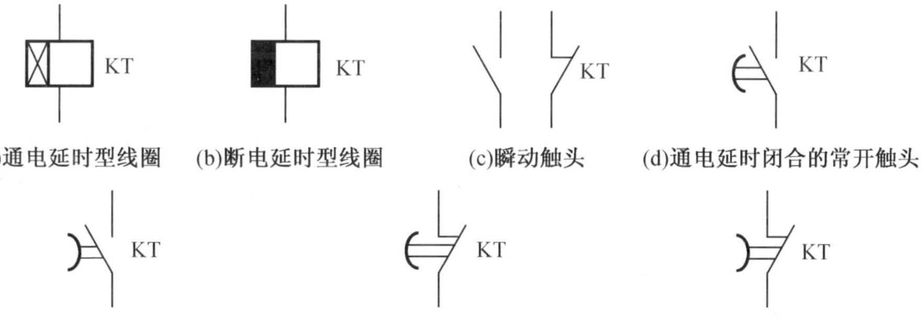

(a)通电延时型线圈　(b)断电延时型线圈　(c)瞬动触头　(d)通电延时闭合的常开触头

(e)断电延时断开的常开触头　(f)通电延时断开的常闭触头　(g)断电延时闭合的常闭触头

图 5-1-19　时间继电器的电路符号

(3)时间继电器的选用

①根据控制电路的控制要求选择时间继电器的延时类型。

②根据对延时精度要求不同选择时间继电器的类型。对延时精度要求不高的场合，一般选用电磁式或空气阻尼式时间继电器；对延时精度要求高的场合，应选用晶体管式或电动机式时间继电器。

③应考虑环境温度变化的影响。环境温度变化较大的场合,不宜采用晶体管式时间继电器。

④应考虑电源参数变化的影响。对于电源电压波动大的场合,选用空气阻尼式比采用晶体管式好;而在电源频率波动大的场合,不宜采用电动机式时间继电器。

⑤考虑延时触头种类、数量和瞬动触头种类、数量是否满足控制要求。

三、热继电器

1. 热继电器的作用

电动机不允许长期过载运行,但又需要具有一定的短时过载能力。因此,当电动机过载时间不长,温度未超过允许值时,应允许电动机继续运行,但当电动机超过额定电流运行使得电动机绕组的温度一旦超过允许值,就应立即将电动机的电源自动切断。这样,既保护了电动机,又可以充分发挥电动机的短时过载能力。

由于熔断器熔体的熔断电流大于其额定电流,而在三相异步电动机的控制电路中,所选熔体的额定电流又远大于电动机的额定电流。因此,熔断器通常只能作短路保护,不能用作过载保护。由于熔断器的过流保护特性与电动机所需要的过载保护特性不一定匹配,所以一般也不能用作三相异步电动机的过载保护。目前常用的过载保护电器是热继电器。

2. 结构与原理

图5-1-20是热继电器的外形图和原理图。图中三个发热元件(电阻值不大的金属丝或金属片)绕在三个双金属片的周围。双金属片是由两层膨胀系数相差较大的金属碾压而成。左边一层膨胀系数小,右边一层膨胀系数大。

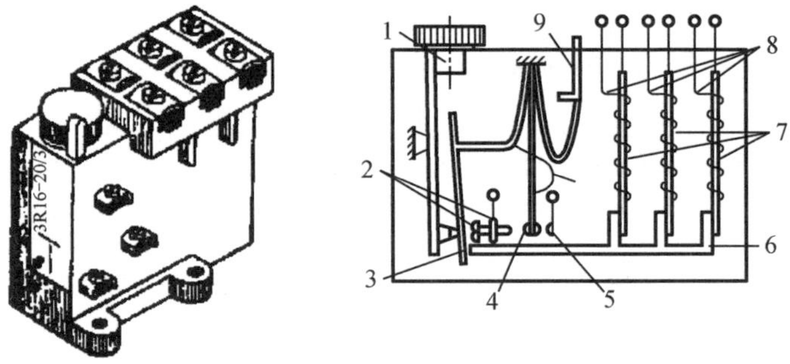

(a)外形图　　(b)原理图

1—偏心凸轮;2—静触点(螺钉);3—杠杆;4—动触点;5—静触点;
6—导板;7—双金属片;8—发热元件;9—复位按钮。

图5-1-20　热继电器

工作时,将发热元件串联在主电路中,通过发热元件的电流是三相异步电动机的线电流。当三相异步电动机过载后,电流超过额定电流,发热元件发出的热量使双金属片变形而向左弯曲推动导板,带动杠杆,向右压迫弹簧片变形,使动触点和静触点分开,而与螺钉(静触点)接触。这就是说,动触点和静触点构成了一副动断触点,动触点和螺钉(静触点)构成了一副动合触点。只要将动断触点串联在控制电动机的交流接触器的线圈电路内,那么,当电动机过载后,如前所述,动断触点断开,使接触器线圈断电,接触器主触点断开,三相异步电动机与电源自动断开而得到保护。

若要使热继电器的动断触点重新闭合(即使触点重新复位),需要经过一段时间,待双金属片冷却后才有可能发生。而复位的方式有两种。当螺钉旋入时,弹簧片的变形受到螺钉的限制而处于弹性变形状况,只要双金属片冷却,动触点便会自动复位。如果将螺钉旋出至一定位置时,使弹簧片达到自由变形状态,则双金属片冷却后,动触点不可能自动复位,而必须按下复位按钮,使动触点实现手动复位。热继电器的电路符号如图 5-1-21 所示。

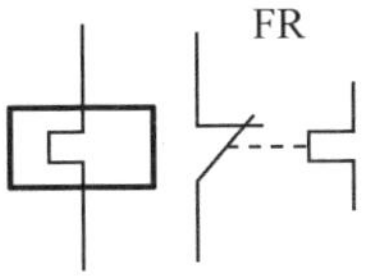

图 5-1-21 热继电器的电路符号

四、温度继电器

温度继电器是用来控制游艇上冷库或冰箱温度的一种控制开关,可用于直接控制其压缩机电动机的启停,使游艇上冷库或冰箱稳定在所需温度范围,以存储日常生活中食用的蔬菜、肉类等食品,实现自动控制。现以 WT-1226 型温度继电器为例,说明其工作原理,如图 5-1-22 所示。

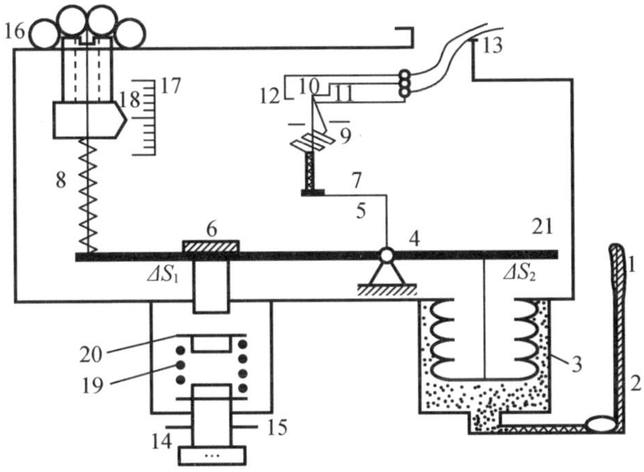

1—感温包;2—传压管;3—波纹管;4—杠杆;5—刀口支点;6—螺钉;7—摇臂;8—主调弹簧;9—跳簧片;10—动触点;11,12—静触点;13—出线孔;14—幅差调节螺钉;15—幅差标尺;16—主调螺杆;17—主标尺;18—指针;19—幅差弹簧;20—弹簧座;21—止动螺钉。

图 5-1-22 WT-1226 型温度继电器结构原理图

1. 主要部件的作用

(1)感温包

用于感受冷库或冰箱的温度。感温包应放在能正确反映冷库或冰箱内空气平均温度的地方,其一般接近于回风口。

(2)主调弹簧

主调弹簧拉力的大小决定了温度继电器设定的下限温度值。在幅差弹簧压力不变的情况下,调节主调弹簧,则设定上限温度将随着主调弹簧拉力的变化而变化。

(3)幅差弹簧

幅差是指被控量所设定的上限和下限的差值。其压力的大小决定了幅差的大小。通过调整幅差调节螺钉来改变幅差弹簧的压力以获得不同的幅差范围。当不调整主调弹簧张力不变时，只能通过调整幅差弹簧来设定温度上限值。

2. 基本工作原理

①如图 5－1－22 所示，当感温包 1 所感受的冷库或冰箱温度达到整定值的下限时，由于主调弹簧 8 的拉力矩大于波纹管 3 所产生的顶力矩，使杠杆 4 绕刀口支点 5 顺时针转动，通过摇臂 7 和跳簧片 9，使触点 10 与 12 断开，关闭供液电磁阀。此时因止动螺钉 21 已触及底板，$\Delta S_2=0$；于是杠杆 4 不能继续顺时针方向转动而呈水平状态，螺钉 6 与弹簧座 20 则互相脱开，因 $\Delta S_1>0$，所以幅差弹簧 19 对杠杆 4 的转动不起作用。

②随着冷库或冰箱的温度升高，作用于波纹管上的压力也相应加大，于是克服主弹簧的拉力，使杠杆 4 逆时针方向转动一个角 φ_1，此时螺钉 6 碰在弹簧座 20 上，即 $\Delta S_1=0$。若继续转动杠杆，就必须克服主弹簧的拉力和幅差弹簧的张力。

③当冷库或冰箱的温度升至整定值的上限时，杠杆将转到 φ_2 角度上，杠杆 4 就通过跳簧片 9 将动触点 10 由静触点 11 转接至静触点 12，接通电路使供液电磁阀开启，冷剂重新又进入蒸发器。

五、高、低压继电器

高、低压继电器也称压力开关，在制冷机控制系统中用于启动和停止压缩机的电动机，以保持制冷装置在规定的工作压力范围内工作。目前，普遍采用高低压组合继电器来控制高压和低压，也有分别用单体的压力继电器来分别控制高压和低压。高压继电器检测的是压缩机的排气压力，低压继电器检测的是压缩机的吸气压力。

高、低压继电器各起到各自的作用：

(1)检测排气压力(高压)主要是起保护作用

它是为了防止因冷凝器断水或水量供应严重不足，或者由于启动时排气管路的阀门未打开，或者制冷剂灌注过多，或者由于系统中不凝性气体过多等造成排气压力急剧上升而产生事故。为此使用压力继电器来控制排气压力，一旦排气压力超过设定值，继电器立即切断压缩机电机的电源，使压缩机停车。

(2)检测吸气压力(低压)主要用以控制压缩机的启动和停止

在冷库温度已经达到设定值使供液电磁阀关闭后，若压缩机继续运行，则会使吸气压力越来越低，这样就会产生两个不良后果：一是由于吸气压力很低，蒸发温度也很低，运行经济性降低，使储存食品的干耗增大；二是如果装置低压侧有泄漏的话，则会引起大量空气渗入系统，从而造成压缩机排气压力和排气温度升高，功耗增大，产冷量降低，有时在膨胀阀处还会产生“冰塞”现象。因此压缩机的吸气压力也必须加以控制，使它保持在一定值以上工作。在船舶伙食冷库制冷机装置中一般直接用控制吸气压力的办法来控制压缩机的停车和开车，实现冷库或冰箱温度控制。

以日本 DNS－D606 型高低压继电器为例，如图 5－1－23 所示。

(1)高低压继电器结构

该元件内含两组开关，一组用于低压控制和保护；另一组用于高压控制和保护。高压开关设有手动复位机构。高低压继电器设定值的调整：旋转幅差螺钉 8 可以调整低压下限设定值;旋转高压调节螺钉 9 可调整高压上限设定值。

(2)高低压继电器工作原理

①当压缩机吸入压力升高时,通过低压波纹管 13 使角杆 15 沿顺时针方向偏转,压缩低压主调弹簧 10,这时幅差调节弹簧 11 因空心框下端被钩住,不妨碍角杆 15 转动,故不起作用。当压力升高到低压设定值上限时,角杆 15 的右端压动微动开关,这时动触点 1 即会在跳簧 17 的作用下迅速地由静触点 5 跳向静触点 2,使有关控制电路接通,压缩机运转。

②当吸入压力降低时,角杆 15 在低压主调弹簧 10 作用下逆时针偏转,触及幅差调节弹簧 11 下端的框架,要继续偏转必须克服幅差调节弹簧 11 的拉力,当吸入压力降到设定下限时,动触点 1 由静触点 2 跳向静触点 5,切断压缩机控制电路,使压缩机停机。

③当压缩机的排气压力高于高压设定限值时,通过高压波纹管 14 使角杆 16 沿逆时针方向偏转,使动触点 3 由静触点 6 跳向静触点 4,同时自锁,切断电路,使压缩机停转;在排气压力恢复正常后,按复位按钮解除自锁,角杆 16 沿顺时针方向偏转,断开静触点 4,接通静触点 6,压缩机才可以重新启动。

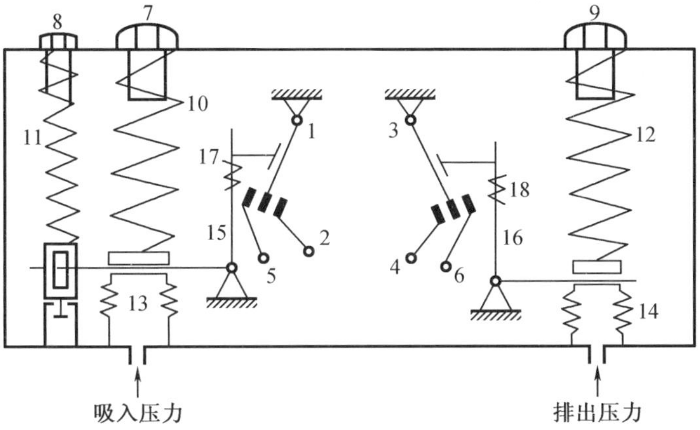

1,3—动触点;2,4,5,6—静触点;7—低压主调螺钉;8—幅差调节螺钉;9—高压调节螺钉;10—低压主调弹簧;11—幅差调节弹簧;12—高压调节弹簧;13—低压波纹管;14—高压波纹管;15,16—角杆;17,18—跳簧。

图 5-1-23　DNS-D606 型高低压继电器的示意图

六、油压差继电器

油压差继电器用于实现制冷装置油压差保护,它的两个感压元件分别接在油泵出口端与制冷压缩机曲轴箱的吸入端,以此监测两者之间的压力差。其作用保证压缩机的安全运行,因制冷压缩机中的运行摩擦面需要有一定压力的润滑油进行润滑和冷却,当油泵排出压力与曲轴箱压力之差降低至某一定值时,应发出控制信号,使制冷压缩机停止运行。

现以 JC3.5 油压差继电器为例,如图 5-1-24 所示,其控制工作原理如下。

(1)正常工作

如图 5-1-24 所示,高压波纹管 2 接滑油泵出口端,低压波纹管 1 接曲轴箱,其压力差值所产生的力由主弹簧 16 平衡。刚启动时,由于滑油压差未建立,开关 K、YJ 接通,使加热器 5 投入工作,此时正常工作灯 14 不亮。如果压缩机状态正常,应在双金属片动作前建立正常油压差,使压差值大于设定值,角形杠杆 15 处于实线位置,将开关 K 与 DZ 接通,由压缩机电路的 *a* 点经 K、DZ 再回到 *b* 点,使正常信号灯 14 亮;由 *a* 点经交流接触器线圈 13、开关 SB、X、K_{sx}、SX 再回到 b 点，因为热继电器 11、高低压继电器 20 均处于正常闭合状态，故压缩机电动机接触器 C 接通，压缩机正常运转。

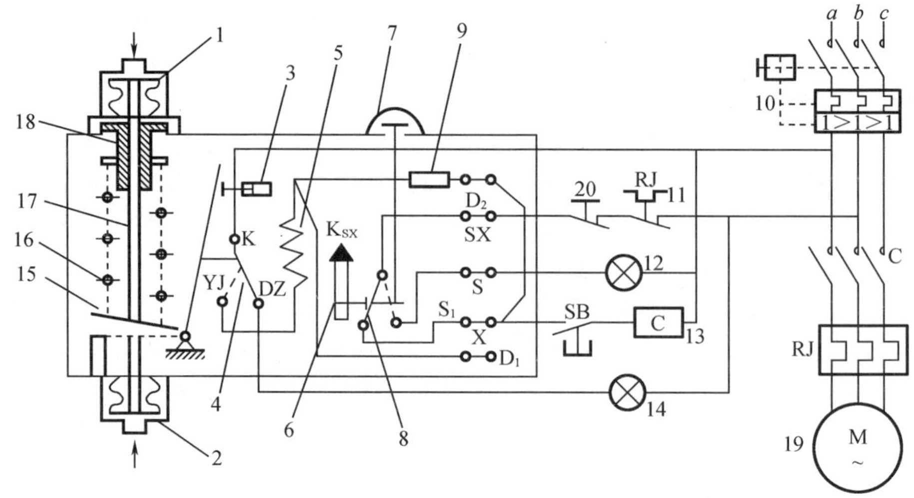

1—低压波纹管；2—高压波纹管；3—实验按钮；4—压力差开关；5—加热器；6—双金属片；7—手动复位按钮；8—延时开关；9—降压电阻；10—电源开关；11—热继电器；12—故障指示灯；13—接触器线圈；14—正常工作灯；15—杠杆；16—主弹簧；17—顶杆；18—压差调节螺丝；19—压缩机电动机；20—高低压继电器。

图 5-1-24　JC3.5 型油压差继电器工作原理图

(2)发生故障

①当油压差小于设定值时，杠杆 15 逆时针偏转(处于虚线位置)开关 K 与 YJ 接通，正常信号灯熄灭，电流由 a 点经 K、YJ、加热器 5、D_1、X、K_{SX}、SX 再回到 b 点，此时压缩机仍能运转，但电热器接通电后发热，加热双金属片，经过约 60 s 后，当双金属片向右侧弯曲程度逐渐增大，直至能推动延时开关 K_{SX} 与 S_1 接通，从而切断了交流接触器线圈 13 与加热器 5 的电源，交流接触器脱开，压缩机停止运转，而故障指示灯 12 亮，同时加热器停止加热。

②因油压差低于设定值使压缩机停车后，虽已停止对双金属片加热，但它在推动延时开关时，其端部已被自锁机构钩住，冷却后也不能弹回，故不能自动复位再次启动压缩机，只有待故障排除后，按动手动复位按钮 7，使 K_{SX} 回复到与 X 接通的位置，使交流接触器线圈通电，才能再启动压缩机。

(3)延时机构

①压缩机启动时，在延时时间以内，虽然已经加热双金属片，但因弯曲不足，延时开关尚未动作，故压缩机在运转，故障信号灯不亮，但因开关已经脱离触点 DZ 而未和触点 YJ 相接触，所以短时间内正常信号灯也会不亮。若无延时机构，则在压缩机刚启动时，因油压小于设定值(正常油压建立一般不超过 40 s)，压差继电器的开关 K_{SX} 会立即切断压缩机电动机的电源，造成压缩机无法启动投入工作。

②装有试验按钮　其目的是随时测试延时机构的可靠性。在制冷压缩机正常运转过程中，将按钮向左方向推动，并保持 60 s 以上模拟油压消失，强迫开关 K 合到与 YJ 接通，使加热器 5 通电，加热双金属片，如在推动试验按钮时间内能切断电源而使压缩机停车，则说明延时机构能正常工作。

模块二　异步电动机基本保护电路与基本控制电路

知识点一　异步电动机基本保护电路

在电力拖动系统设计时，异步电动机保护环节设置有短路保护、过载保护、失欠压保护及缺相保护，以此保证异步电动机在正常运行的工作条件下安全有效运行，同时还考虑到当出现异常情况下保证异步电动机和人身安全。现以图5－2－1三相异步电动机连续运行控制电路为例说明异步电动机的基本保护电路。

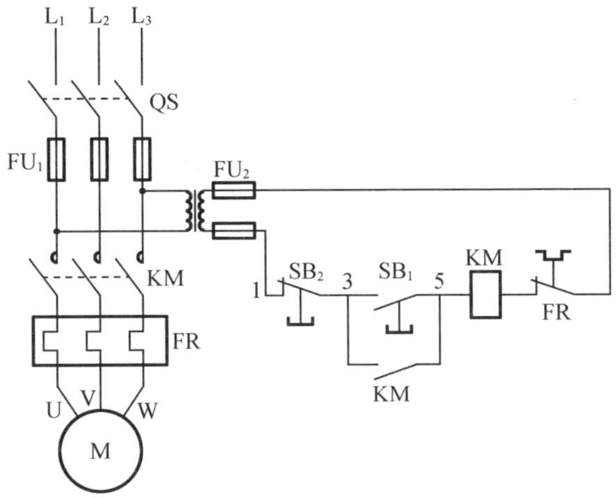

图5－2－1　三相异步电动机连续运行控制电路原理图

一、短路保护

在游艇电力拖动系统中，导线电阻很小，电源电压一定下，无论是主电路还是控制电路发生短路故障，将在电路中产生很大的短路电流，如果不在电路中进行保护，将造成主电路中的异步电动机不能正常工作，甚至烧毁电动机，在控制电路中可能引起接触器、继电器等的线圈烧毁，使得控制电路的功能丧失。

常用控制电路中使用自动空气断路器或者熔断器对电力拖动电路进行短路保护。如图5－2－1所示，FU_1三组熔断器实现主电路的短路保护，当发生短路时，三个熔断器熔断切断了故障电路，进而实现了异步电动机与电源隔离；同理如图5－2－1中FU_2两组熔断器实现了控制电路的保护，当控制电路发生短路时，应及时切断控制电路，进而保护接触器线圈不至于烧毁。

在电力拖动控制系统中，更换熔断器前，需查明短路原因并排除其故障，方可更换同型号同容量熔断器，不允许采用铜线或铁线替代。

二、过载保护

在电力拖动控制电路中设置有过载保护，其目的是防止电气设备过载而损坏。对于异步电动机而言，当其电流超过额定电流不大时，运行其短时运行而不至于造成损坏，其过载电流越大允许运行的时间越短。

异步电动机控制电路中常用的过载保护装置是热继电器。热继电器利用电动机发生过载时的热效应实现对电动机控制电路的保护。如图 5－2－1 所示，FR 为实现三相异步电动机过载保护的热继电器。当三相异步电动机发生过载时，三相电路中的电流大于额定值，主电路上热继电器 FR 三个发热元件感应三相过载的线电流，使其温度上升，经过一定的时间，热继电器动作，串联在控制电路中的常闭触点 FR 断开，使控制电路失去电源，接触器线圈 KM 没有电，其主电路的三个主触点恢复到原来的断开状态，切除三相异步电动机的电源，实现电动机过载保护。

三、失欠压保护

当异步电动机控制电路出现电源电压过低或消失时，三相异步电动机将会自动停车；当电源电压恢复正常时，考虑到人身安全，不允许三相异步电动机自行启动。图 5－2－1 为三相异步电动机连续控制控制电路，其中利用接触器常开触点 KM 与常开启动按钮 SB_1 并联实现该电路的功能。

当电源电压在线圈中产生的电磁吸力低于弹簧作用力，将接触器的所有的触点反弹恢复到原来状态，主触点断开电动机停止工作，辅助常开触点恢复断开，使得连续控制电路没有电，当电源电压恢复也无法使得电动机自行启动。若要启动该设备，必须重新按启动钮，控制电路形成自锁保持控制电路有电保持电动机运转。

四、缺相保护

如图 5－2－1 所示，三相异步电动机正常运行时由三相电源供电，如果在运行过程中出现缺一相或断相变成单相异步电动机，带相同的负载时，其定子回路的电路将超过三相异步电动机的额定电流，长时间运行将引起异步电动机发热而烧毁。

缺相保护通过图中的 FR 进行保护，功能类似过载保护。要求热继电器的发热元件至少在三相电路中有两个发热元件，保证缺相时能够检测到其过大的定子电流，以保证其可靠地动作。

知识点二　异步电动机基本控制电路

一、点动控制

有些电力拖动的生产机械需要点动控制，以实现操作人员实时操作与监视，保证安全操作电气设备。如图 5－2－2 所示，利用常开按钮 SB 实现了点动控制。当按下 SB 不放时，接触器 KM 线圈有电，三个主触点闭合实现电动机通电正常运转，当松开 SB 时，接触器线圈断电，三个主触点在弹簧作用下恢复断开，电动机停转。

二、自锁控制

绝大多数电力拖动系统中的异步电动机采用自锁控制实现电动机连续运转。图 5－2－3 为三相异步电动机的自锁控制电路。图 5－2－3 中 QS 为电源开关，FU_1、FU_2 为主电路、控制电路熔断器，KM 为接触器，FR 为热继电器，SB_1 和 SB_2 分别为启动按钮与停止按钮，M 为三相异步电动机。

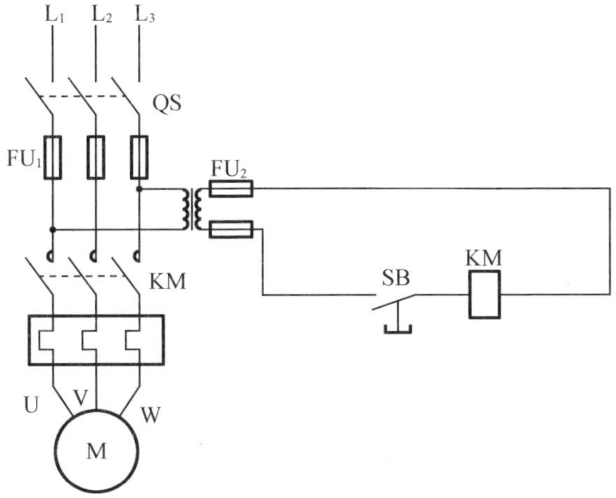

图 5－2－2　三相异步电动机点动控制原理图

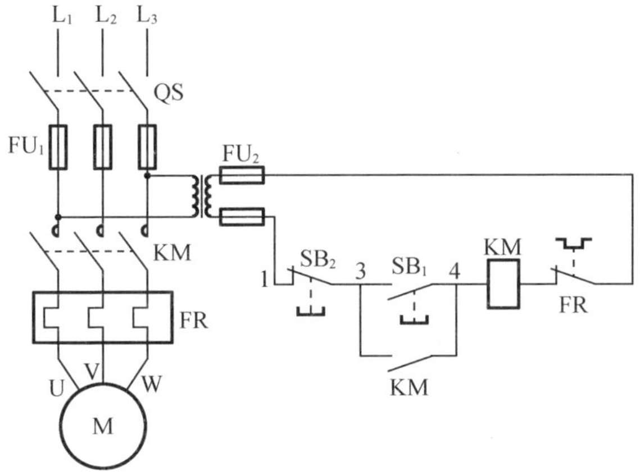

图 5－2－3　三相异步电动机的自锁控制电路

电动机启动控制：合上电源开关 QS，按下启动按钮 SB_1，其常开触点闭合，接触器 KM 线圈通电吸合，其主触点闭合，电动机接通三相电源启动运转；于是同时，与启动按钮 SB_1 并联的接触器 KM 常开辅助触点，使 KM 线圈经 SB_1 触点与 KM 自身常开辅助触点通电，形成自锁，当松开 SB_1 时，接触器线圈仍通过自身的常开辅助触点保持通电，从而使电动机获得连续运转。

电动机停转控制：可按下停止按钮 SB_2，接触器 KM 线圈断电电磁吸力消失，在弹簧作用下释放，KM 常开主触点与辅助常开触点恢复断开状态，切断电动机主电路及控制电路，电动机停止旋转。

三、多地点控制

为实现两个及以上的地点都能实现对三相异步电动机都能操作，其控制电路采用多地点控制电路，那么要求将两个及以上的常开启动按钮进行并联，而将常闭停止按钮进行串联。如图 5－2－4 所示，其中启动按钮 SB_1、SB_2 与接触器 KM 常开触点并联实现多地点启动控制，而图中按钮 SB_3、SB_4 与接触线圈串联实现多地点停止控制。

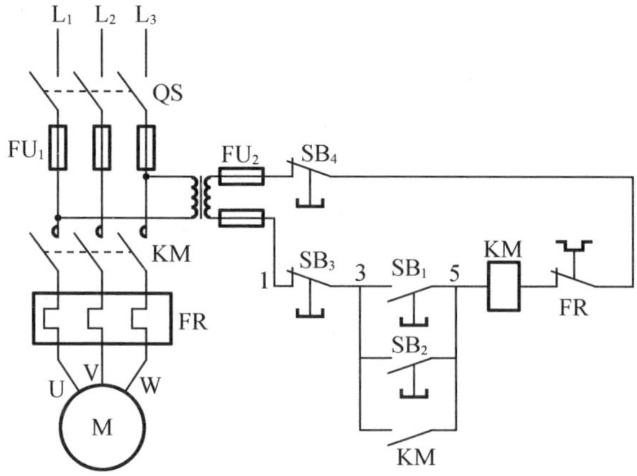

图 5-2-4　三相异步电动机多地点控制原理图

四、互锁控制

多种运动状态的生产机械或多个生产机械往往存在着相互制约的关系。比如,对正在进行正转的电动机,要求电动机闭锁其反转控制,反之亦然,这就是电动机的正反转互锁控制。图 5-2-5 所示为实现电动机正反转控制的一个实例。线路中的接触器触头 KM_F 和 KM_R 构成了电动机正反转电气互锁保护,用于防止正、反转接触器 KM_F 和 KM_R 同时动作,进而避免了主回路相间短路。需要电动机反转时,必须先按停止按钮,然后再按反向启动按钮。

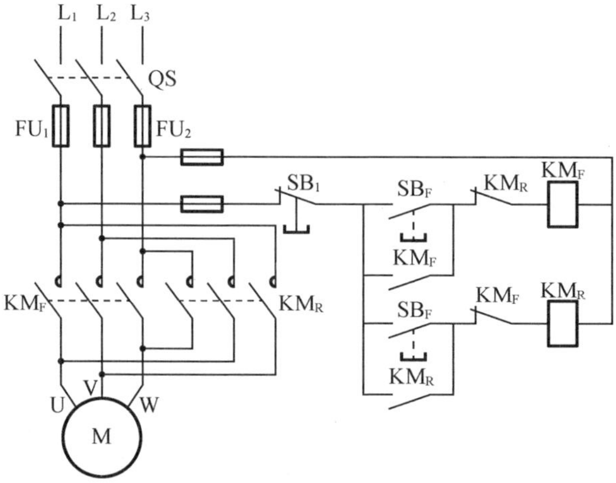

图 5-2-5　三相异步电动机互锁控制原理图

五、连锁控制

在电力拖动系统中,有些电气设备需要按先后顺序进行启动才能保护控制系统正常运行,该控制称为连锁控制。如图 5-2-6 所示,该电路能实现连锁控制,当控制电动机 M_1 的接触器 KM_1,在不通电的情况下,按启动按钮 SB_4,接触器线圈 KM_2 不得电,电动机 M_2 无法接电源通电运行。因此,只能在接触器 KM_1 得电情况下,按下启动按钮 SB_2 使得接触器

KM_1 常开辅助触点闭合，接触器 KM_1 控制电路形成自锁保持有电，于是同时也为启动电动机 M_2 做准备，启动连锁的作用。按下 SB_4 时，接触器 KM_2 有电正常启动电动机 M_2。

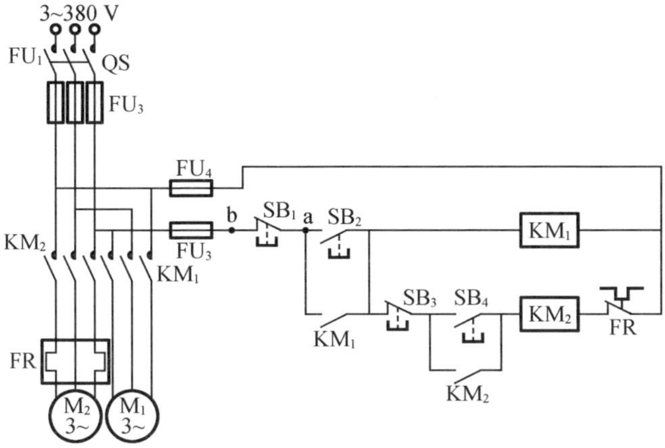

图 5-2-6　三相异步电动机连锁控制原理图

知识点三　电气控制线路图的阅图方法

电气控制线路图是工程技术的通用语言，为了便于交流与沟通，在电气控制线路中，各种电器元件的图形、文字符号必须符合国家标准。电气线路图通常分电气控制原理图、电器元件布置图和电气安装接线图三种。

国家标准局参照国际电工委员会（IEC）颁布的有关文件，制定了我国电气设备有关国家标准，采用的图形和文字符号及回路标号，如 GB 4728—1984《电气图用图形符号》；GB 6988—1987《电气制图》；GB 7159—1987《电气技术中的文字符号制订通则》；GB 7159—1987《电气技术中的文字符号制订通则》规定了电气工程图中的文字符号，它分为基本文字符号和辅助文字符号，基本文字符号有单字母符号和双字母符号。单字母符号表示电气设备、装置和元件的大类，例如 K 为继电器类元件这一大类；双字母符号由一个表示大类的单字母与另一个表示器件某些特性的字母组成，例如 KT 即表示继电器类器件中的时间继电器，KM 表示继电器类器件中的接触器；辅助文字符号用来进一步表示电气设备、装置和元件的功能、状态和特征。

一、电气控制原理图

电气控制原理图是用规定的图形和文字符号表示的电气控制系统电路图。电气控制原理图根据电路工作原理而绘制，采用规定的图形符号和文字符号，具有结构简单、层次分明、便于研究和分析电路的工作原理等优点，在电气设计和现场维护中都得到了广泛的应用。

电气控制原理图根据电路通过的电流大小可分为主电路和控制电路。主电路包括从电源到电动机的电路，是强电流通过的部分，用粗线条画在原理图的左边。控制电路是通过弱电流的电路，一般由按钮、电器元件的线圈、接触器的辅助触头、继电器的触头等组成，用细线条画在原理图的右边。

1. 电气控制原理图绘制的原则

①电气控制线路图中的支路、接点，一般都加上标号，如图 5-2-7 所示。

②原理图一般分主电路和辅助(控制)电路两部分。主电路中通过的电流较大,主电路用粗线条画出。辅助电路包括控制电路、指示电路和照明电路等。辅助电路中的电流较小,一般用细线条画出。在各导线间有电联系时,必须在相连导线的交点处画一个圆点。

③主电路标号由文字符号和数字组成。文字符号用以标明主电路中的元件或线路的主要特征,数字标号用以区别电路不同线段。三相交流电源引入线采用 L_1、L_2、L_3 标号,电源开关之后的三相交流电源主电路分别标为 U、V、W,如 U_{11} 表示电动机的第一相的第一个接点代号,U_{21} 为第一相的第二个接点代号,以此类推。

④控制电路由三位或三位以下的数字组成,交流控制电路的标号一般以主要压降元件(如电器元件线圈)为分界,左侧用奇数标号,右侧用偶数标号。直流控制电路中正极按奇数标号,负极按偶数标号。

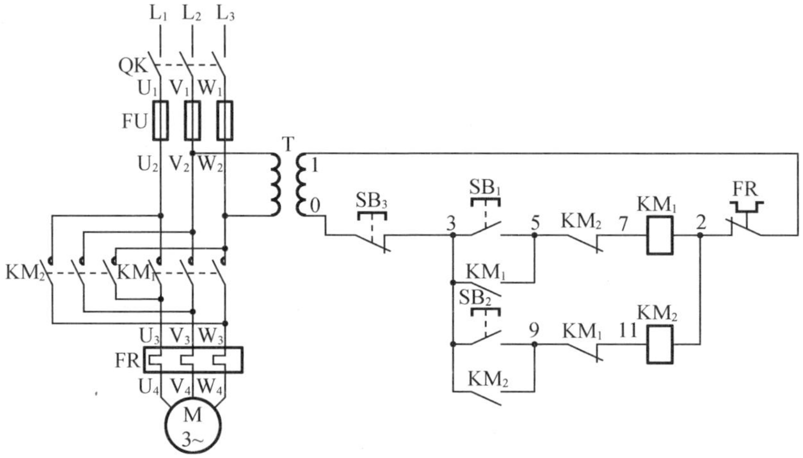

图 5-2-7　三相异步电动机正反转控制电路原理图

⑤在原理图中所有的触点均表示"正常状态",所谓正常状态是指各种电器在没有通电和没有外力作用时的状态。如对于接触器、电磁式继电器等是指其线圈未加电压,而对于按钮、行程开关等是指其未被闭合。

2. 图上元器件位置表示法

在绘制和阅读、使用电路图时,往往需要确定元器件、连线等的图形符号在图上的位置。例如:当继电器、接触器在图上采用分开表示法(线圈与触头分开)绘制时,需要采用图或表格表明元器件各部分在图上的位置;较长的连接线采用中断画法,或者连接线的另一端需要画到另一张图上去时,除了要在中断处标注中断标记外,还需标注另一端在图上的位置;在供使用、维修的技术文件(如说明书)中,有时需要对某一元器件作注释和说明,为了找到图中相应的元器件的图形符号,也需要注明这些符号在图上的位置;在更改电路设计时,也需要标明被更改部分在图上的位置。

3. 电路编号法

电路编号法特别适用于多分支电路,如继电控制和保护电路,每一编号代表一个支路。编号方法是对每个电路或分支电路按照一定顺序(自左至右或自上至下)用阿拉伯数字编号,从而确定各支路项目的位置。

(1)横坐标标注法

采用横坐标标注法,线路各电器元件均按横向画法排列;各电器元件线圈的右侧,由上到下标明各支路的编号 1,2,…,并在该电器元件线圈旁标明其常开触头(标在横线上方)、常闭触头(标在横线下方)在电路中所在支路的编号,以便阅读和分析电路时查找。例如接触器 KM,常开触头在主电路有 3 对,控制电路 2 支路中有 1 对;常闭触头在控制电路 3 支路中有 1 对。采用横坐标标注法的三相异步电动机控制电路原理图如图 5－2－8 所示。

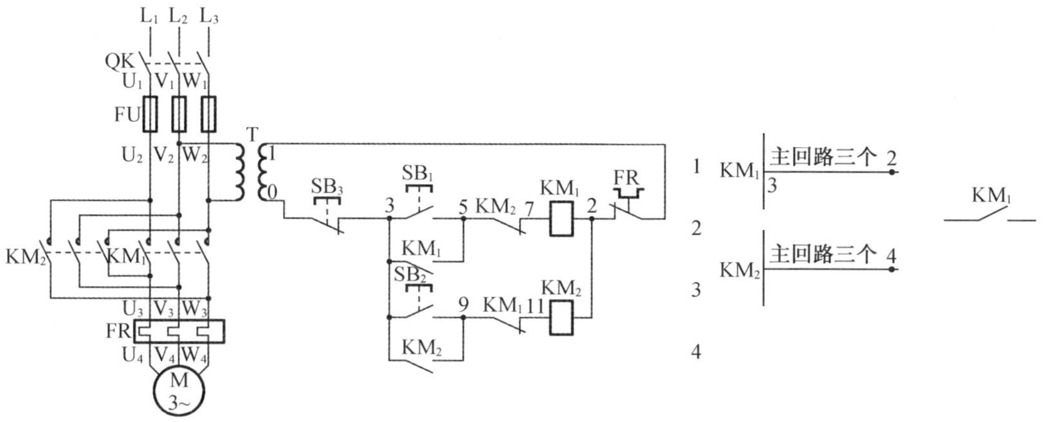

图 5－2－8　采用横坐标标注法的三相异步电动机控制电路原理图

(2)纵坐标标注法

采用纵坐标标注法,线路各电器元件均按纵向画法排列,编制方法是对每个电路或分支电路按照自左至右的顺序用阿拉伯数字编号,从而确定各支路项目的位置。例如,图 5－2－9(a)8 个电路或支路,在各支路的下方顺序标有电路编号 1～8,图上方与电路编号对应的方框内的“电源开关”等字样表明其下方元器件或线路功能。

继电器和接触器的触头位置采用附加图表的方式表示,图表格式如图 5－2－9(b)所示。此图表可以画在电路图中相应线圈的下方,此时,可只标出触头的位置(电路编号)索引,也可以画在电路图上的其他地方。以图中线圈 KM_1 下方的图表为例,第一行用图形符号表示主辅触头种类,表格中的数字表示此类触头所在的支路的编号。例如第 2 列中的数字“6”表示 KM_1 的一个常开触头在第 6 支路内,表中的“×”表示未使用的触头。有时,所附加图表中的图形符号也可以省略不画。

二、电器元件布置图

电器元件布置图主要是用来表明电气设备上所有电机、电器的实际位置,是机械电气控制设备制造、安装和维修必不可少的技术文件。布置图根据设备的复杂程度或集中绘制在一张图上,或将控制柜与操作台的电器元件布置图分别绘制。绘制布置图时机械设备轮廓用双点画线画出,所有可见的和需要表达清楚的电器元件及设备,用粗实线绘制出其简单的外形轮廓。电器元件及设备代号必须与有关电路图和清单上的代号一致。

三、电气安装接线图

电气安装接线图是用来表明电气控制系统中各元件的实际安装位置和接线情况的,如图 5－2－10 所示,在安装和检修电气设备时用安装接线图更为方便,下面列出绘制安装接线图的几项原则:

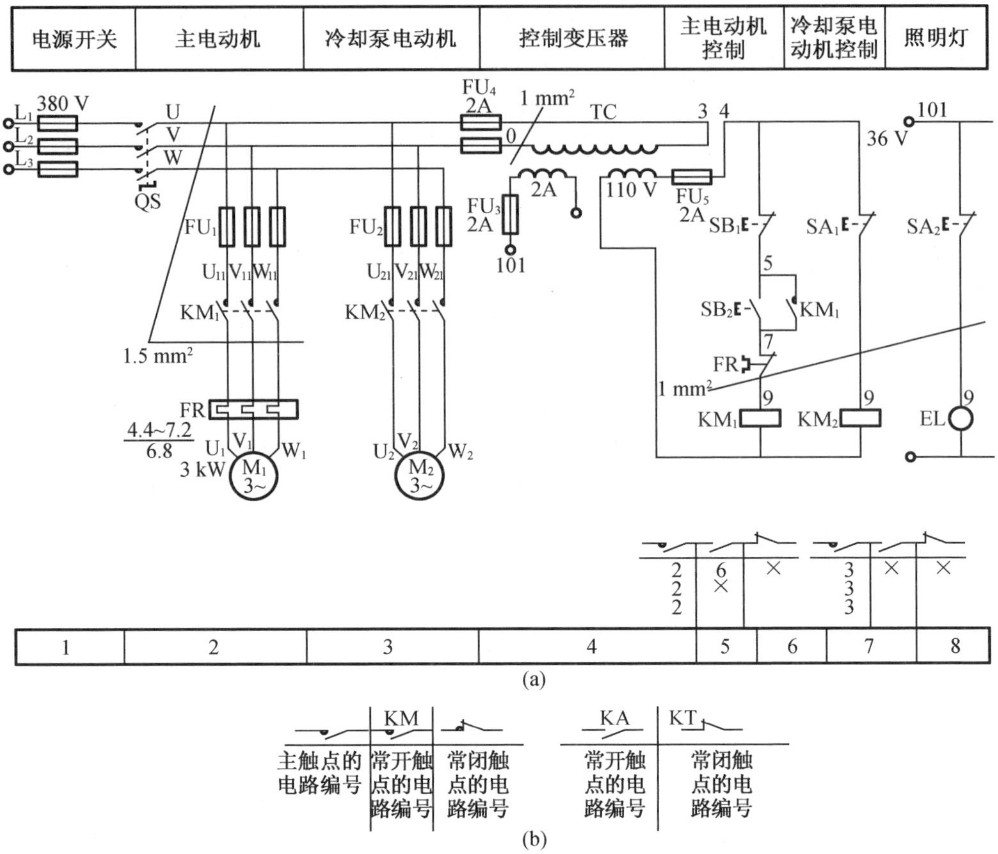

图 5－2－9　采用纵坐标标注法的三相异步电动机控制电路原理图

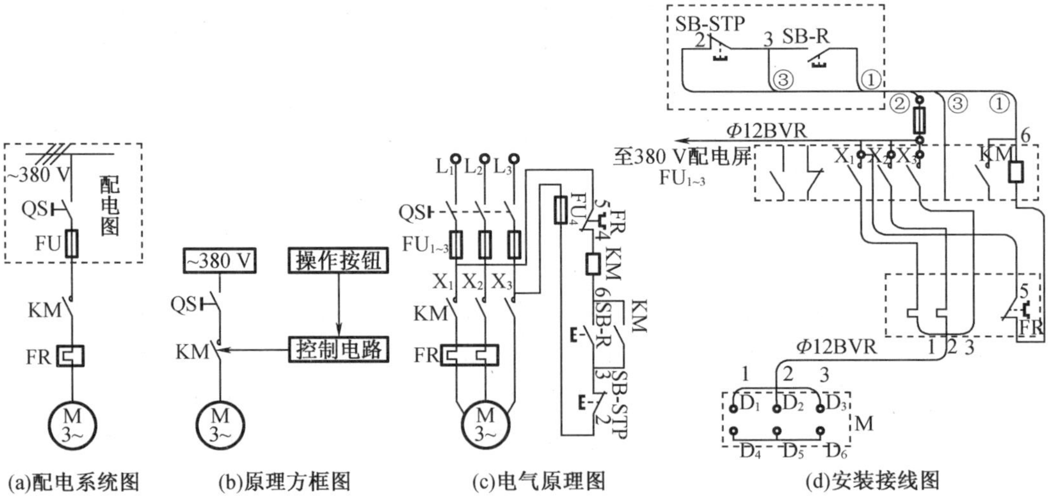

图 5－2－10　电气安装接线图

①安装接线图应表示出各电器的实际位置，同一电器的各元件要画在一起。

②要表示出各电动机、电器之间的电气连接，凡是导线走向相同的可以合并画成单线。

③安装接线图中元件的图形和文字符号及端子的编号应与原理图一致。

④安装接线图上应标明导线的走线管的型号、规格和尺寸。在复杂的系统中,某些电器连接可以用去向号来代替线条,这样表示反而更清晰。

四、电气控制线路图的阅图方法

对于电气设备维修而言,读图是关键,也是维修人员必须掌握的,常用的读图方法是按工作原理图进行查线读图。

查线读图法,先从主电路开始,查读了主电路,就可大体知道电动机是否有正、反转控制,采用什么调速方式,采用什么制动方法。根据主电路分析的结果所提供的线索及元件触点的符号文字,就可在控制电路中找出相关的控制环节。在查读该控制回路时,一般是从控制电源侧开始,然后从上到下查读,并且应假定在某一个指令或信号作用下跟踪线路,观察这个指令作用下,引起其他控制元件的动作,再查读这些被驱动的控制元器件的触头又驱动哪些元器件,一直查读到出口电器(执行电器)为止。注意在查读时,应把被驱动的继电器所有触头动作状态变化查读完,不可遗漏。

例1 某空压机控制线路如图5-2-11所示,说明查线读图法的应用。

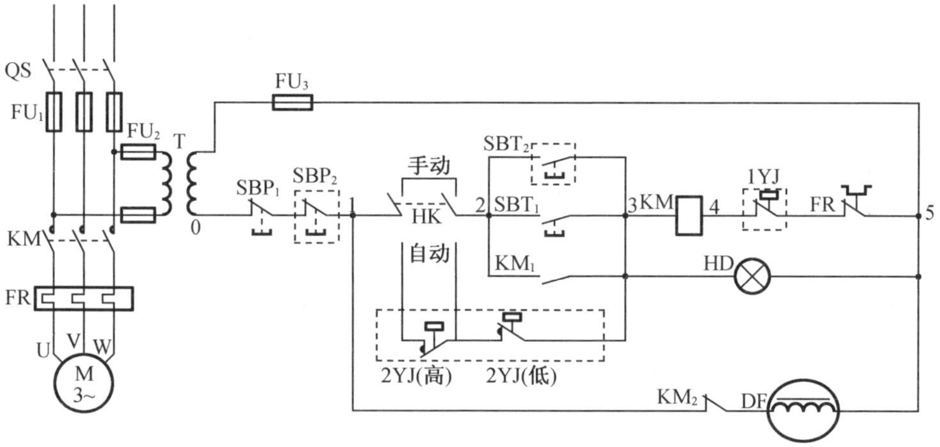

图5-2-11 空压机控制线路原理图

图中HK是一个转换开关,当转换开关HK扳到手动位置时,由按钮操作,当将转换开关HK扳到自动位置时,由压力继电器控制。首先查读主电路,接触器KM是电源接触器,接通时电动机启动,断开时电动机停转,FR是热继电器发热元件,起过载保护作用,电动机过载时,其常闭触头(串联在控制电路中)动作,断开控制电路,使主接触器KM线圈失电,主接触器KM的主触点动作,切断电动机的电源,电动机停止运行。变压器T主要是起隔离作用,通过变压器T把主电路与控制电路隔离。熔断器FU在短路时起保护作用。

1. 查读控制电路:

(1)启动过程

①手动启动

当转换开关HK扳到手动位置时,因电动机的启动(停止)均由按钮操作,这就是一般的多地点连续控制线路。按下启动按钮SBT_1(或SBT_2)主接触器KM线圈回路接通,KM线圈得电吸合,主接触器KM的主触点动作,接通电动机的电源(并且自锁触头KM_1闭合),电动机启动,拖动空压机运行向空气瓶充气。

②自动启动

当将转换开关 HK 扳到自动位置时，由压力继电器控制。分析此线路时，暂不考虑冷却水压力继电器 1YJ 的作用，将它视为短路。

低压开关触头 2YJ(低)在此相当于遥控启动按钮，故与 SBT_1 并联；高压开关触头 2YJ(高)在此相当于遥控停止按钮，故与 SBP_1 串联。

当空气瓶中压力低于下限时，2YJ(低)闭合，接通主接触器 KM 线圈回路，KM 线圈得电吸合，主接触器 KM 的主触点动作，接通电动机的电源(并且自锁触头 KM_1 闭合)，电动机启动，拖动空压机运行向空气瓶充气，并且自锁触头 KM_1 闭合。当空气瓶压力高于下限 p_L 时，2YJ(低)断开，但由于自锁触头 KM_1 保持线圈有电，故电动机继续向空气瓶充气，当压力升高到高限 p_H 时，2YJ(高)断开，KM 线圈断电，主触头释放，电动机停转，并且自锁触头也断开。当空气瓶压力下降到高限以下时，2YJ(高)重新闭合，但由于 2YJ(低)和自锁触头 KM_1 均为断开状态，故 KM 均为断开状态，故 KM 线圈仍不通电。但 2YJ(高)的闭合为电动机的重新启动做好了准备。当空气瓶压力降到下限后，2YJ(低)重新闭合，电动机重新启动。

上文的分析没有考虑空压机冷却问题，实际上空压机无冷却水是不能自动开机的。这就需要控制电路与装在冷却水入口管路上的压力继电器 1YJ 进行连锁。管路中无冷却水或压力不正常时，1YJ 断开；当冷却水压力正常时，触头 1YJ 闭合。因此，将触头 1YJ 和 2YJ(低)相串联再与自锁触头并联。即只有当 1YJ 和 2YJ(低)都闭合才接通 KM 线圈电路，其中有一个不闭合就不能自动启动。或者将 1YJ 常开触头与 KM 线圈串联，也会起到同样的作用。

图 5－2－11 中电磁阀 DF 受接触器的常闭辅助触头控制。它的作用是泄放空压机中的残气。即当 KM 线圈有电，空压机工作时，常闭触头 KM_2 断开，电磁阀 DF 线圈无电，电磁阀关闭；当线圈 KM 无电，空压机停转时，常闭触头 KM_2 闭合，接通电磁阀线圈，电磁阀打开，泄放掉空压机内的残气，使带动空压机的电动机能在空载下启动，缩短启动时间。

HD 制线路除了具有通常的过载、失压(欠压)保护外，还具有冷却水低压(或失压)保护。图 5－2－11 中 HD 为空压机运行指示灯。

(2)停车过程

①手动停车

只需按下停止按钮 SBP_1(或 SBP_2)，使得主接触器 KM 线圈回路失电，各自主触头断开，M 失电，停车。

②自动停车

当空气瓶压力高于下限 p_L 时，2YJ(低)断开，但由于自锁触头 KM_1 保持线圈有电，故电动机继续向空气瓶充气，当压力升高到高限 p_H 时，2YJ(高)断开，KM 线圈断电，主触头释放，电动机停转，并且自锁触头也断开。

可见，查线读图法比较直观，特别是用符号来表示时，动作顺序很清楚。但是，对于复杂的线路，容易出错或遗漏，所以，在读图时，当某一个继电器被驱动后，应把该继电器的所有触点带动下一级的元器件的作用状态都找出，并列明。

例 2 电动机 Y－△控制线路如图 5－2－12 所示。图中 SC 是一个选择开关，打在“1”位置，是手动切换，打在“2”位置，是自动切换操作。

首先，查读主电路，由图可见有 3 个接触器，1KM 是把电动机接成 Y 形，3KM 是把电动机接成△形，2KM 则是电源接触器，FR 是热继电器发热元件，可见，这是一个 Y－△降压启动控制线路图。启动时，接成 Y 形，运行时，接成△形，而且在切换过程中，是 1KM 先断开，然后 3KM 才闭合；否则，会造成电源直接短路。

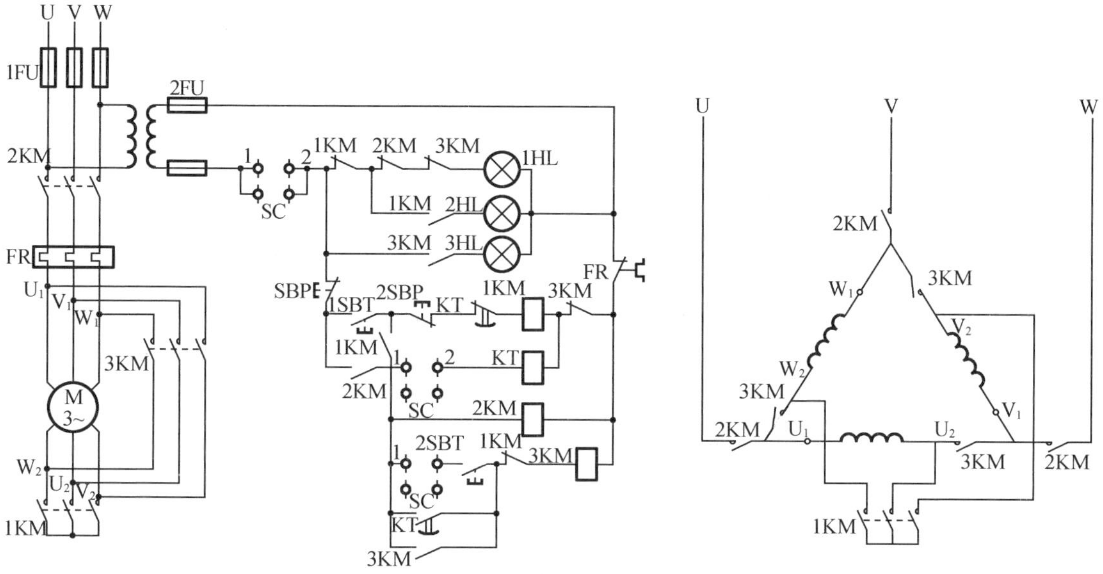

(a)Y-△降压启动原理　　(b)电机Y-△接线原理图

图 5－2－12　电动机控制线路原理图

2. 查读控制电路

(1)启动过程

假定 SC 选择开关置在 2 位（即自动切换操作）。当按下启动按钮 1SBP 使 1KM 有电［电源通过停止按钮 SBP→1SBP→2SBP（手动切换按钮）→KT 的常闭触头→1KM 线圈→3KM 的常闭触点→FR 常闭触点］，1KM 的触头闭合，使电动机接成 Y 形，同时 1KM 的常闭触头断开，使 3KM 线圈不能得电，防止电源短路。1KM 另一对常开触头闭合，使得时间继电器 KT 有电，启动计时，它也使得 2KM 得电，2KM 主触头闭合，接通电源，进行启动，它的辅助常开触头闭合进行自锁。当整定的启动时间到时，KT 的常闭触点打开，使得 1KM 失电，1KM 主触头断开，1KM 的常闭触点闭合，在 KT 常开触点延时闭合的共同作用下，使 3KM 得电。3KM 主触头闭合，使电动机在△形下启动运行，同时 3KM 的辅助触头进行自保。这样 Y－△切换启动就结束了。

(2)停车过程

停车时，只需按下停止按钮 SBP，使得 2KM、3KM 失电，各主触头断开，M 失电，停车。

由上述可见，查线读图法比较直观，特别是用符号来表示时，动作顺序很清楚。但是，对于复杂的线路，容易出错或遗漏，所以，在读图时，当某一个继电器被驱动后，应把该继电器的所有触点带动下一级的元器件的作用状态都找出并列在该继电器符号的下属列下，如上述的 1KM、KT、3KM 的下属。有多少对触点就有多少条支路，不得遗漏。

五、电气控制线路的测绘

在检验电气设备时，往往会遇到既无原理图，又无接线图的情况，在这种情况下，如有必要,可以测绘设备的控制线路,以便弄清设备的工作原理和及时排除故障。测绘工作应在断电的情况下进行。

下面以图5－2－10电动机启动控制电路为例说明实际电路的测绘方法:

(1)组成

先摸清要测绘的设备由哪些相对独立的部分组成。

例如该电动机的启动控制电路由安装驾驶室的启动和停止按钮盒、安装在机舱的启动控制箱和安装在机旁的电动机M三部分组成。

(2)测绘各部分的元件图

对于简单的独立部件,可用目测法画出;对于比较复杂的部分,应将此部件的所有电气元件按其实际位置用标准电气符号和文字标绘出来。例如:启动和停止按钮盒内只有的两个按钮,用目测法即可查清其内部元件和接线情况,可用标准电气符号绘出其内部接线图。对于启动控制箱,其内部有一个接触器KM,一个热继电器FR,一个熔断器FU_4。可以将这些元件用电气符号画出,如图5－2－10中所示(可暂不画连接导线)。最后,将电动机部分画出(图5－2－10)。

(3)查清并标明各独立部分的内部接线

可用目测法,也可用万用表来测量各电气接点相互间的连接关系。用万用表测量时,应将万用表的转换开关打到欧姆挡(R×1 k,测量半导体元件时用R×100或R×1 k挡),调零后用一根表笔接触要测的一端点,另一根表笔分别逐一接触其余各接线端点。若测得电阻为无穷大,说明此点与要测点不通;若测得电阻为零,说明此点和要测的点有导线相连或者是常闭触点。有时可能会有几点在欧姆表的计数为零或接近为零,这时则应在做好标记后将与之相连的导线拆下,逐一测量各连接线端,直到找到一个与要测点相连的接点。为了弄清继电器或接触器的触点的开、闭,可以用手按下和松开其动铁芯,测量触点的通、断。测量完成后,在图上将有导线相连的点连接起来并将拆下的线复原。如果欧姆表的电阻读数不为零(如几欧姆以上),应注意弄清这两点间所接的电器元件。最后得到启动控制箱的内部连接图如图5－2－10所示(含连接线)。

(4)测量并绘出各独立部分之间的连接图

测量两点之间是否相连的方法和上面所述的方法相同。如果两独立部分相距较远,如一个点在机舱,另一个点在驾驶台,且连接线不止一根,为了理清它们之间的连接关系,可在做好标记后将线拆开,在一处(如驾驶台)将某一根线的～端与船体钢板相接,然后到另一处(如机舱)将万用表的一根表笔和船体相接,另一根表笔逐一和某一根线相接进行测量,若表头指示的电阻为零,则在驾驶台和船体相连的线端和机舱中量出电阻数为零的线是同一根线。确定某一线为已知后,可在某一处(如驾驶台)将未知各线逐一与已知线相接,然后到另一处(如机舱)用万用表测量电阻,若电阻为零,则可确定未知线的两处端点,再恢复原来接线并在接线图上标出,则得安装接线图如图5－2－10所示。有了此图后,按原理电路图的画法整理则可得原理电路图。

模块三　可编程控制器

可编程控制器(programmable controller,PC),容易同个人计算机(personal computer)混淆,因此通常都称其为(programmable logic controller,PLC)。PLC是在继电器控制基础上以

微处理器为核心,将自动控制技术、计算机技术和通信技术融为一体而发展起来的一种新型工业自动控制装置。特别是由于 PLC 采用了依据继电器控制原理而开发的梯形图作为程序设计语言,使得不熟悉计算机的机电设计人员和工人中的技师均能较快地掌握梯形图的编程方法,极大地促进了 PLC 在生产中的推广应用。目前 PLC 已基本替代了传统的继电器控制系统,成为自动化领域中最重要、应用最多的控制装置,居工业生产自动化三大支柱(可编程控制器、机器人、计算机辅助设计与制造)的首位。

一、PLC 的产生

在 PLC 出现之前,工业生产中广泛使用的电气自动控制系统是继电器控制系统,例如控制电动机的运行都是将各种继电器、接触器、按钮开关等电器按控制要求连接起来的硬控制系统。虽然继电器控制系统具有价格低廉、维护技术要求低的优点,但该系统的缺点也是很明显的:继电器控制系统设备体积大,触点寿命低,可靠性差;对于比较复杂的控制系统来讲,维护不便,排除故障困难。这种用硬件实现的控制程序智能化程度很低,当产品更新、生产工艺和流程变化时,必须改变相应的器件和接线。这种变动的工作量大,工期长,因而使得生产成本提高。继电器控制系统只适用于工作模式固定、控制要求简单的场合。现代社会制造工业竞争激烈,产品更新换代频繁,迫切需要一种新的更先进的“柔性”的控制系统来取代传统的继电器控制系统。20 世纪 60 年代,随着电子技术的发展,出现了晶体管和中小规模集成电路。利用它们的开关特性来替代继电器等构成的逻辑控制系统,体积将更小,改变器件和接线的工作量也随之减少;更重要的特点是,由这些数字器件构成的开关是无触点的,因而可靠性就更高。但是这种由中小规模集成电路构成的电气控制柜,其控制规模较小,输入/输出点数只有几十点,编程也不够灵活。随着计算机技术开始应用于控制领域,人们尝试用小型计算机取代继电器控制系统。但是,由于小型计算机价格高昂,对恶劣的工业环境难以适应,其输入/输出信号与被控电路不匹配,再加上控制程序的编制困难,不像现时的梯形图易于被操作人员掌握,这一“瓶颈”阻碍了其进一步发展和推广应用。

20 世纪 60 年代末,汽车工业竞争激烈,美国通用汽车公司(GM)希望有一种“柔性”的汽车制造生产线来适应汽车型号不断更新的要求,为此公开向制造商招标,并提出了 10 项要求。中标的美国数字设备公司(DEC)根据提出的要求,于 1969 年研制出了第一台可编程控制器 PDP-14,并在美国通用汽车公司的生产线上取得了成功。这种新型的工业控制装置——可编程控制器就这样应运而生了,它用计算机的软元件的逻辑编程成功取代了继电器控制的硬接线编程,人们希望生产硬设备的生产线是“柔性”的愿望终于实现了。

二、PLC 的特点

(1)可靠性高,抗干扰能力强

PLC 采用 LSI 芯片,组成 LSI 的电子元件都是由半导体电路组成的。以这些电路充当的软继电器等开关是无触点的,如存储器、触发器的 0,1 状态转换均无触点可言,而继电器、接触器等硬器件使用的是机械触点开关,所以两者的可靠程度是无法比拟的。目前 PLC 的整机平均无故障工作时间可高达 30 000 h 以上。为了保证 PLC 能在恶劣的工业环境下可靠工作,在其设计和制造中采取了一系列硬件和软件方面的抗干扰措施。

硬件方面首先对元器件进行了严格的筛选和老化。此外,在 PLC 的电路中采用了隔离技术,PLC 的 I/O 接口电路采用光电隔离器,它能隔断输入/输出电路与 PLC 内部电路间的直流通路,防止外部高压窜入,抑制外部干扰源对 PLC 内部电路的影响。PLC 电路的电源、I/O 接口电路中采用了滤波技术,特别对 CPU 供电电源采取屏蔽、稳压、保护等措施,可有效抑制高频干扰信号。在 PLC 的电路中设置了"看门狗"电路,能把因干扰而飞走的程序拉回来。PLC 采用耐热、密封、防潮、防尘和抗震的外壳封装,以适应恶劣的工业环境。

在软件方面采取数字滤波、故障检测与诊断程序,能自动扫描 PLC 的状态和用户程序,一旦发现出错后,立即自动做出相应的处理,如报警、保护数据和封锁输出等。目前的 PLC 对用户程序和数据大多采用 E2PROM(电可擦可编程只读存储器)而无需锂电池后备,以保护掉电后用户程序和数据不会因此而丢失。PLC 大多采用循环扫描方式,而不是并行的工作方式,使得输出信号只有在输入采样阶段才能进入 PLC 内部电路,使得输出信号只有在输出刷新阶段才能影响 PLC 的输出电路。

(2)编程软件简单易学

PLC 有多种编程语言可供选用,最大特点是采用从清晰直观的继电器控制线路演化过来的梯形图作为编程语言。梯形图是面向控制过程、面向操作人员的语言,因此梯形图程序易学易懂,易修改,深受电器工作人员的欢迎。

(3)适应性好,具有柔性

正是因为 PLC 编程简单易学、控制程序可变,使其具有较好的柔性。当生产工艺改变、生产设备更新时,不必改变 PLC 的硬设备,只需改变相应的软件,就可满足新的控制要求了。目前 PLC 产品已经标准化、系列化和模块化,针对不同的控制要求、不同的控制信号,PLC 都有相应的 I/O 接口模块与工业现场控制器件和设备直接连接,适应性好。用户可以根据需要方便地进行系统配置,组成各种各样的控制系统,既可控制一台单机、一条生产线,又可以控制一个复杂的群控系统、多条生产线;既可以现场控制,又可以远程控制。

(4)功能完善,接口多样

PLC 除基本单元外,还可以配上各种特殊适配器,不仅具有数字量和模拟量的输入/输出、顺序控制、定时计数等功能,还具有模/数(A/D)及数/模(D/A)转换、算术运算及数据处理、通信联网和生产过程监控等功能。

(5)易于操作,维护方便

PLC 安装方便,具有 DIN 标准导轨安装用卡扣。PLC 连接方便,具有输入/输出端子,接线不用焊接,只要用螺丝刀就可以将 PLC 与不同的控制设备连接。其输入端子可直接与各种开关量和传感器连接,输出端子通常也可直接与各种继电器、接触器等连接。PLC 的调试方便,输入信号可以用开关来模拟,输出信号可以通过 PLC 面板上的发光二极管的状态来判断。PLC 维护方便,有完善的自诊断功能和运行故障指示装置。当发生故障时,可以观察其面板上各种发光二极管的状态,迅速查明原因,排除故障如 ERROR LED 的状态是:灯亮表示 CPU 出错;闪烁表示程序出错。

(6)体积小、质量轻、功耗低

PLC 采用 LSI 或 VLSI 芯片,其产品结构紧凑、体积小、质量轻、功耗低,如三菱 FX1S－20MT 型 PLC 的外形尺寸仅为 75 mm×90 mm×87 mm,质量只有 400 g,功耗仅为 20 W,这种迷你型的 PLC 很容易嵌入机械设备内部,是实现机电一体化的理想的控制设备。

三、PLC 的分类

目前国内外各生产厂家生产的 PLC 产品品种繁多、型号各异，规格和性能也各不相同，但仍可以按照结构形式、I/O 点数和功能进行分类。

1. 按结构形式分类

按照结构形式的不同，PLC 可分为整体式和模块式两种。

(1) 整体式

整体式结构的 PLC 是将 CPU、存储器、I/O 和电源等部件集中于一体，安装在一个金属或塑料机壳的基本单元内，机壳的上下两侧是输入/输出接线端子，并配有反映输入/输出状态的微型发光二极管，如图 5－3－1 所示。整体式结构的 PLC 具有结构紧凑、体积小巧、质量轻、价格低的优势，适用于嵌入控制设备的内部，常用于单机控制。一般小型以下 PLC 多采用这种结构，如三菱公司的 FX2N、FXON、FXIS 系列。

(2) 模块式

模块式 PLC 是把各个组成部分如 CPU、I/O、电源等分开，做成各自独立的模块，各模块做成插件式，插入机架底板的插座上，如图 5－3－2 所示。用户可以按照控制要求，选用不同档次的 CPU 模块、各种 I/O 模块和其他特殊模块，构成不同功能的控制系统。模块式结构的 PLC 具有配置灵活、组装方便、扩展容易等优点。其缺点是结构较复杂，造价也较高。一般大中型 PLC 都采用这种结构，如三菱的 Q 系列 PLC，OMRON 公司的 C1OOOH、C2000H 及松下电工的 FP2 型机。

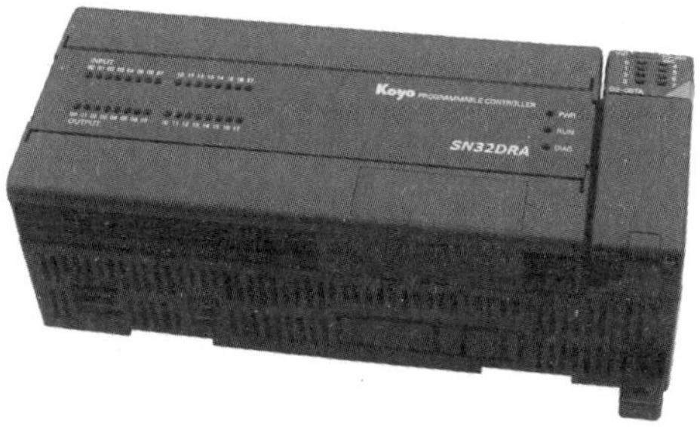

图 5－3－1　整体式 PLC

图 5－3－2　模块是体式 PLC

2. 按 I/O 点数和功能分类

按 I/O 点数、内存容量和功能来分，PLC 可分为微型、小型、中型、大型和超大型五类，见表 5－3－1。

表 5－3－1　PLC 按类型分类

类型	I/O 点数	存储容量/KB	机型
微型	<64	<2	如三菱 FXIS 系列
小型	64～128	2～4	如三菱 FX2N 系列
中型	128～512	4～16	三菱 A1N 系列
大型	512～8 192	16～64	三菱 A3N 系列
超大型	>8 192	>64	西门子 SU－155

从表 5－3－1 中可见，小型 PLC 的存储器容量一般在 2 KB～4 KB，I/O 点数一般为 64～128 点。小型 PLC 具有逻辑运算、定时和计数等功能，适合于开关量控制、定时和计数控制等场合，常用于代替继电器控制的单机线路中，如三菱 FX2N 系列 PLC 是小型化 PLC。

I/O 点数小于 64 点的 PLC 称为微型（超小型）PLC，如三菱 FXIS 系列 PLC 就属于微型 PLC。这种迷你型的 PLC 适用于最小的封装，是希望低成本的用户在有限的 I/O 范围内寻求功能强大的控制的首选机种。由于 FXIS 提供多达 30 个 I/O，并且能通过串行通信传输数据，所以它能应用在常用的紧凑型 PLC 不能应用的场合。

中型 PLC 的存储器容量一般在 4 KB～16 KB，I/O 点数一般为 128～512 点。除具有逻辑运算、定时和计数功能外，还具有算术运算、数据传送、通信联网和模拟输入/输出等功能，适用于既有开关量又有模拟量的较为复杂的控制系统。如三菱 A1N 系列 PLC 就属于中型 PLC。

大型 PLC 的存储器容量一般在 16 KB～64 KB，I/O 点数一般为 512～8 192 点。除具有上述中型机的功能外，还具有多种类、多信道的模拟量控制及强大的通信联网、远程控制等功能；可用于大规模过程控制、分布式控制系统和工厂自动化网络等场合。如三菱公司的 AnA/AnN 大型系列程控器，其运算速度可达 0.15 μs/步，直接控制 I/O 点数为 256～2 048 点。

存储器容量和 I/O 点数比大型 PLC 更大、更多的 PLC 称为超大型 PLC，如西门子 SU－155 系列 PLC 就属于超大型 PLC，其 I/O 点数远远超过了 8 192 点。

以上 PLC 的五种分类并非是绝对的，各种类型机种之间可能会有重叠，其分类的界线也将随 PLC 的发展而变化。

四、PLC 的主要技术指标

虽然各厂家所生产的 PLC 产品型号、规格和性能各不相同，但通常可以按照以下 6 种指标来描述 PLC 的主要性能。

1. 总点数

I/O 总点数是指 PLC 输入信号和输出信号的数量，也就是输入、输出的端子数总和。不过其他的端子，如电源、各 COM 等端子是不能作为 PLC 的输入/输出端子计入的。I/O 总点数是描述 PLC 性能的重要技术指标。

2. 存储容量

存储容量是指在 PLC 中的用户程序存储器的容量，也就是用户随机存储器（RAM）的存储容量。目前 PLC 中的用户 RAM 大多使用 E2 PROM。E2 PROM 既能在线擦写，又能掉电保持，为用户存取程序提供了方便。在 PLC 中存储容量除了用通常的 KB 作单位之外，更多的是用“步”作单位。PLC 中程序指令是按“步”存放的，一步占用一个地址单元。大家知道，在 16 位的机器中一个地址单元内的 16 位（bit）二进制数称为 1 个字（word），可见 PLC 中的 1 步就是 1 个字。而 1 个字为 2 个字节（byte），就有 1 步＝2 字节。若已知 PLC 的存储容量为 1 000 步，则容易推算得其容量正好为 2 000 字节（即 2 KB）。PLC 中有的指令只占 1 步，有的指令要占几步。如一般的逻辑操作指令占 1 步，而功能指令要占好几步。

3. 扫描速度

扫描速度是指 PLC 扫描 1 000 步用户指令所需的时间，通常以毫秒/千步为单位表示。也有用扫描 1 步指令所需要的微秒数来表示，即 μs/步。如上面提到的 QnA 的扫描速度可达0.007 5 μs/步。

4. 内部寄存器

内部寄存器用以存放输入/输出变量的状态、逻辑运算的中间结果、定时器/计数器的数据。内部寄存器的种类多少、容量大小,将影响到用户编程的效率。因此,内部寄存器的配置及容量也是衡量 PLC 硬件功能的一个指标。

5. 编程语言与指令系统

PLC 的编程语言一般有梯形图、助记符、顺序功能流程图(sequential function chart, SFC)及高级语言等。PLC 的编程语言越多,用户编程的选择性就越大。梯形图和助记符两种编程语言一般 PLC 大多都具有,但是不同的 PLC 厂家采用的编程语言往往并不兼容。采用国际电工委员会(IEC)标准的 SFC,又称状态转移图,多用于复杂的顺控系统的编程。在 PLC 的指令系统中,包含的指令种类越多,其功能就越强。

五、PLC 的基本结构

PLC 基本结构示意图如图 5－3－3 所示。

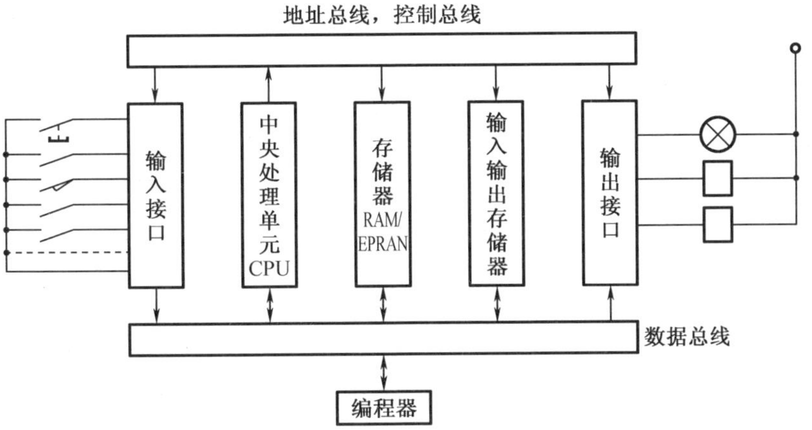

图 5－3－3　PLC 基本结构示意图

由图 5－3－3 可知,PLC 是由中央处理单元、存储器、输入输出存储器和输入接口、输出接口组成,其内部采用总线方式结构进行数据、指令的传输。

输入、输出接口是 PLC 与被控制设备相连的接口,起着传递 PLC 与被控制设备之间信息的作用。输入接口接收现场设备的控制信息,如按钮、行程开关、接触器触点、传感器信息,并把这些信息转换成中央处理器所能接收和处理的数字信号。输出接口的作用与输入接口相反,它是接收 CPU 处理过的输出数字信号,并把它转换为被控制设备或显示设备所能接收的电压或电流信号,以驱动电磁阀、接触器等。常用的直流输入接口内部电路如图 5－3－4 所示。交流输出接口内部电路如图 5－3－5 所示。

中央处理器是中央控制器的核心部件,起着总监控作用。把输入信号读入存储器中,按程序计数器的地址取出用户按控制要求所编写的程序,并对其进行编译,然后控制各执行部件,完成用户指令所规定的各种操作。把操作的结果送到输出接口。

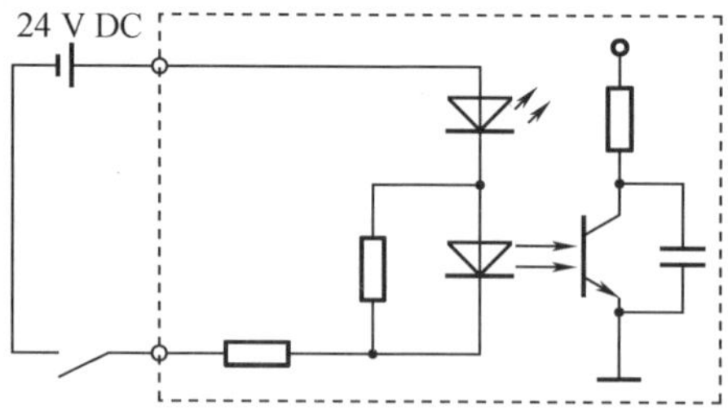

图 5-3-4　直流输入接口内部电路

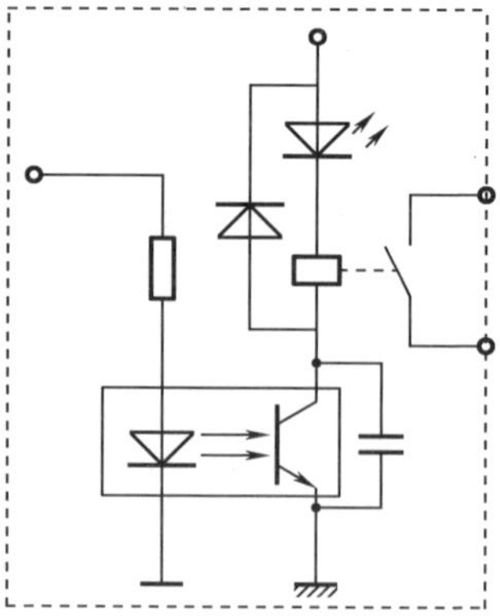

图 5-3-5　交流输出接口内部电路

PLC 的内部存储器有两类:一类是随机存储器,可以由 CPU 随时对它进行读、写操作;它存储各种暂存数据、中间结果以及用户调试中的程序。另一类是只读存储器(ROM),它主要用于存储监控程序及用户调试好的程序。

编程器是 PLC 的最重要的外围设备,它的主要用途是输入、编辑、调试、修改、检查用户程序并监视程序的执行。

PLC 内部能把交流电源或直流电源转换成内部电路所需的直流工作电源,它可分为三类。一类供给集成电路的基本电源(+5 V 和 +15 V 直流电源);二类供给输出接口电路,提供较高电压和大电流的功率电源;三类是锂电池,保证存储器在停电时不丢失信息。因此,不同种类的电源具有不同接线和不同容量,在扩展、使用和维修时必须注意到这一点。

除了上面介绍的几个主要部件外,PLC 还按实际需要装配其他外围设备,如智能接口 I/O、模拟接口 A/D 和 D/A、通信接口 I/O 及打印设备等。

六、PLC 的软件系统

与通用计算机一样,PLC 系统也是由硬件系统和软件系统两部分组成。没有任何软件的 PLC 称为“裸机”。在“裸机”上只能运行机器语言源程序,显然它的功能是十分有限的,机器的效能将得不到充分的发挥,就像人的大脑,如果没有知识,发挥不了作用。

PLC 软件主要可以分为两大类:系统程序和应用程序。

1. 系统程序

系统程序用来控制系统自身各部件的动作,是 PLC 厂商出厂时提供的。就像通用计算机的 BIOS 一样,系统程序一般固化在 EPROM、EEPROM 或 Fresh ROM 中。系统程序可分为管理程序、编译程序、系统调用功能模块。

(1)管理程序

管理程序是系统控制中心,它管理 PLC 的所有资源,由它控制 PLC 各部件的操作,由它控制 PLC 的输入/输出、数据与代码的传送与存取、算术与逻辑运算等操作,由它对 PLC 系统各部件进行自检和故障诊断。管理程序犹如一个乐队的指挥,使各部分协调有效地工作。

(2)编译程序

编译程序相当于一个翻译,它能把用户编写的梯形图程序、助记符源程序和高级语言程序翻译成 PLC 能够识别的机器语言。

(3)系统调用功能模块

系统调用功能模块由许多独立的功能模块组成,通过系统调用实现某种独立的功能,如输入/输出及特殊运算操作。PLC 根据不同的控制要求,选用不同的模块完成不同的操作。

2. 应用程序

应用程序包括 PLC 厂商开发的提供用户在各种平台上使用的软件,以及用户根据控制要求,用 PLC 的程序设计语言编制的应用程序。

七、PLC 的基本工作原理

PLC 源于用计算机控制来取代继电器、接触器控制,所以 PLC 与通用计算机具有相同之处,如具有相同的基本结构和相同的指令执行原理。但是,两者在工作方式上却有着重要的区别,不同之处体现在的 PLC 的 CPU 采用循环扫描工作方式,集中进行输入采样,集中进行输出刷新。I/O 映像区分别存放执行程序之前的各输入状态和执行过程中各结果的状态。

1. PLC 的循环扫描工作方式

PLC 循环扫描的工作过程一般包括五个阶段:内部处理与自诊断、与外设进行通信处理、输入采样、用户程序执行、输出刷新。

当方式开关置于 STOP 位置时,只执行前两个阶段,即只做内部处理与自诊断,与外设进行通信处理;当 PLC 方式开关置于 RUN 位置时,将执行上述所有阶段。

上电复位时,PLC 首先作内部初始化处理,清除 I/O 映像区中的内容;接着做自诊断,检测存储器、CPU 及 I/O 部件状态,确认其是否正常;再进行通信处理,完成各外设(编程器、打印机等)的通信连接;还将检测是否有中断请求,若有则做相应中断处理。在此阶段可对 PLC 进行联机或离线编程,如学生实验时的编程阶段。

上述阶段确认正常后,并且 PLC 方式开关置于 RUN 位置时,PLC 才进入独特的循环扫描,即周而复始地执行输入采样、程序执行、输出刷新,如图 5-3-6 所示。

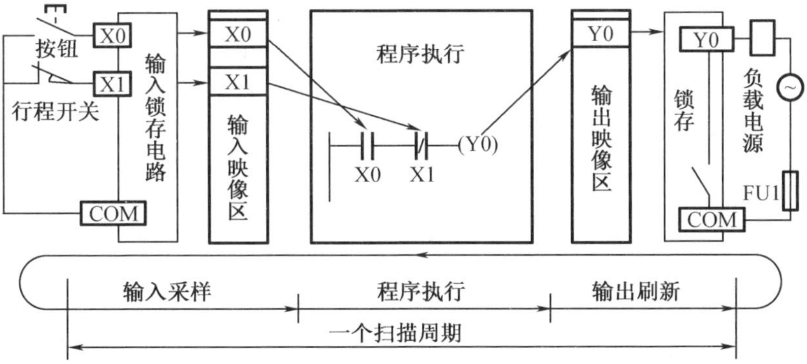

图 5-3-6　PLC 在 RUN 状态下扫描的全部过程

(1)输入采样阶段

在输入采样阶段,PLC 的 CPU 顺序扫描每个输入端,顺序读取每个输入端的状态,并将其存入输入映像区单元中。采样结束后,输入映像区被刷新,其内容将被锁存而保存着,并将作为程序执行时的条件。当进入程序执行阶段后，若输入端又发生变化，则输入映像区相应单元保存的信息，因被输入锁存器隔离而不会跟着改变。只有在下一个扫描周期的输入采样阶段，输入端信息才会被输入锁存器再次送入输入映像区的单元中。因此，为了保证输入脉冲信号能被正确读入，要求脉宽必须大于一个扫描周期。

(2)程序执行阶段

在程序执行阶段，PLC 的 CPU 从用户程序的第 0 步开始，顺序地逐条扫描用户梯形图程序。在扫描每支梯形图时，则总是按先上后下、先左后右的顺序对由接点构成的控制线路进行逻辑运算。这里的接点就是 I/O 映像区存储单元，由于它对应的是输入端的状态，所以把它称为接点，或称为软触点。以接点数据为条件，根据用户程序进行逻辑运算，并把运算结果存入输出映像区单元中。在程序执行阶段，只有输入端在 I/O 映像区存放的输入采样值不会发生改变，而其他各软元件和输出点在 I/O 映像区的状态和数据都有可能随着程序的执行而变化。请注意 PLC 非并行工作的特点，在程序的执行过程中，上面逻辑行中线圈状态的改变会对其下面逻辑行中对应的接点状态起作用。反之，排在下面的逻辑行中线圈状态的改变只能等到下一个扫描周期才能对其上面逻辑行对应此线圈的接点状态起作用。当所有指令都扫描处理完后，即转入输出刷新阶段。

(3)输出刷新阶段

在输出刷新阶段，PLC 的 CPU 将输出映像区中的状态信息转存到输出锁存器中，刷新其内容，改变输出端子上的状态，然后通过输出驱动电路从而驱动被控外设(负载)，这才是 PLC 的实际输出。

2. PLC 处理输入/输出的特点

正因为 PLC 采取集中输入采样、集中输出刷新的扫描方式，所以 PLC 对输入/输出处理有着以下特点。

①在用户 RAM 区中设置 I/O 映像区，分别存放执行程序之前采样的各输入状态和执行过程中各结果的状态。

②输入点在 I/O 映像区中的数据，取决于输入端子在本扫描周期输入采样阶段所刷新的状态，而在程序执行和输出刷新阶段，其内容不会发生改变。

③输出点在 I/O 映像区中的数据，取决于程序中输出指令的执行结果，而在输入采样和输出刷新阶段，其内容不会发生改变。

④输出锁存电路中的数据取决于上一个扫描周期输出刷新阶段存入的内容，而在输入采样和程序执行阶段，其内容不会发生改变。

⑤直接与外部负载连接的输出端子的状态，取决于输出锁存电路输出的数据。

⑥程序执行中所需要的输入/输出状态，取决于由 I/O 映像区中读出的数据。

3. PLC 与传统继电器控制的异同

PLC 的扫描工作方式与继电接触器控制有着明显的不同，见表 5－3－2。

表 5－3－2　PLC 控制系统与继电器控制系统比较

控制系统	控制方式	线圈通电
继电器	硬逻辑并行运行方式	所有常开/常闭触点立即动作
PLC	循环扫描工作方式	CPU 扫描到的接点才会动作

继电器控制装置采用硬逻辑并行运行方式,一个继电器线圈的通断将会同时影响该继电器的所有常开和常闭触点动作,与触点在控制线路的位置无关。PLC 的 CPU 采用循环扫描工作方式,一个软继电器的线圈通断只会影响该继电器扫描到的接点动作。但是,由于 CPU 的运算处理速度很高,使得从外观上看,用户程序似乎是同时执行的。

项目六　游艇电气系统常用仪表

一、游艇电工仪表分类

游艇电力系统中使用电工仪表的种类繁多，分类的方法也有许多种。

根据仪表的工作原理可分为磁电系、电磁系、电动系、感应系、整流系、静电系、热电系及电子系等，目前游艇上应用较多的是前五种。

根据被测量的对象可分为电流表（安培表、毫安表）、电压表（伏特表）、功率表（瓦特表、电度表）、相位表（功率因数表）、频率表及多种用途表等。

根据仪表工作电流的种类可分为直流仪表、交流仪表、交直流两用仪表。

根据使用方式可分为安装式仪表（又称配电板式仪表）和可携带式仪表。

按仪表读数的方式可分为指针式、数字式和记录式等。

此外，按测量准确度的要求，各类仪表又有0.1，0.2，0.5，1.0，1.5，2.5，5.0共7个等级之分，以表示仪表的指示值与被测量值接近的程度，其对应的测量误差见表6－1－1。

表6－1－1　测量误差对应表

准确度等级	0.1	0.2	0.5	1.0	1.5	2.5	5.0
基本误差/%	±0.1	±0.2	±0.5	±1.0	±1.5	±2.5	±5.0

不同的工作环境对仪表也有不同的要求，如仪表对电场、磁场的防御能力分为：Ⅰ、Ⅱ、Ⅲ、Ⅳ四个等级，对使用条件的要求分为A、B、C三类。A类的工作环境为温度0～40 ℃，湿度在85%以下；B类为温度－20～50 ℃，湿度在85%以下；C类为温度－40～60 ℃，湿度在98%以下。对仪表的特点用符号标在表盘上，部分表盘符号的意义见表6－1－2。

表6－1－2　表盘符号及意义

符号	含义	符号	含义
Ⓐ	电流表	<60°	标度尺位置与水平面呈60°
Ⓥ	电压表	kW·h	电度表
cos φ	功率因素表	W	功率表
～	交流	+	正端钮
≂	交直流两用	－	负端钮
—	直流	*	公共端
3～或≡	三相	⏚	接地端
⊥	与外壳相连的端钮	1.5	精度等级
↑或⊥	标度尺位置为垂直放置	⊓	标度尺为水平放置

表 6－1－2(续)

符号	含义	符号	含义
☆	绝缘等级		防外磁场电场强度(Ⅰ级)
	电磁仪表		感应仪表
	电动式仪表	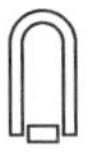	磁电式仪表

二、仪表的测量机构、原理和特点

目前游艇上使用最广泛的几种指针式仪表是磁电系、电磁系、电动系等。下面着重就结构、原理和特点做些介绍。

1. 磁电系仪表

(1)测量机构

磁电系仪表测量机构由固定的永久磁铁(马蹄形磁钢)、圆柱形铁芯、可动线圈、游丝、指针、平衡锤、调零器组成。圆柱形铁芯放置在磁极中间,使空气隙中磁场均匀。可动线圈绕在矩形铝框上,铝框、指针与转轴固定在一起,同时两只游丝的一端也固定在转轴上,如图 6－1－1 所示。

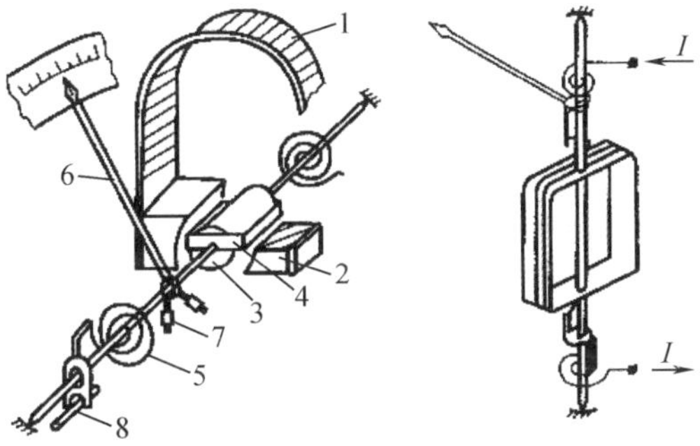

(a)测量机构　　(b)电流途径

1—永久磁铁;2—极掌;3—圆柱形铁芯;4—可动线圈;5—游丝;6—指针;7—平衡锤;8—调零器。

图 6－1－1　磁电系仪表结构和原理

(2)工作原理

当被测电流经游丝引入线圈时,线圈在永久磁铁的磁场中受力而偏转。由于气隙中磁场均匀,所以转动力矩可写为

$$M = BWA \times I = K_1 I \quad (其中\ K_1 = BWA)$$

式中　B——磁感应强度;

W——线圈匝数;

A——动圈的面积;

I——导入动圈的电流。

该转矩使铝框转动起来,并通过转轴带动指针偏转,同时扭转游丝,使游丝产生反力

矩,其大小可表示为

$$M_F = K_2\alpha$$

式中 α——指针偏转角度;

K——弹性系数。

当 M_F 与 M 相等时,可动部分便停止转动,则有

$$\alpha = \frac{K_1 I}{K_2} = KI$$

从上式可以看出,指针偏转角度与通过线圈的电流 I 成正比,由此可知,磁电系仪表标度尺可以均匀刻度。

(3)特点

磁电系仪表(系列代号C)在指示仪表中占有重要地位。主要用于直流电路中测量电流和电压。它的特点是测量准确度高,可以制成0.1级的标准表;测量机构的灵敏度高;仪表消耗功率小。

它的缺点是过载能力差,不能直接测量交流量。加整流装置后可测量正弦量平均值,经过正弦量平均值与有效值的刻度变换后,可测正弦量有效值。

磁电系仪表可制成电流表、电压表和万用表。

(4)应用举例

磁电系测量机构的电阻只有几十到几百欧姆,只能通过几十到几百微安电流,所以制成电流表或电压表时都配上合适的分流电路(分流器)或分压电路(分压器)。

2. 电磁系仪表(系列代号T)

(1)测量机构

图6-1-2为电磁系仪表排斥式测量机构。它由固定线圈、固定铁片 B_2、可动铁片 B_1、指针、游丝、空气阻尼器、调零螺丝等组成。可动铁片通过转轴与指针、游丝联系在一起。

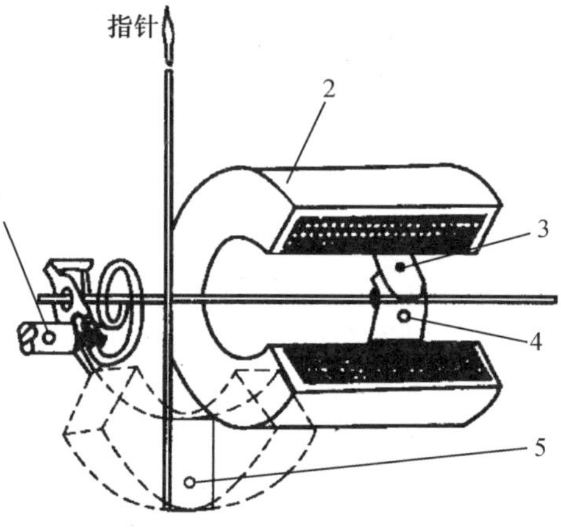

1—调零螺丝;2—固定线圈;3—固定铁片 B_2;4—可动铁片 B_1;5—空气阻尼器。

图6-1-2 电磁系仪表测量机构

(2)工作原理

当固定线圈通以电流时产生磁场,使处在该磁场中的固定铁片 B_2 和可动铁片 B_1 同时被磁化,在两铁片之间产生切线方向的斥力,形成转动可动铁片 B_1 的转矩 M 时,带动指针偏转。此转矩与通过线圈的电流的平方成正比,即

$$M = K_1 I_2$$

此时游丝被扭转，相应地产生一个反向转矩 $M_F = K_2\alpha$，α 为指针的偏转角。当 $M_F = M$ 时，指针就停止偏转，故 α 为

$$\alpha = \frac{K_1 I_2}{K_2}$$

可见电磁系仪表指针的偏转角与电流成正比。

(3)特点

由于随着线圈中电流的变化动静两铁片之间斥力的方向保持不变，所以电磁系测量机构可以直接做成直流电表和交流电表，可以测量非正弦量的有效值，而且过载的能力较强。但是仪表的准确度较低，并且由于铁芯内部的铁磁物质产生的磁滞和涡流现象，使得直流的刻度与交流的刻度不一样，同时读数还受频率的影响。电磁系仪表适合制作配电盘上的电压表和电流表。

4. 应用

用电磁系测量机构的固定线圈直接串联在被测电路中即可做成电流表。由于测量机构中的线圈阻抗随被测电流的频率而变，所以不能用并联分流电阻的方法来扩大量程。要改变量程，只能将线圈绕组分成匝数相等的几段，再利用串联或并联的连接来达到。

图 6－1－3 定线圈分为匝数相等两部分 N_1 和 N_2，图 6－1－3(a)为两个绕组串联，电流量程为 I_m；图 6－1－3(b)为两个绕组并联，电流量程扩展为 $2I_m$。

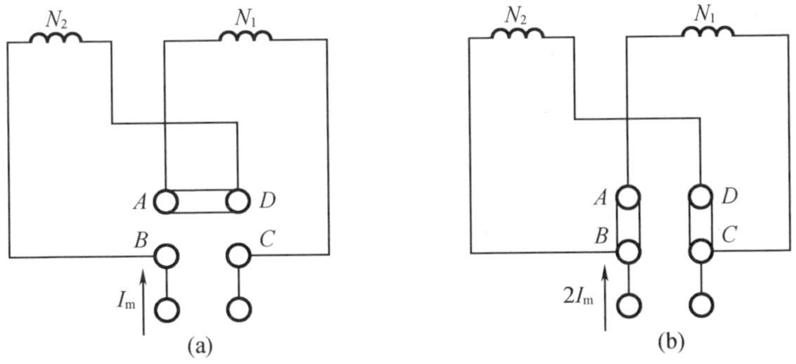

图 6－1－3　改变电流表量程方法示意图

电磁系电压表扩大量程可用固定线圈串联电阻的方法。配置不同阻值的电阻，可组成不同量程电压表。这是因为测量机构上的电压降与串联电阻上的电压降相比可以忽略。

3. 电动系仪表

(1)测量机构

它有两组线圈：固定线圈(简称定圈)和可动线圈(简称动圈)。动圈和转轴固定在一起，并可在定圈内绕转轴自由转动，转轴上还装有指针。如图 6－1－4 所示，固定线圈又分为两部分，彼此平行排列，以使两个线圈内磁场分布比较均匀。两个游丝，一端固定在转轴上，用以产生反力矩。此外还有空气阻尼叶片和空气阻尼器外盒。

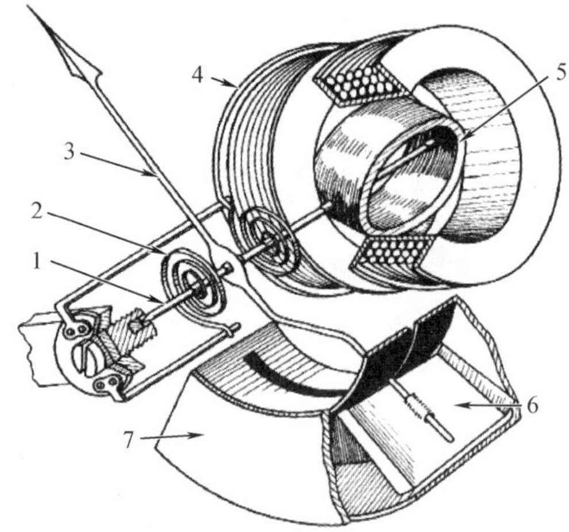

1—半轴;2—游丝;3—指针;4—固定线圈;5—可动线圈;6—阻尼翼片;7—空气阻尼密闭箱。

图6－1－4　电动系仪表结构

(2)工作原理

电动系仪表的工作原理是基于动圈和定圈间的相互作用。测量时,定圈的电流 I_1 在气隙中建立磁场,动圈的电流 I_2 就受到电磁力的作用而产生转动力矩 M,使动圈发生偏转,直到与游丝弹簧反力矩 M_F 平衡为止,即 $M=M_F$,这样指针就偏转一个相应的角度。

设 $M=K_1I_1I_2$,$M_F=K_2\alpha$。

则有 $\alpha=K_1I_1I_2/K_2$。

如果两个线圈的电流同时改变方向,则电磁力的方向及转矩的方向都不改变,因此电动系仪表能够制成交流电表。但是此时动圈和定圈的电流都是正弦量,并且两个电流的相位也不同,这样指针的偏转角度 α 应为

$$\alpha=KI_1I_2\cos\varphi$$

式中　I_1,I_2——有效值;

φ——两个电流的相位差角。

(3)特点

电动系仪表可以制成交直流两用表,可以直接测量非正弦量的有效值,但是过载的能力差。适合于制作功率表、频率表和相位表。制作电流表和电压表的原理与磁电系仪表相同。

三、仪表的合理选择

了解仪表的种类和各种仪表特点的目的是合理地选择仪表和正确地使用仪表。选择仪表就是要根据测量对象的具体情况和要求来确定仪表的类型、准确度等级、量程和内阻等。

游艇电工仪表大多是安装在配电盘和各种配电箱上的安装式仪表,是按游艇建造规范配置的。更换时,在可能的情况下应选原型号,在条件不允许的时候就需要选择替代品。选择的方法:一般来说,直流表都是磁电系仪表,而交流表的类型较多,大多是电磁系仪表;要测工频交流电流或电压,就应选用电磁系交流电流表或电压表;功率表、频率表、功率因数表选电动系仪表;测音频电流就要选用整流系交流电流表;如果被测量的是非正弦交流

电流或电压,则应区别是测量有效值、平均值还是最大值(有效值可用电磁系或电动系电流表或电压表测量,平均值用整流系仪表测量,最大值可用峰值表测量)。游艇用的测量仪表的准确度等级不应低于2.5级。

仪表量程主要是根据被测量的数值大小来确定。被测量的最大值比仪表的满刻度值大得越多,则相对测量误差就越大,因此在选用仪表量程时,应使被测量的值尽量接近满刻度值。通常先估计出被测量值可能出现的最大数值,然后选择仪表量程,它应为被测量最大值的1.2~1.5倍。一般规范规定:电压表的上量限应约为线路额定电压的120%;电流表的上量限应约为该线路中额定电流的130%;供并联运行的直流发电机用电流表和供并联运行的交流发电机用功率表,应能分别指示出逆电流或逆功率;频率表应具有±10%额定频率的刻度。

选择仪表时内阻也是重要指标之一,普通仪表的表头内阻是固定的,有些仪表的内阻在表盘上有标记,多数则没有标记。根据仪表的功能,为减小误差,在测电流时应尽量选择内阻小的电流表,而测电压时则尽量选择内阻大的电压表。此外还要根据使用场所的环境条件(温度、外磁场等)选择仪表。

四、正确使用仪表

游艇上的仪表都是按定额配备的,而且损坏了也难以修复。没有测量仪表就无法掌握电气系统的运行情况,所以作为游艇电气管理人员,正确使用电工仪表,避免仪表损坏,是十分重要的。因此使用仪表前首先应看好表盘上的符号标记,了解仪表的性能特点,最好能仔细阅读仪表的使用说明书,了解仪表使用时的注意事项,以保证仪表要求的工作条件(安放位置、温度、外磁场、交流电流波形及频率)。测量时将仪表正确地接入被测电路,例如用电压表测量电路中某两点之间的电压,两支测量棒直接接在这两个点上;用电流表测量电路某一点的电流。

需要机械调零或电调零的仪表,测量之前还要先把示值调整到零位。对于由指针指示数值的仪表,读数时,要眼睛正对指针。要特别注意多用途仪表的使用问题,绝对不可以把测量项目搞错,否则可能损坏仪表。在游艇上使用的电压表、电流表及功率表的刻度盘上应有表示其额定值的明显标志。

仪表外壳不能任意开启和无故将内部机构取出,严禁将仪表放在发电机、电动机或强电流导线的旁边或放在高温、冷热急剧变化和具有腐蚀性气体及阴暗潮湿的地方。

模块一　万　用　表

万用表是一种多用途仪表,通常用来直接测量直流电流、直流电压、交流电压、电阻等电量,还可以初步测量晶体管、电容等元件的好坏,有的还可以测量交流电流、电容量、电感量等,它是游艇维护人员必备的工具之一。目前常用的有模拟表和数字表两种,如图6-1-5所示。在此介绍模拟万用表。此种万用表型号有很多,功能有些差别,但基本功能是一样的。现以较为常用的MF-30型万用表为例说明其测量原理。

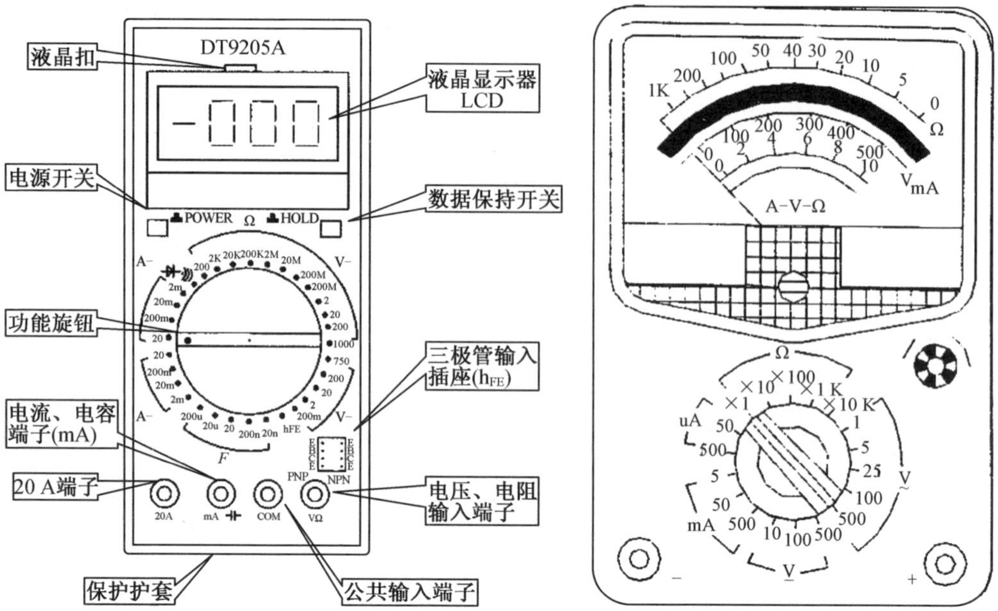

(a)数字型万用表　　(b)MF-30型万用表

图 6-1-5　数字型万用表和 MF-30 型万用表

一、万用表的主要结构

万用表主要由表头、转换开关和测量电路三部分组成。满刻度时，流过表头的电流约为几微安至几百微安。

1. 表头

通常采用高灵敏度的磁电系仪表，其刻度盘上有对应于不同测量对象的四条标尺（有的型号条数更多），最上面的一条右边标有“Ω”，表示电阻的标尺。第二条的右边标有“VmA”表示测量交流电压、直流电压和直流电流时读此标尺。第三条的右边标有“10 V ~”，表示只有测量交流 10 V 以下的电压时读这条标尺。第四条右边标有“dB”，测量放大器的增益或线路的损耗时读此标尺。

2. 转换开关

转换开关的所有位置都刻在它周围的表盘上，按测量的对象把转换开关的位置分为欧姆区、直流电压区、交流电压区、直流电流 mA 和 μA 五个部分，并且每个位置上都标明了量程和最大量程。测量时一定要确认转换开关所处的位置与被测量一致，否则就可能造成仪表损坏。

值得指出的是，欧姆挡的量程是用“×1”“×10”“×100”“×1 K”“×10 K”等标出来的。说明测量时，电阻的实际值等于指针的示值乘以开关所指的倍数，单位是 Ω。

MF-30 型万用表可测量电压的最大量程是 500 V，直流电流的最大量程是 500 mA，面板上只有两个接测试表笔的插孔，一个为“+”，一个为“-”。测量时，红表笔插“+”；黑表笔插“-”，无论转换开关置于什么位置、测量什么电量都一样。

但是有些表可以测量高电压和大电流，如 MF-47 型可以测量最高电压为 2 500 V，最大直电流为 5 A。它的面板上有四个插孔，分别标有“+”“-com”“2 500 V”“5 A”。测量时，黑表笔插“-com”，红表笔插哪个孔则要根据被测量来定。

测量电阻、小于 500 mA 的电流和低于 1 000 V 的电压时，红表笔插“+”；电流大于 500 mA 时，红表笔插“5 A”；电压高于 1 000 V 时，红表笔插“2 500 V”。

3. 测量电路

由前面的讨论可知各种仪表的测量机构所通过的电流是毫安的，而磁电式测量机构只能通过微安级的电流，所以要测量各种不同的电量和不同量程就需要有不同的转换电路。对此下面结合测量对象进行进一步的讨论。

二、正确使用万用表

(1)用万用表测量某一电量时，转换开关的位置和表笔所在的插孔与被测量要相符，表针应停在零位，否则要进行调整。

(2)万用表在测试过程中，不得随意改变转换开关的位置。

(3)测量电路中的电阻时，被测电阻至少有一端与电路完全断开，并将电路中的电源断开。如果电路中有电容存在，应先将电容器放电后再测量，切勿在电路带电的情况下测量电阻。

(4)测量电阻时，要先电调零，而且每改变一次量程，都必须重新调零。

(5)测量电压或电流时，如果具体数值大小不明，应将转换开关置于最大量程上，然后再根据实际测量值把转换开关逐渐调到合适的量程上。

(6)测量 2 500 V 的交流电压或直流电压时，红表笔要插在“2 500 V”的插孔上，并要注意安全。

(7)测量直流电压或电流时，要注意仪表的正、负极性。测电压时，红表笔应接在电路中电位较高的一点上；测电流时，电流应从红表笔流入表头。

(8)测高值(几千欧姆以上)电阻时，两只手不能都与被测电阻的引线接触，以免带来较大的测量误差。

(9)万用表只适宜测量正弦电压或电流的有效值，而不能测量非正弦量。

(10)万用表使用结束后，应将选择开关放在交流电压最大量程上，或置于“OFF”上；以保证仪表安全。

万用表的结构比较复杂，它的类型较多，表的面板上的旋钮、开关等布局也有差异，因此在使用前必须仔细了解各部件的作用，详细阅读使用说明书。

三、万用表的测量

上文已经提到万用表测量的功能是很强的，下面仅对一些主要的测量功能进行讨论。

1. 直流电流测量

(1)结构

由前面讨论可知磁电系仪表测量机构允许通过的电流是微安级的，制成电流表要并联电阻进行分流。图 6-1-6 为 MF-30 万用表测量电流的原理电路图及其电路参数，$R_1 \sim R_9$ 为环形分流器。它分为五个量程，由转换开关切换。K_a、K_b 是转换开关的两个触点，A 是铜条，图 6-1-6 下部的两个小圆表示表笔的两个插孔。

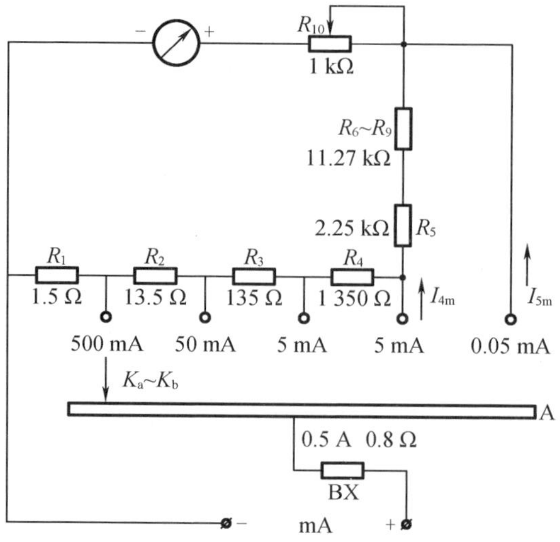

图 6－1－6　电流测量电路

(2)原理

由图 6－1－6 可以得出各量程的最大电流为

$$I_{1m} = \frac{R_g + R_1}{R_1} I_g$$

$$I_{2m} = \frac{R_g + R_1}{R_1 + R_2} I_g$$

式中　I_{1m},I_{2m}——分别是量程各档允许流过的最大电流；

I_g——测量机构允许流过的最大电流；

R_g——测量机构电阻和 R_1。

3. 测量方法

由于测量机构所能承担的电流很小，要测量比它大几个数量级的量程，分流电阻只能很小，图 6－1－6 中的 R_1 只有 1.5 Ω。表头电路的等效电阻很小，所以测量电阻的时候表头必须串联在电路中。

在电气设备的控制电路中，需要监测电流的支路，常常留有检测口，平时用导体连上，需要测量该支路的电流时，把连接导体拿掉，再接入电表。

万用表测量放大器电源支路电流的方法：先把待测量电流的支路断开，然后红表笔接在电位较高的一端，使电流从正极流入表头。如果没有留检测口，又需要临时检查某一支路的电流时，就要设法在该支路中找出一个接头，暂时把它断开，然后进行测量，如图 6－1－7 所示。

在进行上述操作的时候要注意：断开电路之前，先断开电源，待表笔接好以后，再接通电源；读出电流，测量完后，电路要还原。

总之，用万用表测量直流电流时要注意：①转换开关应在毫安挡上；②表头必须串联在电路中；③按正确使用万用表的(1)、(5)、(6)、(7)、(10)方法操作。

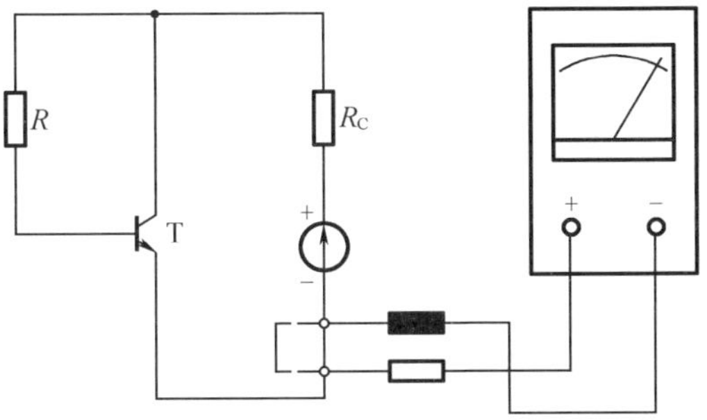

图 6－1－7　电流表测量示意图

2. 直流电压测量

(1)结构与原理

万用表的直流电压测量电路是在电流测量电路的基础上，增加了一组分压电阻，如图6－1－8 其中，$R_1 \sim R_9$ 是电流测量的分流电阻，$R_{11} \sim R_{14}$ 是为测量直流电压而设计的一组分压电阻，把电压测量分为 5 个量程，并且分成低压段和高压段。分压器分别从图 6－1－8 中的 I_{4m}、I_{5m} 两支路接入。为了方便起见，这里把测量机构和分流器统称表头，那么由电路参数可以算出这两种情况的表头电阻并设为 R'、R''，则对应于满量程表头的两个电压分别为 $U = R'I_{4m}$，$U'' = R''I_{5m}$。

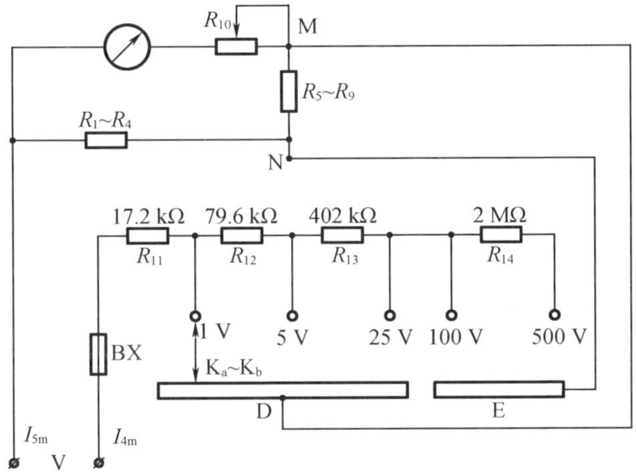

图 6－1－8　直流电压测量电路

一方面，由分压器这一组电阻来看，它们的阻值尤其是较大量程上的电阻比分流电阻大了几个数量级，这样在测量电压时，表头的电压降就非常小，避免了表头的损坏。另一方面，为了提高电压测量的准确度，希望电压表的内电阻越大越好。

(2)测量方法

因为电压表总是用来测量电源的端电压或电路的某两点或电路中某元件两端的电压，所以测量时，两只表笔总是并联在电源或元件的两端。以图 6－1－9 所示的测量电路为例，用万用表的电压挡测量电阻尺两端的电压，我们知道，电路元件两端的电压是流过该元件的电流与元件的等效电阻的乘积。在这个电路中流过电阻 R_C 的电流 I_C 基本是不变的，所以两端的电压为

$$U = I \times R_C$$

当两表笔并联在 R_C 的两端测量电压时，R_C 两端的等效电阻就变为 $R_C \parallel r_0$，（r_0 为万用表的内阻）。如果 r_0 与 R_C 相比不是大很多时，那么 R_C 两端的等效电阻就会明显减小，测出的电压就会降低。

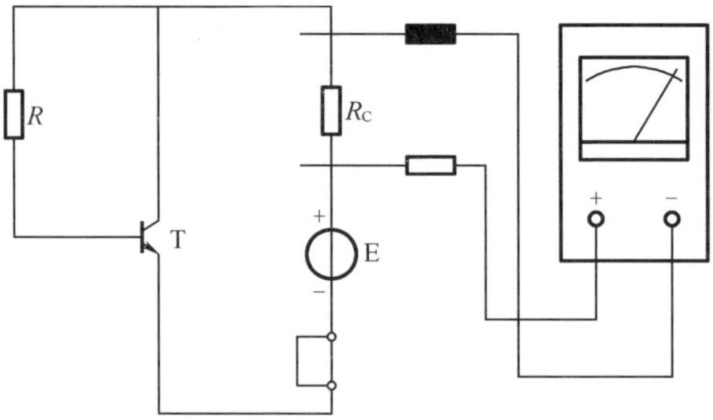

图 6－1－9　电压测量示意图

由电路的参数可以看出，电压的量程不同，内阻相差很大，所以在测量时，要尽可能避免用低量程挡测量高电压。如果被测的电压不明，应将转换开关置于最大量程上，然后再根据表针偏转的情况，把转换开关逐渐调到合适的量程上，防止损坏表头。

总之，用万用表测量直流电压时要注意：①转换开关应在直流电压挡上；②表头必须并联在电路中；③按正确使用万用表的第（1）、（5）、（6）、（7）、（10）的方法操作。

3. 交流电压测量

交流电压测量电路如图 6－1－10 所示，与测量直流电压的电路基本相同，差别之处是加入了整流电路 D_1、D_2，目的是当正弦交流电压作用在两测试笔之间，流过测量机构的只有单向半波电流，满足磁电式仪表测量机构的要求。

交流电压测量的方法与直流电压测量的方法相同，只是转换开关应在交流电压挡，并且不用考虑表笔的极性。

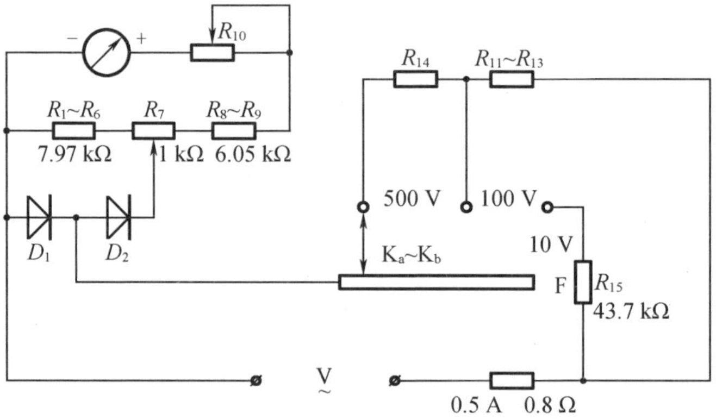

图 6－1－10　交流电压测量电路

4. 电阻测量

（1）结构

电阻测量电路也是在电流测量电路的基础上改造而成的，如图 6－1－11 所示，R_9 在这里是调零电位器,它的作用是当被测电阻等于 0 Ω 时,调节它使指针指向电阻标度尺的 0 Ω。其中,R_{19}、R_{20}是表头的分压电阻,1.5 V、15 V 电池是电阻测量的工作电源。

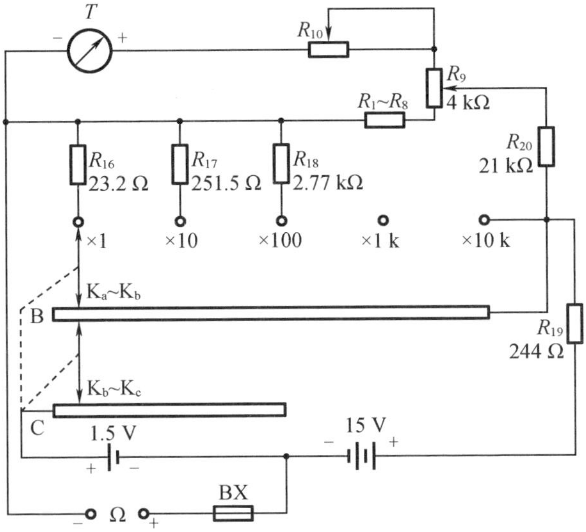

图 6-1-11　电阻测量电路

(2)原理

磁电式测量机构指针的偏转与流过它的电流成比例,此电流与被测电阻的关系可以推出。为了方便,设测量机构支路的电阻为 R_g,通过的电流为 I_C,满量程的电流为 I_g,分流电阻为 R_1,倍乘电阻用 R_r 表示,被测电阻用 R_r 表示,则通过测量机构的电流为

$$I_G = \frac{R_1}{R_1 + R_g} \cdot \frac{R_Z \cdot E}{(R_1 \parallel R_g \cdot R_{20})R_x + [(R_1 \parallel R_g + R_{20}) + R_X]R_X}$$

由上式可见 I_G 与 R_X 不是比例关系,而且 R_x 越小 I_G 越大。当被测电阻等于 0 Ω 时,通过测量机构的电流最大,此时指针也应指 0 Ω,对应的电流应等于测量机构的满量程电流 I_C,即

$$I_G = I_{GM} = I_g$$

如果指针不在 0 Ω 位上,说明 I_C 等于测量机构的满量程电流 I_g,则应调整调零电位器,使指针指 0 Ω,否则将发生较大的测量误差。

可以看出,当表笔开路时,即 $R_r = \infty$,$I_G = 0$,指针不偏转。因此欧姆的标度尺 0 Ω 在最右边,不用时指针总停在 $R_r = \infty$ 处。

3. 测量方法

从电路的结构和上述的讨论可知,万用表欧姆挡倍乘电阻值随量程的不同以十倍增长,但是与表头支路串联的电阻相比都是很小的,所以当两表笔短接时,电源的电流主要通过倍乘电阻,表头电流很小。由于工作电池存在内阻,所以不同量程,电池自身的压降相差较大,通过测量机构的电流就不一样,这样 $R_r = 0$ 时,指针就不一定都指 0 Ω,所以用万用表测量电阻时,要先电调零,而且每改变一次量程,都必须重新调零。电阻测量如图 6-1-12 所示。

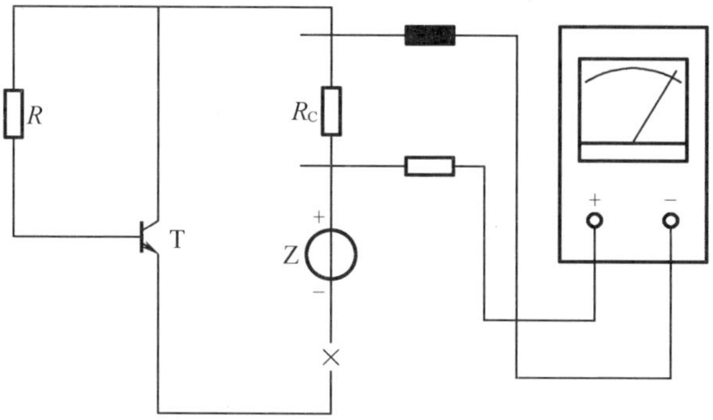

图 6-1-12　电阻测量示意图

总之,用万用表测量电阻时要注意:①转换开关应在欧姆挡上;②按正确使用万用表的第(1)、(3)、(4)、(8)、(10)的方法操作。

5. 用万用表测试电子元件

(1)测试二极管

使用二极管时,首先要识别管脚的极性。目前国产的二极管中,有的已在管壳外面标有极性符号,有的可根据型号和结构形式来区分,有时会遇到无任何标志或身边没有手册可查的情况,这时就可以利用万用表来测量它的正向和反向电阻的方法,识别其极性。

利用万用表欧姆挡测量二极管和三极管时,通常用"$R\times100$"或"$R\times1k$"这两挡进行测量,测大功率管时,可用"$R\times10$"挡,其他挡不宜用。因"$R\times1$"挡电流太大,可能烧毁小功率二极管,而"$R\times1$"挡电压太高,管子可能被反向击穿而损坏,因此不能盲目使用。

①判别极性

根据二极管正向偏压电阻小、反向偏压电阻大的特性,可以利用万用表判别它的极性。万用表内的电池极性与插孔的极性相反,红表笔对应电池负极,黑表笔对应电池正极,如图6-1-13所示。按图6-1-13所示的方法,把两根表笔分别接二极管的两引脚上,读出电阻值;对调两表笔再测一次。两次测量中电阻小的那一次(指针在右侧)二极管正向偏压,黑表笔接的是阳极,红表笔接的是阴极。换句话说,两次测量中电阻大的那一次(指针在左侧或靠近∞)二极管反向偏压,红表笔接的是阳极;黑表笔接的是阴极。

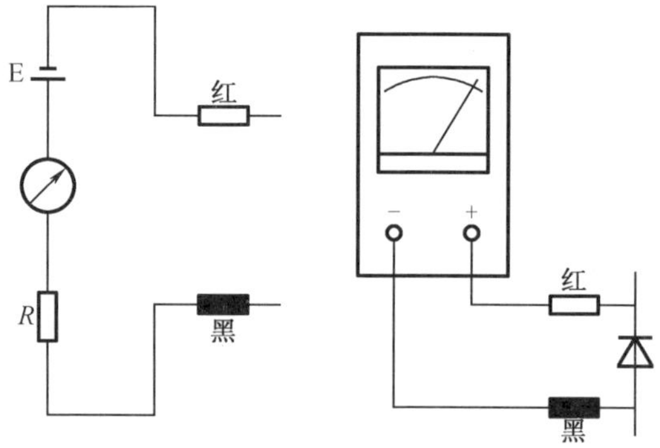

图 6-1-13　万用表等效电路及二极管测量

②判别性能

通常小功率二极管的正反向电阻相差较大,锗晶体二极管正向电阻为几百欧姆或几千欧姆，反向电阻为几十千欧姆以上；硅晶体二极管正向电阻几千欧姆至十几欧姆；反向电阻为几百千欧姆以上。正反向电阻相差越大，则说明其单向导电性越好。通常大功率二极管的正反向电阻相差较小。

如果测得的正反向电阻都极大，则二极管内部断路；如果测得的正反向电阻都极小，则表明内部短路，管子已坏。

(2)发光二极管的测量

①发光二极管的检测

发光二极管是一种能将电能转换为光能的半导体器件，是一种冷光源，作为工作状态的指示。它的正向管压降为 2 V 左右，工作电流为 5 ~ 15 mA，反向耐压 60 V 左右。

测量发光二极管要用万用表的 $R\times10$ kΩ 挡，此时表内是 15 V 或 9 V 的叠层电池。满足管压降的要求，测量发光二极管的正、反向电阻，其值与普通二极管一样，好坏判别也是一样的。但是，测量时需要观察它是否发光，有的发光二极管测得正、反向电阻正常，就是不发光，可能是它的工作电流太大，万用表不能提供。此时，可用稳压电源提供的 6 V 直流电压，在稳压电源的输出端串联一个可变电阻器后，接在发光二极管的两个电极上，再观察它是否发光。如果能发光说明是好的，反之是坏的。

②七段数码管检测

LED 七段数码显示器，又称 LED 数码管，有两种形式：一种是共阴极连接，另一种是共阳极连接，如图 6－1－14 所示。产品型号中编号的末位数是奇数，表示共阴极 LED 数码管；产品型号中编号的末位数是偶数，表示共阳极 LED 数码管。

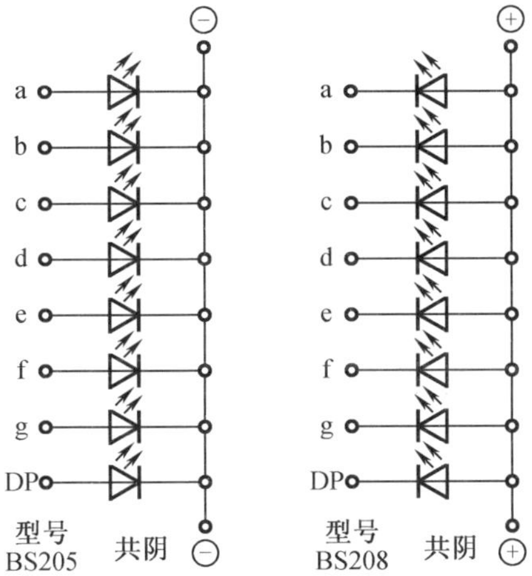

图 6－1－14　数码管连接方式

万用表检测 LED 数码管的方法是：根据二极管正向电阻小、反向电阻大的特点可判别 LED 数码管的好坏。将万用表拨到 $R\times100$ Ω 挡或 $R\times1$ kΩ 挡，一般不要用 $R\times1$ Ω 挡或 $R\times10$ kΩ 挡，因为 $R\times1$ Ω 挡使用的电流太大，容易损坏管子，而 $R\times10$ kΩ 挡使用的电压太高，可能击穿管子。以共阴极 LED 数码管为例，黑表笔与(a)脚相接，红表笔与公共端相接，测它的正反向阻值，所测得阻值较小的一次，即黑表笔为 LED 数码管的正极。同理在所测得阻值较大的一次，即为 LED 数码管负极。如果测得的反向电阻很小，说明 LED 数码管内部短路；若正向电阻很大，则说明 LED 数码管内部断路。数码管有一段损坏，会出现缺笔画现象。这种数码管已不能使用。其他各段的测量方法与上面相同。

(3)稳压二极管的测量

要测量稳压二极管的稳压值,必须使用高电阻挡,这样稳压二极管才能使稳压二极管进入反向击穿状态,一般用 $R\times10\ \text{k}\Omega$ 挡来测量,此时表内是 15 V 或 9 V 的叠层电池。当万用表置于高阻挡后,测其反向电阻,若测得的电阻为 R_x,可求得稳压值

$$V_Z = E_0 \times \frac{R_x}{R_x + nR_0}$$

式中 n——所用挡的倍率,如所用万用表最高电阻挡是 $R\times10\ \text{k}\Omega$,即 $n=10\ 000$;

R_0——万用表的中心阻值;

E_0——所用万用表最高挡的电池电压值;

R_X——测量稳压二极管的反向电阻。

例如:用 MF50 型万用表测定一只 2CW14 的稳值,$R_0=10\ \Omega$,最高挡 $R\times10\ \text{k}\Omega$、$E_0=15\ \text{V}$,$R_x=75\ \text{k}\Omega$、通过计算 $V_Z=6.4\ \text{V}$。

(4)测试三极管

三极管有 NPN 型和 PNP 型,都是由两个背靠背 PN 结构组成并且有电流放大的作用。用万用表测三极管时,要先找出它的基极并判别出它的类型,然后再区分出它的集电极和发射极。

①判别管子的基极及类型

用黑表笔接三个管脚中的一个,用红表笔先后接另外两个管脚,看两次指针偏转的情况。如果两次测量指针的偏转都很大,如图 6-1-15 所示(指针在右侧),则表笔对调,用红表笔固定在这个管脚上,再测一次。如果这次测量指针的偏转都很小,则固定表笔的这一脚是基极,而且管型为 NPN。如果上述两次测量的结果正好相反,则管型为 PNP。

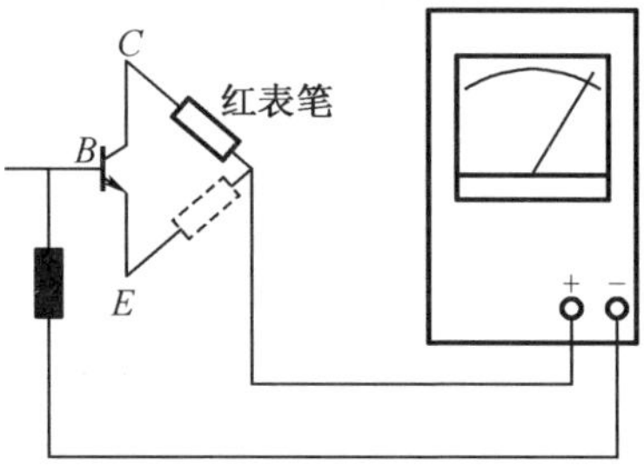

图 6-1-15 三极管基极判别示意图

如果测量的结果不是上述情况,应将黑表笔换一个脚再试,测三次中必有一次结果与上述情况相符,否则三极管已损坏。

②判别集电极与发射极

三极管的基极和管型确定之后,我们可以根据三极管在正常使用时放大倍数大,反向使用时放大倍数极小的原理判别集电极与发射极。以 NPN 管型为例,在剩下两个管脚中,假设其中任意一个脚是集电极 C,另一个脚是发射极 E。测量方法如图 6-1-16 所示,用黑表笔接 C,红表笔接 E,记下表针的位置(如图 6-1-16 中的虚线);再用沾湿(或者唾液)的两个手指同时捏住 B、C 两极,但不要使两管脚接触(或在 C、E 之间接一个几十千欧姆的电阻),记下表针偏转的角度;再假定另一个管脚为集电极 C,按同样的方法再测量一次。两次测量结果,指针偏转角大的一次说明三极管的电流放大系数大,假设是正确的,则黑表笔

对应的是集电极(测 PNP 型管子时黑表笔接假设的发射极 E)。

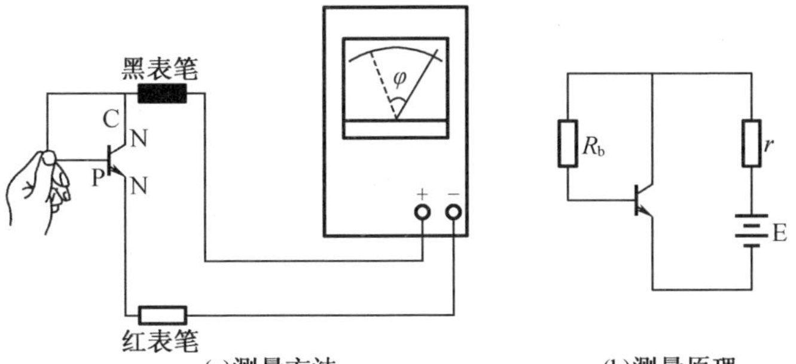

图 6-1-16　三极管 C、E 的判别

③估测电流放大系数

判别三极管发射极和集电极的方法就是利用三极管电流放大的原理。上述测量指针偏转角大的电流放大系数就大,但不能确定其具体值。有的万用表有直接测量三极管电流放大系数的功能。其转换开关有 ADJ 挡和 h_{FE}挡,表盘上有 h_{FE}的标度尺,面板上有对应于 e、b、c 的小插孔。测量时,先将转换开关转至 ADJ 挡,将两表笔短接调零,然后将转换开关转至 h_{FE}挡,再根据三极管的类型,把三个脚分别插到对应的 e、b、c 孔内,在 h_{FE}标度尺上就可读出电流放大系数值。有测量三极管电流放大系数功能的万用表,根据测定的电流放大系数的大小还可以确定集电极和发射极。具体方法自行分析。

④三极管性能的测试

穿透电流及其随温度变化的情况是表征三极管性能的重要参数,了解它很有必要。

穿透电流的大小可以用万用表的欧姆挡来测量,下面以 NPN 管为例说明它的测量方法。用黑表笔接集电极,红表笔接发射极,看指针偏转的大小。指针偏转得越大,穿透电流也越大,三极管的性能不稳定;指针偏转得越小,穿透电流也越小,三极管的性能比较稳定。此外,在测穿透电流的同时,对三极管加温,如用温和的手捏住金属管壳,可以看到指针慢慢向右偏转,说明穿透电流随湿度在增加。偏转越快,说明穿透电流随温度变化越大,三极管性能越差。

5. 可控硅的测量

用模拟式万用表 $R\times100\ \Omega$ 挡或 $R\times10\ \Omega$ 挡,用两表笔循环接触可控硅任意两个电极,总有一次阻值是小的,此时,黑表笔对应的电极就是控制极,红表笔接的电极是阴极,剩余的便是阳极。可控硅正常时控制极与阴极的正向电阻为几千欧姆,反向电阻为几百千欧姆,控制极与阳极的正反向电阻均为无穷大。若测得控制极与阳极的正反向电阻均很小,说明控制极与阳极已击穿;若测得控制极与阳极的正反向电阻为无穷大,说明控制极与阳极已断路;若测得控制极与阳极与阴极之间的正反向电阻都很小,表明可控硅也已击穿。

6. 万用表的其他测量

利用万用表还可以进行多种测量,下面对船上常用的测量做些介绍。

(1)电容器测试

利用万用表内的电池对电容充放电,可以测试电器的性能。

小容量的电容器(几个至几千 pF),用“$R\times1\ k\Omega$”“$R\times10\ k\Omega$”挡测量时,表针是不动的,即阻值无穷大。容量在 0.01 ~0.47 μF 的电容器,表针会轻微向右摆,充电完毕后表针又回到无穷大。

电容量越大,表针向右摆动越大。当表针向右摆动很大或到达零处,并停在那里,说明电容器已被击穿或短路。如果表针向右摆动后,回不到无穷大,说明电容器漏电。漏电阻大,电容器的性能好;当漏电阻太小时,电容器就不能用了。如果把两个表笔对调一下进行测量,得到的反向电阻值与刚才正向测量的电阻值不相等,则此电容器可能是电解电容器,若正向测量比反向测量的电阻大,则正向电阻是电解电容器的实际漏电阻,此时黑表笔接电解电容器的正极。

(2)测定特殊电阻

经常用的负温度系数的热敏电阻传感器,可以用万用表检测其性能。把它插入热水中,万用表的"$R\times10$"或"$R\times100$"挡测量两根引线之间的电阻,正常时,可见到电阻值的变化。若测得的电阻无穷大,说明该电阻开路。对于游艇上使用的热电阻传感器的检查也一样,当插入热水中,测量两个接线柱间的电阻值正常时,可见到电阻值随温度的升高而增加;若测得的电阻无穷大,说明该热电阻开路。

用万用表"$R\times10\ \mathrm{k\Omega}$"挡测量热电阻或热敏电阻的接线柱与金属外壳电阻,若不无穷大,说明绝缘不好。

(3)测试光敏器件

光敏器件有光敏电池、光敏电阻、光敏二极管、光敏三极管等,光敏电池受到光照后,用万用表的直流"mV(或mA)"挡可测到电势(或电流),若光照后电势为零,说明光电池失效。对于后三种光敏器件,可用万用表的"$R\times1\ \mathrm{k\Omega}$"挡测量其电阻。将器件放在光照处和黑暗处分别测量,正常时,电阻值有明显变化,若电阻值不变,说明该器件失效。若电阻值都为零,说明短路;若电阻值都为无穷大,说明开路。

(4)测试热电偶

用万用表低阻挡测量热电偶的两个接线柱间的电阻值,正常时,其值为零;若使热电偶的热端温度升高,用万用表的直流"mV(或mA)"挡可测到电势(或电流),其值随温度的升高而增大。若测得的电阻值是无穷大,说明热端开路,热电偶已经坏了。用万用表"$R\times1\ \mathrm{k}$"挡测量接线柱与金属外壳电阻,若不是无穷大,说明绝缘不好,可能内部的绝缘瓷管破碎,应设法修复。

(5)电感线圈的检测

万用表检测电感线圈方法是:万用表选用$R\times1\ \Omega$挡,两支表笔接线圈的两个引出脚,测得电阻值由电感线圈的匝数和线径决定。匝数多、线径细的线圈电阻值就大一些;反之则相反。对于有抽头的线圈,各引出脚之间都有一定的阻值。若测得的阻值为无穷大,说明线圈已经开路;若测得的阻值等于零,说明线圈已经短路。另外,测量时要注意线圈局部短路的问题,线圈局部短路时阻值比正常值小一些;线圈局部断路比正常值大一些。

(6)微型电磁继电器的测量

①用模拟式万用表对继电器通电线圈进行通、断检测的方法

万用表检测继电器通电线圈的方法与上述电感线圈的检测方法相同,这里就不再赘述。

②用万用表对继电器常开、常闭触点检测的方法

万用表检测继电器常开、常闭触点的方法是:万用表选用$R\times10\ \mathrm{k\Omega}$挡,万用表的两支表笔先测量常开触点,测得电阻值为无穷大,说明常开触点正常;如果测量的阻值不是无穷

大,则说明常开触点没有断开,已损坏。再将万用表欧姆挡调到 $R\times1\ \Omega$ 挡,再去测量常闭触点,测得电阻值应为零,说明常闭触点正常。如果测量的阻值不是零,则说明常闭触点没有闭合、接触不良或已损坏。

(7)集成电路测量

①离线直流电阻测量法

所谓离线直流电阻测量是指集成电路没有装在印刷电路板上或集成电路未与外围元件连接时,测量集成电路的各引脚对应于地脚的正、反向电阻。具体测量方法是首先,在集成电路手册上或技术资料中找到被测集成电路的型号,查到该集成电路各引脚对地接地脚的正、反向电阻的参考值。其次,用万用表 $R\times1\ \text{k}\Omega$ 挡,一般不用 $R\times1\ \Omega$ 挡,以防测试电流太大损坏集成电路。测量前应对欧姆表校零。例如被测集成块是 TA7680AP①脚,红表笔接①脚,黑表笔接地(④脚),测得电阻为 5.8 kΩ,然后交换表笔,黑表笔接①脚,红表笔接地,测得电阻为 12 kΩ。将所测值同正常值比较,只要相差不大,就可以认定集成电路性能良好。由于集成电路的生产批次不同,电阻值误差也较大,一般为 10% 左右。如果超出误差 10%,该集成电路的性能就有问题。

②集成电路在线测量法

a. 在线直流电阻测量法　指集成电路焊在印刷电路板上,接在电路中时的测量与检查方法。这一方法可以在不通电、不动电烙铁的情况下进行。着重检查集成电路中工作不正常的部分,各引脚的正、反向电阻。在线测量时,一定要注意各引脚对地电阻值要受外围元件的影响。通过测量,如果某一个引脚的正、反向电阻与参考电阻有明显差异,还不能确定集成电路是坏的,还要检测引脚的外围元件是否损坏,也可以断开这个引脚的外围元件后,再测量这个引脚的反向电阻值。总之,应注意总结经验,收集资料,才能正确地判断集成电路的好坏。

b. 在线直流电压测量法　判断集成电路好坏的常用方法。它是用万用表的直流电压挡测出各引出脚对地的直流电压值,然后与标注的参考电压进行比较,并结合其内部和外围电路进行分析,据此来判断集成电路的好坏。直流电压测量时应注意使用的万用表的内阻要大,一般要求万用表的内阻为 20 kΩ/V,万用表内阻太小,会影响测量的精度,会出现较大误差。在测量集成电路各引出脚的直流工作电压时,如果遇到某个引出脚的电压与原理图提供的参考电压不一致,此时,一方面要检查测量的条件与方法;另一方面要核对所提供的参考电压是否可靠。因为,有些参考电压与实际电压有较大差别,有时还有印刷和标注方面的错误,所以需要寻找一些相关的资料进行查对,不要急于判定集成电路坏了。

由于集成电路内部由许多晶体管组成,各级之间全部采用直接耦合方式,所以前后级工作点相互影响。当集成电路内某个元件损坏时,不但会影响相应引出脚的电压值,而且还会影响与之相关的后面各级。在测量集成电路引出脚直流电压前,应先测集成电路的供电电压是否正常,如果供电电压不正常,所测得引出脚的直流电压也是不正常的;如果供电电压正常,测得引出脚的电压不正常时,也要检查外围元件是否正常。若外围元件正常则说明集成电路内部已损坏,应予以更换。还要注意所测的电压是静态电压还是动态电压。因为集成电路的个别引出脚有信号时的动态电压和无信号时的静态电压有明显变化,一般在测量静态电压时可将输入端交流短路,测量动态电压时可在输入端输入交流信号。

总之,万用表可以做多种多样的测量,可以在实际工作中进一步体验和掌握。

模块二　兆　欧　表

兆欧表主要用来测量和检测电机、电气设备、输电线和电缆的绝缘电阻。它是游艇电气管理人员必备的主要测量仪表之一。便携式兆欧表具有使用简便、携带方便，测量时不需要其他辅助设备、不需要外接电源即可直接读出测量结果等优点，所以便携式兆欧表被广泛使用。

一、兆欧表的结构

兆欧表的结构示意图如图 6－2－1 所示。兆欧表常采用比率表结构，比率表不同于一般的指示仪表，其特点主要在于它不是用游丝来产生反作用力矩，而是和转动力矩一样，由电磁力来产生。兆欧表所测的绝缘电阻值以兆欧（MΩ）为单位，这就需要一个携带方便而电压又很高的电源，同时希望电压的波动不影响测量结果。为此，兆欧表的主要组成部分是一台手摇发电机和磁电系比率表。直流发电机（或交流发电机与整流电路配合的装置）的容量很小，而电压都很高，它是兆欧表的电源。兆欧表的分类就是以发电机所能发出的最高电压来决定的。电压越高，兆欧表所能测得的绝缘电阻值也就越高。

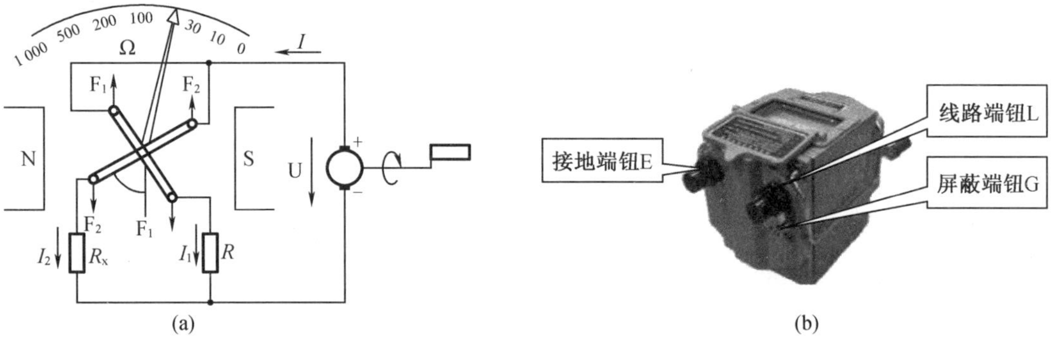

图 6－2－1　兆欧表的结构示意图

二、兆欧表的工作原理

兆欧表的工作原理如图 6－2－1 所示。被测电阻 R_x 接于兆欧表测量端子“线端”L 与“地端”E 之间。摇动手柄，直流发电机输出直流电流。线圈 F_1、电阻 R_1 和被测电阻 R_x 串联，线圈 F_2 和电阻 R_2 串联，然后两条电路并联后接于发电机电压 U 上。

设线圈 F_1 电阻为 r_1，线圈 F_2 电阻为 r_2，图 6－2－1 中，设线圈 F_1 电阻为 r_1，线圈 F_2 电阻为 r_2，则 r_1、r_2、R_1 为定值，R_x 为变量，所以改变 R_x 会引起比值 I_1/I_2 的变化。由于线圈 F_1 与线圈 F_2 绕向相反，流入电流 I_1 和 I_2 后在永久磁场作用下，在两个线圈上分别产生两个方向相反的转矩 T_1 和 T_2，由于气隙磁场不均匀，因此 T_1 和 T_2 既与对应的电流成正比又与其线圈所处的角度有关。当 $T_1 \neq T_2$ 时指针发生偏转，直到 $T_1 = T_2$ 时，指针停止。指针偏转的角度只决定于 I_1 和 I_2 的比值，此时指针所指的是刻度盘上显示的被测设备的绝缘电阻值。

当 E 端与 L 端短接时，I_2 为最大，指针顺时针方向偏转到最大位置，即“0”位置；未接被测电阻时，R_x 趋于无限大，$I_2 = 0$，指针逆时针方向转到“∞”的位置。该仪表结构中没有产生反作用力距的游丝，在使用之前，指针可以停留在刻度盘的任意位置。

三、兆欧表的正确使用

能够正确使用兆欧表是很重要的，如果接线和操作不当，都将影响测量结果，甚至危及人身安全。下面介绍如何正确使用兆欧表及使用中的注意事项。

1. 兆欧表的选择

(1) 兆欧表的测量范围选择

测量范围的选择要适当，被测绝缘电阻的阻值与所选兆欧表的测量范围不要相差太大，尽量避免读数时使用到表盘下限或上限刻度密集处。这是因为这些位置会使读数产生较大的误差。常温(20 ℃)时，测定低压电气设备的绝缘电阻一般可选用 0 ~ 200 MΩ 的兆欧表；测定高压电气设备或电缆可选用 0 ~ 2 000 MΩ 的兆欧表；测定特高压电气设备、电缆或瓷套管等，可用 0 ~ 4 000 MΩ 或 0 ~ 10 000 MΩ 的兆欧表。

实验室常用的兆欧表型号为 ZC25 - 3 型，电压为 500 V，如图 6 - 2 - 2 所示。

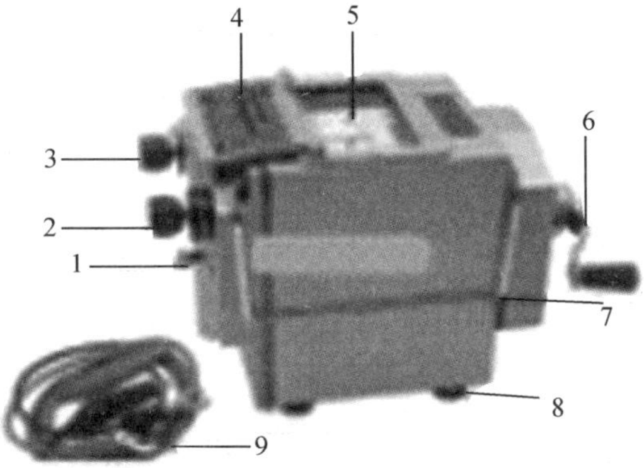

1—保护环(屏蔽端)；2—L 端接线柱；3—E 端接线柱；4—表头盖；5—刻度盘；
6—发电机手柄；7—手提；8—橡胶底角；9—标配测试棒。

图 6 - 2 - 2　ZC25 - 3 型兆欧表

(2) 兆欧表电压范围的选择

因为兆欧表在使用时，实际加在绝缘电阻的电压低于手摇发电机发出的电压，所以在选用兆欧表的电压范围时，一般应使兆欧表的电压高于被测物的额定电压，并兼顾到不损坏被测物，这样才能测试出被测物是否能在额定电压下达到必要的绝缘电阻值。

通常，当测量额定电压 500 V 以上的设备、电机绕组及电力变压器的绕组等应选用 1 000 ~ 2 500 V 的兆欧表；额定电压在 500 V 以下的设备，一般选用 500 V 或 1 000 V 的表；而低压电气设备的绝缘电阻，只能选用 100 ~ 200 V 的兆欧表。对于有规程规定的应以规程为准。

2. 兆欧表的接线

(1) 接线柱的确认

一般兆欧表上有三个接线柱，如图 6 - 2 - 2 所示。“线”L 接线柱，在测量时，它与被测试物和大地绝缘的导体部分相接；“地”E 接线柱，在测量时，它与被测试物的外壳或其他导体部分相接；“保护环”G 接线柱，在测量时，它与被测试物上保护遮蔽环或其他不需测量部分相接。一般测量时只用 L 和 E 两个接线柱，G 接线柱只在被测试物表面漏电很严重的情况下才使用。

(2) 保护接线柱的使用

当兆欧表测量较大的绝缘电阻、额定电压又较高时，有两条途径会产生漏电流，这种漏电流将引起较大的测量误差，为了消除漏电流引起的误差，就需加保护环。在使用兆欧表测绝缘电阻时，若被测试物表面的影响很显著而又不易除去时，必须加入保护环。但在大多数情况下，擦干净被测试物的表面，就能够把表面的不良情况排除，使得测出的数值接近绝缘物内部绝缘电阻的实际值。但在特殊条件下，例如空气太潮湿，绝缘材料的表面受到侵蚀而不能擦干净时，测出来的绝缘电阻太低，这就需要判断是内部绝缘不好，还是表面漏电的影响，这时就要把表面和绝缘电阻分开，以便进行比较和判别。这时利用保护环，就可把表面绝缘完全撇开到兆欧表的指示之外。如果在不接保护环时，绝缘电阻的数值就很高，那就不一定要把表面和内部的情况分开了。

(3)兆欧表的正确连线

应该分别将 L 接线柱及 E 接线柱用单极导线与被测试物相连，特别要注意的是，L 接线柱所用连接线要对大地绝缘良好，因为这一条线的绝缘电阻是相当于和被测试物的绝缘电阻相并联。如果用双绞线一股接 E 接线柱，一股接 L 接线柱，测量结果是不准确的。

3. 使用注意事项

(1)使用前应先检查一下所选用的兆欧表工作是否正常，当 L 与 E 接线柱之间不接任何被测试物(即处于开路状态时)，以 120 r/min 的转速顺时针方向摇动手柄，观察兆欧表是否指向∞；再将 L 与 E 接线柱短路，慢慢转动手柄，观察兆欧表是否指零，如果满足上述两个条件，说明兆欧表工作正常。

(2)若被测试物连有电源，在测试前必须将电源切断，否则，不但影响测量结果，对测试人员及仪表都是很危险的。若被测试电气设备上的电源在测试前刚刚断开，特别是电容器、大容量的变压器与发电机等设备放电时间较长，一般要 2 ~ 3 min。

(3)使用兆欧表时，应远离磁场，水平方向放置在平稳、坚硬的场地上，尽量避免由于测量机构存在少许不平稳而造成的不平衡误差和由测量机构的倾斜引起的倾斜误差。

(4)虽然兆欧表的读数一般不受转速变化的影响，但转速与规定转速相差太大也会对兆欧表有损害或产生测量误差。一般要求转速不超过规定转速 ±20%(规定转速为120 r/min)。摇动时，还应避免先快后慢，因为摇动时发电机输出电压高，使被测试物绝缘介质上充上高电压，当转速慢下来时，兆欧表中的电压过低，使绝缘介质上的电荷倒流，造成读数误差。

(5)在测定较高电阻时，保护环应接于被测试物两端最内层的绝缘层，以消除因漏电而引起的读数误差。

(6)在测量较大容量的电容器、发电机、电缆线路和变压器等设备的绝缘电阻之后，由于它自身存在的电容被兆欧表的高压充电，测试完毕后还带有高压，可能会造成人身被短时电击。所以测完后应先将被测试物进行短接放电，也就是将测量时所用的地线从兆欧表 E 笔取下与被测物接触一下即可。

(7)当使用兆欧表测试时，兆欧表的 L 与 E 接线柱之间有很高的直流电位差，绝对不能用手去碰兆欧表的端子或被测试物，以免被击伤。测试结束后，发电机转子还没有完全停止转动，设备还没有完全放电之前，也应注意不要马上用手去拆除连线，避免发生触电事故。

(8)测量电气设备绝缘电阻时，应根据设备额定电压的大小选用不同等级的兆欧表。

(9)仪表的接线柱与被测试物设备间连接的导线，不能用双股绝缘线和绞线，应用单股线单独连接，以免绞线绝缘不良而引起误差。

(10)在测量电缆的缆芯对外壳的绝缘电阻时，除将缆芯和外壳分别接于“线路 L”和“接地 E”外，还要将电缆壳、芯之间的内层绝缘物接“保护环 G”，以消除因表面漏电引起的误差。

四、兆欧表的校验与调整

1. 兆欧表误差的调整

调整前应对仪表的电气回路与机械机构的完善与否进行检查。如果发现有不正常的情况，应进行修复，调整中要注意两个测量线圈间的相对位置是否准确，若仪表内部测量机构和发电机部分无问题，可根据下面几种情况分别进行调整。

(1)当兆欧表不接任何导线或反接一根接地线时，转动兆欧表发电机手柄，看指针是否在∞处，如果不到∞位置，则应减少电压回路的电阻；如果超出∞处，则应增大电阻。有的兆欧表在电压回路的电阻上串有电位器，即∞调节器或调节磁通的“磁分路片”，对于这样的表，调节时只需调节∞调节器，也可改变磁分路片的位置。

(2)短接L与E接线柱，摇动兆欧表发电机手柄，观察指针是否指到零位(一般缓慢摇动即可指零)。如果不到零位，则应减少电流回路的电阻，如果超过零位，则应增大电阻。

(3)若指针少许不到零位或超过零位，可用镊子拨动指针进行调整。若少许不到∞位，可用镊子拨动一下导丝，利用导丝的残余力矩使指针指到∞位。

(4)当兆欧表的零位和∞位都已调好，而前半段或后半段误差较大时，可将导丝重新焊接，少许伸长或缩短导丝，利用导丝的残余力矩来改变前半段或后半段的刻度特性。

(5)兆欧表刻度特性改变，产生较大误差时，可能是指针对线框夹角或两线框间夹角改变。也可能是底座位置和线框偏斜，经过检查调整可将误差消除或减少。

2. 兆欧表的校验方法

兆欧表的校验方法有多种，但其中最简单的方法是采用标准电阻的校验方法，直接用标准电阻作为兆欧表的刻度核对。当没有精密兆欧电阻箱时，一般也可以自制电阻箱作兆欧表校验刻度用。如果仅仅检验兆欧表能否使用，则不一定要制作电阻箱，只要将若干个电阻加以串、并联组合，便可以进行粗略的校验。

五、测量方法举例

1. 测定电气设备中线圈对地的绝缘

兆欧表的E接线柱应接到电气设备的外壳或铁芯(如变压器铁芯)上，L接线柱应接到线圈的导线上。

若电气设备是多相的，而各相之间又不连接，在测量对地的绝缘时，兆欧表的L接线柱应分别逐个接到各相线圈的导线上，而E接线柱则接金属外壳或铁芯，也可将不参与测量的线圈一并接地，以避免不必要的感应电压的产生。

若测量某设备的各相或各线圈之间的绝缘电阻(各相或各线圈之间不能有电的连接)，应将两相或其线圈的导线分别接到兆欧表的L接线柱和E接线柱上。

2. 测量线路对地的绝缘

首先将所要测试的线路的电源切断，然后将兆欧表的L接线柱接到所要测试的线路上，E接线柱接地。摇动兆欧表发电机至额定转速，指针稳定后所指刻度值为此线对地的绝缘电阻值，如图6-2-3所示。

3. 测量线路间绝缘电阻

首先要切断电源，然后将兆欧表的L接线柱与E接线柱分别与被测两线路相接。测量方法同上，如图6-2-4所示。

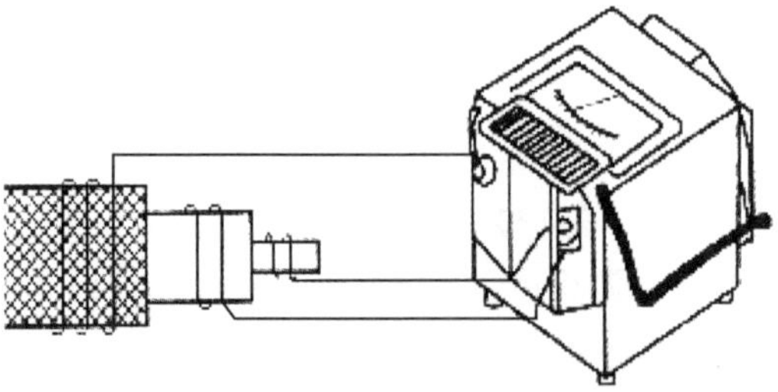

图 6－2－3　电缆线绝缘测量

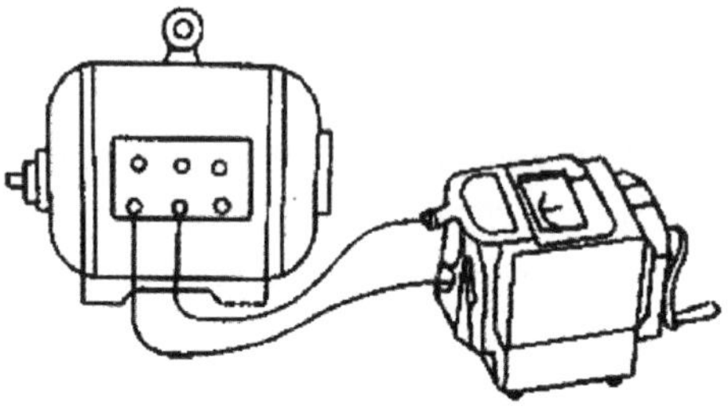

图 6－2－4　电动机相间的绝缘测量

模块三　钳形电流表

一、电流互感器结构和工作原理

1. 穿心式电流互感器

当电流互感器的初级线圈匝数不变时，随着被测电流的增大，电流互感器初级线圈的匝数相应地减少，当初级线圈的匝数减少到一定程度时，便可以不用初级线圈，直接将通过大电流的导线和互感器的铁芯相绞连，如图 6－3－1 所示。例如 HL－25 型电流互感器，当初级电流 I_1 为 100 A 时，可用软电线从互感器孔中穿 6 次，当 I_1 =150 A 时，穿 4 次。以此类推，当 I_1 =600 A 时，只穿过 1 次即可，这种形式的互感器称为穿心式互感器。

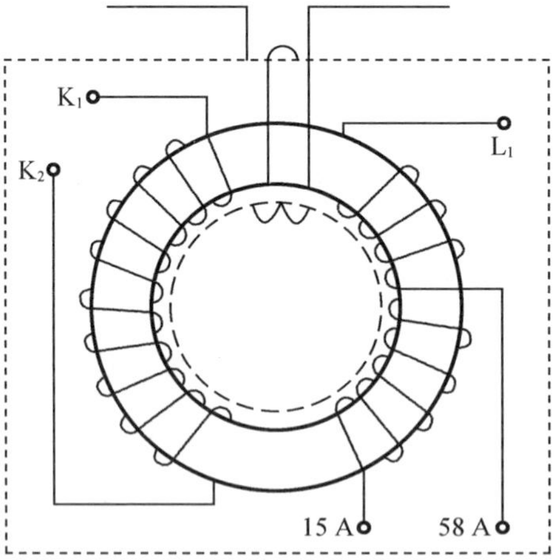

图 6－3－1　穿心式电流互感器

2. 钳形电流表

根据上述单匝穿心式电流互感器的原理，即可制成钳形电流表，如图6－3－2所示。通常，在用电流表测量电路的电流时，需切断电路，才能将电流表或电流互感器的初级线圈串接到被测电路中去，而用钳形电流表进行测量时，则可在不切断电路的情况下测量电流。

钳形电流表是由电流互感器和电流表组成的，电流互感器的铁芯在捏紧扳手时就可以张开，如图6－3－2中虚线所示，可不必切断被测电流通过的导线就可以穿过铁芯的缺口，然后放松扳手，铁芯闭合。这样，通过电流的导线相当于电流互感器的初级线圈，次级线圈中便出现感应电流，和次级线圈相连的电流表的指针便发生偏转，从而指示出被测电流的数值。钳形电流表使用方便，但准确度不高，一般为2.5级或5.0级，通常只用在不便于拆线或不能断电的情况下，以便了解设备或电路的运行情况。如通常使用钳形电流表测量三相异步电动机的启动电流及运行电流。

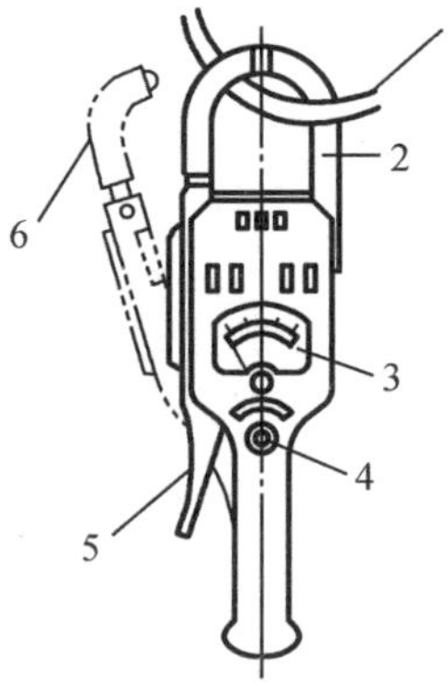

1—被测载流导线；2—铁芯；3—表盘；4—量程转换开关；5—手柄；6—可开合钳口。

图6－3－2　钳形电流表的外观

二、钳形电流表的使用方法及注意事项

实验室常用的MG26型袖珍钳形交流电压表电流表是一种可携带直读式整流系多量程仪表。该表用来测量工作频率为50 Hz，电压不超600 V的交流电路中的电流及电压。如图6－3－3所示。

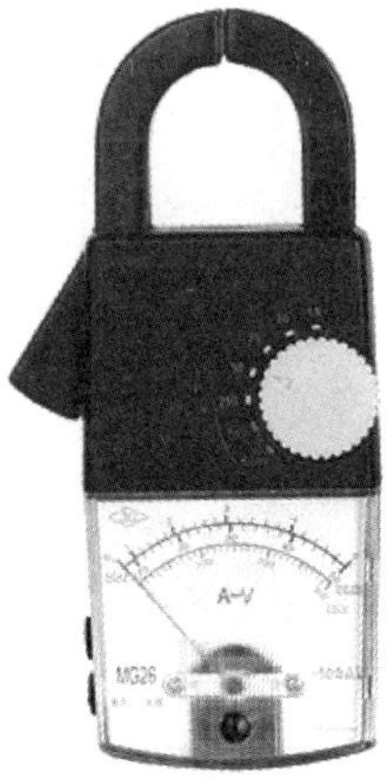

图6－3－3　MG26型袖珍钳形交流电压表电流表

使用时应注意：

(1)使用前应擦去仪表钳口上的油污，以使钳口紧密结合，如有杂质可重新开合一次。

(2)零位调整　使用前注意指针是否指在零位上，如不指在零位，可调整表盖上的机械零位调整器，使其恢复至零位。

(3)测量前应先将旋钮放在最大量程挡上，测量时根据被测量值的大小，再变换合适的量程。

(4)测量电流　将转换开关调至需要测量的一挡(如果测量值是未知的，应将开关放于最高量程)，用手扳开钳口，放置被测导线。为了减少误差，被测导线应放置在导磁铁芯的窗口(钳形口)的中央，导磁铁芯闭合后，即可在标度尺上测出读数。例如电网与设备电流检测，如图6－3－4所示。

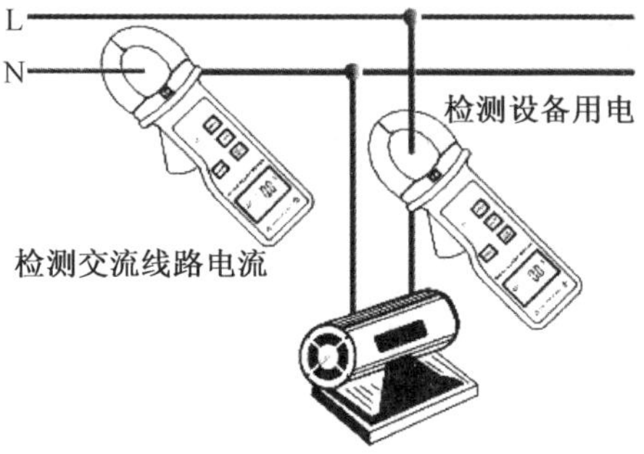

图6－3－4　电网与设备电流检测

(5)测量5 A以下电流时，为了得到较为准确的测量值，在条件许可的情况下，可把导线多绕几圈放进钳口进行测量，但实际电流值应为读数除以放进钳口内导线的圈数。

(6)切忌在测量电流过程中转换量程挡。

(7)测量电压　将转换开关调至电压量极限，再将测电笔插入右边插座孔内，然后将测电笔跨接于电路中，即可在红色标度尺上测出读数。

(8)测量完毕，一定要将量程分挡旋钮放在最大量程的位置上，以免再次使用时，由于疏忽未选择量程而损坏仪表。

随着电子工业的发展与电子技术的进步，采用大规模集成电路制成的各种数字式钳形电流表，其外观如图6－3－5所示，原理示意图如图6－3－6所示。

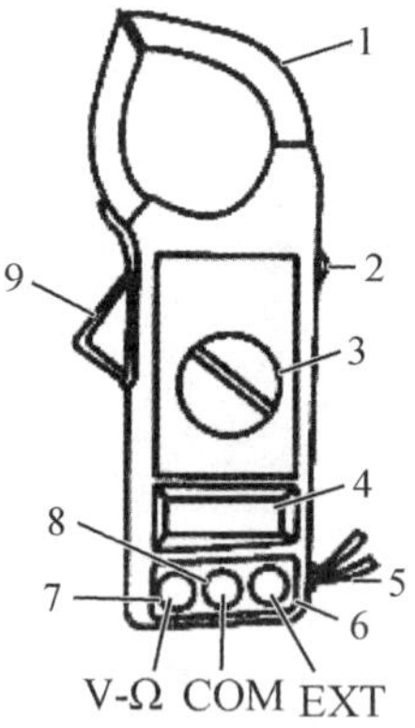

1—钳头；2—保持开关；3—旋转开关；4—显示器；5—手提带；
6—绝缘测试附件接口端；7—电压电阻输入端；8—公共地端；9—钳头扳机。

图6－3－5　数字式钳形电流表外观示意图

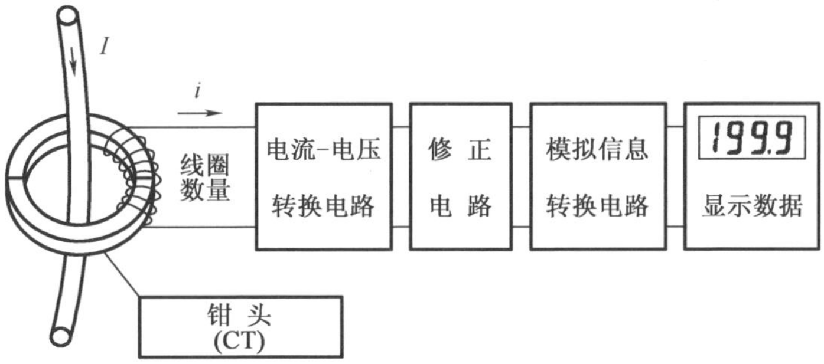

图 6-3-6　数字式钳形电流表原理示意图

模块四　功　率　表

功率表是用于测量电功率(简称功率)的仪表,也称瓦特表。关于电功率的计算,在直流电路中,功率的表示式为 $P=U\cdot I$。在正弦交流电路中,有功功率的表示式为 $P=U\cdot I\cdot\cos\varphi$。

显然,功率表必须能反映上面这种电压和电流的乘积关系。由于电动系测量机构基本性能比较好,测量的精度比较高,现代的功率表大多数采用电动系的测量机构,所以在此着重讨论电动系功率表,如图 6-4-1 所示。

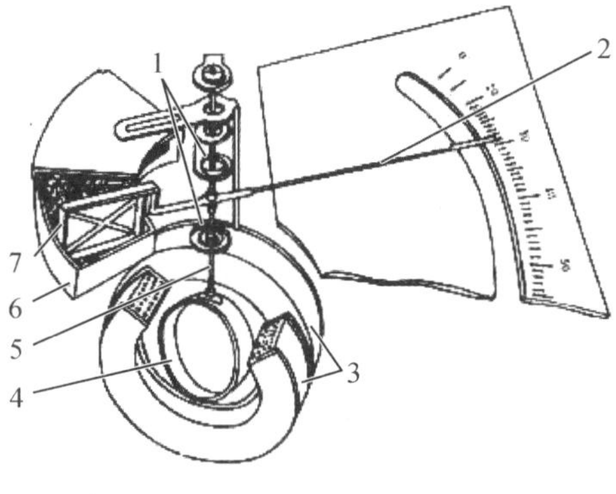

1—游丝;2—指针;3—静圈;4—动圈;5—转轴;6—阻尼盒;7—阻尼翼片。

图 6-4-1　电动系功率表示意图

一、电动系功率表的结构和工作原理

利用电动系仪表测量机构做成的功率表,是用测量机构的固定线圈检测被测电路(负载)的电流,所以它串联于电源和负载之间,通过的电流就是负载电流,因此常称定圈为功率表的电流线圈。以测量机构的可动线圈串联一个附加电阻 R_t 来检测被测电路两端的电压,所以它并联至被测电路的两端,这时加到动圈支路两端的电压就是负载电压,因此动圈常称为电压线圈,它所在的支路称为功率表的电压支路。为了使表针在定圈、动圈电流的作用下顺时针偏转,定圈和动圈分别标有同名端,用“ * ”表示,表明测量时两个线圈的电流要同时从该端流入或流出,如图 6-4-2(a)所示。

根据国家标准规定,“电流和电压相乘的线圈”用一个圆如一条水平粗实线和一条垂直细线表示，如图 6－4－2(b)虚线框内所示。下面就来介绍电动系功率表的交流电功率测量原理。

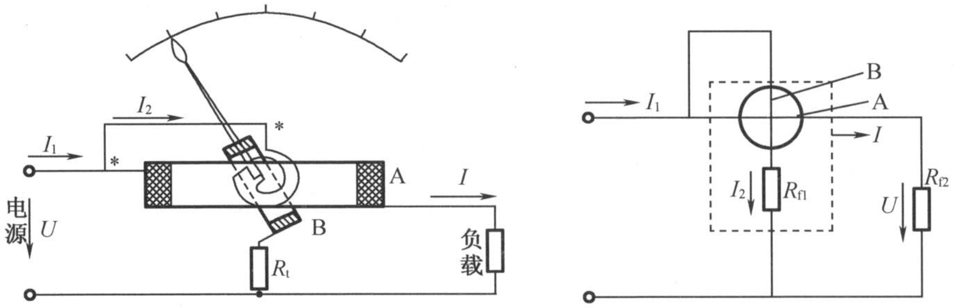

(a)原理示意图　　(b)电路图

图 6－4－2　电动系功率表

如果我们把讨论直流电功率测量中用的 I、U、I_1、I_2 视为有效值，那么在交流电路中同样存在以下关系。

通过电动系测量机构定圈的电流等于负载电流，即

$$I_1 = I$$

通过动圈中的电流为

$$I_2 = U/Z_2$$

式中 Z_2 为电压支路的总阻抗。如果忽略动圈的感抗(与附加电阻相比很小)。则电压线圈中的电流 I_1 与支路端电压 I_2 同相位，如图 6－4－3 所示。那么 I_1 与 I_2 之间的相位差 φ 就等于通过负载的电流 I 与负载两端的电压 U 之间的相位差即

$$\varphi = \psi$$

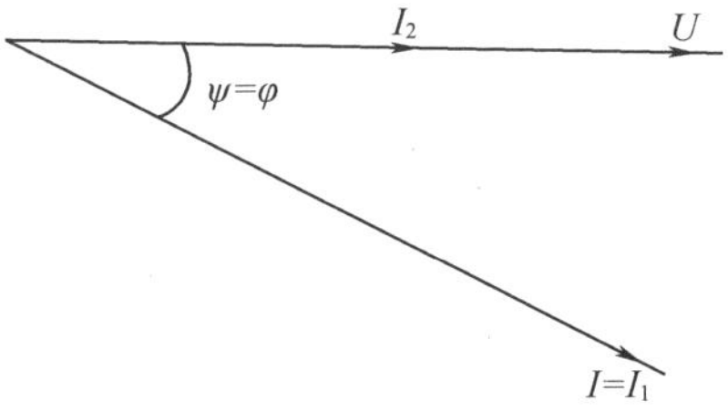

图 6－4－3　功率表矢量图

所以有

$$\alpha = K_P IU\cos\varphi = K_P P$$

式中 P 为负载电路的有功功率。

从上式可以看出，在交流电路中，电动系功率表指针的偏转角与交流电路的有功功率 P 成正比。

可见电动系功率表不仅可以用来测量直流电路的功率，也可以用来测量正弦和非正弦交流电路的功率。

二、多量程功率表

安装式的功率表通常是单量程的，一般与互感器配合使用；而携带式的功率表通常做成多量程的，一般有两个电流量程，两个或三个电压量程。

电流的两个量程是由两个完全相同的电流线圈绕组采用串联或并联的方法来实现的。两个绕组串联时，如图 6－4－4(a)所示电流量程为 I_m；两个绕组并联时，如图 6－4－4 (b)所示，电流量程为 $2I_m$。

功率表的电压量程是靠电压线圈串联不同附加电阻达到的。图 6－4－5 为一个具有两个电压量程的功率表的电压线路，它有三个端，其中标有“ * ”符号的为公共端钮，与线圈同

名端一致。

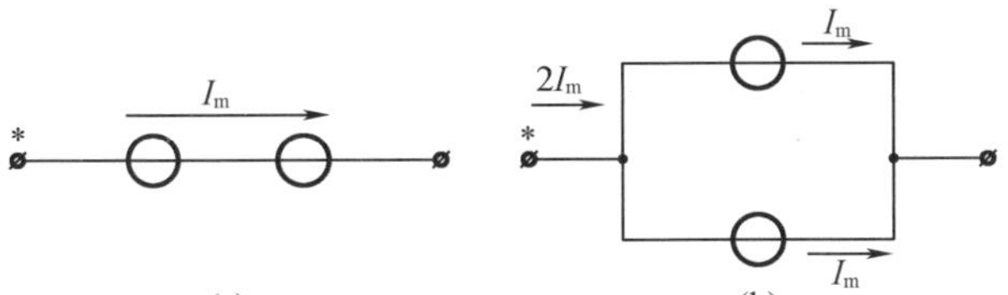

(a)　　(b)

图 6-4-4　电流量程两种形式

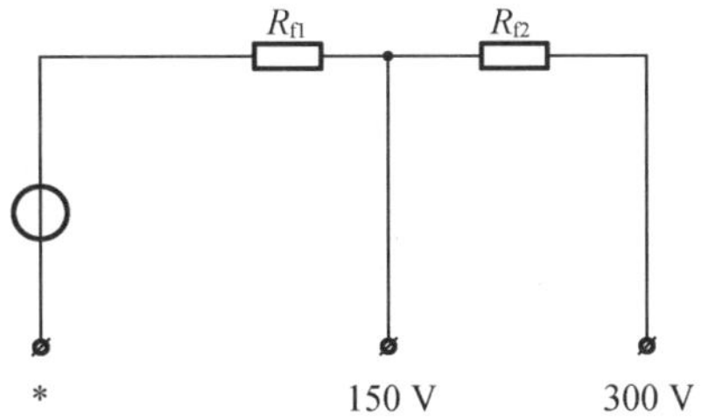

图 6-4-5　多量程功率表的电压电路

功率表电压线圈不同量程的端钮及公共端和电流线圈各绕组的端钮全部引出，固定在表盘的接线柱上，并标上相应的量程和同名端，如图 6-4-6(a)所示是 D34-W 型功率表的表盘。图 6-4-6(b)、(c)表示改变量程时，电流线圈的两个绕组通过接线片串联和并联的接线方法。

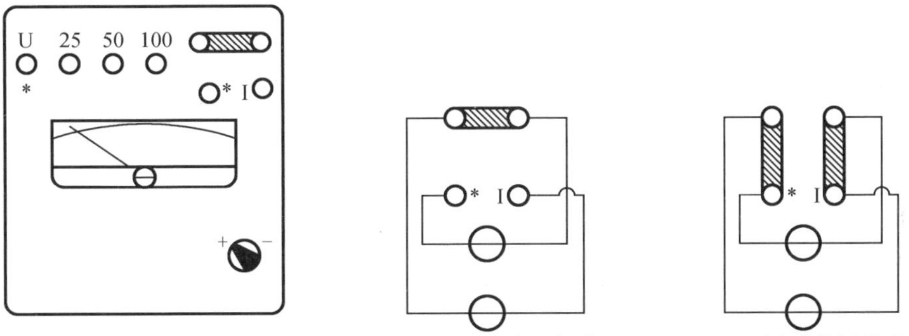

(a)功率表面板图　　(b)两电流线圈串联　　(c)两电流线圈并联

图 6-4-6　D34-W 型功率表

选用功率表中不同的电流和电压量程，可以获得不同的功率量程。例如 D34-W 型功率表的额定值为 0.25 A、0.5 A 和 25 V、50 V、100 V。如选用 0.25 A 和 100 V 量程，其功率量程为 $0.25\times100=25$ W；选用 0.5 A 和 25 V 量程，则功率量程为 $0.5\times25=12.5$ W。

三、功率表的正确使用

从功率表的工作原理可知，功率表有两个独立支路，而且有确定的同名端。不同的厂家，同名端的标志符号也不同，通常用“*”“±”或“△”等特殊标记。

1. 功率表“发电机端”接线规则

功率表的同名端一般称为“发电机端”。为了正确地使用功率表，在测量时接线必须遵守“发电机端”接线规则。

(1)功率表标有“*”号的电流端钮必须接至电源的一端（所以标有“*”号的端钮称为电流线圈的发电机端钮），而另一电流端钮则接至负载端。电流线圈是串联接入电路中的。

(2)功率表中标有“*”号的电压端钮，可以接至电流端钮的任一端，而另一个电压端钮则跨接到负载的另一端。功率表的电压支路是并联接在负载电路的两端的。

根据上述规则，功率表的正确接线如图 6-4-7 所示，其中图 6-4-7(a)称“功率表电压线圈前接方式”，图 6-4-7(b)称“功率表电压线圈后接方式”。这两种接线方式，可以根据测量要求任意选择。

上述功率表的接线规则称为“功率表的发电机端的接线规则”，是接线时必须严格遵守的。如果不是这样连接，而是将其中一对端钮反接，如图 6－4－8(b) 所示，则功率表的动圈将会朝相反方向偏转。所以以上两种接线不仅无法读数，而且表指针也容易打弯。

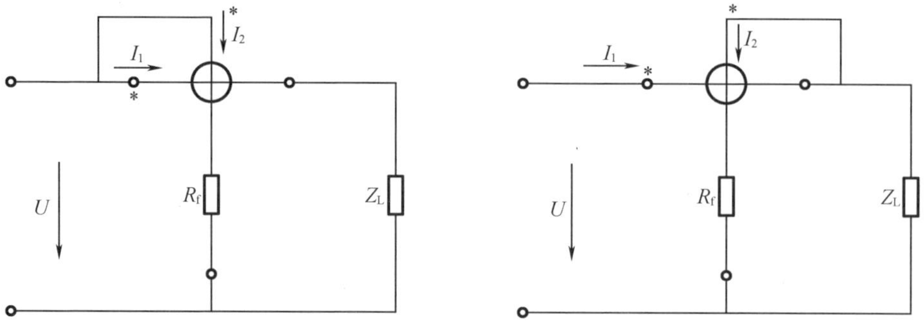

(a)电压线圈前接方式　　(b)电压线圈后接方式

图 6－4－7　功率表的正确接线

如果按图 6－4－8(c) 接线，两对端钮同时接反，虽然指针不会反转，但也是接线规则不允许的。

在正确接线的情况下，若发现指针反转，说明负载含有电源，负载输出功率。此时应换接电流线圈的两个端钮，但不要换接电压端钮。有的功率表装有换向开关，当发现指针反转时，只要转动转换开关就可以改变指针偏转方向。

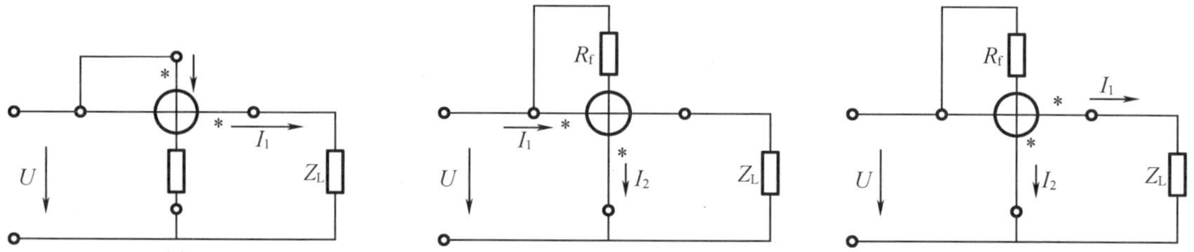

(a)　　(b)　　(c)

图 6－4－8　功率表的错误接线

2. 功率表的读数

功率表的标度尺上只有分格数，而不标瓦特数，一格所代表的瓦特数称为功率表的分格常数。在测量时，读到功率表偏转的格数后，乘以功率表的分格常数，就得出被测功率的数值。

$$P = C \times \alpha$$

式中　P——被测功率，W；

C——功率表的分格常数，W/格；

α——指针偏转格数。

功率表的分格常数 C 常用下式计算：

$$C = U_m I_m / \alpha_m$$

式中　U_m——功率表电压量程额定；

I_m——功率表电流量程额定；

α_m——功率表标度尺满刻度的格数。

3. 注意事项

(1)仪表指针不在零位时,可利用表盖上零位调整器调整。

(2)测量时如遇仪表指针反向偏转,应改变仪表面板上“+”“-”换向开关极性,切忌互换电压接线,以免使仪表产生误差。

(3)功率表测出的功率值包括了其本身电流线圈的功率损耗,所以在做准确测量时,应从测得的功率中减去电流线圈消耗的功率,才是所求负载消耗的功率。功率表两电流线圈的电阻值在表盘上标出,供修正所测功率值时使用。

(4)功率表与其他指示仪表不同,表针偏转大小只表明功率值,并不显示仪表本身是否过载。有时表针虽未达到满度,但只要 U 或 I 之一超过该表的量程就会损坏仪表。因此,为安全起见,在使用功率表的同时,电路中需接入电压表和电流表,起监视保护作用。

模块五 功率因数表

电动式功率因数表结构如图 6-5-1 所示,其主要由固定的电流线圈 A 和可动的电压线圈 B、C 组成。固定线圈 A 分成两个绕组,这样使可动线圈周围空间有比较均匀的磁场;可动线圈 B 和 C 的绕向相反,在空间相交成一定的角度,并固定在一根转轴上。线圈 C 与电阻串联,当忽略线圈的电感时,I_1 与 U 同相,线圈 B 与一电感线圈串联,故其 I_1 滞后 U 一个 β 角,而 U 与负载电流 I 间的相位差是由负载性质决定的,矢量关系如图 6-5-1(b)所示。

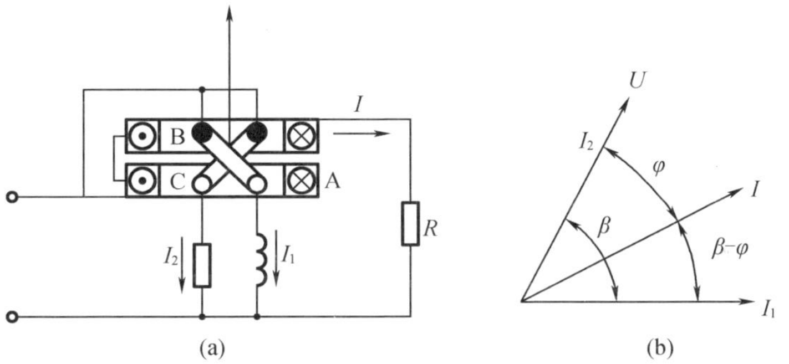

图 6-5-1 电动式功率因数表结构及矢量图

当负载电流 I 通过电流线圈 A 时产生磁场,磁场的强弱与电流 I 成正比,通过电压线圈的电流,I_1 和 I_2 在此磁场中受磁场力 F_1 和 F_2 的作用。由于线圈 B 和 C 的绕向相反,因此两线圈所受的转动力矩 M_1 和 M_2 也反向。如果负载电流 I 滞后的角度是 α,从图 6-5-1(b)可知,I_1 与 I 之间的相位差是 $\beta-\alpha$,则线圈 B、C 在磁场中受电磁力的大小为

$$F_1 = K_1 I_1 I\cos(\beta-\alpha)$$

$$F_2 = K_2 I_2 \cos\beta$$

式中 K_1,K_2 是比例系数。证明 F_1、F_2 的大小与负载的功率因数的大小有关。当 F_1 和 F_2 分别作用在线圈 B、C 上时,它们所产生的转矩大小仅与电磁力 F 的大小有关,用图来说明两个电压线圈受力的情况。图 6-5-2 中 N、S 极是负载电流通过固定线圈 A 所产生的磁场。载流导线在磁场中所受电磁力的方向可用左手定则确定。图中线圈 B 处于水平位置,这时

B 线圈所受的力矩为零。图 6－5－2(a)是线圈 C 所受的力矩大于线圈 B 所受的力矩的情况，可动部分将按顺时针方向转动。图 6－5－2(c)是两个线圈所受力矩相等的情况，指针静止在一定位置。

当负载的功率因数变动时，F_1 和 F_2 的大小也要变化，线圈上的 M_1 与 M_2 不再相等，转轴要偏转到另一位置才能重新达到平衡，于是指针指出一个新的 cos 值。

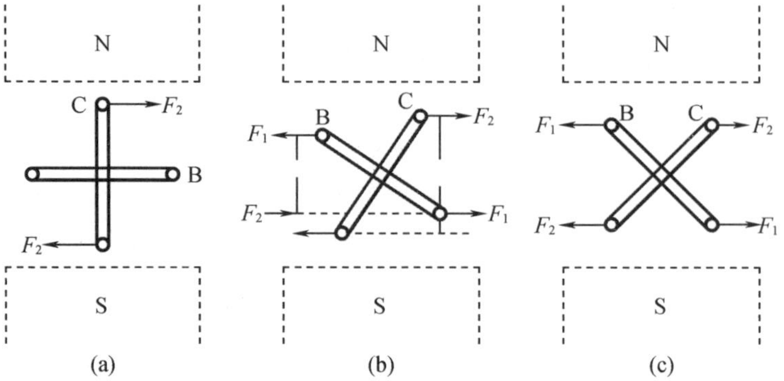

图 6－5－2　电压线圈在磁场中受力的情况

因为表内没有产生反作用力的游丝，所以在未接入电路前，指针可以停留在任一位置上。三相功率因数表共有 5 个接线柱，如图 6－5－3 所示，其中接线柱 M、L 为电流接头；接线柱 A、B、C 为电压接头。相序一定不能接错，在接入互感器时要特别注意仪表的接线说明，并注意各接线端与互感器和电力线路之间的对应关系。

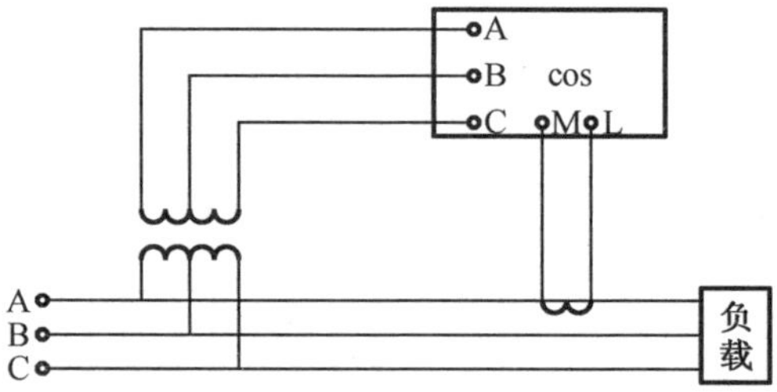

图 6－5－3　功率因数表的实际接线图

项目七　游艇电气系统故障与维护

模块一　游艇电气设备故障分析与处理方法

知识点一　游艇电气设备故障分析一般方法

游艇电气设备故障发生后，一般来说，电气设备管理人员须针对电气设备的故障现象并结合设备及系统的工作原理进行综合分析，判断电气设备的故障点（或故障零部件），找出故障原因并加以排除，其检查与分析步骤可归纳为：

(1)弄清故障现象；

(2)查看电气线路图和说明书；

(3)分析故障原因；

(4)确定检查部位；

(5)拆卸元器件（拆卸之前各接线头应做好标记）；

(6)确定故障；

(7)修理并排除故障；

(8)装复试验。

一、直观法

通过“问、看、听、摸、闻”来发现异常情况，从而找出故障电路和故障所在部位。

(1)问　向现场操作人员了解故障发生前后的情况。如故障发生前是否过载、频繁启动和停止；故障发生时是否有异常声响、振动、冒烟、冒火等现象；有无相关报警信号、监测仪表显示的相关运行参数是否正常等。

(2)看　根据设备故障现象仔细查看各种电器元件的外观变化情况。如看触点是否烧熔、氧化，熔断器熔体熔断指示器是否跳出，热继电器是否脱扣，导线和线圈是否烧焦，热继电器整定值是否合适，瞬时动作整定电流是否符合要求等。

(3)听　主要听有关电器在故障发生前后声音是否有差异。如听电动机启动时是否只“嗡嗡”响而不转；接触器线圈通电后是否噪声很大等。

(4)摸　故障发生后，断开电源，用手触摸或轻轻推拉导线及电器的某些部位，以察觉异常变化。如触摸电动机、自耦变压器和电磁线圈表面，感觉温度是否过高；轻拉导线，看连接是否松动；轻推电器活动机构，看移动是否灵活等。

(5)闻　故障出现后，断开电源，将鼻子靠近电动机、自耦变压器、继电器、接触器、绝缘导线等处，闻一闻是否有焦味。如有焦味，则表明电器绝缘层已被烧坏，主要原因则是过载、短路或三相电流严重不平衡等。

二、比较法

若怀疑故障是由于某电器元件或某块电路板，在确认不会造成新的故障发生的前提下，可把认为有问题的元件或电路板取下，用新的或确认无故障的同一型号的元件或电路板替换可疑的部件，如果换件后故障消失则认为判断正确；反之则需要继续查找。游艇上易损的元器件或重要的电路板往往都有备用件，一旦有故障马上换一块就可以解决问题，故障件可以慢慢修复，这也是一种快速排除故障的方法。

三、短路法

控制环节电路都是由开关或继电器、接触器触点组合而成。当怀疑某个触点有故障时，可以用导线（或鳄鱼夹）把该触点短接，此时若故障消失，则证明判断正确，说明该触点接触不良或已损坏。但是要牢记，当做完试验发现故障点后应立即拆除短接线，不允许用短接线代替开关或开关触点

四、经验法

根据电气设备日常运行维护记录、各类设备故障的记录及管理人员处理故障的实践经验迅速排除故障。

五、状态法分析故障原因

发生故障时，根据电气设备所处的状态进行分析的方法为状态分析法。电气设备的运行过程总可以分解成若干个连续的阶段，这些阶段也可称为状态。任何电气设备都处在一定的状态下工作，如电动机工作过程可以分解成启动、运转、正转、反转、高速、低速、制动、停止等工作状态。电气故障总是发生于某一状态，而在这一状态中，各种元件又处于什么状态，这正是分析故障的重要依据。例如，电动机启动时，哪些元件工作，哪些触点闭合等，因而检修电动机启动故障时只需注意这些元件的工作状态，状态划分得越细，对检修电气故障越有利。对一种设备或装置，其中的部件和零件可能处于不同的运行状态，查找其中的电气故障时必须将各种运行状态区分清楚。

六、读图法

电气图（电气原理图）是用以描述电气装置的构成、原理、功能的工具。检修电气故障，常常需要将实物和电气图进行对照。故障发生后通过对电气图进行阅读分析，理解设备和装置的工作原理及工作过程，结合设备布置图和接线图进行设备和装置电气故障的原因分析和检修。

知识点二　电气故障一般处理方法

一、观察和调查故障现象

电气故障现象是多种多样的。例如，同一类故障可能有不同的故障现象，不同类故障可能有同种故障现象，这种故障现象的同一性和多样性为查找故障带来复杂性。故障现象是检修电气故障的基本依据，是电气故障检修的起点，因而要对故障现象进行仔细观察、分

析;如果条件具备,可以尽可能地让故障重现,从而找出故障现象中最主要的、最典型的方面,查清故障发生的时间、地点、环境等。

观察和调查的内容应主要包括:

(1)故障名称、发生条件、发生时间。

(2)设备运行时间。

(3)有何异常现象,有何声响或光报警信号等,有无烟气或异味,有无误操作。

(4)控制系统操作是否正常,操作程序有无变动,在操作时是否有特殊困难或异常,零件有无卡阻或损伤,各种导线有否松动、破裂、擦伤或烧毁。

(5)设备运行参数有何变化,有无明显的干扰信号,有无明显的损坏信号。

(6)检查所有仪表读数是否正常,如电压、频率、电流等。

(7)检查报警装置及连锁装置打印输出或显示器是否正常。

(8)借助测试仪器,通过测量其电压、电流或电阻进行分析判断。

二、熟悉电路原理,确定检修方案

当一台设备的电气系统发生故障时,不要急于动手拆卸,首先要了解该电气设备产生故障的现象、过程、范围、原因,熟悉该设备及电气系统的基本工作原理,分析各个具体电路,弄清电路中各级之间的相互联系及信号在电路中的来龙去脉,结合实际经验,经过周密思考,确定一个科学的检修方案。

1. 先机损,后电路

电气设备都以电气－机械原理为基础,特别是机电一体化的自动化设备,机械和电子在功能上有机配合,是一个整体的两个部分。往往机械部件出现故障而影响电气系统,使许多电气部件的功能不起作用。因此不要被表面现象迷惑,电气系统出现故障并不全部都是电气部件本身问题,有可能是机械部件发生故障所造成的。因此先检修机械系统所产生的故障,再排除电气部分的故障,往往会起到事半功倍的效果。

2. 先简单,后复杂

检修故障要先用最简单易行、自己最拿手的方法去处理,再用复杂、精确的方法。

所谓先易后难,就是对设备比较容易检查的部分先检查。如:用万用表测量控制电路是否正常,电源保险丝是否熔断。对于确定要拆检的各个部位,应按照引起故障发生的可能性,以及拆检的简易与复杂程度,确定拆检的先后顺序。通常做法是先拆简易的,后拆复杂的;先拆可能性大的,后拆可能性小的。

3. 先动后静

所谓先动后静,就是对设备经常处在运行状态的部分先检查,如断路器、隔离开关、熔丝、接点及机械运动部分等,其他部分后检查。

4. 先检修“通病”,后攻“疑难杂症”

电气设备经常容易产生相同类型的故障就是“通病”。由于通病比较常见,积累的经验较丰富,因此可快速排除。这样就可以集中精力和时间排除比较少见、难度高、古怪的“疑难杂症”,简化步骤,缩小范围,提高检修速度。

5. 先外部测试检查,后内部处理

先外部,后内部。由于外部环境低劣,因此故障发生率比较高,比如:一些安装在机器处所的执行机构、动作元件、浮子、限位开关、感应探头、传感器等,就是在不拆卸电气设备的情况下，利用电气设备面板上的开关、旋钮、按钮等进行测试检查，缩小故障范围。首先排除外部部件引起的故障，其次检修内部故障，尽量避免不必要的拆卸。

6. 先不通电测量，后通电检修

首先在不通电的情况下，对电气设备进行检修，然后再在通电的情况下，对电气设备进行检修。对许多发生故障的电气设备检修时，不能立即通电；否则会人为扩大故障范围，烧毁更多的元器件，造成不应有的损失。因此，在故障设备通电前，先进行电阻测量，采取必要的措施后，方能通电检修。

7. 先公用电路，后专用电路

任何电气系统的公用电路出现故障，其能量、信息就无法传送分配到各具体专用电路，专用电路的功能、性能就不起作用。例如一个电气设备的电源单元出现故障，整个系统就无法正常运转，向各种专用电路传递的能量、信息就不可能实现。因此遵循先公用电路、后专用电路的顺序就能快速、准确地排除电气设备的故障。

三、安全措施

在查修电气故障时，首先必须严格遵守电气安全操作规程。此外，还应注意以下几点：

(1)查修故障时，必须切断电源，并挂上警告牌，以防止有人不知情况而误送电引发事故。绝对不允许带电打开电器护罩。

(2)在检修时，必须保证足够的照明。为了检查维修方便需用手提灯时，电压要控制在安全电压的范围之内，并且在灯泡外加防护罩。

(3)在检修过程中，特殊情况需要带电测试或检修时，必须确认带电部件附近无其他工作人员，方能送电。

(4)在带电检修时，必须有专人在旁看护，并做好一旦发生危险立即切断电源的准备。

四、总结经验，提高效率

电气设备出现的故障五花八门、千奇百怪。任何一台有故障的电气设备检修完毕，应该把故障现象、原因、检修经过、技巧、体会记录在专用笔记本上，学习掌握各种新型电气设备的理论知识、熟悉其工作原理、积累维修经验。

模块二　电子设备故障分析及处理方法

知识点一　电子设备故障分析

随着游艇电气化和自动化程度不断提高，电子设备用于艇上的数量与日俱增。作为电气管理人员必须掌握电子设备故障分析方法及维修技能。因为电子设备线路复杂、元器件数量多、型号规格也多。所以，电子设备故障分析和修理有它独特之处，这里简单介绍电子设备故障的分析与处理方法。

一、电子设备故障的种类

1. 接触不良

印刷电路板与插槽接触不良、电缆线内部折断时通时不通、线插头及接线端子接触不良、元器件虚焊等，皆属此类。

2. 信号受干扰

对数字电路而言，在特定的条件下，故障才会呈现。有可能确实是干扰太大影响了控制系统使其出错，也有可能是电路板个别元件参数出现了变化，使抗干扰能力趋向临界点，从而出现故障。

3. 元器件热稳定性不好

从大量的维修实践来看，其中热稳定性最差的是电解电容，其次是其他电容、三极管、二极管、集成电路、电阻等。

4. 电路板上有湿气、积尘等

湿气和积尘会导电，具有电阻效应，而且在热胀冷缩的过程中阻值还会变化，这个电阻值会同其他元件有并联效果，这个效果比较强时就会改变电路参数，使故障发生。

5. 软件也是考虑因素之一

电路中许多参数使用软件来调整，某些参数的裕量调得太低，处于临界范围，当机器运行工况符合软件判定故障的条件时，报警就会出现。

二、电子设备故障分析方法

1. 不通电观察法

电子设备发生故障可能是由于电阻、电容、电感等电路元件和晶体管、集成电路等电子器件及变压器、开关、熔断器等部件的损坏而引起的，也可能是电路的或机械的连线或触点不良造成的。电阻烧坏、电容器漏液或炸裂、电源变压器损坏、开关滑位、电路断线、插件松脱等引起的故障都容易直观地发现，因此，在检查电子设备时，可先在不通电的情况下，观察电子设备上的开关、旋钮、插口、接线柱等有无松脱、滑位、断线等问题。打开电子设备外壳盖板，观察内部的元件、器件、插件、电源变压器、电路连线等，有无烧焦、漏液、发霉、击穿、断开等现象。

但是应当指出，在修理时不能单纯地调换已损坏的器件就算结束，应当进一步查找电子设备的电路原理图，搞清楚损坏器件的部位和它在电路中所起的作用，从而分析导致损坏的原因及可能波及的范围，查出导致故障发生的真正原因，发现其他损坏的器件，这样才算完全修好设备；否则，真正的故障因素没有排除，设备开机使用后，更新的器件可能又会损坏。

2. 通电观察法

如果在不通电观察中未能发现故障原因，就应采用“通电观察法”进行检查。为了避免设备故障扩大及便于重复观察，可以使用自耦变压器(0 ~ 240 V，500 VA，若直流电源需加整流器)逐步加压供电。在自耦变压器输出端，应接一个适当量程的电流表和电压表，通电观察时，应先把电子设备的开关合上，然后从0 V开始逐步加压，注意所加电压的设备内部有无异常现象发生。

通电观察法特别适用于检查跳火、冒烟、异味、烧毁熔断器等故障现象。这些故障常发生在电子设备的整流电路部分，通电观察时，首先应注意整流部分、电解电容有无“吱吱”声，或者电源变压器、电阻器等器件是否发烫、有异味、发黑、冒烟、跳火等，一旦发现应立即切断电源。如果一时看不清损坏器件，可重复上述过程。一旦查出损坏的器件，应进一步核对电子设备的电路原理图，分析器件损坏的原因及可能波及的范围，然后再拟定下一步的测试方案。

3. 参数测试法

电子设备发生故障时，设备有关电路的参数都会发生变化。使用仪器、仪表测试发生故障的电子设备电路中的有关参数（如电压、电流、电阻等）是一种有效分析故障原因的方法。只要测试到这种变化所在，就可知道故障发生的部位。

在比较完善的电子设备的电路原理图上，标注有主要部位的工作电压值，在检修发生故障的电子设备时，“测量电压法”是检查电子设备故障原因的最基本的方法。检修时需要对照电子设备说明书中给出的电压数据，进行必要的直流电压测量，这样就能很快地查明故障的产生原因和损坏的器件。如果没有现成的电压数据可供参照，也应当根据电路的工作原理加以分析和估计。即使在已经确定故障所在的电路部位时，也经常需要进一步测量有关电路中的晶体管、集成电路块各脚的工作电压是否正常，这对发现损坏的器件与分析故障的原因很有帮助。

电子设备发生故障时，可能是由于电路器件的插脚或滑动触点接触不良、个别接点虚焊、电阻变值及电容器漏电等导致。这些问题都需要在待修设备不通电的情况下，采用“测量电阻法”进行检查，发现故障所在。

对于连接在电路中的电阻元件的测试，要考虑被测元件与其电路之间的连通关系。如果没有其他回路的连通，则可用万用表的相应电阻挡直接在待测电阻的两端进行测量；否则应脱焊被测电阻的一端，然后才能进行阻值的正确测量。对于高阻值电阻元件的测试，应防止手指碰触测试棒的金属探针，以免影响测试结果。对于整流输出短路情况，也可测量负载电阻的阻值加以判断。

对于电容器的漏电程度、绝缘击穿及电容变值等情况，一般可采用“测量电阻法”进行检查，但必须先脱焊被测电容的一端。在检测电解电容器时，应注意万用表测电阻挡的测试棒极性不能接错，对模拟式万用表，红笔为“－”电压端、黑笔为“＋”电压端；对数字式万用表则红笔为“＋”电压端、黑笔为“－”电压端。

对于电感线圈和变压器绕组的通断，也可采用“测量电阻法”进行检查。

在缺少专门的晶体管测试仪器的情况下，经常采用“测量电阻法”来粗略地判断各种晶体管的好坏，即使用万用表的适当电阻挡来检测晶体管 PN 结的正反向电阻的大小并加以比较或估算。譬如 PN 结的正反向电阻都很小，表明晶体管已击穿短路；反之，正反向电阻都很大，表明晶体管已烧坏断路，等等。

4. 波形观测法

在检修电子设备中，常常使用示波器来观测待修电子设备的各级电路的输入和输出波形，可以迅速地发现产生故障的部位，有助于故障原因的分析，进一步确定检修的方法与步骤。

5. 分割测试法

有些电子设备的组成电路比较复杂，涉及的元器件很多，并且互相牵制、多方影响。在检修这类电子设备时，常常采用分割电路的方法，即脱焊连接电路的其中一端，或者取出有关插板，观察其对故障现象的影响，或者单独测试被分割电路的功能，这样就能发现问题所在之处，便于进一步分析故障的产生原因。

6. 器件替代法

在检修电子设备时，通常使用相同型号、相同规格、相同结构的元器件或印刷电路板来替代有疑问的部分,以便观测其对故障现象的影响。如果故障现象消失了,表明被替代的部分存在问题,然后再行脱焊更新,或者进一步检查故障的原因。这种方法为常用方法,由于有些电子设备发生故障等不及弄清故障原因,必须快速修复,才能保证安全航行。所以,这种替代法最为有效,最后把故障部件修复,作为备件。

7. 整机比较法

在检修电子设备时,需要有电路正常时的工作点电压数值和工作波形图作为参考,以便采用“测量电压法”和“波形观测法”来比较其差异而发现问题,因此,在缺少有关资料,并且已使用多种检测方法仍难以分析故障的发生原因,或者难以确定存在问题的部位时,通常采用整机比较法,即利用同一类型的完好的电子设备,对可能存在故障部分,进行工作点测定和波形观测,比较两台好坏设备的差别,往往就会发现问题,并有助于故障原因的分析。特别是对于在缺乏技术资料的情况下检修复杂的电子设备时颇有成效。

8. 电容旁路法

电容旁路法是利用适当容量和耐压的电容器,对被检电子设备电路的某一部分进行交流旁路检查的一种方法,是一种比较简便迅速排除由干扰引发故障的方法。由于游艇上空间小、干扰源很多,相互干扰很严重。一旦一些滤波抗干扰电容变质,就会使设备无法正常工作,在设备时好时坏(例如报警设备时常误报警)查不到失效元器件的情况下,就应考虑是否有干扰源闯入,用适当容量和耐压的电容器,对电源电路相关点(如滤波电容器等处)进行旁路,通过电容器的旁路就能排除由于电源引起的干扰和噪声。又如:对于来自报警传感器的信号,通过旁路就可消除交流信号干扰,特别是工频干扰。对于多级放大电路很容易产生寄生振荡。一旦发生寄生振荡,电子设备就无法正常工作或噪声很大,为了消除这种寄生振荡也可以用适当容量和耐压的电容,由多级放大电路后级向前级逐级进行旁路检查。如果在某一级的输入端旁路时寄生振荡消失了,那么可以肯定寄生振荡故障发生在这一级或前一级。然后,加防振电阻或其他方法等措施来消除故障。

应当指出,电子设备故障分析方法还有信号寻迹法、信号注入法。由于艇上维修仪器等条件限制,这两种方法使用得不多,在此不做详述。

以上介绍的几种分析检测电子设备故障的方法,究竟采用哪种方法好要视待修电子设备本身的复杂程度、故障的现象情况而定,而且分析检测电子设备故障原因时,可以采用多种方法进行,直至找到故障原因为止。

知识点二　电子设备故障一般处理方法

一旦找到电子设备的故障元器件,一般找原型、原规格的元器件替换。但是,由于艇用的自动化电子设备国外厂家有很多,更新换代也很快,这给维修带来了很大的困难,有时找到故障器件,却找不到原装件。为此,就得用国产件来替代原装件。常用的方法有如下几种。

1. 晶体管的更换

艇用自动化电子设备中晶体管的应用非常多,因而晶体管的故障造成设备故障是常见的现象。自动化电子设备中以欧洲和日本制造为多,元件也都是他们的产品。要代换它们,就要知道这些国家对元件的命名。清楚要代换的管子的型号,就可以查找有关手册,找到其参数,从而确定相应的国产件。但有的型号往往查不到,遇到这种情况首先要分析元件在电路中所起的作用,测算出主要参数,由此来确定替代的国产件。选用晶体管时,不要求每项参数都与原装件一致。以下面几项为主：

(1)材料相同，即锗管代锗管，硅管代硅管。

(2)极性相同，即 NPN 代 NPN，PNP 代 PNP。

(3)种类相同，即整流管代整流管，功率管代功率管，可控硅代可控硅，开关管代开关管。

(4)主要参数相近，国产件参数常要大于或等于被换件的主要参数。

(5)如无法测出原装管子的参数，可按原装管子的形状，只要位置能放下，尽可能选用主要参数，特别是耐压值和电流值较大的国产件，须采用多种型号管子逐一换上，以工作状态最佳的那只为准。晶体管的代换比较简单，但一定要注意使用高可靠性的国产件；否则就失去意义了。

2. 集成电路的代换

设备中的集成电路的应用很广泛，同晶体管的代换一样，根据原装件的命名，确定相应的国产件。同类型同型号代换很方便，但有时找不到相应的国产件，就要分析元件在电路中的作用、功能和主要参数，以此来选择合适的国产件。

3. 自行改制插件

修理中常会遇到“封闭式”插件，即电路板用树脂或其他材料封起来。这种电路如有图纸且能设法打开方能进行修理，而有的既无法打开又没有图纸，对于这种情况如系统不复杂，且能根据整机原理推断出这一电路的概况，就可自行改制这部分电路。

模块三　游艇电源装置维护与修理

知识点一　同步发电机常见故障与维护

一、发电机的励磁系统常见故障及处理

三相无刷同步发电机中的主发电机励磁绕组、励磁机电枢绕组及旋转整流装置同轴旋转，静止励磁系统向励磁机定子绕组提供直流磁电流，在励磁机转子绕组上感应出三相交流电，再经旋转整流后提供给主发电机励磁绕组，最后在主发电机定子绕组上感应出三相交流电输出。

对于无刷同步发电机，它自带了一个转枢式励磁机和旋转整流子，一般故障有旋转整流子击穿或断路、转枢式绕组励磁线圈的短路、断路故障，分析故障原因时，要注意区分故障原因是属于主发电机还是励磁机，如果励磁电流在额定值，而发电机电压不在额定值，说明故障在于发电机。如果励磁电流不正常，则故障在于励磁调压系统。

无刷同步发电机励磁系统常见故障与处理方法如下：

(1)旋转整流装置故障

旋转整流模块和过压保护模块是旋转整流装置的两个组成部分，旋转整流模块的主要作用是把三相交流电经整流给主发电机励磁。过压保护模块是防止过压对旋转整流模块的损伤。由于制造缺陷或安装接触不良造成发热使旋转整流模块和过压保护模块击穿是比较常见的故障。当旋转整流模块发生故障时，电压下跌明显，一只二极管损坏，电压一般能跌至 200 V 左右。这种故障判断比较简单，用万用表检测即可。

(2)静止励磁系统元器件损坏

由于元器件质量缺陷或整机振动过大等,静止励磁系统也会发生元器件损坏、导线接触不良等故障,使励磁系统无法提供足够的直流电流,造成主发电机电压不正常。判断静止励磁系统有无故障时,需检测某一状况下通向励磁机定子绕组的电流是否与试验报告或铭牌上标注的标准值一致,若明显小于标准值,则可判定为励磁系统的故障。然后,再根据具体情况进一步分析检测是哪一个元器件损坏或哪条线路导通有问题,以便修理或更换。

发电机在运行状态时,用万用表检测励磁机定子绕组的电压来判断是励磁系统故障还是其他故障;断开旋转整流模块和过压保护模块元件各接线,用万用表测量线路的通断,查找损坏元器件。对于个别不好检测的软击穿管子,也可以用换掉可疑件的办法来帮助判断。对判断出的元器件损坏,一般均可就地更换。如出现匝间短路,则要进厂家修理。

二、同步发电机励磁系统的日常维护与保养

1. 发电机一般维护和保养

(1)为保证发电机正常工作,在它附近不应有水、油及污物堆积,不能有腐蚀性气体以免损伤发电机绕组绝缘。

(2)在防潮防尘的同时,要注意不能影响发电机的正常通风冷却,要经常清洁通风孔道内的灰尘污物,保持畅通无阻。冷却空气的温度不得过低,以免绕组及其他导电器件上凝结水珠。

2. 励磁系统的维护

维护周期:每半年进行一次。

维护内容与要求:

(1)检查励磁系统的各接线柱连线是否良好,并检查线性电抗器的间隙大小及有无异常声响,如果发现接线头松动,必须拧紧,间隙大小不合适时应调至要求值,有异常声响应查明原因进行排除。

(2)检查别磁系统相与相之间、相与地之间的绝缘是否良好,一般要求绝缘电阻值不得小于 1 MΩ。

(3)对励磁系统中的电子器件,应按维护电子设备的统一要求进行,检查插接式印刷电路板接触是否良好,分立元件应检查其外观、引出线、焊点、电路导电铜膜是否有腐蚀。

(4)对于无同步发电机,应定期对励磁机进行维护,维护要求与同步发电机相同。对于旋转整流器,应特别注意由于离心力作用易使电线松脱开路。

知识点二　蓄电池维护与保养

蓄电池维护保养中遇到的问题有过充电和充放电终了的判断。

一、蓄电池的过充电

1. 蓄电池过充电的条件

蓄电池在使用过程中往往因长期充电不足、过放电或外部短路等原因使极板硫化,从而使充电电压和电解液相对密度都不易上升。为了使蓄电池良好运行,对下列情况必须进行过充电:

(1)蓄电池放电到极限电压以下。

(2)蓄电池放电后,停放1~2昼夜没有及时充电。

(3)蓄电池极板抽出过。

(4)以最大电流放电超过限度。

(5)电解液内混有杂质。

(6)个别电池极板硫化,充电时相对密度不易上升。

通常对长期负载的蓄电池,每月至少进行一次过充电,对负载较轻的蓄电池,也应每2~3个月进行一次过充电。

2. 酸性蓄电池过充电有两种方法

(1)充电终了,改用常充电率的一半电流继续充电。电压和电解液相对密度均为最大值时,每隔半小时观察一次电压并连续四次测量相对密度,如无变化但极板冒气激烈,即停止充电。

(2)充电结束后,停止充电1 h,再改用正常充电率的一半电流充电,至冒气泡后停止1 h,再充,如此重复2~3次,直至电压及相对密度均无变化并冒泡剧烈为止。

对于碱性蓄电池,一般工作10~12次充放电循环或每月应进行一次过充电。充电方法是以正常充电电流充6 h,再以正常充电电流的1半连续充电6 h。

二、蓄电池充、放电终了的判断

蓄电池充、放电是否终了可根据电解液的相对密度及蓄电池的电压进行判断。

1. 根据电解液的相对密度变化判断

(1)当蓄电池充电到电解液的相对密度为1.275~1.31时,正、负极板的活性物质已接近于放出全部硫酸,即电池已被"充足"。

(2)放电时,蓄电池放电到电解液相对密度为1.13~1.18时,正、负极板的活性物质已接近于全部转化为硫酸铅,即蓄电池的电能已经"放完"。

2. 根据蓄电池电压的变化判断

蓄电池的电压与电解液的相对密度有关,电解液的相对密度大,电压就高;反之则低。单元电池电压平均2 V。

(1)当蓄电池开始充电时,电压很快升高到2.1 V,然后逐步缓慢上升,直到2.3 V,再经过几个小时后,升高到2.6 V左右,并一直维持不变,而且正负极板附近剧烈冒出气泡,这时,蓄电池已经"充足"。

(2)放电时,蓄电池电压立即降低到1.95~2 V,然后逐步缓慢下降,到1.9 V后,很快就降到1.7~1.8 V,这时蓄电池已经放完,不可继续放电,否则会腐蚀铅板。

三、蓄电池维护

对于酸性蓄电池:

(1)每10天要检查一次电压、电解液的相对密度及高度,并做好记录。如果低于规定值,应及时补充蒸馏水后进行充电,然后清洁表面。

(2)不经常使用的蓄电池,每月至少要检查一次,并进行补充电。

(3)蓄电池表面,每3个月进行一次彻底清洁。清洁时先用温水擦除接头处的氧化物,然后再涂上牛油或凡士林,防止氧化。

四、蓄电池维护保养注意事项

(1)注意保持蓄电池表面及整体清洁。不要有油渍污垢在上面,决不允许在上面放置金属工具、物品,以防短路,损坏蓄电池。

(2)保持极柱、夹头和铁质提手等处的清洁。如出现电腐蚀或氧化物等应及时擦拭干净,以保证导电的可靠性。平时应将这些零件表面涂上凡士林,防止锈蚀。

(3)平时注意盖好注液孔的上盖,以防止船舶航行时电解液溢出,或海水进入蓄电池里,必须保持气孔畅通。

(4)蓄电池放电终了,应及时按要求进行充电。

(5)蓄电池室内严禁烟火。

(6)碱性蓄电池充电时,不要取下气塞,以防进入大量碳酸气,而使电解液失效。一般每年或使用过 50 ~ 100 次充放电循环,应更换一次电解液,要注意保持排气胶管畅通,定期打开气塞排气,防止气体聚集太多而导致蓄电池膨胀。

模块四 常用控制电器维护与修理

知识点一 接触器的维护与保养

一、接触器的维护

为保证接触器工作的可靠性,延长其使用寿命,就需要管理人员做好经常性的维护和检修,接触器的维护工作通常包括下列几个方面。

1. 保持接触器清洁

清除接触器零件上堆积的粉尘、油垢等污物。因为这些污垢堆积过多会使运动系统卡阻,机械磨损加大,特别是室外控制箱内的接触器,应经常进行清洁。一般清洁的方法有:用压缩空气吹,用毛刷刷,然后用清洁剂或酒精棉布擦净油垢,或用喷雾式电气清洁剂清洁。

2. 定期检查接触器所有紧固螺丝及紧固件

静触头和接线端头若发生松动会引起接触不良,增大接触电阻,造成局部过热、断相、相间短路等故障。其他部分松动有可能造成机械卡死。

3. 定期手动检查接触器运行机构

主要是检查接触器运行机构的运动是否灵活,并在转轴(若有轴承)注入少量润滑油。润滑油不能滴溅到触点上。

4. 定期检查调整接触器触头的压力、开距、超行程

检查调整的主要目标是保证各相触头同时接触。

5. 定期检查接触器线圈

检查接触器线圈是否牢固地装在铁芯上,温升是否过高,使用前应用兆欧表检测线圈绝缘电阻,而且相间、对地绝缘电阻应大于 1 MΩ。

二、接触器的检修

1. 灭弧罩的检修

小心取下灭弧罩，用毛刷或竹板清除罩内脱落物及触头拉弧后产生的金属颗粒，灭弧罩破裂、缺损或严重炭化，应及时更换。栅片或灭弧罩发生烧损变形严重或栅片松脱，也应更换灭弧罩。

2. 主触头的检修

对于铜质触头发现变色或相邻的绝缘零件烧焦，散发烧焦味时，表明铜触头已经接触不良，产生过热。此时，应检查并调整触头开距、超行程及触头接触情况，并手动或在缺载情况下通电操作几次，把静、动触头的氧化膜清除掉，若清除不掉，可用0#砂纸或小细锉轻轻地修整触头接触面，然后用电气清洁剂喷洗，干净破棉布擦干。若发生长期工作致接触器触头过热或熔焊在一起时，则应改选用额定电流大一级的接触器。

对于银或银合金触头，若触头表面变黑或轻微拉毛，可不清理。若触头温升过高，则应把这些氧化物清除掉，把毛刺锉平。对于烧损严重，开焊、脱落或磨损到原厚度的1/3时，可更换新触头。

3. 铁芯的检修

应检查铁芯表面是否有油垢、生锈，若有，应清除油垢、铁锈，保持铁芯触头面洁净，检查短路环是否断裂或脱落，若短路环损坏，应及时修复或更换短路环，或更换整个铁芯。

4. 线圈的检修

应检查线圈引线与导线是否脱焊或断路；检查线圈温升，若线圈外表层颜色老化变深，说明温度高于65 ℃，这时应查明原因，若发生线圈断路，故障在表层，可拆下线圈后拆除断匝，然后用相同漆包线补齐断匝，并焊牢即可。焊头处应用砂纸打去漆皮然后涂上中性焊剂，焊牢并压平，用黄蜡绸包好，做好绝缘处理，在深层或内接头处断路或断匝，只能更换或重新绕制。

三、接触器常见故障分析及处理方法

接触器常见故障分析及处理方法见表7－4－1。

表7－4－1　接触器常见故障分析及处理方法

故障现象	故障原因	处理方法
1. 按下启动按钮，接触器吸力不足，伴有嗡鸣声	(1)电源电压过低或波动大； (2)操作电源容量不足； (3)线圈内部有短路； (4)运动部分卡阻，弹簧反力过大，转轴锈蚀或歪斜； (5)线圈的额定电压高于线路额定电压； (6)触头开距太大(即衔铁气隙太大)	(1)用万用表测量线圈两端电压，是否低于产品规定额定电压的85%； (2)更换操作电源； (3)更换线圈； (4)卸下灭弧罩后，按动衔铁，看是否能灵活带动触头，如不灵活，排除相应故障，拆下有关零件去锈加油，紧固校正或更换变形或损坏零件； (5)更换与线路额定电压一样的线圈； (6)调整衔铁气隙

表 7-4-1(续)

故障现象	故障原因	处理方法
2. 接触器吸不上	(1)电源断线; (2)线圈断路; (3)运动部分卡死	(1)用万用表测线圈两端是否有电压,没有电压,说明电源断线,此时查找线路;若有电压,说明线圈断路; (2)断电后,用万用表测线圈电阻,判断是否开路后,决定是否更换线圈; (3)按故障现象1中的处理方法(4)方法处理
3. 按下停止按钮,接触器不释放或释放缓慢	(1)衔铁的反力弹簧失效或缺损; (2)触头熔焊; (3)运动部件被卡住,转轴锈蚀或歪斜; (4)铁芯极面有油泥黏着	(1)更换或调整反力弹簧,但注意不要过大; (2)打开触头,用细锉修整毛刺或更换触头,若经常发生熔焊,则应调换大一级电流的接触器; (3)按故障现象1中的处理方法(4)方法处理; (4)清除极面油泥
4. 线圈过热或烧损	(1)电源电压过高或过低; (2)线圈技术参数(如额定电压、频率、通电率等)与实际使用条件不符; (3)线圈内部局部短路; (4)操作频率过高; (5)使用环境特殊,如空气潮湿、含有腐蚀性气体或环境温度过高; (6)运动部件卡住,长时间通电	(1)调整电源电压; (2)选择与实际工作条件相应的线圈或接触器; (3)更换线圈(用电阻比较法判定是否内部短路); (4)选择大一级电流的接触器替换; (5)采用适应于特殊条件的接触器; (6)按故障现象1中的处理方法(4)方法处理
5. 电磁铁(交流)噪声大	(1)电源电压低; (2)触头弹簧压力过大或超行程过大; (3)衔铁歪斜或机械卡阻,使铁芯不能吸平吸牢; (4)铁芯极面有异物(如油垢、尘泥)或接触不良; (5)短路环断裂或脱落	(1)调整电源电压至0.85%~1.10%; (2)调整触头弹簧及超行程; (3)排除机械卡阻故障,校正衔铁位置; (4)清理极面,调整铁芯使其接触良好; (5)用铜焊接好或更换短路环
6. 触头熔焊	(1)触头容量过小; (2)负载短路; (3)吸力不足; (4)触头表面严重烧损造成接触不良或有毛刺、金属颗粒等; (5)触头弹簧压力过小; (6)操作频繁或过载使用	(1)选择合适的接触器; (2)排除负载短路故障后,更换触头; (3)检查电源电压是否低于85%,排除机械阻力; (4)修理触头表面或更新; (5)更换或修复触头弹簧,调整触头压力,使之符合标准; (6)调换合适的接触器

表 7-4-1(续)

故障现象	故障原因	处理方法
7. 触头过热或灼伤	(1)触头弹簧压力不足或超行程过热; (2)触头接触不良; (3)触头严重磨损及开焊; (4)操作过于频繁或电流过大,触头容量不足; (5)环境温度过高或使用在密闭的控制箱内	(1)调整弹簧压力及超行程到规定值; (2)清理整修触头表面,紧固触头与导电板; (3)触头磨损到原厚度的 1/3 或脱焊,更换新触头; (4)选大容量的接触器量不足; (5)接触器应降容使用
8. 触头过度磨损	(1)操作过于频繁,工作电流过大; (2)三相触头不同步; (3)负载侧短路	(1)接触器应降容使用或选用适用于频繁操作的工作电流相应的接触器; (2)调整触头使之同步; (3)排除短路故障后,更换触头

知识点二　继电器维护与保养

一、热继电器的维护与保养

1. 热继电器的维护

热继电器在船艇上用量很大,一般小型电动机的过载保护都由它来完成。对于热继电器维护的内容有:

(1)检查热继电器热元件的额定电流值或刻度盘值是否与电动机的额定电流值相符合,一般选择热继电器的额定电流略大于电动机的额定电流,其整定刻度盘应整定在 $1.15I_N \sim 1.3\ I_N$。

(2)要保持热继电器清洁,动作机构应灵活、可靠,复位按键应有效,内部调整部件不得有松动。一般热继电器在出厂前都进行校验,可调部分都有标记。一般不得轻易调节,若必须进行调整,则调整后须进行试验。

(3)热继电器的接线端子与引线应保持良好的接触;否则,接触电阻产生热量会造成其动作值误差。触头必须接触良好。

(4)定期检查元件是否良好,不得将发热元件卸下,不得用螺丝刀翘双金属片,对于已通过巨大短路电流的热继电器,若发现双金属片长久性变形,一般更换同型号的热继电器,不得校正双金属片后继续使用。

2. 热继电器故障检修

热继电器在电路中主要起过载保护作用,规定电流整定值与被保护电动机的额定电流要一致。热继电器在电路中的故障具体表现为以下几个方面:

(1)用电设备正常,热继电器动作频繁,这是由于整定电流值小于被保护设备的额定电流,这时应重新整定。

(2)热继电器不动作,用电设备烧毁,这是由于整定值太高,用电设备烧毁而热继电器不动作,应重新调整。或者双金属片已产生永久变形、热继电器长期未校验,动作机构生锈或不灵活、热继电器外接接线松动等。热继电器常见故障与检修方法见表7－4－2。

表7－4－2　热继电器常见故障与检修方法

故障现象	故障原因	处理方法
热继电器误动作	(1)定值偏小; (2)电动机启动时间过长; (3)操作过于频繁; (4)环境温度变化太大; (5)热继电器可调整部件松动; (6)双金属片变形	(1)转电流调节旋钮,调整整定电流为电动机额定电流值; (2)减少电动机启动时间; (3)限制并减少操作频率; (4)改善使用环境; (5)紧固松动部分; (6)更换热继电器
热继电器不动作	(1)定值偏大; (2)热元件烧毁; (3)动作机构卡阻; (4)灰尘堆积或生锈,传动机构磨损; (5)可调整部件损坏或未对准刻度	(1)按电动机额定电流重新整定; (2)更换热继电器; (3)打开热继电器盖板,排除故障,并手动试验动作应灵活; (4)清除灰尘和铁锈; (5)更换热继电器
热继电器接入后,主电路不通	(1)热元件烧毁; (2)外接线螺钉未拧紧	(1)更换热继电器; (2)拧紧外接线螺钉
热继电器控制电路不通	(1)热继电器没有复位; (2)触头烧毁或动触片弹性消失,导致动、静触头接触不良或不能接触; (3)刻度盘或调整螺钉转到不合适位置将触头顶开	(1)复位; (2)更换动触片及烧毁的触头; (3)调整刻度盘或调整螺钉
热继电器不能复位	(1)再扣与脱扣时间间隔太短; (2)复位片簧折断	(1)5 min左右进行手动复位再扣; (2)更换热继电器

二、非电量继电器

常用的非电量继电器有温度继电器、压力继电器,非电量继电器既可作为控制电器,又可作保护电器,如温度继电器用于冷却水温报警就是一个保护继电器;同样,压力继电器也可作控制电器,如用于水泵自动启动－停止的压力控制就是一个控制电器,用于监视柴油机滑油压力就是保护电器。所以,温度继电器、压力继电器在控制与检测系统中用量比较大,电气管理人员应合理选用、维护,才能使它可靠工作。经常维护的内容有:

(1)对于温度继电器,其感温元件应与被控对象的热源体有良好接触。特别是柴油机冷却水温变监控用的温度继电器的探棒应与测量孔壁有良好接触;否则,会引起启动作误差。

(2)对于压力继电器,取样导管应符合说明书要求,应密封、防止泄漏。

(3)保持触头清洁,动作可靠。由于这些继电器安装的环境条件比较恶劣,装在高温、多油泥、振动比较大的地方,应经常检查引线是否牢固,接线是否接牢,导线是否老化、破损等。

(4)对于温度、压力继电器起着保护作用,不能轻易调整动作值,非要调节时,调节后应进行动作值试验,以确保对象的安全。

(5)对于温度、压力继电器起控制电器作用的,应合理调节返回系数,若返回系数太大,会使设备启、停过于频繁,缩短设备寿命;若返回系数太小,不能保证被控对象输出在一定范围内变化,所以,要细心反复调节。

(6)对于作为保护电器用的,应每年进行一次校验试验,确保它的工作可靠。温度、压力继电器的损坏,一般再无条件修复,大都更换整个继电器。

三、晶体管继电器维护与检修

晶体管继电器具有精度高、体积小、延时时间范围广、耐冲击、耐振动、调节方便和寿命长等优点,所以发展很快。

晶体管继电器由电压变换电路、整流电路、监视电路、延时电路、执行电路五部分组成,晶体管继电器的内部电路多种多样,无法举例说明具体故障的检修方法。但是,它的故障检修分析方法与电子设备的故障检修方法一样,这里不赘述。

晶体管继电器一般不用特别维护,只需保持印刷电路板和元件清洁,元件散热良好。

模块五　常见电动机维护与修理

知识点一　变压器的常见故障处理及维护保养

一、变压器的常见故障及处理

1. 变压器绕组接地

当变压器某相原边或副边对地绝缘电阻为零或接近零时,即可认为发生接地故障。发生接地故障的原因主要有:绕组严重受潮,失去绝缘能力;绕组绝缘材料老化使绝缘电阻下降;机械原因使绕组绝缘受到损伤等。另外,由于变压器引线碰壳,引出线端子处积存污垢和水分也会产生接地故障。

绕组接地的检查方法与电动机定子绕组接地的检查方法相似,用校验灯或 500 V 兆欧表测量绕组绝缘电阻。若仅为受潮使绕组绝缘电阻降低,则必须进行烘潮,可参考电动机的烘潮方法。

2. 变压器绕组断路

一般照明变压器绕组的导线较粗,不易发生断路。断路的原因常常是接线螺钉松动或焊接处发热脱焊。

用万用表的 $R\times1\ \Omega$ 挡或 $R\times100\ \Omega$ 挡测量变压器初级绕组的阻值,正常时只有几欧姆至几十欧姆;用万用表的 $R\times10\ \Omega$ 挡或 $R\times10\ \Omega$ 挡,测量变压器次级绕组的阻值,正常时只有几十欧姆至几百欧姆,若测得的阻值远大于上述阻值,说明变压器次级线圈已经开路。若测得的阻值等于零,说明变压器次级线圈已经短路。

3. 变压器绕组短路

绕组匝间短路常见,多为导线局部受力使绝缘强度减弱,在电磁力和发热作用下逐渐发展而成。此外,在维护保养中,常发生绕组绝缘被碰伤而产生短路的现象。故障现象表现为严重发热,有焦味或冒烟,测量三相电流时可以发现严重的不平衡,这时必须停止运行,检查修理。

4. 变压器的绝缘性能检测

变压器有初、次级两个绕组或两个以上绕组,外观检查和电感线圈一样,这里不再重复叙述。

变压器的绝缘性能的好坏可用便携式兆欧表进行测量。

对变压器绝缘电阻的要求是:

(1)高对低及地

(一次绕组对二次绕组和外壳)高压绕组对低压绕组及外壳的绝缘电阻。

(2)低对高及地

(二次绕组对一次绕组和外壳)低压绕组对高压绕组及外壳的绝缘电阻。

具体的测量方法参照便携式兆欧表测量方法。

二、变压器的日常管理

为了保持变压器的良好运行状态,应做好日常运行管理工作:

(1)经常检查,保持变压器的外部干燥和清洁,避免外部漏电。

(2)经常检查并记录变压器的温度,监视三相电压和电流、过载等情况。

(3)备用变压器投入运行前先检查绕组绝缘,检查有无短路或断路情况。

知识点二　异步电动机维护与保养

一、异步电动机日常维护要求

一般清洁是电动机日常维护保养工作的基本内容,它包括对电动机本身和对电动机安装环境的清洁工作。

清洁电动机要注意清除外表污物,以保证电动机正常运转和散热。封闭式电动机要使通风沟槽保持清洁,风扇上的孔洞透气良好。防护式电动机除了保持外表清洁外,还要注意通风孔道的通畅。在不拆卸端盖的情况下,可对防护式电动机绕组端部进行擦拭或吹拂,尽可能保持清洁,以免有害物质腐蚀绝缘。直流电动机有电刷磨损,一般清洁时,要用手风箱(皮老虎)或手提电动吹风机吹去绕组端部和换向附近的电刷粉末及灰尘等,以保持绕组及电动机内部的清洁。

轴承的维护工作主要是添油、换油,监视轴承温度和监听运转声音是否正常。

二、运行中的维护要求

为了保证设备正常工作,电气维修管理人员应及时发现电动机故障并迅速排除故障。为此,要经常监视电动机的运行情况。

1. 监视电源电压

电动机端电压必须保持额定值,电压过高或过低都会引起电枢电流、转矩和温升的变化。要求电源电压数值与额定值相差不超过 ±5%,三相电压不平衡程度不得超过 ±5%。

2. 监视电动机电枢电流

电动机运行时，电枢电流应在额定值以内。三相异步电动机电流应平衡，其不平衡度允许在 ±10% 以内。船用电动机铭牌上的额定电流是指环境温度为 45 ℃时，在此电流下运行其温升不超过允许值，如果环境温度上升了（超过 45 ℃），电动机长期运行允许的电流就要比铭牌数值小。

3. 监视电动机的温升

在额定情况下的电动机温升不应超过允许值。若温升超过允许值，则表明电动机或控制设备和负载等有问题，必须查明原因、排除故障后，才能继续运行。监视温升可以用温度计，也可凭经验判断。

4. 监听电动机运行时的声音

正常运行的电动机，由于轴承摩擦、铁芯反复磁化和风扇转动等原因，会产生一种均匀连续不断的声音。安装合格的电动机在正常情况下不会振动。当电动机有故障或机械部件不正常时，电动机的声音异常并发生振动。

三、电动机大修后的验收要求

1. 外观检查

通电前必须检查电动机的装配质量。电动机各部件应安装正确，螺钉固紧。转子转动应灵活自如，可用千分表检查轴的径向偏摆及轴向游隙，其误差应符合要求或不大于修理前的数值。检查引出线及线端标志是否牢固、清楚。

2. 测量绝缘电阻

用兆欧表测量大修后或新的电动机冷态绝缘电阻。异步电动机各相对地绝缘电阻和相间绝缘电阻不得低于 5 MΩ。多速异步电动机应逐个测量各绕组对地及相间绝缘电阻。

3. 耐压试验

电动机更换全部定子绕组之后，有条件的应进行耐压试验，测定绕组对地和各绕组之间绝缘强度。额定电压为 380 V，额定功率在 1 kW 以上的电动机，试验电压有效值为 1 760 V，频率为 50 Hz。额定电压为 380 V，额定功率小于 1 kW 的电动机，试验电压为 1 260V，频率为 50 Hz。绕组应能承受试验电压 1 min。

4. 空载试验

试验前用电桥测量三相绕组的电阻是否相等，各相相差数值应小于 ±5%。

在开始空载试验时，首先进行点动，以便检查转向是否满足机械负载要求，若转向相反，对于交流电动机，调换二相接线，对于直流电动机，励磁二线对调。定子绕组加三相平衡额定电压启动，并空载运行 0.5 h。用钳形表分别测量三相电流，看是否平衡。各相相差不应超过 ±10%，空载电流与额定电流的比值应符合大修前该电动机正常运行时的数值。通常空载电流为额定电流的 25% ~40%。如果空载电流过大，电动机负载能力将减小。若仍拖动原来负荷，电流将超过额定值，导致电动机温升过高。

用转速表测量电动机的转速，一般应不低于大修前的数值，对新装电动机，其转速应与铭牌标称值一样。在电动机转动时应观察有无定、转子相擦，风扇与风罩相碰等现象；监听电动机运行时有无异常的声音等。

5. 负载试验与温升的测定

空载试验一切正常后，可进行负载试验，逐渐增加电动机的负载，每增加 15% 测定一次电枢电流和转速，直到增加到额定负载为止。

如果要测量稳定温升，则负载运行时间不少于 4 h。绕组的平均温升可在吊孔中插入温度计测量。温升值不应超过该电动机绝缘等级所允许的最高温升。

电动机负载运行时轴承温度不超过 95 ℃，若温度过高，则应仔细检查轴承质量和润滑脂的牌号是否符合要求，同时还应检查电动机与被拖动的负载机械方面有无异常。

负载试验应考虑电动机铭牌规定的定额，若不是连续工作的电动机，应按定额负载进行试验。

四、三相异步电动机常见故障原因分析

由于鼠笼式三相异步电动机使用较多，下面均以这种电动机为对象来分析，而且，仅对电动机本身而言，我们采用故障树的方法来分析。

1. 不能启动

采用故障树 FTA 分析法，可建立如图 7－5－1 所示的故障树。从故障树可见可造成异步电动机“不能启动”的原因有 8 个。检查的步骤采取由简到繁、由表及里的原则。先看是否有电源，其次看机械方面，轴是否卡死，负载是否过大。如果以上都没有问题，再检查电动机本身是否发生故障。

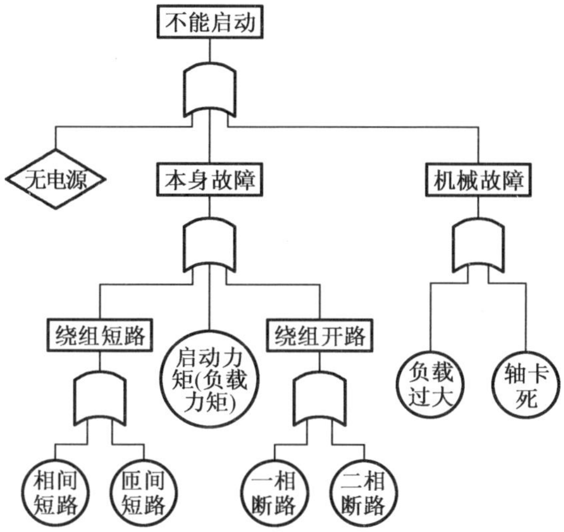

图 7－5－1　异步电动机不能启动故障树

2. 电动机启动后，转速低

异步电动机转速低故障树如图 7－5－2 所示。可造成该故障的原因有 7 个。检查的步骤：首先，检查电压是否过低，电源是否缺相，线路是否把三角形接法接成星形接法。其次，检查负荷是否过大。若这些情况都正常，再进一步检查电动机本身。

3. 电动机温升高

我们从电源、电动机本身、机械和散热四个方面来分析，可以建立其故障树，如图 7－5－3 所示。由故障树可知，可造成该故障的原因有 12 个。

首先，检查是否缺相，线路电压与电动机的额定电压是否相符合，其次，检查机械方面是否长期过载、噪声是否很大、散热条件是否恶化；通过上述检查，没有发现原因，再进一步

检查电动机本身可能造成温升过高的原因。

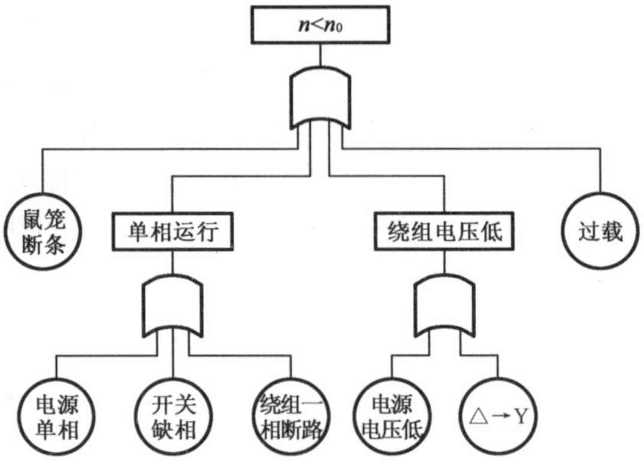

图 7－5－2　异步电动机转速低故障树

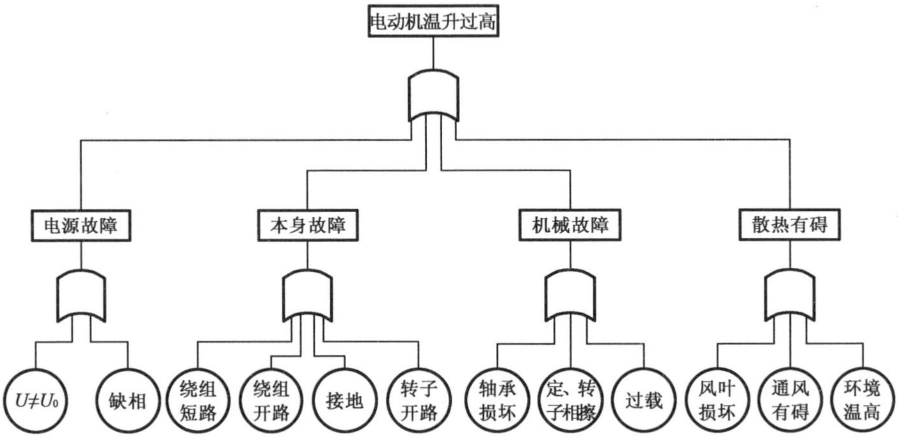

图 7－5－3　异步电动机温升高故障树

4. 电动机运行时噪声大

我们从电磁噪声和机械噪声两个方面来分析。电磁噪声是由电动机中的电磁不对称引起的,而机械噪声是由电动机机械部分引起的。进一步分析,可得如图 7－5－4 所示的故障树,可造成该故障的原因有 16 个。

判别该噪声是电磁噪声,还是机械噪声,或者两者都存在。判别的方法:对切除电源进行空载试验,若噪声立即消失,说明是由电磁不对称引起的电磁噪声;若只有当转速下降到一定值时,噪声才消灭,而且噪声大小随转速的减小而明显减小,说明是由机械方面引起的;若切除电源,噪声只是减弱,说明既有电磁噪声,又有机械噪声。这时,说明噪声不是由电流不对称引起的而是由气隙不均引起的。根据判断结果再进一步检查。

5. 电动机运行时振动过大

电动机的振动是由电磁不对称或机械方面引起的,我们从这两个方面入手分析,可建立其故障树,如图 7－5－5 所示。可造成该故障的原因有 7 个。

判别振动是由电磁不对称引起的还是由机械方面引起的。判别的方法:在空载运行情况下切断电动机电源,如果振动消失,说明是由电磁不对称引起的;如果只有当转速下降到一定时,振动才能减轻或消失,说明是由机械故障引起的。根据判别结果再进一步按故障树上的分支进行检查。

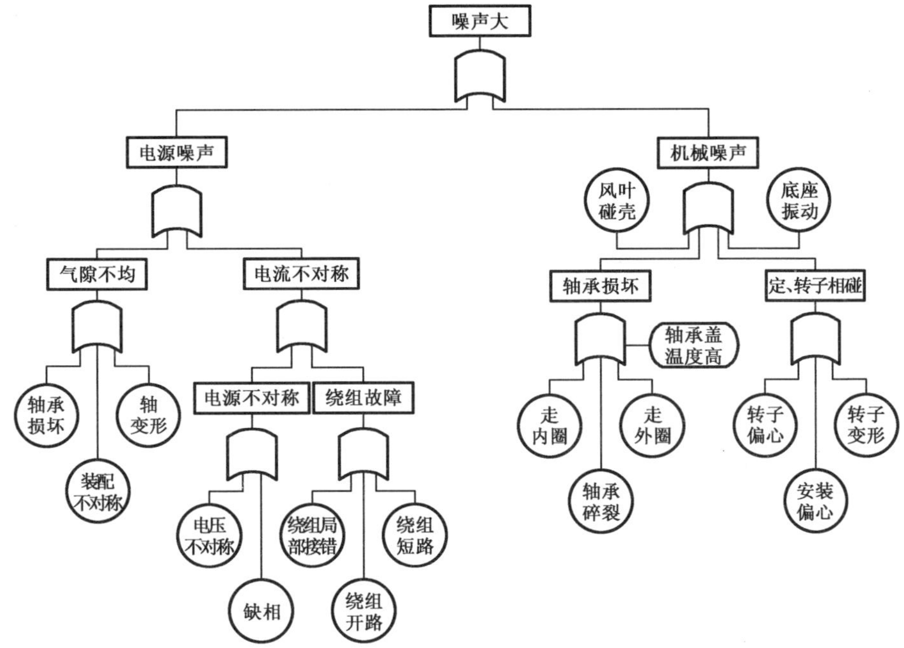

图 7－5－4 异步电动机运行时噪声大故障树

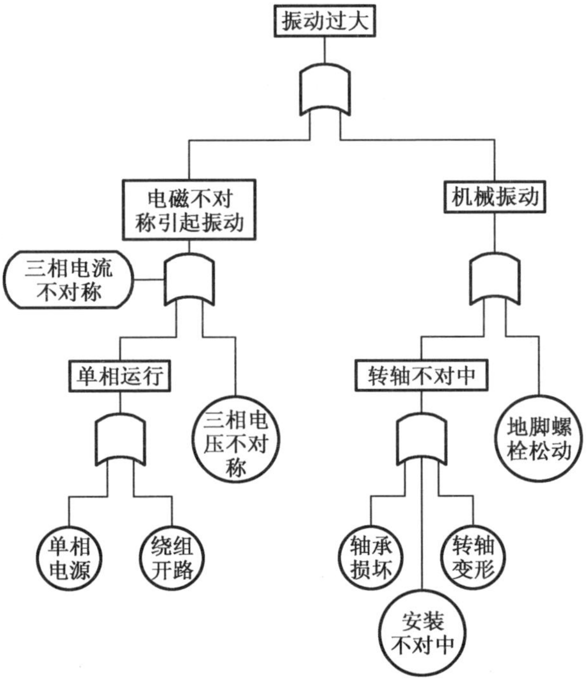

图 7－5－5 异步电动机振动过大故障树

6. 轴承过热

从轴承本身故障、润滑故障和安装故障三个方面来分析、建立该故障树，如图 7－5－6 所示。可造成该故障的原因有 10 个。

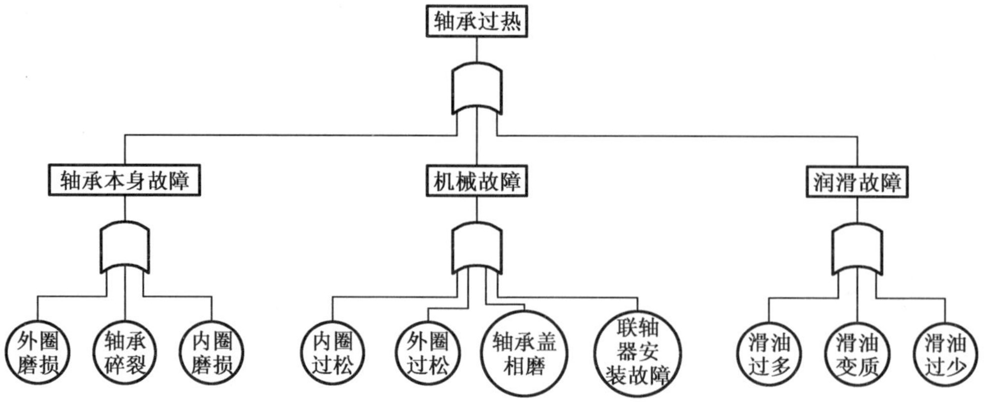

图 7-5-6　异步电动机轴承过热故障树

当电动机转动运行达到额定转速时，首先听是否伴有噪声，如果没有，说明润滑方面故障；如果有噪声，把联轴器脱离，这时电动机空载运行，若这时噪声消失，说明联轴器安装不良；如果噪声仍然存在且振动，说明轴或轴承本身故障，需要解体检查。

五、异步电动机常见故障的检查和处理方法

1. 绕组断路故障检查与处理

断路故障大多数发生在绕组端部，线的压线鼻子及绕组与引接线的连接处。由于绕组端部伸在铁芯外面，导线易被碰断，或由于接线头焊接不良，长期运行后脱焊，以致绕组端部断路。因此，发生断路故障后，首先应检查绕组端部，找出断路点后，重新连接焊牢，包上相应的绝缘材料后，再涂上绝缘漆即可继续使用。

检查单支路绕组电动机断路时，一般用万用表（低阻挡）或校验灯。若绕组为星形接法，应分别测量每相绕组，如图 7-5-7 所示。断相时表不通或灯不亮。若绕组为三角形接法，需将三相绕组接头拆开后，再分别测量每相绕组，如图 7-5-8 所示。断相时，表不通或灯不亮。

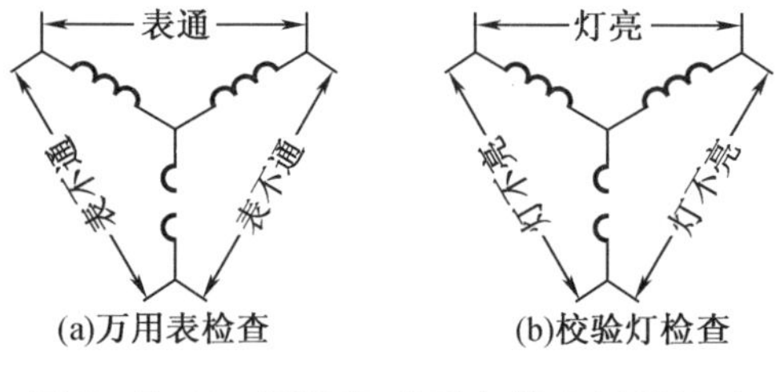

图 7-5-7　万用表、校验灯检查星形接法绕组断路

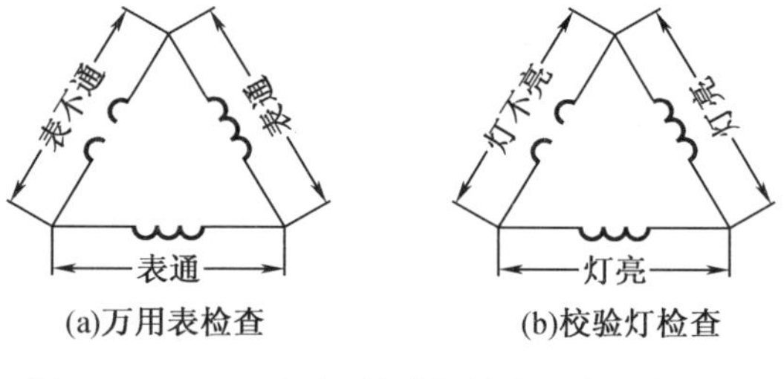

图 7-5-8　万用表、校验灯检查三角形接法绕组断路

功率较大的电动机绕组，大多数采用多根导线并绕或多路并联，若其中一根（或几根）或一个支路断路，可采用以下两种检查方法。

（1）电流平衡法

对于星形接法的电动机，可将三相绕组并联后，用自耦变压器提供低电压大电流的交流电，然后用钳形表测各相支路的电流，如果三相电流相差 5% 以上，电流小的一相为断路

相,如图 7－5－9 所示。然后将断路相的并联支路拆开,逐路检查,表不通或灯不亮的即为断路相里的断路支路。

对于三角形接法的电动机,则先将定子绕组的接点拆开,再逐相通入低电压的交流电。测量其电流,其中电流小的一相即为断路相,如图 7－5－10 所示。然后将断路相的并联支路拆开,逐路检查,找出断路的支路。

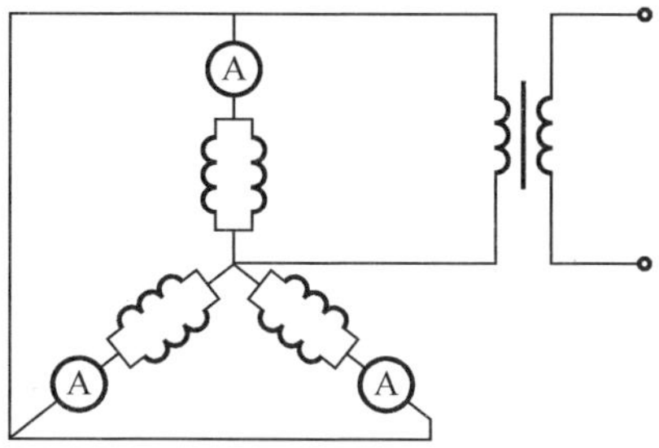

图 7－5－9　电流平衡法检查多路并联星形接法绕组断路

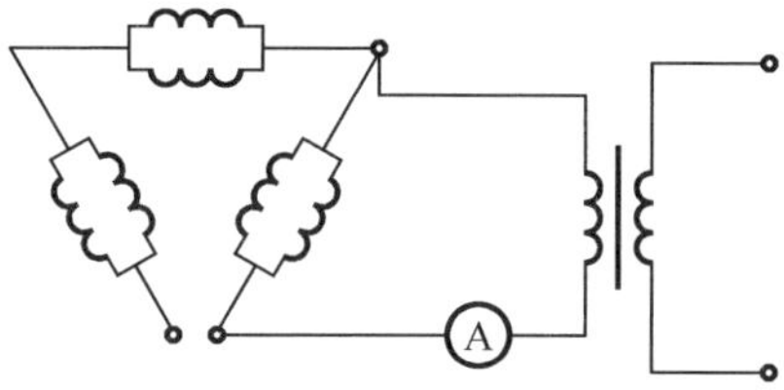

图 7－5－10　电流平衡法检查多路并联三角形接法绕组断路

(2)电阻法

采用电桥测量三相绕组的电阻,若电阻值相差 5% 以上,电阻较大的一相绕组可能有断路故障。

2. 绕组短路故障检查与处理

定子绕组的短路故障主要是匝间短路和相间短路。

(1)匝间短路

在正常情况下,导线表面都有绝缘层,所以匝之间是绝缘的。电流只能一匝一匝地通过。如果线圈中相邻的两个线匝绝缘破裂而短路,交变磁通穿过被短路线匝回路,将产生感应电动势,由于短路线匝的电阻很小,因此在闭合网路中产生很大的电流,它将超过额定电流的若干倍,而将这一线匝或几组线匝烧焦。

(2)相间短路

三相绕组之间因绝缘损坏而导致的短路称为相间短路。

相间短路会形成很大的短路电流,在短路处产生高热,熔断导线。

(3)检查与处理方法

检查绕组匝间和相间短路的方法有以下几种:

①用兆欧表或万用表测量相间绝缘电阻,如果绝缘电阻值很低,就说明该两相绕组短路。

②用电流平衡法(图 7－5－9 和图 7－5－10)分别测量三相绕组电流,电流大的存在匝间短路相。

③用电桥测量三相绕组的电阻,电阻值较小的一相为匝间短路相。

④用短路侦察器检查,将短路侦察器放在定子铁芯槽口后接通交流电源,沿着铁芯内圆逐槽移动,当它经过短路绕组时,短路绕组即成为变压器的二次绕组。如在短路侦察器绕组中串联一电流表,此时电流表会指出较大的电流。如果没有合适的电流表,也可用 0.5 mm 厚的钢片或旧锯条放在被测绕组的另一线圈边所在的槽口上,如果被测绕组短路,则钢片会产生振动。对于多路并联的绕组,必须把各支路拆开,才能用短路侦察器测试;否

则绕组支路中有环流，无法分清哪个槽的绕组有匝间短路。

绕组短路故障的处理方法：如果短路点在槽内，则将该槽绕组加热软化后翻出，换上新的槽绝缘，将导线的短路部位用绝缘材料包好，然后重新嵌入槽内，再按上述方法进行检查。一般绕组短路故障出现后需进行厂修或更换电动机。

3. 绕组接地故障检查与处理

异步电动机由于长期过载运行，定、转子相擦，振动过大，受潮等原因，都会引起绝缘性能降低、老化或机械损伤而产生定子绕组接地故障。电动机更换定子绕组时，槽绝缘被损坏或绝缘未垫好，也会产生定子绕组接地故障。

检查定子绕组接地的方法有很多。可用兆欧表、万用表和校验灯来检查，只要有一相对地绝缘为零，就说明有接地故障，应把电动机解体，先用肉眼查看接地那一相定子绕组绝缘物。如果发现绝缘有焦痕或破裂，即为接地点。如果找不到破裂或焦痕，则要用校验灯检查，这时接地点可能冒烟或有火花发生。如有条件，可将接地的那一相定子绕组接上单相调压器，将电压逐渐升高到 500 ~ 1 000 V 时，接地点就会明显跳火。若没有单相调压器，也可以用 500 V 或 1 000 V 兆欧表检查。

绕组接地故障出现后可采取提高电动机绝缘的方法进行处理，或进行厂修。

4. 电动机受潮的处理方法

船用电动机长期处在潮湿、霉菌、盐雾的恶劣环境中，使电动机绝缘下降。当绝缘电阻低于 0.5 MΩ 时，必须进行烘干，以提高电动机的绝缘，常用的方法有以下几种。

(1) 红外线灯泡或白炽灯烘干法

首先把电动机拆开，抽出转子，将电动机清理干净，把定子竖立放在木板或其他干燥的底座上，底部要留有空隙通风。将红外线灯泡或较大功率的白炽灯从端盖孔中吊入，最好吊在电动机内膛的中部，这样可使内部均匀受热。注意灯泡不能接触线圈和铁芯，防止局部过热，加剧绝缘老化。

(2) 烘箱烘干法

将解体后的电动机定子放入烘箱烘干，烘干时必须通风，注意控制温度，不能超过允许值，并做好记录。

(3) 主机或锅炉废热风烘干法

利用锅炉或主机的废热风吹入电动机进行干燥。这种方法既简单又节省能源。

(4) 电流烘干法

抽出电动机的转子，在电动机的定子绕组上输入交流电流。可通过调压器调节输入的电压从而调节烘干电流的大小。一般开始时将电流调到电动机额定电流值的 30%，然后逐渐增大，根据所需的干燥温度，通常可将每相绕组的烘烤电流控制在其额定电流值的 60% 左右。由于各种电动机的体积、烘烤条件不尽相同，通电 3 ~ 4 h，绕组温度达 70 ~ 80 ℃ 为宜。电流烘干法技术要求较高，一定要在搞清楚具体操作方法后方能开始烘干，严防烧毁电动机。

若电动机被海水浸泡而引起绝缘下降，首先要用淡水及时冲洗，必要时可解体电动机后浸入加热淡水中清洗干净再实施烘干。

电动机干燥的温度与其绝缘等级有关，要限制烘干温度，E 级绝缘烘干温度不得超过 120 ℃，B 级绝缘烘干温度不得超过 130 ℃。在烘干过程中，当电动机的绝缘电阻达到 5 MΩ 以上，而且在最后 3 h 内不再变化时，可停止烘干。应当指出，有的电动机绝缘老化或绕组损坏而导致绝缘能力降低，烘干不能使绝缘提高，这时必须更换绕组或采取其他措施。

知识点三　直流电动机常见故障及排除方法

一、直流电动机电刷下火花过大

直流电动机的很多故障都能从电刷下的火花情况反映出来，产生火花的主要原因和处理方法如下所述。

1. 电动机过载

直流电动机的空载电流应小于额定电流的5%。

当电动机过载时，电刷单位面积的电流大，引起换向困难，造成电刷下火花过大。处理时应根据引起电动机过载的原因进行解决。

2. 电刷与换向器接触不良

换向器表面太脏，电刷弹簧太小，电刷与刷握间隙配合太紧，有卡阻现象存在。处理时，应把电刷侧面磨掉一些，应保证电刷与换向器的接触面大于70%以上，注意不能太松，电刷的压力应在2.45 MPa左右，也可用经验判断。

3. 刷握松动，电刷排列不成直线

电动机在运行中如果电刷不成直线，会影响换向。电刷位置偏差越大，火花越大。通过对电刷位置偏差进行调整来处理。

4. 电枢振动

电枢振动是由于电枢与各磁极间的间隙不均匀，造成磁系统不均匀而产生的，这样导致电枢绕组各支路内的电压不同，其内部产生的均压电流使电刷产生火花。造成这种间隙不均匀的原因可能是：

(1)磁极安装不当，如丢失或忘装垫片或磁极松动。

(2)轴承磨损或损坏。

(3)电动机与负载轴线没有对中处理时，应查明具体原因再进行适当处理。

5. 换向片间短路

如果换向器沟槽中填满电刷粉末或换向器铜粉，就会形成换向片间短路。若换向片间的绝缘脱落或霉变腐蚀也会导致换向片间短路。在检修换向器(即拉槽)时形成的毛刺没有及时打磨光滑也会导致换向片间短路。所以应经常维护换向器，保持换向片清洁、光滑。

6. 电刷位置不在中性线上

直流电动机需检查空载下的换向火花。空载运行时应没有火花；否则应检查电刷位置，电刷与换向器的接触，电刷是否跳动等。

由于修理过程中移动刷架或刷架螺栓松动，换向过程不发生在零电势元件上，那么电刷下就产生火花。必须重新调节中性点，方法是：

(1)感应法

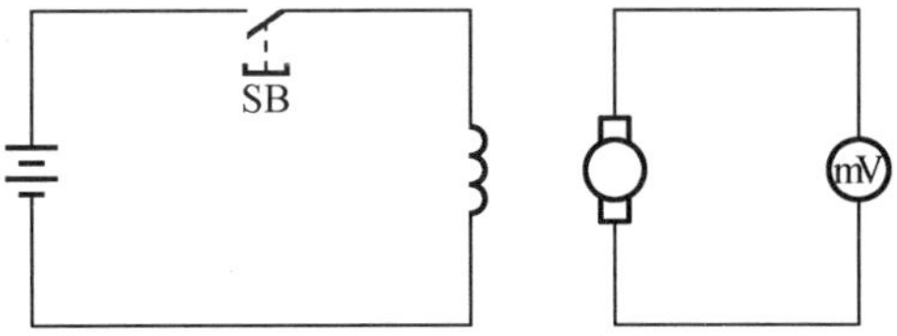

图7-5-11　感应法

按图7-5-11接线，当转子静止时，将毫伏表接到相邻的两组电刷上(电刷与换向器接触要良好)，励磁绕组经按钮SB接入3 V的直流电源上。不断地按动按钮，若指针不断摆动，则说明电刷不在几何中性线上，这时应移动电刷架，当毫伏表指针不动时,电刷已调到几何中性线上,最后固定电刷架。

(2)试转法

对可逆的直流电动机进行正、反试验。试验时用他励方式,在外加电压、励磁电流、负荷都保持不变的情况下,使电动机正转测其转速,然后反转测其转速,若正、反方向转速不相等,应转动刷架再试验,一直调整到正、反转速相等为止,这时电刷位置即在几何中性线上,最后固紧刷架。

7. 换向极线圈接反

一旦换向极线圈接反就失去了改善直流电动机的换向作用,使其运转时换向更加困难,在电刷下产生更大火花。判断的方法是取出电枢,把正、负电刷成对用导线短接,电动机通入低压直流电源。用小磁针试验换向极极性。电动机的换向极与沿着转向的前一个主极极性相同;电动机的换向极与沿着转向的前一个主极性相反(即发电机:n－N－s－S;电动机:n－S－s－N。其中大字母为主极性,小字母为换向极极性)。

8. 换向极磁场补偿不当

若换向极磁场太强,补偿电枢反应过强,就会产生绿色针状火花,若换向极磁场太弱也会产生火花。处理方法是进厂调整。

9. 换向片损坏

换向片间云母凸出,导致电刷与换向器接触不良,出现跳火现象。处理方法是进厂调整。

10. 电枢绕组与换向器脱焊

用电桥逐一测量相邻两片换向片间电阻,如测到某两片间的电阻大于其他任意两片的电阻,说明这两片间的绕组已经脱焊或断线。处理方法是修复脱焊或断线。

二、直流电动机不建压或电压低

1. 自励式直流电机不建压的原因与处理方法

(1)没有剩磁,处理方法是对励磁进行充磁,充磁时须注意极性要正确。

(2)励磁线圈接反,处理方法是调整励磁线圈正确接线后,进行充磁,充磁时须注意极性要正确。

(3)励磁绕组及调压器发生断路故障,处理方法是更换备件或进厂修理。

(4)转向相反,处理方法是根据产品说明书调整转向。

2. 电压低的原因与处理方法

(1)励磁电流过小,处理方法是调整励磁绕组或调压器或进厂修理。

(2)电枢线圈匝间短路,处理方法是查明短路点并修复或进厂修理。

(3)换向片间短路,处理方法是查明短路点或进厂修理。

(4)电刷不在中性点位置或电刷与换向器接触不良,处理方法是重新调节电刷中性点位置。

(5)转速低于额定值,处理方法是根据产品说明书调整转速。

(6)当电动机接上负载后,负载越大电压越低,说明串激绕组接反,处理方法是调整串激绕组接线。

三、电动机不能启动的原因与处理方法

(1)电动机没有电源,处理方法是根据电源故障的原因进行解决。

(2)电源电压太低或启动电阻太大,造成启动力矩小于负载力矩,而造成堵转,不能启动,处理方法是根据产品技术指标调整电源电压或启动电阻。

(3)电刷卡住,没有与换向器接触或接触电阻太大,处理方法是调整电刷。

(4)励磁回路开路,处理方法是找出励磁回路开路原因并解决。

四、电动机转速高的原因与处理方法

在外加额定电压时,造成电动机转速高,主要原因是有效磁通减小。

(1)励磁回路电阻增大,处理方法是根据产品技术指标调整励磁回路电阻。

(2)串励电动机在轻载时启动,处理方法是根据产品技术指标设定串励电动机在启动时的适当负载。

(3)积复励电动机的串励绕组接反,处理方法是根据产品技术指标调整励磁回路串励绕组的接线。

(4)并联励磁绕组有一路断路,处理方法是查明并联励磁绕组断路原因并修复。

五、电动机转速低的原因与处理方法

(1)外加电源电压低于额定值,处理方法是根据产品技术指标调整外加电源电压。

(2)电刷不在中性线上,处理方法是重新调节电刷中性点位置。

(3)电枢绕组短路或接地,处理方法是查明电枢绕组短路或接地原因并修复。

六、电枢绕组过热或烧毁的原因与处理方法

电枢绕组过热的根本原因是过流。

(1)长期过载,处理方法是分析过载原因并解决。

(2)电枢绕组短路或换向极线圈短路,处理方法是分析、查明绕组短路原因并解决。

(3)负载不变时,外加电压低于额定值,处理方法是根据产品技术指标调整外加电源电压。

(4)电动机外部负载发生短路,造成电流过大,处理方法是分析、查明短路原因并解决。

(5)电动机正、反转启动过于频繁,处理方法是分析、查明原因并解决。

(6)定、转子相摩擦,造成阻力矩增大等,处理方法是进厂修复。

七、励磁线圈过热的原因与处理方法

电动机转速过低或人为错误地把复励线圈接反,造成端电压下降;人为地调整励磁电压,造成励磁线圈过流;并励绕组部分短路。这些都能引起励磁线圈过热。处理方法是根据产品技术指标重新调整复励线圈接线或调整励磁电压;分析、查明绕组短路原因并解决。

八、电枢振动大的原因与处理方法

(1)电枢平衡未校好,处理方法是根据产品技术指标调整电枢平衡或进厂修复。

(2)轴承磨损或损坏,处理方法是进行电动机解体更换磨损或损坏轴承。

(3)检修时风叶安装位置偏移或平衡块移动,处理方法是进行电动机解体重装。

(4)定子与转子相摩擦,处理方法是进行电动机解体重装或进厂修复。

(5)底脚螺丝松动等,处理方法是进行机械"校中"矫正并紧固底脚螺丝。

(6)电枢间隙不均匀等,处理方法是进厂修复。

模块六　照明系统日常维护与保养

照明系统的维护周期和要求如下:

对普通照明及可携式灯具应测量线路的绝缘电阻(正常情况下大于0.5 MΩ)、检查灯头接线是否老化和开断、对于室外灯具应检查其水密性与锈蚀,凡有损坏的应及时更换。通常每半年检查一次。对于应急照明,则每月进行一次效能试验,每半年测量一次绝缘电阻。

每次航行前,应检查航行灯和信号灯的供电电源、灯具及故障报警装置。探照灯、运河灯在使用前应检查其电源、开关、连接电缆和灯具的水密性能及绝缘电阻情况。

一、照明系统维护保养注意事项

(1)应避免带电更换灯泡,更换的灯泡应与电源电压一致,功率不能超过灯具允许的容量。

(2)在检修某些特殊部位,需用临时照明时,必须使用带有安全网罩的36 V以下的低压行灯。

(3)应急照明灯具应涂以红漆标记,以示区别,经常检查灯泡是否良好,损坏的应及时更换。

(4)甲板等露天处所的投光灯具,开灯前应先脱去帆布,用完要及时将帆布罩妥。

(5)室外水密插座,通电前先检查插头螺母是否旋紧,取出插头前检查电源是否切断,用完后应旋紧防水盖。

(6)需要挂彩灯时要考虑到供电线路和开关的载流量,各相电流分配是否平衡,并要配备好保护装置。

(7)每一季度都要测量各路航行灯的绝缘电阻,若低于规定值(1 MΩ),应及时找出原因,加以排除。

(8)每半年或更短些时间要检查航行灯的水密情况。检查控制箱内部情况,检查各元件(特别是半导体元件)进行清洁吹灰,试验报警装置。

二、照明系统的常见故障检查

游艇照明系统的常见故障一般分为三类:短路故障、接地故障和断路故障。

1. 短路故障

游艇照明系统的短路故障往往是线路受潮或绝缘受损造成的。这种故障的常见现象是:一通电,空气开关就跳开或熔断丝烧断。检查时,应先切断电源,将万用表置 $R\times1\ \Omega$ 挡,把两测量表捧置在线路两端(这时因线路有短路,万用表指针指零);然后将各并联支路开关逐个断开予以排除:当断开某一路开关,万用表电阻指示值明显增大时,说明该支路存在短路故障。

也可采用挑担灯法检查,如图 7－6－1 所示。当线路有短路,保险丝烧断时,可以用较大功率的灯泡并联在烧断的保险丝两端(挑起接通电路的担子,故俗称挑担灯)。然后将各支路开关顺序依次断开,当断开某条支路时,挑担灯的亮度突然变暗,说明短路故障就在该支路上(断开该短路支路,短路电流消失,线路总电流减小,挑担灯亮度变暗)。确定某条支路存在短路故障后,即可沿着线路对照明灯具和接线桩头逐个检查,找出短路点。

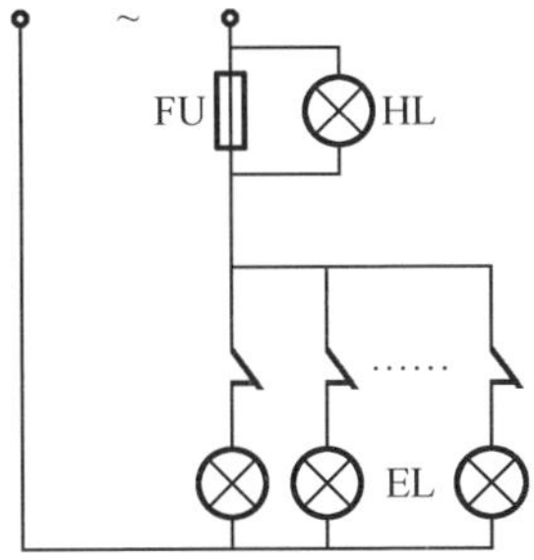

图 7－6－1　挑担灯法检查短路故障

2. 接地故障

游艇照明系统接地故障引起的原因一般是电缆线老化破损碰地或灯头接线处线路碰壳引起,特别是露天照明线路,经常受海水和盐雾的侵袭,更易发生接地故障。游艇照明系统的接地故障,一般可用 500 V 兆欧表进行检查(小应急照明系统的接地故障可使用 100 V 兆欧表检查)。

照明线路的绝缘值应大于 0.5 MΩ。当兆欧表测得的绝缘电阻值小于 0.5 MΩ 或零,则说明线路受潮或绝缘老化导致对地绝缘电阻降低或对地短路。

接线故障点的检查可采用“对分检查”:将故障线路故障分为前后两段,测量各自的绝缘电阻。找出有接地故障的那一段,再进行“对分检查”,把故障点的查找范围逐渐缩小。

3. 断路故障

游艇照明系统的断路故障表现在线路不通、灯泡不亮等。其原因大多是线路被机械损伤,由于振动而造成的接线桩头处松脱,灯具开关接触不良或损坏。故障点的查找可采用“通电法”或“断电法”。

“通电法”检查时,可将万用表置于量程高于被测值的电压挡。应一头固定在电端,另一头逐步向灯具端移动,正常时有电压,移到某处发现电压消失,即是断路发生处。

“断路法”检查时,分断电源开关,把万用表置 $R\times1$ kΩ 或 $R\times10$ kΩ 挡,如被测电路或灯具两端电阻值为无穷大,则可判断该段线路或灯具处有断路故障。

模块七　常用控制电路维护与修理

知识点一　电气控制线路故障检查

一、一般故障的检查方法

电气线路中,无论是主回路还是控制回路发生的故障都可归结为短路、断路和接地三种情况。

1. 线路短路故障的检查

发生短路故障的原因主要有:

(1)由于维护管理不善、操作不当等造成短路。如电气线路的绝缘浸水或严重受潮;电缆经过金属孔或锐利金属边缘时,由于衬垫破损而未及时更换,使绝缘破损;操作时碰坏绝缘保护层;线路中接线柱间太脏,通电时柱间放电;在运行中或维修时金属零件掉落到导线接线端头或导线裸露导体部件上等。

(2)由于设备本身缺陷造成短路，如设备出厂前就存在绝缘不良，局部绝缘损坏等隐患，经长期运行后发生短路；电动机或电器线圈由于绕制不符合要求，绝缘薄弱，设备或线路绝缘老化，材料变质等。

短路故障的现象比较明显，常常表现为短路点流过电流很大，熔断器烧断或保护电器动作，有关监视仪表指示失常，系统报警。严重的短路故障会发生线路绝缘烧焦冒烟等现象。

检测线路的短路故障时，应首先切断电源，查出烧断的熔断器。检测时，用万用表的电阻挡测量电路两端点间的电阻，若阻值为零，即为短路，如图 7－7－1 所示。若被测电路为单回路，可沿着线路对所有接线柱、串联的电器线圈或其他元件逐个检查。

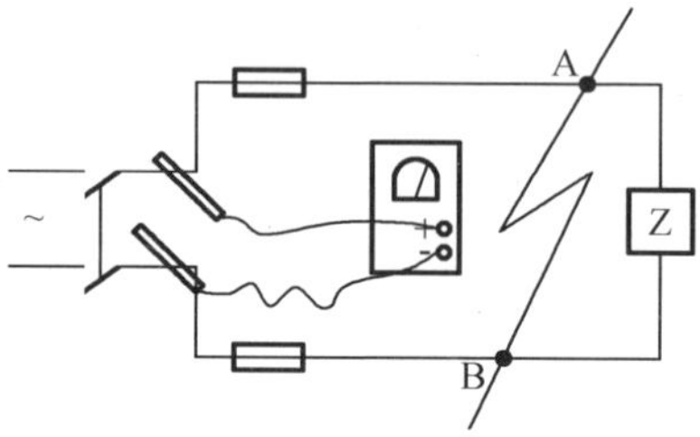

图 7－7－1　短路故障检查图

检查时应注意：

(1)为了使测量准确，要把万用表置于 $R\times 1\ \Omega$ 挡进行测量。检测前要分析了解被测线路的正常阻值，以做参考。

(2)被测线路中若有较大容量的电容时，应在检查前将其断开，以免将电容充电误认为是短路。

(3)若电路似通非通，可根据情况用兆欧表测量，若有短路，兆欧表指示为零。为进一步确认，可再用万用表检查。但对于含有各种电子设备的线路不得使用兆欧表检查，以免损坏元件。要使用兆欧表检查时，应使电子设备脱离被测线路。

(4)若线路为多路并联时(图 7－7－2)，必须检查短路发生在哪条并联线路中，这时可用“断开法”找出短路的支路，即断开线路的电源开关，用万用表的 $R\times 1\ \Omega$ 电阻挡测量 AB 间的电阻。由于有短路，这时万用表指示电阻为零。然后把各支路的分断开关或接线柱($K_1,K_2,\cdots$)逐个依次断开。当断开某线路时，万用表指示电阻值增大较显著，则说明刚才断开的线路中有短路故障。这时再单独检测该线路，查出故障点。若有两个并联线路同时有短路故障，断开第一个有短路故障的支路并不会使万用表的指示电阻值有明显变化，因为第二条支路短路点仍然存在。由此可知，发现一个短路点并不是短路故障检查的结束，而必须再把已查明有短路故障以外的所有支路接通，重复上述做法进行检查。如果万用表指示电阻仍为零，表明还有支路有短路，当某个并联线路断开时，万用表指示阻值突然增大，这说明找到第二个短路线路。用这样的方法可以逐个地把全部短路点找出来。当然，如果怀疑多支路短路，在检测方便的情况下，可以在断开支路的同时测该支路的电阻，若电阻为零，说明该支路也存在短路故障点，就没有必要像上述过程那样重复检测。

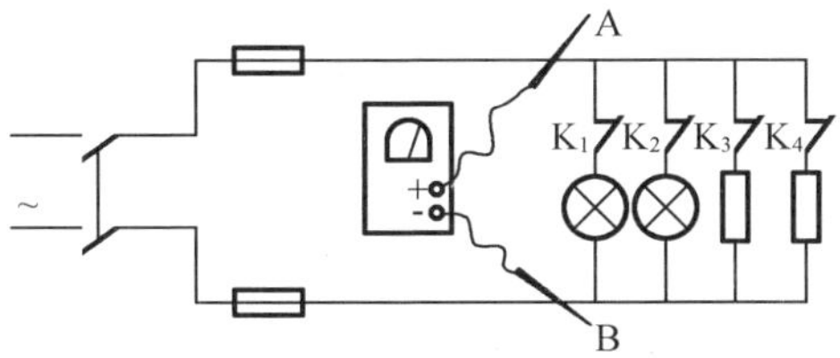

图7-7-2 并联线路短路检查图

有时会发现线路的自动开关跳闸或熔断器烧断,但是检查时未发现该线路有短路故障,重新通电后,线路仍正常运行,出现这种情况可能有两种原因:其一,线路中的短路是非连续短路故障,即短路处是由于油垢或污物堆积而形成放电。当通过大电流时,污物被烧,或者有导电物体掉落在用电设备裸露的部分上而引起短路,然后自行脱落,使故障不能持续,所以合上开关或更换熔断件后,线路又正常运行。其二,熔断器的熔件使用时间较长后,由于电源的浪涌电流作用而烧断。因此,在熔断件烧断时,若对设备进行表面检查,在没有发现烧焦、异味的情况下,可以换上一个同型号同容量的熔件,看看是否仍然烧断。如果线路正常,说明并无持续短路故障;否则,再仔细检查线路短路故障的部位。

2. 线路断路故障的检查

当电源电压正常,电源开关开、闭良好时,合闸(或按下通电按钮)后,出现不能接通电源、系统中的电器(或电动机等)不动作、各种灯具不亮的现象,则线路可能发生了断路故障。

发生断路故障的原因如下:

(1)线路熔断器的熔断件熔断。

(2)导线接头处螺钉松动或螺母脱落。

(3)线路接触器触头接触不良。

(4)导线中导体断开。

(5)某些转换开关损坏或接触不良。

(6)线路被外来物砸断。

(7)有些线路中的保护电器的触点接触不良或该电器动作前未复位,使电路断路。

(8)设备本身有断路故障,如电动机绕组、电器线圈的导线有断路,某些灯具的灯丝烧断或镇流器线圈断路等。

检查断路故障的方法可分为带电检查线路断路故障和不带电检查断路故障。

(1)带电检查线路断路故障

带电检查线路断路故障可用万用表的电压挡,其量程应不低于电源电压。另外也可以用校验灯检查。检查前应确认电源电压正常,电源开关没有断路或接触不良的情况,把电源开关闭合,测量电压正常后,即可进行检查。

由于线路断路,电路中没有电流,在电路中所连接的电阻、电器线圈或电动机绕组等都没有电压降;断路点两端的电压应等于电源电压。因此,电压表在线路中各元件或接线两端测量时,若指示值为电源电压的数值,则表明两试笔之间的线路或元件有断路,如图7-7-3所示。

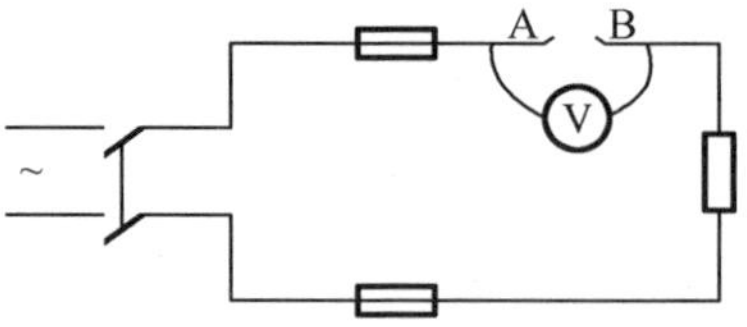

图 7-7-3　带电检查断路点

有些控制线路中,由于各电器间连锁关系复杂,当接通电源时,有些电器因断路不动作,为了缩小检查范围,可以在带电和不损坏设备或不危及人身安全的前提情况下,人为地推动某电器的衔铁,查看断路点是否在电器的触点中。

检查熔断器断路常用交叉法,可用校验灯检查,如图 7-7-4 所示。当校验灯与电源构成闭合回路时,校验灯亮。这样可根据校验灯与熔断器两端交叉接触时灯的亮灭找出断路点;两灯左右交叉接触,若左亮右灭,下 FU 为断路,若左灭右亮,上 FU 为断路,按此原理可以检查其他断路点。

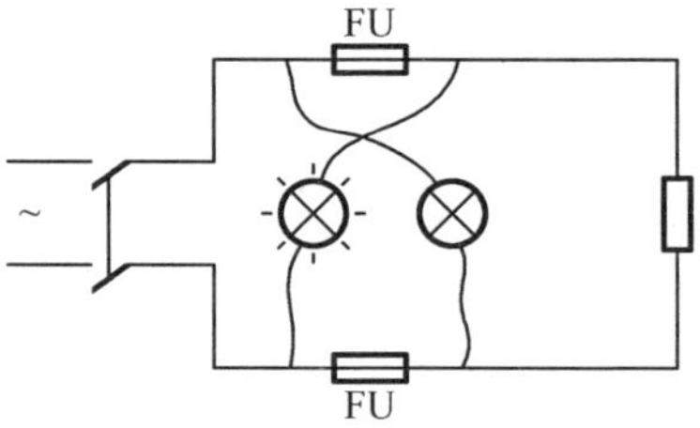

图 7-7-4　校验灯检查断路点

(2)不带电检查断路故障

这时可用万用表的电阻挡进行检查,检查时万用表应选用较大的量程。由于断路处的电阻为无限大,当万用表两表笔沿着线路依次测量元件或接线柱两端的电阻时,若万用表指示 $R=\infty$,则两表笔间必有断路,如图 7-7-5 所示。

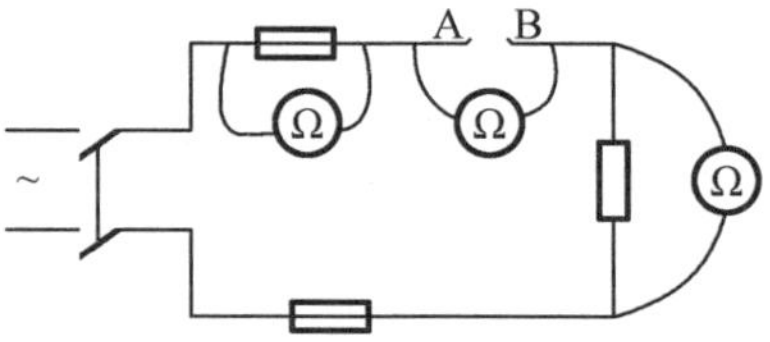

图 7-7-5　不带电检查断路点

检查时应注意:

①被检查的电路或电路中的元件不能有并联通路;否则,断点处测不到 $R=\infty$,应将元件的一个端头脱离电路后再进行测量。

②被测电路中有电器的触点时,需人为推动衔铁使其闭合,以免测量错误。

③万用表的量程应置于 $R\times1$ kΩ 或 $R\times10$ kΩ 挡上,以避免由于某些元件电阻很大,判断不准确;使用万用表时,不能用手同时触及两表笔的金属部分,以免影响测量精度。

3. 线路接地故障的检查

在三相三线制的电网中,电气线路中一点接地时,电气设备尚可正常运行,若再有另一点接地,就形成多点接地间接短路故障。所以发生一点接地后,应及时排除故障,以提高线路运行的可靠性。

通过配电板上的地气灯可以很容易找到发生接地系统。然后使该系统脱离电源，再用“逐段缩小法”找出接地点。图 7－7－6 把线路分成两部分，用兆欧表测出接地线路，而把接地线路分成两部分，找出接地部分线路。以此类推，即可找出接地故障点。

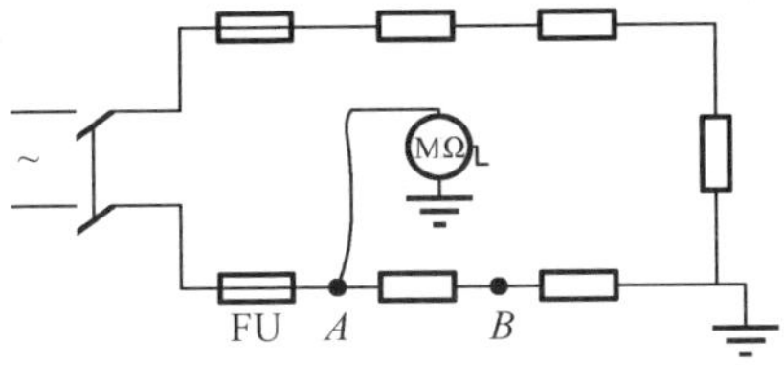

图 7－7－6　接地检查

也可以直接用配电板上的地气灯来检查寻找故障点。依次断开各线路中的各设备开关或工具开关，若地气灯亮度恢复正常，则表明刚刚断开的设备有接地故障。

二、电气控制线路的常见故障排除

根据原理电路图或安装接线图，可以用看图查线的方法查找和确定故障位置并排除故障。

1. 电气控制线路的常见故障现象

（1）该通的不通：要求接通的接点接触不良或断开；线圈断线等。

（2）该断的不断：要求断开的地方没有断开，主要表现为短路、接地、触头熔焊、线圈短路、绝缘电阻过小等。

（3）电压不正常：表现为失压、缺相、电压过低等。

（4）元件参数变化过大：如电阻值过大或过小，各种参数整定不当等。

2. 电气控制线路的常见故障排除方法

首先应根据故障现象确定故障是在主电路还是在控制电路，是开路故障还是短路故障，然后确定故障的具体位置，并根据实际情况按先易后难的顺序逐步排除故障。

若控制某电气设备电源通断的接触器动作正常，但该电气设备不能正常工作时，可大致断定故障在主电路；反之故障在控制电路。确定主电路（或控制电路）故障后，可逐段测量各线间电压并与正常电压相比较以找到故障点。

若确定发生了短路故障，此时应查明是哪个熔断器烧坏，并据此查明短路原因，排除短路源，再用相同的熔断器更换。

若确定发生了断路故障，可用看图查线法确定断路点，并使之恢复正常。

主电路故障的检查与排除方法：一般来说，主电路线路中只有主触点、接线端子、各种电器的电流线圈或互感器线圈等，电路比较简单。检查时，首先确认电动机绕组没有故障，然后再检查线路。

如图 7－7－7 所示，如果按下启动按钮，接触器 KM 动作，但电动机不启动，若检查得到电源电压正常，主电路的熔断器或空气开关正常，表明可能主电路线路中有断路故障。先切断电源，再用万用表测量主电路的线路是否断路。测量时用手推动接触器衔铁使主触头闭合。找出断路相后，再用前述办法找出断路点。

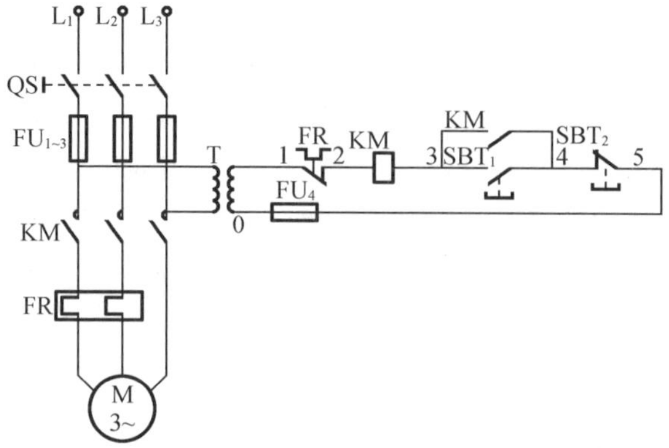

图 7 -7 -7　三相异步电动机单向启/停控制电路电气原理图

控制线路故障检查与排除方法：以图 7 -7 -7 所示电动机的控制电路为例，简单说明控制电路故障检查方法。

(1) 通电检查

若按启动按钮 SBT_1 时，电动机不启动。经检查电源供电正常，电动机拖动系统无卡死，且观察到接触器 KM 不动作，可见控制回路有断路故障，其检查方法是：

①先用万用表（或校验灯）检查熔断器是否良好，若两熔断器正常，则断路故障发生在后面的线路中。

②若熔断器正常则继续检查启动按钮 SBT_1、停止按钮 SBT_2 等触点是否接触良好，若正常进行下一步检查。

③按钮 SBT_1 按下后，用万用表电压挡试笔依次接触各元件端钮，若跨接到 KM 线圈两端时，万用表电压指示值为电源电压值，则说明 KM 线圈内部导线有断路。

④若 KM 正常，按钮 SBT_1 按下后，万用表表笔接触到哪两个端子间电压指示值为电源电压值，断路点就在哪两个端钮之间。

⑤找到断路点线路后，断开电源，仔细检查两端子间的线路和元件，找出准确的断路点。控制线路断路故障发生较多，常见的有螺钉松动、触点接触不良、线圈或绕组引出线断路等。

通电测量时是带电操作，要特别注意两点：一是不能使用万用表的电阻挡而应使用交流电压挡，而且电压表的量程必须大于所测电路的实际电压；二是要防止测量过程中发生短路和人体触电。

(2) 断电检查

首先断开电源，确保被测电路断电后方可进行测量，然后按下列步骤操作：

①将电源开关 QS 断开，把万用表打到欧姆挡（$R\times 1\ \Omega$），调好零位，按图进行测量。把万用表的一根表笔放在端子 1 上，用另一根表笔碰接触器 KM 的线圈端子 2，如果表针指零，则说明热继电器 FR 的触点是通的。

②再将表笔碰端子 3，若表针不为零也不为无穷大，则说明接触器 KM 的线圈是正常的。

③再将 A 表笔放在端子 0，B 表笔接触端子 5，表针指向零说明熔断器 FU_4 正常，若表针指向无穷大，说明熔断器 FU_4 已烧毁，找出故障点修复后更换 FU_4。

④将 B 笔接触端子 4，表针应指零，按下停止按钮，表针指向无穷大，说明停止按钮 SBT_2 是好的。

⑤将 B 表笔接触端子 3，电阻应为无穷大，按下启动按钮 SBT_1 后电阻为零，说明启动按钮正常。如此逐点测量，直到找到断路故障点。

三、电气控制箱的常见故障检修

电气控制箱的常见故障可分为电动机本身故障和控制系统故障两大类，在此仅讨论控制系统故障。常见的控制系统故障有：不能启动；启动按钮复位后电动机即停转；启动后运行时电动机突然停转；启动后电气控制箱内噪声大；指示灯不工作等。

1. 系统不能启动故障检修

系统不能启动故障的原因有：电动机本身故障、电动机无电源、机械卡死。

电动机本身故障和机械卡死在此不做分析。由于控制电路故障引起系统不能启动的可能原因有：启动按钮 SBT 失效合不上（按下后不能接通）；停止按钮 SBP 开路；短路保护熔断器断开；接触器 KM 线圈故障（或接触器 KM 线圈不能得电）；过载保护热继电器 FR 开路（或常闭触头断开动作后未复位）。

2. 启动按钮 SBT 复位后电动机停转故障检修

从图 7－7－8 可以看出。造成该故障的唯一原因是并联在按钮 SBT 两端的自锁触头 KM 失去作用。这种故障出现时应检查自锁触头 KM_1 的触点是否完好、引线是否松脱、触头接触是否良好。

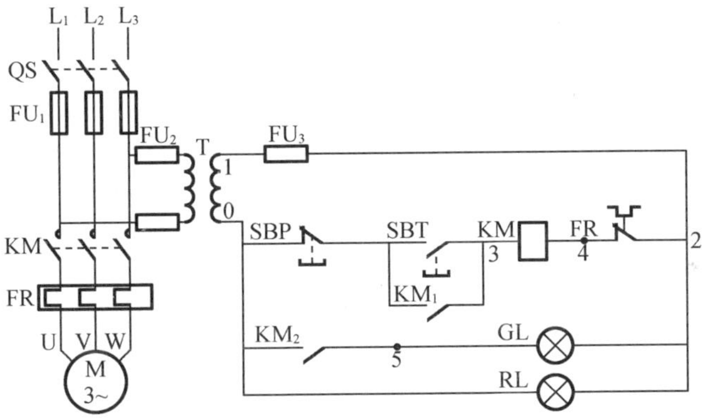

图 7－7－8　磁力启动器原理图

3. 电动机运行中突停故障检修

检查是否由 FR 动作而导致电动机运行中出现突停故障。在电动机过热、过载情况下，FR 动作是正常的，在这种情况下，应减小负载（或机械有卡死、轴承损坏等，应及时排除）；若电动机不发热、没有过载迹象，FR 动作不正常，需调整 FR 的整定值（或 FR 本身已损坏，需更换）；如果 FR 没有动作，而电动机运行中突停，须按“系统不能启动故障检修”进行检修。

4. 启动后，启动箱噪声大的故障检修

启动箱噪声主要是由接触器故障导致的，故障原因及处理方法参照接触器的故障检修。

知识点二　冷藏、空调电气设备的维护与检修

一、冷藏、空调电气设备技术要求

冷藏、空调设备压缩机的启动、停止是由压缩机吸入端的压力继电器控制的，当吸入端压力低时，停机；当吸入端压力高时，启动运行。对控制系统有以下基本要求：

(1)控制系统应设有自动控制和手动控制。

(2)对于大功率的压缩机应能根据热负荷进行卸载或增载控制，启动时应能卸载启动，避免大启动电流冲击电网。

(3)控制系统应设有冷却水压力不足、滑油压力过低、制冷剂吸入压力过低、液化压力过高等保护。

(4)应有各保护动作时的声、光报警系统。

(5)各种重要接触器和电磁阀在工作时应有指示灯显示，便于操作人员了解系统的工作情况。

二、冷藏、空调控制系统的维护

冷藏、空调控制系统的维护要求见表 7－7－1。

表 7－7－1　冷藏、空调控制系统的维护要求

项目	周期	维护内容及要求
控制元件	1 次/2 个月	检查冷却泵、风机、电磁阀、控制箱等连锁是否可靠
检测元件	1 次/2 个月	检查温度、压力开关是否灵活

日常维护应注意以下几点：

(1)定期清洁各继电器触头，保证触头接触良好。

(2)定期检查整定值，不得偏差过大，动作要可靠。

(3)检查声光报警系统是否正常、可靠。

(4)监视电动机的温升和运行情况。

三、空调电气控制系统的故障检修

图 7－7－9 为 NSA45LR 型空调装置控制电路原理图。图 7－7－9(a)为主电路，图 7－7－9(b)为控制电路。其中 20S/1、20S/2——供电电磁阀；20S/1、20S/2－20 卸载电磁阀；3C/F、3C/S、3C/C——启动按钮；3T/F、3T/S、3T/C——停止按钮；43u1、43u2——卸载方式选择开关；49H——电动机绕组热保护开关；51/F、51/S、51/C——热继电器；52F、52S、52C——自动空气开关；52C/AUX——空气开关辅助触点；63CH、63CL——高、低压开关；63CU1、63CU2——自动卸载开关；63QLH——油压开关；88/F、88/S、88/C——接触器；88/FX、88/SX、88/CX、4/1、4/2——继电器；A1、A2、A3——电流表；F1、F2、F3——熔断器；P1——水压开关；T——变压器；WL、GL/F、GL/C、GL/S、RL/C、OL/1、OL/2——指示灯。

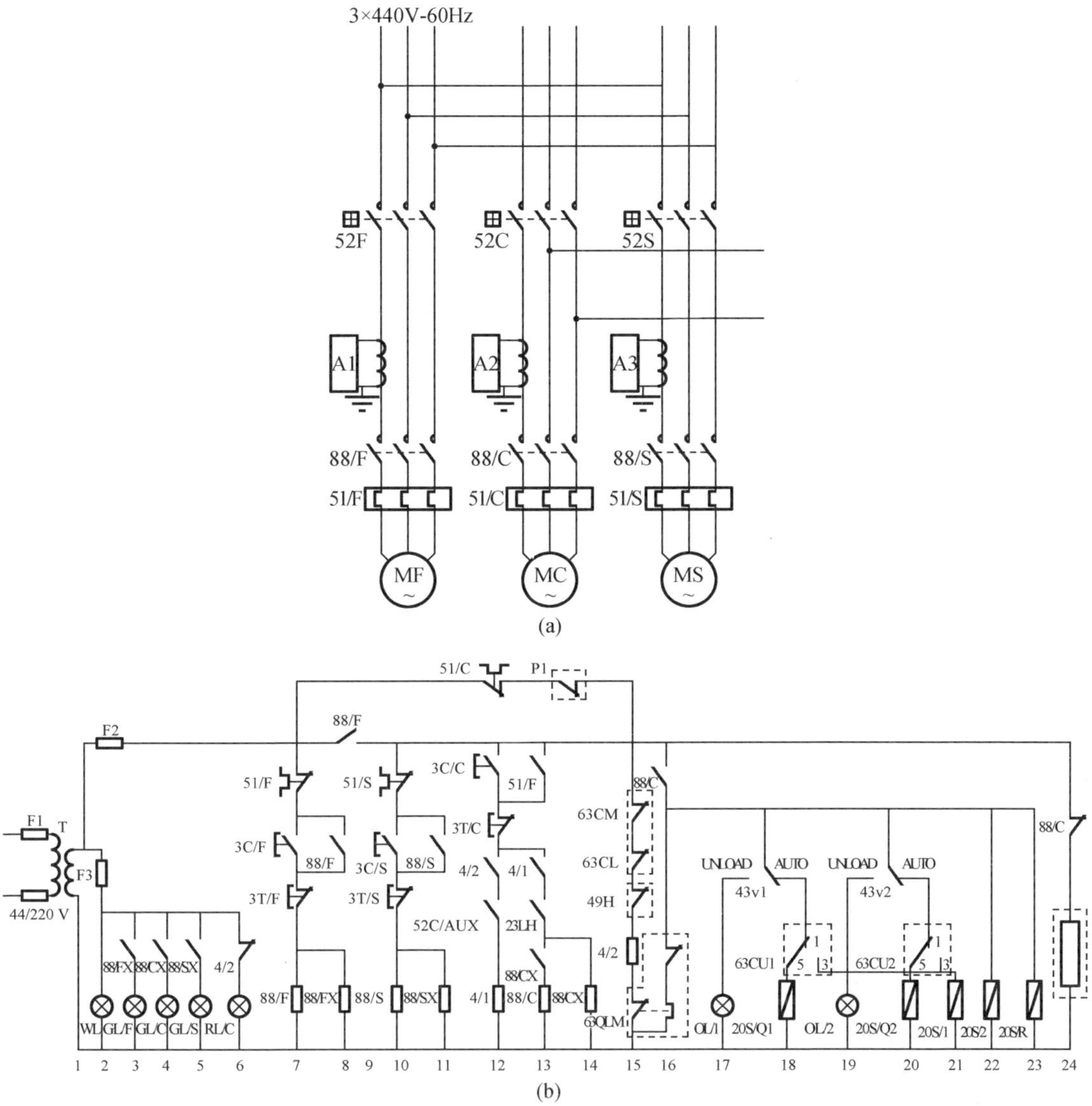

图 7-7-9　NSA45LR 型空调装置控制电路原理图

1. 系统工作特点

在制冷工况下，当空调器回风温度高于设定值上限时，压缩机卸载启动，两个供液电磁阀仅开启一个，即只有一路冷剂管路开通。压缩机排出的高压冷剂经分油器、冷凝器、干燥器和一路冷剂管进入空气冷却器蒸发制冷。制冷的空气冷却器将来自回风口处的回风和新风冷却，然后被风机抽出送各舱室降温。

在制热工况下，当室外温度低于规定值时，热蒸气在气动调节阀的控制下进入空调器中的蒸气加热器，将流过空调器的回风和新风加热，被加热的空气由风机送入各舱室。当供风温度升到规定值时，蒸气调节阀便自行关闭；当舱室内空气湿度过高或过低时，可手动调节加湿器进气管中的蒸汽针阀来改变。

此外，该系统只有风机启动后才能启动压缩机，也即压缩机的控制是受风机接触器辅助触点的控制；只有压缩机连锁保护回路均导通，中间继电器 4/2（15）动作后，才能允许压缩机启动运行,而且受回风调温开关控制起停。

2. 常见故障处理

(1)压缩机无法启动

①压缩机的启动受其连锁保护回路控制,特别是压缩机启动前必须先启动风机,故首先检查风机是否转动,若不转先把风机不转的故障排除;若转则检测压缩机启动控制线路(10)是否有电压。

②若压缩机启动控制线路(10)没有电压,说明常开触点88/F(8)故障;若有电压,则检查控制屏上压缩机保护连锁电路不正常指示灯RL/C(6)是否灭。

③若压缩机保护连锁电路不正常指示灯RL/C(6)已灭,说明继电器(6)有电吸合[要考虑常开触点4/2(6)RL/C灯(6)是否故障],则着重检查压缩机启动控制电路(10);若指示灯RL/C(6)亮,则重点检查连锁保护回路(15)。

④检查压缩机启动控制电路(10)按如下步骤进行:按下启动按钮3C/C(12),检查继电器4/1是否动作。如果不动作,检查停车按钮3T/C(12)、继电器4/2 (12)的常开触点、压缩机电源空气开关的辅助触点52C/AUX(12)、继电器4/1线圈及接线柱等;如果继电器4/1动作,则检查常开触点4/1(13),温度调节器开关23LH(13)、继电器88/CX(14),接触器88/C及相应接线柱。

⑤检查连锁保护回路(15)按如下步骤进行:检查海水泵是否工作,水压开关P1(15)是否正常;油压开关63QLH(15)是否故障,或是常开触点88/C故障短路使油压开关动作;检查热继电器触点51/C(15),高低压开关63CH、63CL(15),压缩机电动机绕组热保护开关49H(15),继电器4/2线圈及相应接线柱。

(2)空调系统工作时,舱室温度比较高

①温度调节器开关23LH(13)设定值较高,或是参数飘移。

②压缩机处于卸载工作状态,造成制冷量不够。一种原因是卸载方式选择开关43u1(17)和43u2(19)置于“UNLOAD”位置,人为卸载运行;另一种原因是卸载选择开关置于“AUTO”位置,自动卸载开关63CUl(18)和63CU2(20)工作不可靠。或是供液电磁阀20S/1(21)、20S/2(22)线路故障。

③除了电气故障原因外,外界原因(海水温度高)及制冷系统方面的原因(冷剂不够、压缩机工作效率低等)也会导致制冷状况不好,舱室温度比较高。

知识点三　泵组、空压机控制电路分析

一、泵组自动切换控制电路分析

为主推进机器服务的燃油泵、滑油泵、冷却水泵等主要电动辅机,为了控制方便和工作可靠,一般设置两套机组。不仅能在机组旁控制,也能在集中控制室进行遥控;而且在运行中泵系统出现故障时能实现机组的自动切换,使备用机组立即启动投入工作,以保证主机处于正常工作状态。

图7-7-10为泵的自动切换控制线路原理图。

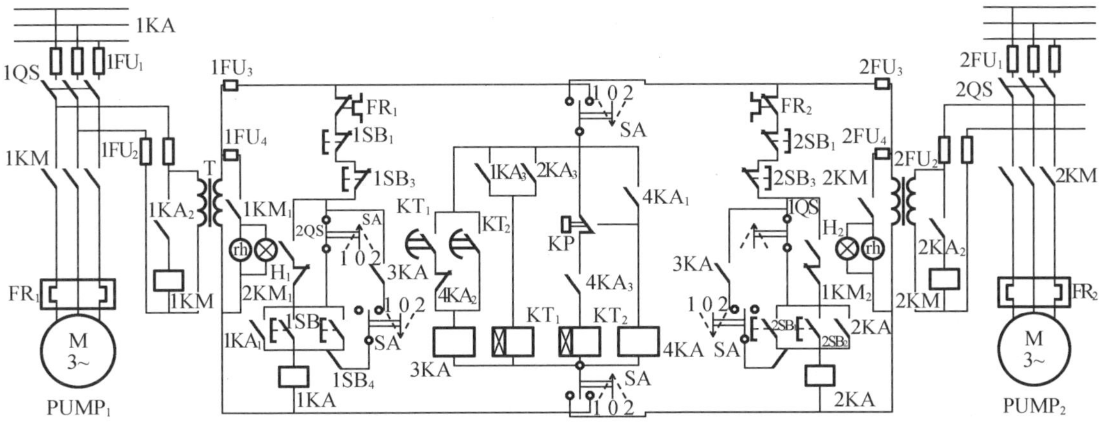

图7-7-10　泵的自动切换控制线路原理图

SA——手动、自动切换控制开关。打在“0”位置，为手动切换操作，不能自动切换；打在“1”位置，1号机组为运行机组，2号机组为备用机组；打在“2”位置，2号机组为运行机组，1号机组为备用机组；

KT_1——时间继电器，用于延时压力监视投入；

KT_2——时间继电器，用于压力波动延时自动切换，防止频繁误动作；

KP——压力继电器；

3KA——自动切换继电器。

1. 机组的手动操作

将控制开关SA置于“0”位置，如启动1号机组，按下$1SB_2$使1KA得电，其常开触头$1KA_1$闭合，成为自保，常开触头$1KA_2$闭合，使1KM主接触器得电，主触头闭合，使1号机组电动机运行。主接触器的辅助触头$1KM_1$闭合，计时器投入计时，同时运行指示灯H_1亮。

2. 机组的自动切换操作

将控制开关SA置于“1”位置，即选择1号机组为运行机组，2号机组为备用机组。当1号机组发生故障时，能自动切换到2号机组，2号机组启动投入工作。按下$1SB_2$使1KA得电，其常开触头$1KA_1$闭合自保，常开触头$1KA_2$闭合，使1KM主接触器得电，主触头闭合，1号泵电动机运行。常开触头$1KA_3$闭合，使得KT_1时间继电器有电，开始启动延时。在延时时间内，机组运行正常，泵输出端建立压力，压力继电器KP动作，4KA中间继电器有电动作，常开触头$4KA_1$闭合自保，在3KA回路中的常闭触头$4KA_2$打开，防止启动延时引起误切换。当启动延时时间到时，KT_1的常开触头闭合，此时4KA常闭触头$4KA_2$已打开，不会使3KA得电。如果在启动延时时间内没有建立起压力，压力继电器KP不动作，无法使中间继电器4KA得电，它的常闭触头$4KA_2$保持闭合状态。只有启动延时时间到了，KT_1常开触头闭合（说明1号机组启动过程中有故障），就会使3KA有电，自动切换到2号机组，即3KA有电，它的常开触头闭合，使得2KA有电，接通2KM主接触器，其主触头闭合，使2号机组投入运行。同时，2KM的常闭辅触头$2KM_1$打开，使得1KA失电，1KA的常开触头$1KA_2$打开，使得1KM失电，1KM的常闭辅触头$1KM_2$闭合，提供2KA的自保回路。

如果是1号机组启动正常，运行一段时间后，发生故障，压力变低了，压力继电器回到初始状态，使KT_2时间继电器得电。在此延时时间内，如果压力恢复了，压力继电器就动作，

使 KT_1 不再有电,不能动作。如果在延时时间内压力不能恢复,延时时间一到,KT_2 的常开触头闭合,使 3KA 有电,进行自动切换动作。如果把控制开关 SA 置于“2”位置,其自动切换同上,这里不再赘述。

二、空压机控制电路分析

图 7-7-11(a)、(b)、(c)为空压机控制电气原理图。现以此原理图为例,分析空压机控制系统的工作过程

1. 空压机“手动”启动

当电源通过配电板的动力控制屏提供到空压机控制箱,将控制箱里的控制位置转换开关 S_2 置于“本地”位置;合上控制箱电源开 QS,控制线路有电,这时电源指示灯 H_1 指示电源有电。此时通电延时继电器 KT_1 有电,经过 30 s 延时后,其在控制线路中的通电延时常开触头 KT_1 闭合,为后面的控制线路供电。

控制电路电源经空压机热继电器的常闭触头 FR、空压机的温度保护开关 F_{12}的常闭触头、高温报警回路球的报警继电器 KA_4 的常闭触头、低油压报警回路继电器 KA_3 的常闭触头、转换开关 S_2“本地”位置的闭合触头到启动方式控制开关 S_1 的上端。

将 S_1 控制开关打到“手动”位置,空压机接触器 KM 通电动作,其主触头闭合,空压机电动机启动运转,同时运转指示灯 H_2 亮。空压机上的泄放电磁阀 Y_3 开始卸载工作。和接触器 KM 并联的时间继电器 KT_2 同时通电动作。计时器 rh 通电开始计时。在时间继电器 KT_1 延时闭合后,延时准备回路中的时间继电器 KT_3 工作线圈通电动作,空压机泄放电磁阀回路中的 KT_3 断电延时常开触头闭合,同时切断低油压报警回路中串联的触头。KT_2 经过 3~5 s 的延时后,泄放阀回路中的 KT_2 延时闭合触头闭合,泄放电磁阀 Y_3 通电关闭(泄放电磁阀为断电打开,通电闭合),停止卸载。空压机开始正常工作,向空气瓶充气。

2. 空压机“手动”停止

如果要空压机停止工作,只需将控制方式转换开关 S_1 扳到“0”位,接触器 KM 断电,空压机断电停车。

3. 空压机控制系统的保护措施

(1)空压机低油压停车

当系统中的油压低于设定的最低压力值时,时间继电器 KT_3 延时线路中串接的油压压力继电器 KP_3 常开触头闭合,使 KT_3 时间继电器断开线圈通电动作,开始延时,如果在 5~15 s 后,油压仍然低于设定值,此时 KT_3 断电,延时断开,常开触头断开,泄放电磁阀断电卸载。同时接通低油压报警继电器 KA_4,其常闭触头断开,使接触器 KM 断电,空压机停机,低油压报警灯 H_4 亮。如果要重新启动空压机,需要在排除油压低的故障后,按下手动复位开关 S_4,KA_4 断电,其常闭触头恢复闭合,使接触器 KM 线圈有电,空压机才能再次启动。

(2)空压机高温停车

如果空压机在工作过程中出现高温情况,这时温度继电器 F_{12}常闭触头断开,同时高温报警继电器 KA_3 通电动作,使接触器 KM 断电,使空压机停机卸载,高温报警灯 H_3 亮。如果要重新启动空压机,需要在排除高温故障后,同样将手动复位开关 S_4 按下,复位后空压机才能再次启动。

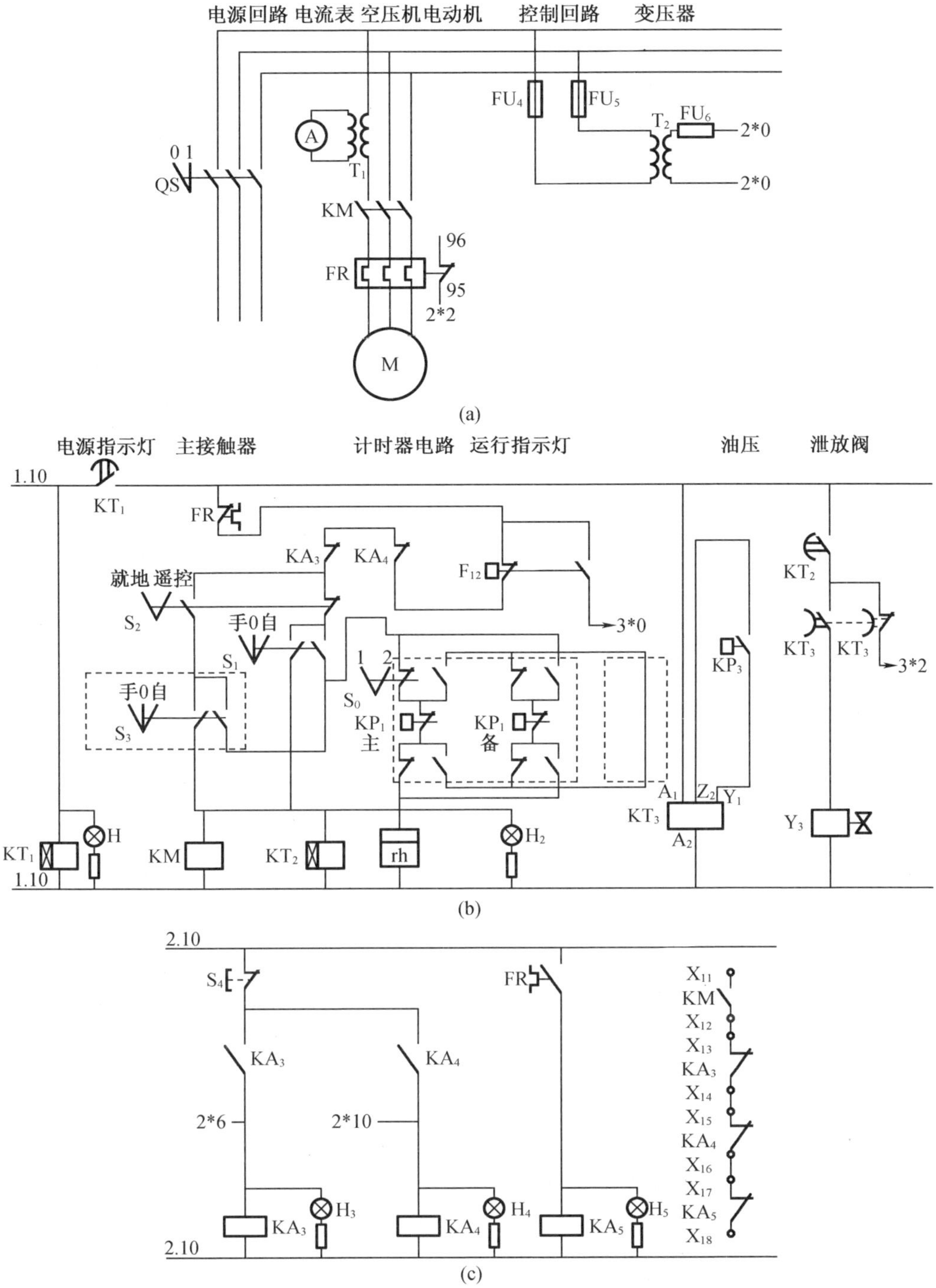

M—空压机电动机；QS—主开关；KM—主接触器；FR—热继电器；KT_1—时间继电器；KT_2—时间继电器；KT_3—时间继电器；KA_3—辅助继电器；KA_4—辅助继电器；KA_5—辅助继电器；A—电流表；rh—计时器；S_0—主、备用转换开关；S_1—手动－自动转换开关；S_2—控制位置转换开关；S_3—遥控手动－自动转换开关；S_4—复位按钮；H_1—指示灯；H_2—指示灯；H_3—指示灯；H_4—指示灯；H_5—指示灯；T_1—互感器；T_3—变压器；FU_4、FU_5、FU_6—熔断丝；KP_1—压力开关；F_{12}—温度开关；KP_3—压力开关；Y_3—泄放阀

图 7－7－11 空压机控制电气原理。

(3)空压机电动机过载停车

在空压机电动机电流过大或断相工作时,热继电器 FR 动作,其常闭触头断开,切断空压机控制回路的电源,使接触器 KM 断电,空压机停止运行。同时其常开触头闭合,使过载报警继电器 KA_5 通电动作,过载报警指示灯 H_5 亮。排除故障后,需手动复位热继电器,才能重新启动空压机。

上述三种情况下的停车均属于非正常停车,如遇此情况,一定要查明原因排除故障后才能启动空压机,切莫盲目复位后就启动空压机,对空压机造成损坏。

(4)空压机的自动控制过程

图 7-7-11(b)中的 KP_1 两个压力继电器分别为主用和备用。两台空压机的主用和备用是不固定的,可以根据实际工作状态进行相互转换。主、备用的转换是通过控制箱上的 S_0 转换开关实现的。主用空压机的自动控制压力为 2.5~3.0 MPa,备用空压机的自动控制压力值设定为 2.3~2.8 MPa。

现设定 1 号空压机为主用空压机,2 号空压机为备用空压机,来说明空压机启动和停止的控制过程。图 7-7-11 中只画出 1 号空压机的控制原理图,2 号空压机的控制原理图和 1 号空压机的是一样的。两个控制箱共用一组压力继电器,两者之间的自动控制部分相连接。将 1 号空压机控制箱上的控制位置转换开关 S2 置于“本地”位置,合上控制箱电源开关 QS,控制线路有电。同样操作 2 号控制箱上的开关。现假设此时压缩空气瓶内的压力为 2.4 MPa。首先将主、备用转换开关 S_0 扳到“1”位置,手动-自动转换开关 S_1 打到“自动”位置。这时控制电源经热继电器 FR 常闭触头、温度开关 F_{12} 的常闭触头、KA_4 常闭触头、KA_3 常闭触头、S_1 转换开关“自动”位置闭合的触头、压力继电器 KP_1 闭合触头使空压机主接触器 KM 通电动作,KM 主触头闭合,空压机启动运行。运行指示灯 H_2 亮,计时器 rh 开始计时。卸载结束后 1 号空压机开始向空气瓶内充气。

如果此时外界的用气量较大,空气瓶内的压力继续下降,当低于 2.3 MPa 时,2 号空压机同样自动启动运行。此时两台空压机同时向空气瓶内充气。高温报警、低油压及电动机过载的保护功能同“手动”工况时的作用一样。

两台空压机运行一段时间后,空气瓶内的压力不断升高。当空气瓶内的压力达到备用压力开关的高限设定值 2.8 MPa 时,备用压力继电器 KP_1(从)的触头断开,使 2 号备用空压机停止运行。这时主用空压机继续运行,当空气瓶内的压力达到 3 MPa 时,主用压力继电器 KP_1(主)的触头断开,1 号主用空压机停止运行。

当压缩空气的使用量不是很大时,一台空压机完全可以满足供应。主用空压机在压力开关 KP_1(主)的控制下,根据空气瓶内的压力变化,自动启停循环工作。

(5)空压机的“遥控”控制过程

空压机的遥控位置一般设在控制室控制台上。在控制箱电源开关闭合,控制箱和系统具备启动条件后,将控制箱上的控制位置转换开关 S_2 打到“遥控”位置。遥控手动-自动转换开关 S_3 设在控制室控制台上,将转换开关 S_3 打到“手动”位置,可以手动启动空压机,其工作过程同“就地”手动控制过程一样。当需要自动操作时,可将转换开关 S_3 打到“自动”位置,遥控自动启动的工作过程同“就地”自动控制过程是相同的。

三、电动机的智能控制

所谓电动机的智能控制就是采用模块控制的方法对负载泵系统进行控制。模块控制有几个明显的优点：第一，集成化，单元结构体积小、控制电路可靠；第二，智能化，在模块上采用了微处理器，因此，模块具有智能化控制的特点，相同模块采用不同的控制程序就可以有不同的控制方法，大大提高了模块的功能；第三，互换性，相同模块的控制方法基本相同，尽管控制对象不同，但模块是可以相互替换的。

1. 模块的基本功能

用 ESM－101、ESM－102、ESM－103、ESM－104 及 ESM－105 这些模块可以组成各种控制方法。

通过对模块上启动/停止按钮的操作，或通过对控制台、机旁等启动/停止按钮的操作，就可以实现辅助机械（指电动机）的启动/停止。

通过模块上的手动－自动或手动－自动转换选择按钮开关的选择，并根据压力开关信号或浮子液位信号，能自动实现电动机的启动/停止控制。设备中包含一个电源指示灯、一个或两个运行指示灯。另外根据要求可以配置双色指示灯（红色或黄色），表示“自动，手动，启动器（模块）启动，遥控启动，备用”。

2. 智能化控制模块组成的控制电路的工作原理和运行分析

以模块 ESM－105 为例，分析智能化模块组成的控制电路的工作原理和运行情况。

（1）模块 ESM－105 的控制功能

模块 ESM－105 组成的控制电路的功能是实现组合性负载自动切换，且在电网失电后再恢复供电时，能依据事先设定的次序重新自动启动并运行。

模块 ESM－105 可以通过触头、干触点输出电动机运行信号、自动停止信号、备用状态信号、备用状态启动报警信号、不正常工作信号及系统失败信号。

模块 ESM－105 具有自检功能，在 ESM－105 中具有一位 CPU 自动运行执行程序，该程序周期性循环执行，当该程序出现不正常执行时，将发出 ESM－105 系统故障信号，同时在模块 ESM－105 上的系统故障指示灯点亮。

（2）模块 ESM－105 组成的控制电路的原理和运行分析

图 7－7－12 所示为模块 ESM－105 组成的控制电路。

通过对模块上启动按钮 3C/停止按钮 3O 的操作，或通过对控制台、机旁等启动/停止按钮的操作，就可以实现辅助机械（指电动机）的启动/停止。

通过模块上的手动－自动或手动－自动转换选择按钮开关 43 的选择，并根据压力开关 PS 信号或浮子液位开关 FS 信号，能自动实现电动机的启动/停止控制。

①手动操作

手动操作时，No. 1 和 No. 2 启动器的“MANU-AUTO CHANGE”选择在“MANU”。下面举例说明 No. 1 启动器手动操作过程。

a. 启动和运行

按 No. 1 模块上的启动按钮 3C 或遥控启动按钮，继电器 4 获电，运行指示灯 L 亮，接触器 88 获电，电动机启动。接触器 88 的辅触头和模块相通，实现自锁。

b. 停止

按和 No. 1 模块上的停止按钮 30 或按遥控启动按钮，继电器 4 失电，电动机停止，指示灯 L 熄灭。

c. 过载

电动机运行过程中，由于某些原因使电动机过载，则继电器 51 动作，其触头打开，接触器 88 失电，电动机停止。当继电器 51 复位时，电动机不能启动。

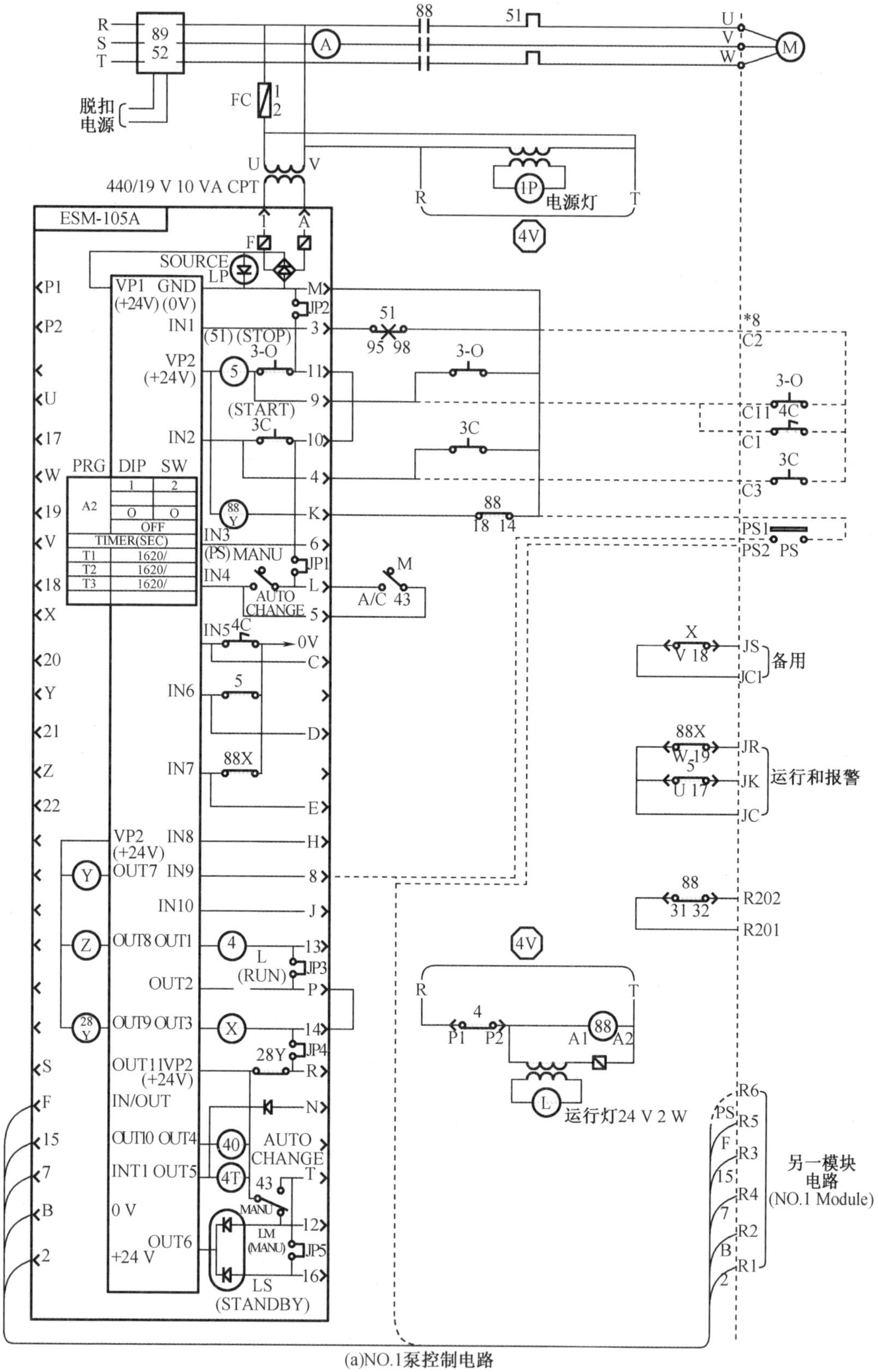

(a)NO.1泵控制电路

图 7-7-12 模块 ESM-105 控制电路

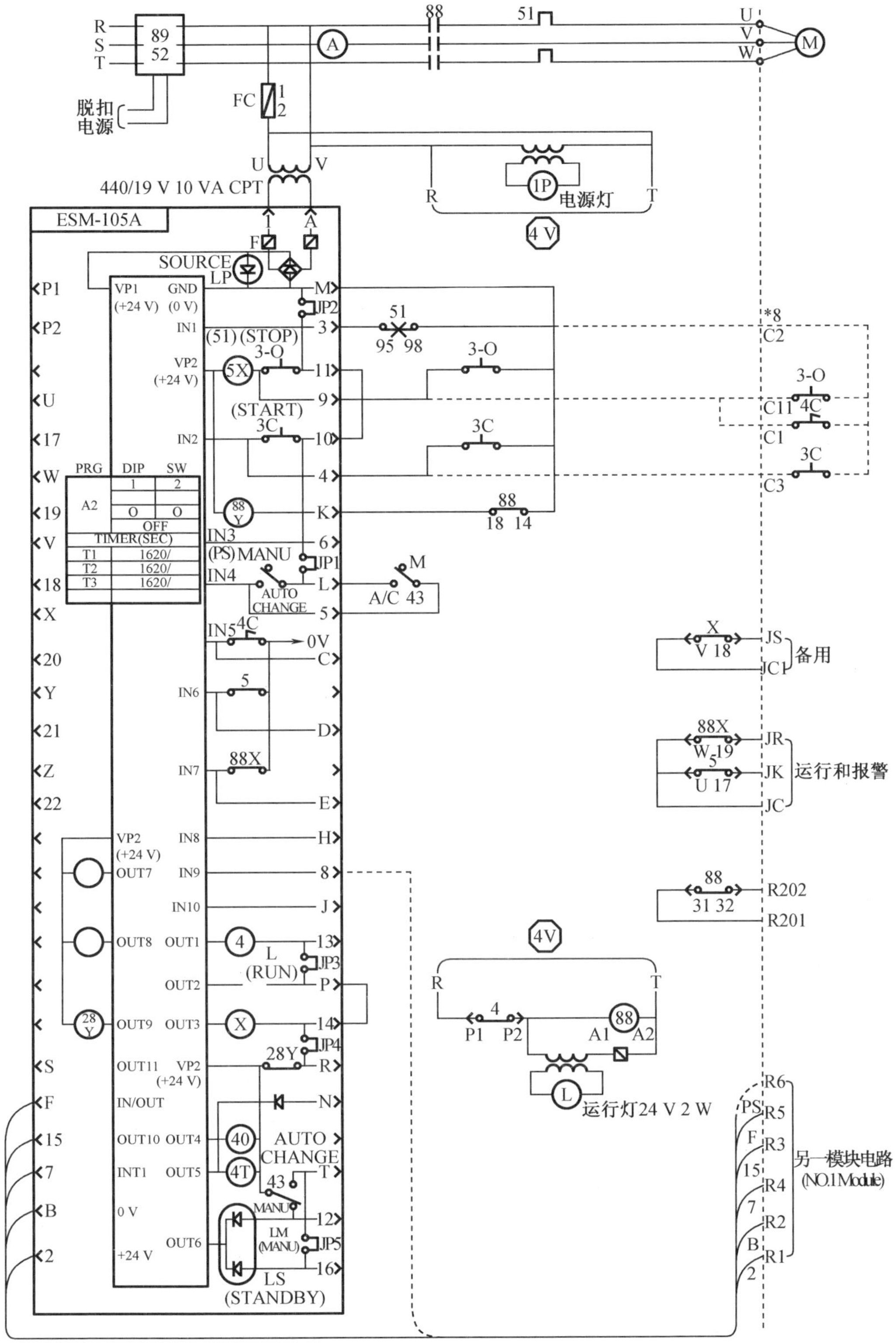

(b)NO.2泵控制电路

图7－7－12(续)

d. 连续启动

电动机运行时模块失电,电动机停止运行。当恢复供电,连续启动计时器(T)开始计时,计时时间到,模块发出启动信号,电动机启动并运行。

②自动切换操作

自动切换操作时,必须把在和 No.1 和和 No.2 模块上的 MANU-AUTO CHANGE("手动 - 自动转换")选择开关43 位置置于自动。此时,MANU/STANDBY(手动/备用)指示灯 LM/LS 灭。(如果备用条件满足,亮黄灯)

例如:选择 No.1 电动机运行,No.2 电动机备用。

a. 启动和备用

按 No.1 模块上的启动按钮 3C 或按遥控启动按钮,继电器 4 获电,运行指示灯 L 亮,接触器 88 获电,电动机启动。接触器 88 的辅触头和模块相通实现自锁。如果 No.1 电动机启动运行,No.2 电动机自动处于备用状态,MANU/STANDBY(手动/备用)指示灯 LM/LS 亮黄灯。

b. 停止

按 No.1 模块上的停止按钮 30 或按遥控启动按钮,继电器 4 失电,接触器 88 失电,电动机停止工作,指示灯 L 熄灭。如果 No.1 电动机停止运行,No.2 电动机备用状态自动复位。

c. 过载

在 No.1 电动机运行过程中,由于某些原因使 No.1 电动机过载,则热继电器 51 动作,其触头打开,接触器"88"失电,No.1 电动机停止。No.2 电动机自动启动。当热继电器 51 复位时,No.1 电动机不能启动。No.1 电动机自动处于备用状态,MANU/STANDBY(手动/备用)指示灯 LM/LS 亮黄灯。

d. 运行泵出口压力低

在 No.1 电动机运行过程中,由于某些原因使 No.1 电动机驱动的某泵的出口压力低于设定值,No.1 电动机连续运行一个固定时间(此固定时间由定时器设定,一般为 1 s)后,No.2 电动机将自动启动,与 No.1 电动机并联运行。并联运行时间由定时器设置的定时时间决定,定时时间到,No.1 电动机自动停止。No.1 电动机自动处于备用状态,MANU/STANDBY(手动/备用)指示灯 LM/LS 亮黄灯。在备用状态下,下面两种情况只要满足一个,No.1 电动机即自动启动。

· No.2 电动机启动器模块失电(模块电路损坏、连接开关断开或控制电路保险丝熔断)或 No.2 电动机由于过载使热继电器 51 动作,No.2 电动机停止运行。

· No.2 电动机启动运行,但由于某些原因使驱动的某泵的出口压力继续下降,并达到某一设定值。这个过程在 No.1 电动机和 No.2 电动机之间交替进行。

e. 连续启动

在运行时模块失电,电动机停止运行。当恢复供电,连续启动计时器 T1 开始计时,当计时时间到,模块发出启动信号,电动机启动。接触器 88 的辅触头和模块相通实现自锁。如果启动条件满足,No.2 电动机处于备用状态。另一方面,由于某些原因使 No.1 电动机启动器模块失电,No.2 电动机将自动启动。当恢复供电后,No.1 电动机不能启动,No.1 电动机处于备用状态,MANU/STANDBY(手动/备用)指示灯 LM/LS 亮黄灯。

四、电动机的微机控制

在微机控制方式中,其控制功能与常规控制方式相同,在维护、保养、查找故障时,应了解其各输入、输出元件及电气图文符号的意义与作用，并能确认电脑是否正常工作（由指示灯显示）。然后可具体分析电路的控制原理。

图 7－7－13 为 GS 泵的控制电路，控制元件及符号介绍如下：

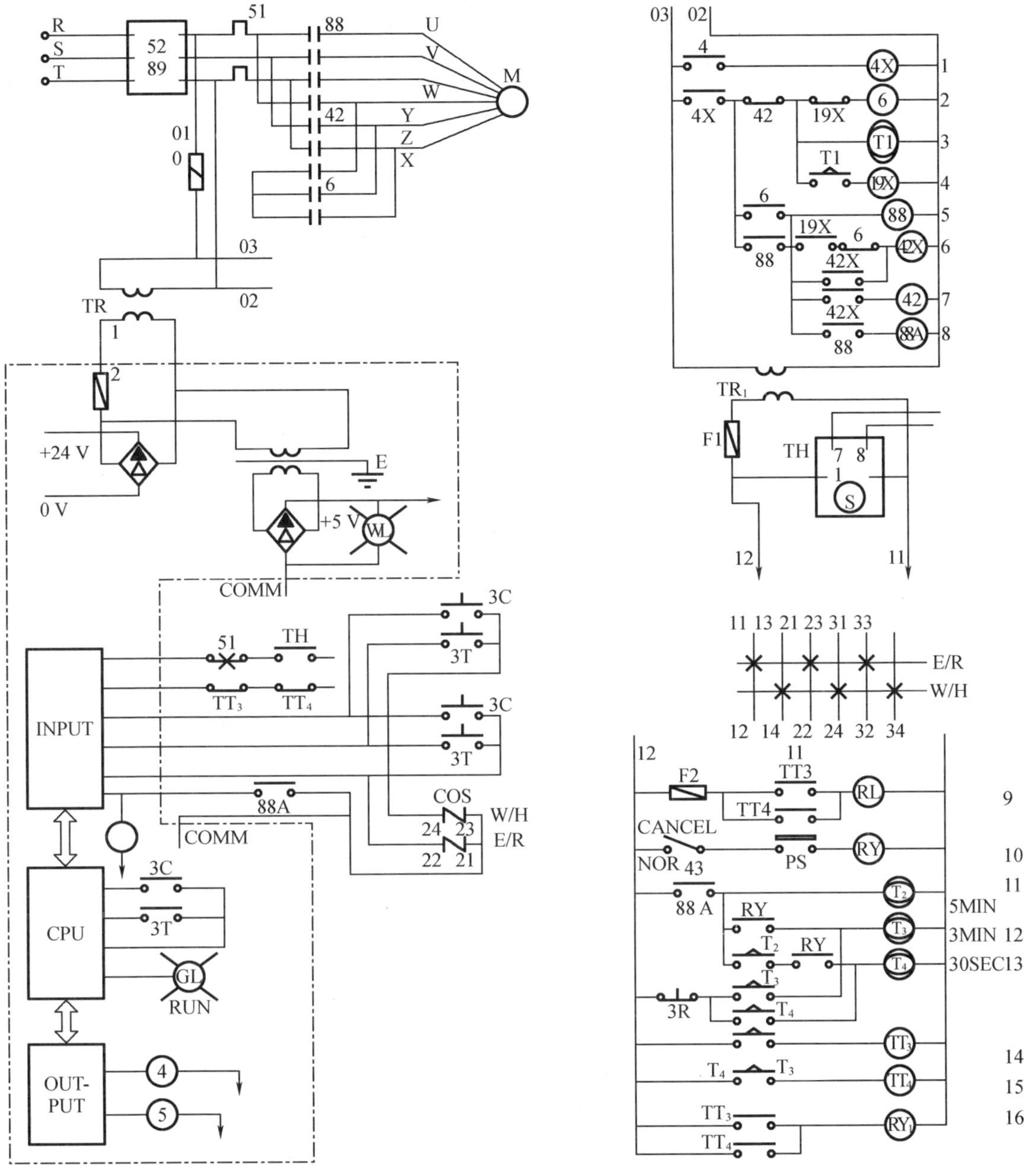

图 7－7－13　GS 泵的控制电路

1. 控制线路图中控制元件及符号介绍

（1）52/89：主开关，为 NFB（no fuse breaker）式空气开关。

（2）88、42、6：接触器；4X、19X、42X、88A、TT_3、TT_4、RY、PY_1、RL：继电器。

（3）51：热继电器，对电动机进行过载保护。

（4）M：三相交流异步电动机。

(5)TR:变压器。

(6)INPUT、OUTPUT:分别为电脑控制单元(电源电压为5 V DC,WL为白色电源指示灯)的输入、输出信号端。电动机的启动、停止、保护等功能的信号由INPUT端输入;而输出信号使继电器线圈4、5得电去控制电动机的起、停等动作。CPU为处理控制单元,GL灯亮(绿色)表示电脑处于运行状态。

(7)T_1、T_2、T_3、T_4:时间继电器。

(8)3C、3T、3R:启动、停止、复位按钮。

(9)COS:"驾控""集控"转换开关,"驾控"时线端13、14、23、24、33、34通,"集控"时线端11、12、21、22、31、32通。

(10)PS:压力开关,泵的压力正常时断开。H:GS泵电动机过热温度(保护)开关。

2. 泵的控制过程

(1)泵的启动控制过程。

合上主开关52/89,在控制系统正常的情况下,输入信号中热继电器的常闭触头51闭合,TH亦闭合。因线圈TT_3、TT_4未得电,其作为输入信号的两个常闭触头闭合。此时按一下启动按钮3C,电脑接到启动信号,经过CPU处理后,其输出信号使继电器线圈4得电,其第1路常开触头闭合使线圈4X得电,第2路常开触头4X闭合。此时因第4路时间继电器T_1常开延闭触头不会瞬间闭合,19X线圈不得电,线圈42X、42也未得电,故第3路常闭触头42和19X均闭合。因此,线圈6得电而其5路常开触头闭合后,第5路线圈88也得电。这样,主电路中,主触头88和6均闭合,电动机星形接法进行降压启动。第6路常开触头88闭合自锁。与此同时,3路时间继电器T_1线圈通电,其4路触头延时准备闭合。当T_1延时到达(此时泵已达稳定转速),其4路触头闭合,线圈19X得电,它一方面使2路19X触头断开,线圈6失电,第6路触头6闭合;另一方面使第6路触头19X闭合,42X线圈得电,自锁触头自锁,使第7路线圈42得电。这样,主电路中,主触头88保持闭合,而主触头6断开,主触头42闭合,电动机由星形接法转换成三角形-星形接法进行全压状态下的正常运行。

需要停泵时,按一下停止按钮3T,电脑接到停泵信号,经过CPU处理后,其输出信号使继电器4失电,其第1路常开触头断开使线圈4X失电,第2路常开触头4X闭合断开,使第2~8支路线圈均失电,主电路中,主触头88、42均断开,电动机停止运转。

(2)泵的故障检测及保护功能。

①正常情况下,10路开关43摆"NOR"位,泵压力未建立起时,压力开关PS闭合,10路线圈RY得电。线圈88得电后,8路线圈88A亦得电,其11路触头88A闭合。这样11路、12路时间继电器T_2、T_3均得电,其触头延时准备动作,但在未及动作时,压力开关PS断开,线圈RY失电,时间继电器T_3、T_4均失电,14路、15路继电器线圈TT_3、TT_4不得电,电动机正常运转。若3 min内,泵压力仍未建立起来,则时间继电器T_3延时到其14路触头闭合,导致线圈TT_3电,其电脑输入端常闭触头TT_3断开。电脑接到该信号后,经CPU处理后,使继电器线圈4、5断电,发出停泵指令。若3 min内,泵压力建立起来,在时间继电器T_2通电5 min后,其13触头已闭合。如果泵的出口压力过低,压力开关PS闭合,线圈RY得电,13路触头RY亦闭合,时间继电器T_4通电,30 s后,TT_4线圈得电,向电脑送入停泵的输入信号去停泵,即泵出口压力过低超过30 s,泵停止运转。此时已锁住故障,按复位按钮可解除。

②电动机过载时,电动机主电路中51(热元件)通过的电流过大,其常闭触头断开,向电

脑送入停泵的输入信号去停泵；同理，当电动机本身过热时，GS 泵电动机过热温度（保护）开关 TH 断开，也可向电脑送入停泵的输入信号去停止泵的运行。

③若 10 路开关 43 摆“CANCEL”位，可取消故障检测，即泵出口压力过低时也不停止运行，其控制过程读者可自行分析。

知识点四 可编程控制器的故障分析与处理

一、可编程控制器的故障分析

分析 PLC 控制系统的故障原因时，必须区分是 PLC 的外围设备故障还是 PLC 本身故障。一般而言，PLC 控制器本身都具有自诊断功能，把诊断的结果（信息）通过面板上的指示灯或在编程器上显示出来，根据这些信息进行检查。PLC 控制系统故障检查总流程图如图 7－7－14 所示。

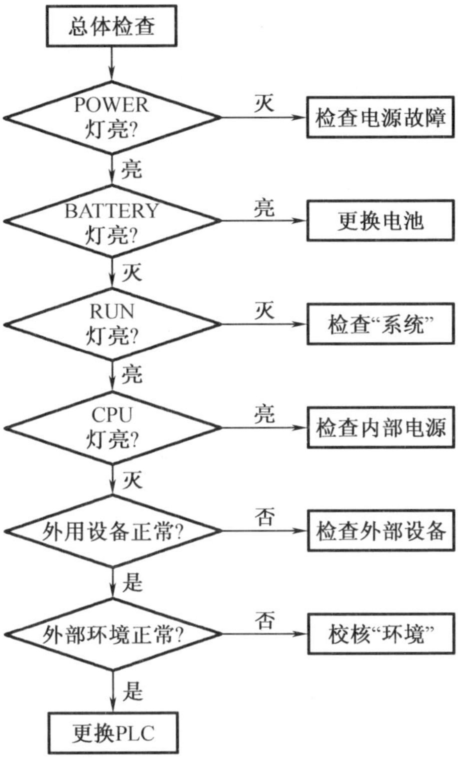

图 7－7－14 PLC 控制系统故障检查总流程图

1. 电源故障

一般 PLC 的电源都采用开关电源。虽然它具有质量轻、体积小和效率高等优点，但容易出故障。发生故障检修比较困难，在船上只能将整个电源部件更换。为此，电源故障的检查按图 7－7－15 来进行。

2. 系统运行异常故障

在确定 PLC 的电源系统工作正常的情况下，若系统运行异常中止了工作，RUN 指示灯灭，这种故障检查起来比较困难。取决于检修人员对该系统的运行程序、工艺过程及维修经验的丰富程度。图 7－7－16 给出了检查此故障的流程图。在检查中,必须把电源切断,以免造成事故。更换、插接 RAM/ROM 时,也应切断电源。

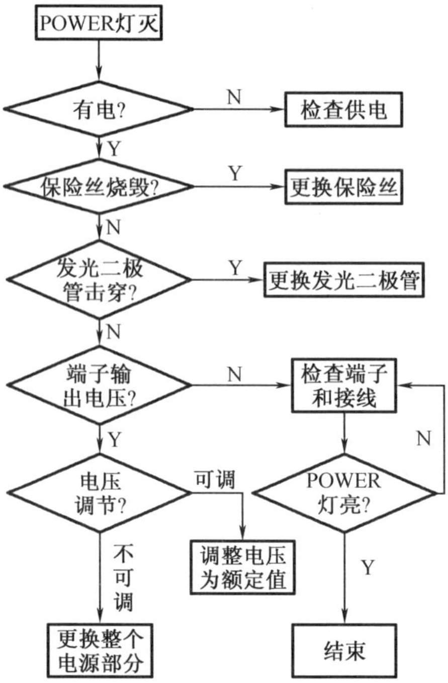

图 7－7－15　PLC 电源故障检查流程图

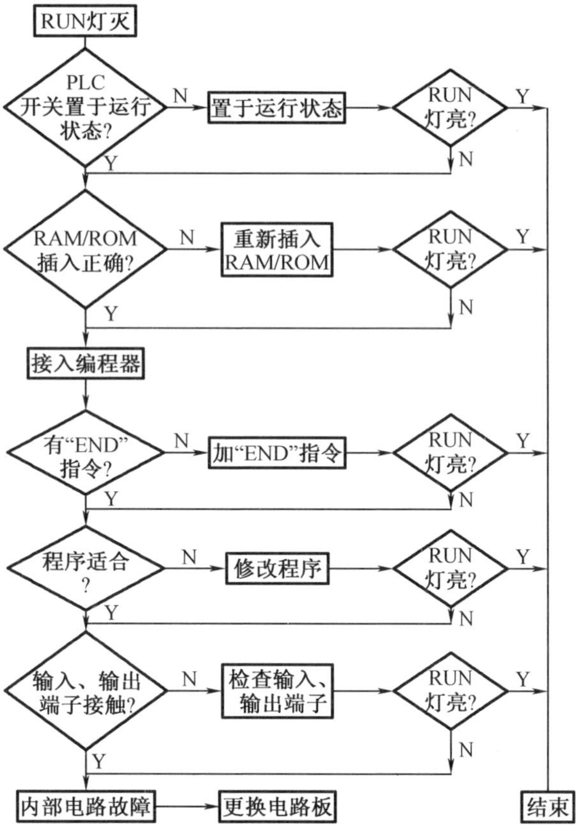

图 7－7－16　PLC 系统运行故障检查流程图

3. 中央处理器 CPU 出错故障

当可编程控制器 PLC 接通电源,就进行自诊过程:若 CPU 内部出错,面板上的"CPU Error"灯就亮。灯的显示状态有两种:一种是闪烁,另一种是常亮,分别代表不同故障性质。

若 PLC 在正常运行时突然发生瞬时中断、接着又投入运行,此时"CPU Error"灯闪亮,说明 PLC 的用户程序的内部受到外因发生改变。此时,根据如图 7－7－17 所示的故障流程图进行故障排查。若"CPU Error"灯常亮,说明 PLC 内的 CPU 误动作。可能由于外来浪涌电压,有电磁干扰信号瞬时加到 PLC 内的 CPU 单元或存储器引起的。一般采取抗干扰措施消除外来浪涌电压,需检查接线和接地。重新接通电源,故障就可消失。若没有消失,一般是 CPU 板出故障,应更换新的 CPU 板。

4. 输入、输出口电路故障

可编程控制器的输入、输出口电路通过接线端子和连接线与控制对象联系,是其 CPU 与外部控制对象沟通信息的通道。游艇工作环境振动、颠簸厉害,极易造成接线端子接触不良或回路断线等故障,且外部设备的故障也容易波及输入、输出口电路并使之损坏。若输入、输出口电路发生故障,首先应从连接导线、端子的接触等方面入手。

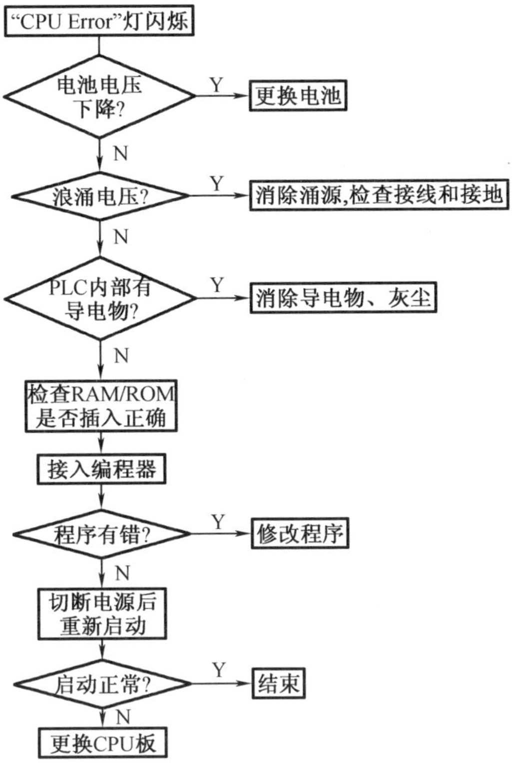

图 7-7-17 "CPU Error"灯闪亮故障流程图

通常 PLC 控制系统发生故障时,除了首先检查是否为电源故障外,还应着重检查输入、输出口电路及连接回路是否有故障。下面以图 7-7-18 所示的输入、输出逻辑关系来说明输出口电路发生故障,首先应从连接导线、端子的接触等方面入手。

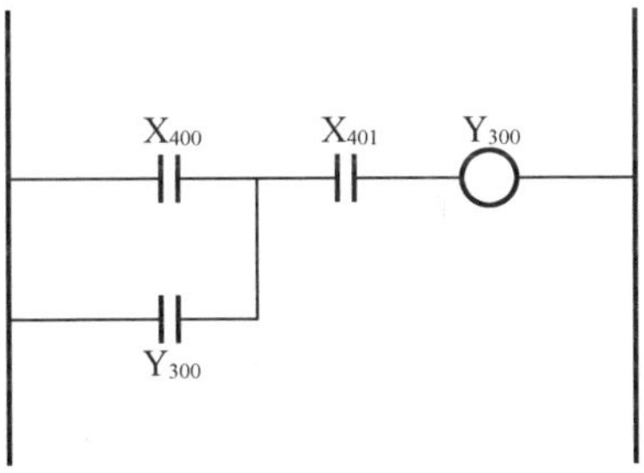

图 7-7-18 输入、输出逻辑关系

通常 PLC 控制系统发生故障时,除了首先检查是否为电源故障外,还应着重检查输入、输出口电路及连接回路是否有故障。下面以图 7-7-18 所示的输入、输出的逻辑关系来说明一般检查输入、输出口电路故障的过程。以 Y_{300} 无输出为例,首先检查输出口上指示灯 Y_{300} 的发光二极管是否亮。若亮,说明 PLC 内的输出口电路正常,故障原因可能是执行电路继电器(继电器输出的 PLC)或三极管或可控硅(半导体器件输出的 PLC)故障;或者是输出配线与接线端子接触不良。若不亮,就有两种可能:一是 Y_{300} 的输出口电路故障,二是输入信号有变化。模拟一个输入,试验 Y_{300} 是否可控制,若不可控制,说明是内部电路故障,就不必检查输入信号。若可控制说明输入通道电路正常,然后检查输入信号。首先检查 X_{400} 和 X_{401} 的输入指示发光二极管是否亮。若亮就得测量 X_{400} 和 X_{401} 端子电压,若测得电压正常,说明接线没有错误,是输出电路出故障。若测得电压不正常,说明输入信号电路故障,或配线有误。若不亮,说明输入信号不正常,也可能接线端子没有接触好;若是后者,可直观检查排除故障,若是前者就得更换输入口电路。

总之,输入、输出故障,总是先检查输出口回路,然后检查输入口回路,先检查外部的接线、负载,然后检查 PLC 内部电路,如此反复检查,就可找到故障原因。

二、可编程控制器的故障处理

在可编程控制器运行过程中,由于外围设备故障、连接线及本身元器件的故障均会导致系统不能正常工作,甚至失效或误动作,造成设备损坏及人身伤害。可编程控制器的故障必须及时处理。

1. 连接线故障处理

由于船舶振动、摇摆,很容易造成配线压紧螺钉的松动,电缆连接头与座之间的松动,甚至机内的固定螺钉松动等现象,存在产生故障的隐患。为此必须及时检查、紧固。

检查连接线是否有损坏、老化等现象,焊点是否有脱焊、虚焊、氧化等现象,如有应及时更换。由于海上条件恶劣,易于使接线头和端子生锈,造成接触不良,应及时清洁。

2. 定期清洁保养

由于游艇上尘埃、油雾、盐雾严重,容易造成 PLC 机内的印刷电路基板绝缘性能变差,甚至元件间形成短路,此时,可打开外盖,用电吹风吹去灰尘,用电气清洁剂喷洗,洗去油污和盐结晶,注意必须在切断外电源后进行。

3. 定期更换机内锂电池

为了保证在短期内停电时,RAM 和 ROM 不丢失信息,机内都装有一块锂电池。必须按电池生产厂家提供的数据,定期更换新电池。更换方法:

(1)先将 PLC 的交流电源接通 10 s 为作为存储器备用电源的电容充电,在锂电池断开后,该电容对 RAM 作短暂供电;若 PLC 在通电状态下,可直接进行第(2)步。

(2)断开 PLC 的交流电源。

(3)打开可编程控制器的塑料盖板。

(4)从电池夹中取出电池,换上新电池,注意其极性,操作时间越短越好。

(5)盖回塑料盖板。

4. 处理输入、输出外围设备故障

由于可编程控制器的输入信号都是输入外围设备的开关、触点、传感器送来的信号,这些设备的开关、触点是否接触良好,传感器送来的模拟信号是否偏差太大或减弱等是保证控制系统正常工作的前提,由于可编程控制器的输出控制设备大都是继电器、电磁阀等。保证它们处于良好的工作状态、无缺陷或无故障隐患才能确保控制系统正常工作。

5. 可编程控制器常见故障的处理方法见表 7 - 7 - 2。

表 7 - 7 - 2　可编程控制器常见故障的处理方法

故障现象	故障原因	处理方法
POWER 灯灭	(1)保险管熔断; (2)输入端子接触不良; (3)输入电源线断	(1)更换保险管; (2)重接; (3)更换接线
保险管多次熔断	(1)负载短路或过载; (2)输入电压设定错; (3)保险管容量太小	(1)用万用表测; (2)改设正确; (3)更换大的

表 7-7-2(续)

故障现象	故障原因	处理方法
RUN 灯灭	(1)程序中无 END 指示; (2)电源故障; (3)I/O 口址重复	(1)修改程序; (2)检查电源; (3)修改口址
输入均不接通	(1)未向输入信号供电源; (2)输入信号源电源电压太低; (3)端子触钉松动; (4)端子板接触不良	(1)接通有关电源; (2)调整电源电压使其符合要求; (3)重接; (4)处理后重接
PLC 输入全异常	输入口电路故障	更换输入口电路
某一输入继电器不接通	(1)输入信号源(器件)故障; (2)输入配线断; (3)输入端子松动或输入端子接触不良; (4)输入接通时间太短; (5)输入回路(电路)故障	(1)更换输入器件; (2)焊接; (3)重接; (4)调整有关参数; (5)查电路或更换
某一输入继电器常闭	输入回路故障	检查电路或更换
输入随机动作	(1)输入信号电平过低; (2)输入接触不良; (3)输入噪声过大	(1)查电源及输入器件; (2)检查端子接线; (3)加屏蔽或滤波措施
输出均不通	(1)未加负载电源; (2)负载电源坏或电压太低; (3)接触不良(端排); (4)电源保险管熔断; (5)输出回路(电路)故障	(1)接通电源; (2)调整或修理; (3)重接; (4)更换保险管; (5)更换输出口电路
输出均不断	输出口回路故障	更换输出口电路

参 考 文 献

[1] 赵殿礼.船舶电气设备与系统[M].大连:大连海事大学出版社,2012.
[2] 秦曾煌.电工学(上册)[M].5版.北京:高等教育出版社,2009.
[3] 吴志良,林叶春,孙旭清.船舶电气[M].大连:大连海事大学出版社,2012.
[4] 腾宪斌.游艇设备维护与管理[M].哈尔滨:哈尔滨工程大学出版社,2014.
[5] 郑华耀.船舶电气设备及系统[M].大连:大连海事大学出版社,2005.
[6] 阮礽忠.船舶电气设备维修指南[M].北京:人民交通出版社,2000.
[7] 张春来,孙才勤,王浩亮.船舶电气与自动化(船舶电气)[M].大连:大连海事大学出版社,2013.
[8] 林华峰,李华,赵克威.船舶电站及电力拖动[M].哈尔滨:哈尔滨工程大学出版社,2008.
[9] 宋谦.船舶电力拖动[M].哈尔滨:哈尔滨工程大学出版社,2006.
[10] 何琪.船舶电气控制及自动化[M].哈尔滨:哈尔滨工程大学出版社,2014.
[11] 王文义.船舶电站[M].哈尔滨:哈尔滨工程大学出版社,2006.
[12] 赵殿礼,张春来.船舶电气设备维护及检测[M].大连:大连海事大学出版社,2011.